수정증보판

하나님의 구속사적 경륜으로 본 **대제사장의 족보**

맹세 언약의
영원한 대제사장

Revised and Supplemented Edition

THE ETERNAL HIGH PRIEST OF THE COVENANTAL OATH

THE GENEALOGY OF HIGH PRIESTS IN LIGHT OF GOD'S ADMINISTRATION IN THE HISTORY OF REDEMPTION

HUISUN
SEOUL, KOREA

| 서평 |

인간 중심의 교회에서 예수 그리스도 중심의 교회로 방향을 돌려놓는 책

주재용 박사
(前) 한신대학교 교수 및 총장
(現) 한신대 명예교수, 경건과 신학 연구소 소장

다음과 같은 이야기가 있습니다. 로키산맥 해발 3,000미터 높이에 수목 한계선인 지대가 있습니다. 이 지대의 나무들은 매섭게 부는 바람으로 인해서 똑바로 자라지 못하고, '무릎을 꿇고 있는 모습'을 한 채 있어야 합니다. 이 나무들은 열악한 조건이지만 생존을 위해서 무서운 인내를 발휘하며 지내야 합니다. 그런데 세계적으로 가장 공명이 잘 되는 명품 중 명품 바이올린은 바로 이 '무릎을 꿇고 있는 나무'로 만든다고 합니다. 아름다운 영혼을 갖고 인생의 절묘한 선율을 내는 사람은 아무런 고난 없이 좋은 조건에서 살아온 사람이 아니라 온갖 역경과 아픔을 겪으면서 영혼의 맑은 생물을 맛 본 사람만이 가능합니다. 저는 박 목사님의 삶이 이 '무릎 꿇고 있는 나무'이고, 그의 책은 이 나무로 만든 명품 중의 명품인 바이올린과 같다고 생각합니다.

저는 비록 구약학을 전공하지는 않았지만, 구약학자들 가운데 대제사장의 족보의 관점에서 하나님의 구속사를 비추어 보는 시도를 한 책을 별로 읽은 적이 없는 것 같습니다. 자료에 의하면 벤더 캄(Vander Kam)이라는 사람이 세계적인 대제사장 연구의 일인자라고 합니다. 그러나 그 사람도 40명의 대제사장의 족보를 정리하는 데 그쳤다고 합니다. 그러나 박윤식 목사님은 이번에 아론부터 시작하여 주후 70년 파니아스까지 77명의 대제사장 족보를 정리하셨습니다. 성경을 통한 하나님의 인간 구속의 역사에 남다른 관심을 보이시는 박 목사님이 "예수 그리스도의 족보"에 이어서 이번에는 "대제사장들의 족보"를 통해서 하나님의 구속의 역사를 고찰하신 것입니다. 그러나 이 두 족보 이야기는 서로 다른 것이 아니라고 생각됩니다. 결국 예수 그리스도를 통한 구속의 역사에서 두 족보는 하나가 되기 때문입니다.

여기서 우리가 주목할 점이 있습니다. 박 목사님의 이 책은 대제사장의 족보를 다루면서도 성직 계급의 조직체로서의 교회론이 아니라 "맹세 언약의 영원한 대제사장이신 예수 그리스도"를 통한 구속사 중심의 체제로서의 교회론을 강조하고 있습니다. 즉 인간 중심의 교회에서 예수 그리스도 중심의 교회로 그 방향을 돌려놓으셨습니다. 이 점에서 이 책은 오늘의 한국 개신교에 시사해 주는 바가 많습니다. 한국 프로테스탄트 교회는 16세기 종교개혁의 전신과 전통을 이어받았다고 하면서도 성직자들의 행태나 교회 구조는 점점 중세기 성직자 중심의 하이라키칼 시스템(hierarchical system)으로 가고 있기 때문입니다. 하나님의 구속 역사가 우선이 아니고 교회 제도가 우선이고, 예수 그리스도가 우선이 아니고 성직자인 내가 우선이 되고 있는 것입니다. 즉 예수 그리스도가 없는 교회가 되어 가고 있다는 것입니다. 성직자는 제사장임에는 틀림이 없습니다. 그러나 성직자는 "맹세 언약의 영원한 대제사장이신 예수 그리스도"의 종이어야 합니다. 박 목사님의 이 책은 이 점을 강조하고 있습니다. 제가 역사학자로서 박 목사님의 책을 보면서, 가장 깊은 감동을 받은 것은 다음 몇 가지입니다.

첫째, "역대기 족보의 X자형 구조"를 비롯하여 구약성경에 나오는 대제사장들의 족보를 성경에 따라서 일목요연하게 정리한 도표들입니다.

둘째, 대제사장 77명의 역사와 페르샤 멸망 이후 당시 세계사의 흥망성쇠를 연결시킨 도표를 만드셨다는 것입니다. 그리고 레위 자손과 대제사장의 족보의 도표입니다. 저도 교회사 강의를 할 때 종종 도표를 만들어 가르치고 있습니다만, 그래서 교회 역사와 일반 세계사를 연결시키고 있습니다만, 박 목사님의 주도면밀한 이 도표는 컴퓨터를 능가하고 있는 것 같습니다.

셋째, 대부분의 구약학자들이 하나님의 구속사(Heilsgeschichte)를 논증할 때, 이스라엘의 출애굽 사건과 예언자들의 활동을 통해서 하고 있는 데 반하여, 박 목사님의 이 책은 구속사를 우리들이 일반적으로 잘 접근하지 않는 대제사장들의 족보와 그 직무를 통해 입증하고 있다는 점입니다.

넷째, 대제사장의 예복에 대한 성경적 고증입니다. 그동안 대제사장의 예복 착용에 대한 자료가 있었지만, 박 목사님의 책은 독창적으로 고증하였다는 것이 특징입니다. 대제사장 예복 하나 하나를 성경적으로 고증한 것은 참으로 많은 성도들에게 훌륭한 시청각 교재가 될 것입니다. 이 책 하나만 있으면 대제사장의 족보는 마스터 할 수 있을 것입니다.

끝으로, 저는 박 목사님의 삶과 그동안 출판되어 나오는「구속사 시리즈」를 대하면서, 이것은 사람이 하는 일이 아니라 하나님이 하시는 일이라는 것을 알게 되었습니다. 사람의 힘만으로는 도저히 불가능한 일이 가능하게 되었기 때문입니다. 저는 박 목사님을 통해 성령의 역사에 의한 기적이 일어나고 있다고 생각합니다. 기적이 병을 치유하고 죽은 자를 살리는 것이라면, 이 책을 통해서 박 목사님은 병든 영혼을 치유하고 영적으로 죽은 사람을 살리는 기적을 행하고 계시는 것입니다. 이 책은 대제사장의 족보 연구 분야에 최고의 고전으로 영원히 남아 있을 것입니다. 이 책이 세계 여러 나라 말로 번역되어 세계 교회 발전에 크게 기여하기를 빕니다.

Foreward

Dr. Luder G. Whitlock, Jr

Vice Chairman, Trinity International University
Served as Chairman, also briefly as President, of
KNOX Theological Seminary (Fort Lauderdale, FL)
President Emeritus, Reformed Theological Seminary, 1978 – 2001
Executive Director of "The New Geneva Study Bible,"
"The Spirit of the Reformation Study Bible"

It was a great privilege to visit Pyungkang Cheil Church in Seoul, Korea in 2013 during the remarkable ministry of Dr. Abraham Park, author of the History of Redemption Series. As the chairman of Knox Theological Seminary at that time, it was one of the great honors of my life to award the honorary Doctor of Divinity degree to him in recognition of his global ministry. Dr. Park was a faithful servant of God, used globally to advance the Gospel. I was captivated by the global missionary vision of this church and its commitment to reach the world with the Gospel.

The most important thing for him was to know God's will, and he developed an acute sensitivity to God's guidance. Pyungkang Cheil Church was one of the most vibrant congregations that I have ever visited and that was because of the powerful ministry of Dr. Park, who was not only a profoundly spiritual pastor but a gifted teacher who took the whole counsel of God seriously. That led him to emphasize the history of redemption in his preaching and teaching ministry. Since the publication of the first volume of the History of Redemption Series books in 2007, the fact that many scholars, including Dr. Bruce Waltke, one of the finest Old Testament scholars in the world, warmly endorsed this work attests to its value.

This theme of redemptive history provided a framework for the entire Bible so that his congregation could understand what they believed and why. He avoided the weakness of many pastors today who love and preach the Scriptures but fail to equip their congregations with the big picture of God's plan and their place in it. As a result, although they clearly understand some basic truths, they fail to understand why biblical events unfolded as they did and how that should shape our understanding of the Scriptures and the church. Dr. Park taught the big picture so that his church members knew how all the smaller parts fit together.

Book 6 of the History of Redemption Series provides an excellent example of Dr. Park's carefully developed methodology. He begins with an exposition of Deuteronomy and the sermons, or farewell addresses, of Moses, delivered in the plains of Moab just before the Israelites entered Canaan. He reminds us of God's command in Deuteronomy 32:7, to "remember the days of old, consider the years of all generations." He uses this to help the reader understand God's history of redemption by the threefold command to remember, consider and ask: remember the past, reflect on the future, and decide or act in the present. God has been faithful to His covenant and He calls His people to faithfulness so that they may receive the abundance of His blessings.

The Eternal High Priest of the Covenantal Oath addresses the Chronicler's genealogy as it is organized from a priestly perspective following the 70-year Babylonian captivity. It encourages the people of God, using the genealogies of the Old Testament, to remember their spiritual roots and the imperative of spreading God's word to the nations. It also reveals the importance of restoring worship as a priority for God's people as they returned to their homeland and started to rebuild. The Chronicler's genealogy pointed to Jesus Christ, the promised eternal high priest first prophesied in Genesis 3:15. It explains the development of the priestly system that required sacrifices and culminated in the sacrifice of the eternal high priest, Jesus. Book 6 of the History of Redemption Series shows how the development of the priestly system reaches its climax in the ministry of Jesus, the great high priest. The Christo-centric nature of the Scriptures is plainly revealed. It becomes apparent that the shedding of His blood was necessary in order for our sins to be forgiven. Apart from the death and resurrection of Jesus, we would be condemned to remain outside the Promised Land or the New Jerusalem of Revelation 21 and 22. Dr. Park shows how an accurate understanding of the Jewish context, especially of early Christianity, is essential to an accurate interpretation of the Scriptures. They provide the framework for understanding the message of the New Testament. Important but seldom understood Biblical truths are clearly explained and accompanied by colored illustrations and a set of charts that will be invaluable to the reader who may otherwise fail to gain an understanding of the comprehensive Biblical and secular history that is presented. Additional information is available regarding priestly garments and music. There may be a temptation to ignore them but that would be unwise.

As a young Christian, I would have benefited immensely from these volumes. As a new believer, I read the Bible seriously and memorized verses but it was not until I entered theological school that I began to grasp the significance of Biblical theology and redemptive history. In these volumes, Dr. Park makes redemptive history accessible to the lay Christian. Perhaps most significant is the lesson that today's Christians should remember God's work in history, how He has been faithful to those who trust in Him. That lesson should motivate contemporary Christians to renounce the world and all its temptations, trusting the Lord and obediently following Him. In doing so, the promises of God are assured and our sins are forgiven through the eternal sacrifice of Jesus.

Considering the history of Christianity in Korea, especially periods of great spiritual blessing, would it be too much to hope that attention to this volume, preferably the whole series, might be used to bring a new period of Scriptural understanding and spiritual blessing. More Christians need to read books like this one. I hope this volume touches off a new wave of interest in the Bible and illumines the path for God's people everywhere.

Dr. Luder G. Whitlock, Jr

서평

루더 휘틀락 박사(Dr. Luder G. Whitlock, Jr)
(現) 트리니티(Trinity) 국제대학교 부총장
(前) 낙스(KNOX) 신학대학교 총장 및 교장 역임
(미국 플로리다주 포트 로더데일 소재)
(前) 리폼드(Reformed) 신학대학교 명예회장 역임 / 1978 - 2001
"뉴 제네바 스터디 바이블" 및
"종교개혁주의 정신 스터디 바이블" 대표 전무 이사 역임

2013년 「구속사 시리즈」의 저자이신 박아브라함 목사님이 설립하신 서울 평강제일교회를 방문한 것은 저에게 큰 은혜였습니다. 당시 저는 낙스 신학대학교(Knox Theological Seminary) 총장으로서 박아브라함 목사님의 세계 선교 사역의 공로를 인정해 명예 신학박사 학위를 수여했습니다. 이는 제 인생에 가장 큰 영광 중 하나였습니다. 박 목사님은 전 세계 복음화에 크게 쓰임 받는 하나님의 신실한 종이었습니다. 특히 저는 땅끝까지 말씀을 전하겠다는 평강제일교회의 세계선교 비전의 각오와 헌신에 매료되었습니다.

박아브라함 목사님에게 가장 중요한 일은 하나님의 뜻을 깨닫는 것이었으며, 그는 하나님이 어디로 인도하시는지에 촉각을 곤두세우셨습니다. 평강제일교회는 제가 방문했던 교회 중 어느 교회보다 생동감이 넘쳤고, 그 비결은 영력이 뛰어난 박아브라함 목사님의 목회 덕분이었습니다. 그는 깊은 영성의 목회자였을 뿐만 아니라, 하나님의 뜻에 온전히 매진해 온 탁월한 성경 선생이셨습니다. 그렇기에 박 목사님은 설교와 성경 공부를 통해 '구속사'를 강조한 것

입니다. 2007년 「구속사 시리즈」 제1권 출간 이후, 세계에서 가장 뛰어난 구약학자 중 한 분인 브루스 월키(Bruce Waltke) 박사를 비롯한 많은 학자가 박 목사님의 업적을 열렬히 지지했다는 사실만으로도 이 책의 가치는 입증됩니다.

'구속사'라는 주제는 우리에게 성경 전체를 관통해서 볼 수 있는 이해의 틀을 제공해 줍니다. 그러므로 박 목사님의 가르침을 받은 성도들은 믿음의 대상과 믿어야 하는 이유를 정확하게 알고 있습니다. 오늘날 많은 목회자가 성경을 사랑하고 설교를 하지만, 성도들에게 하나님의 거대한 계획이 무엇인지, 그 계획안에 성도 개인의 위치가 어디인지는 알려주지 못하고 있습니다. 그 결과, 성경 말씀의 몇 가지 기본 진리는 분명히 이해하더라도 성경의 사건들이 왜 그렇게 전개됐는지 알지 못하며, 그 사건들을 통해 성경과 교회를 어떻게 이해해야 하는지는 깨닫지 못하고 있는 것입니다. 그러나 박아브라함 목사님은 이러한 허점 없이 하나님의 '큰 그림'을 성도들에게 가르쳐 줍니다. 그래서 성경의 모든 조각이 어떻게 하나의 큰 그림으로 맞춰져 가는지를 깨닫게 합니다.

「구속사 시리즈」 제6권은 박아브라함 목사님이 세심하게 만드신 이런 방법론을 탁월하게 보여주는 저서입니다. 박 목사님은 신명기와 이스라엘 백성이 가나안 땅에 입성하기 전 모압 평지에서 선포된 모세의 고별 설교에 대한 소개로 이 책을 시작합니다. 그는 신명기 32:7에 기록된 하나님의 명령 "옛날을 기억하라 역대의 연대를 생각하라"를 우리에게 상기시킵니다. 삼중 명령, 즉 '기억하라, 생각하라, 물으라'를 통해 독자들이 하나님의 구속사를 이해할 수 있도록 합니다. 그것은 옛날을 기억하여, 그것을 미래에 투영하여, 그것을 통해 현재의 일을 결정, 행동하라는 것입니다. 이같이 하나님은 역사 속에서 언제나 당신의 언약에 신실하셨고, 그 신실하심 앞에 당신의 백성을 불러 모으셔서 큰 축복을 주시는 분입니다.

「구속사 시리즈」 제6권 <하나님의 구속사적 경륜으로 본 대제사장의 족보: 맹세 언약의 영원한 대제사장>은 이스라엘이 바벨론 포로 생활 70년을 마친 뒤 제사장 관점에서 기록된 역대기 족보를 정리한 책입니다. 이 책은 하나님의 백성이 구약시대 족보를 통해 자신의 영적 근간과 하나님 말씀을 열방에 전파하라는 지상명령을 기억할 것을 촉구하는 것입니다. 또 이스라엘 백성의 포로 귀환 후, 성전을 재건하는 과정에서 하나님의 백성으로서 예배 회복이 우선시되어야 함을 강조합니다.

역대기 족보는 창세기 3:15에 최초 예언된 '영원한 대제사장'이 바로 '예수 그리스도'임을 지목합니다. 「구속사 시리즈」 6권의 주제인 제사장 제도는 결국 '제사에는 제물이 필수적'이며, '그 제물의 정점은 스스로 희생의 제물이 되신 영원한 대제사장 예수님 자신'임을 가르쳐 주는 것으로 제사장 제도는 예수 그리스도의 사역으로 종착된다는 것입니다. 이 책은 이처럼 예수님이 신구약 성경 전체의 중심임을 분명히 보여줍니다. 그래서 예수 그리스도가 우리

죄를 사하시기 위해서는 십자가에서 피 흘리실 수밖에 없었다는 사실을 깨닫게 합니다. 예수님의 죽으심과 부활이 없다면 우리는 요한계시록 21, 22장에 기록된 '새 예루살렘'의 바깥에서 죽음을 기다리는 운명일 수밖에 없는 것입니다.

박아브라함 목사님은 또한, 유대인들의 역사적, 문화적 배경과 상황에 대한 정확한 이해, 특히 초기 기독교에 대한 이해가 성경의 정확한 해석에 필수적인 요소임을 강조합니다. 이에 대한 이해는 신약의 메시지를 이해하는 데 필요한 시각을 제공해 줍니다. 또한, 박 목사님의 책은 매우 중요한 부분이지만 잘 알려지지 않은 성경의 진리를 연구하여 다양한 색감의 그림과 도표를 명쾌하게 정리하여 성경 역사와 세계사가 종합적으로 기술되므로 이해하기 어려웠던 독자들에게 큰 도움이 될 것입니다. 추가적으로 제사장 예복과 찬양대에 관한 내용도 접할 수 있습니다. 이 부분을 그냥 간과하고 싶을 수도 있겠으나, 그것은 절대 현명한 선택이 아닐 것입니다.

제가 젊은 시절 이 「구속사 시리즈」를 접했다면, 엄청난 도움을 받았을 것입니다. 저는 초보 신자였을 때, 성경을 정독하고 성경 구절을 암송했지만, 신학대학에 입학한 후에야 성경적 교리와 구속사를 제대로 깨닫기 시작했습니다. 그런데 박 목사님은 「구속사 시리즈」를 통해 평신도들도 구속사를 쉽게 이해할 수 있게 만드셨습니다. 아마도 이 책에서 가장 중요한 가르침은, 당신을 믿는 백성들에게 늘 신실하신 하나님께서 역사(歷史) 속에서 늘 일해 오고 계심을 반드시 기억해야 한다는 것입니다. 이것을 기억할 때 우리는 세상과 구별돼 모든 유혹을 멀리하고 주님만 의지하고 순종할 수 있게 되는 것입니다. 그럼으로써 하나님의 약속은 확증될 것이고, 우리의 모든 죄는 예수님이 자신을 제물로 드리신 영원한 제사를 통해 사함 받는 것입니다.

한국의 기독교 역사, 특히 엄청난 영적 축복이 쏟아졌던 시기를 생각할 때, 모든 기독교인이 「구속사 시리즈」 전체에 주목함으로써 성경 이해와 영적 축복에 또 한 번의 새로운 시대가 열리게 되길 바란다면 지나친 바람일까요. 더 많은 그리스도인이 이 책을 읽어야 한다고 생각합니다. 이 귀한 서책이 성경에 대한 흥미를 증폭시키는 새로운 물결이 되고, 각지에 있는 하나님 백성의 앞길을 밝히 비추게 되기를 소원합니다.

Dr. Luder G. Whitlock, Jr

Foreword

Dr. Bruce Waltke

Th.D. Greek and New Testament,
Dallas Theological Seminary Th.D.
Ph.D. Ancient Near Eastern Languages and
Literatures, Harvard University Ph.D.
Professor Emeritus of Biblical Studies, Regent College
Distinguished Professor of Old Testament,
Knox Theological Seminary
world-renowned theologian

Book 6 in the History of Redemption Series, The Eternal High Priest of the Covenantal Oath: the Genealogy of High Priests in Light of God Administration in the History of Redemption comprehensively teaches what the Holy Spirit revealed about the doctrine of the priesthood.

The Holy Spirit graciously used the renowned late Reverend Abraham Park, D. Min., D.D., to give His Church a treasure on this important, albeit often neglected, doctrine.

Scholars heretofore researched aspects of this subject, but none has organized the subject so comprehensively, systematically, and diachronically (i.e., from Genesis to Revelation) as this work.

For example, to my knowledge, this is the first time the generations of the seventy-seven high priests, from the time of Aaron, when Israel was founded as a holy nation, to Phannias (AD 70), when God terminally destroyed the Jerusalem temple, has been systematically organized.

And more than that, the study is enhanced by lucid writing and visual spread-sheets and charts. This labor of love is further enhanced by the author's passion for his subject and all things godly, and by his application of the truth to the Christians.

서평

브루스 월키 박사(Dr. Bruce K. Waltke)
달라스 신학대학원 신학박사(헬라어와 신약)
하버드 대학교 철학박사(고대 근동 언어들과 문학)
리젠트 칼리지 명예교수(성경연구)
낙스 신학대학원 교수(구약)
저명한 세계적인 신학자

「구속사 시리즈」 제6권 <하나님의 구속사적 경륜으로 본 대제사장의 족보: 맹세 언약의 영원한 대제사장>은 성령님이 밝혀 주신 '제사장'에 대해 포괄적으로 가르쳐주는 책입니다.

성령님은 하나님의 은혜 가운데 아주 중요하지만 너무나 쉽게 간과되었던 이 중대한 보물을 교회에게 선물로 주시기 위해서 세계적으로 유명한 저자이신 박아브라함 목사님(D. Min., D.D.)을 사용하셨습니다.

지금까지 많은 학자와 신학자들이 이 주제에 대해 부분적으로 연구했지만 「구속사 시리즈」 6권만큼 이 주제를 종합적이고 체계적으로, 그리고 창세기부터 요한계시록까지 통시적으로 정리한 사람이 없습니다.

예를 들어, 이스라엘이 거룩한 나라로 탄생한 후의 최초의 대제사장 아론부터 주후 70년 하나님께서 예루살렘의 성전을 파괴시킬 때의 마지막 대제사장 파니아스까지 77대 대제사장의 족보가 정리된 이 책은, 제가 아는 한 유구한 역사속에서 가장 체계적으로 정리된 세계 최초의 업적입니다.

더 나아가 이 책은 명쾌한 문장과 시각적인 이해 도움과 도표를 통해서 높은 수준에 도달하고 있습니다. 저자의 이 모든 사랑의 수고는 이 주제와 모든 경건한 것을 향한 저자의 열정과 기독교인의 진리에 대한 그의 열심에 의해서 더더욱 높은 경지로 나아가고 있습니다.

Dr. Bruce K. Waltke

| 추천사 |

손석태 박사(Ph.D.)
철학박사, 개신대학원대학교 명예총장

성경의 족보 연구에 있어서 세계적 대가라고 할 수 있는 박윤식 목사님께서 다섯 권에 걸친 예수님의 족보에 관한 책을 저술한 데 이어, 이번에는 대제사장들의 족보를 정리해서 책으로 내놓았습니다. 90이 가까운 목사님께서 아직도 이러한 글을 쓰실 수 있다는 사실에 대하여 나는 은퇴한 교수로서 존경을 표하지 않을 수 없고, 구속사의 주인공인 예수님의 족보라는 한 주제를 가지고 이렇게 한결같이 끈질기게 연구하시는 집념에 대하여 경의를 표하지 않을 수 없습니다.

또한 그의 유려한 문장은 마치 소설을 읽는 것같이 쉽게 읽혀져서 전혀 이론이나 신학적인 책 같지 않아서, 누구나 문을 두드리고 들어가 보고 싶은 호기심과 충동을 느끼게 합니다. 목회자로서 또한 한 인간으로서 온갖 산전수전을 겪으며 살아온 가운데 쌓인 인생의 지혜와 경륜이 한 문장 한 문장에 배어 있어서 눈길이 멈추곤 했습니다.

이런 좋은 책을 우리에게 선물하신 목사님께 먼저 감사를 드리며, 부족한 사람이 감히 추천의 글을 씁니다. 사실 저는 목사님에게 더 이상 누구의 추천이 필요하지 않다고 말씀드렸는데도 굳이 원하시니, 추천사라기보다는 독자들에게 이 책을 소개하는 글을 쓰려고 합니다.

박 목사님의 책을 대할 때마다 느끼는 점은 그의 신학이 철저하게 성경 중심의 보수 성경 신학이라는 점입니다. 성경이 하나님의 영감으로 쓰인 하나님의 말씀이라는 기본적인 전제가 기초이며, 성경을 성경으로 해석해야 한다는 개혁주의 성경해석 원리와 방법이 그의 신학 사상을 주도하고 있다는 점입니다.

따라서 그는 무엇보다 성경 지식이 깊고 넓습니다. 평소에 전혀 생각지도 못했던 성경 구절을 꼬집어 하나님의 구속사와 연결하거나 다른 성경 구절과의 관계를 설명하는 부분들이 많은데, 그것은 성경을 많이 탐독한 사람이 아니면 할 수 없고, 말씀을 꾸준하게 묵상하고 연구하는 사람이 아니면 할 수 없는 일입니다. 나는 이 책을 읽으면서 다시 한 번, 성경 선생이 되어 성경을 연구하고 가르치고 설교하려면 무엇보다 성경을 많이 알아야 한다는 점을 새롭게 다짐하면서도, 한편으로는 나 자신의 성경에 대한 무지함 때문에 부끄러움을 느낍니다.

<하나님의 구속사적 경륜으로 본 대제사장의 족보 **맹세 언약의 영원한 대제사장**>이라는 제명에서 "맹세 언약의 영원한 대제사장"이란 말은 우리의 대제사장이신 예수 그리스도를 일컫는 칭호로, 히브리서 7:28에 나오는 말입니다. 우리 인간들은 죄인들이라, 거룩하신 하나님 앞에 직접 나갈 수 없습니다. 그래서 하나님께서는 우리 죄인들이 제물을 가지고 제단에 나아가, 제사장을 통하여 하나님께 제사를 드림으로 우리의 죄를 용서받고 하나님과 교제하며 살도록 제사 제도를 만드셨습니다. 구속사 가운데 제사장은 장차 오실 영원한 대제사장 예수 그리스도에 대한 모형입니다. 모형이란

아파트의 모델 하우스와 같은 것이어서 청약자는 그 아파트 실형의 공사가 완성되기를 바라고, 기다리며 살다가 완성되었을 때, 그곳에 입주하여 살게 되는 것과 같습니다. 따라서 모형과 실형은 서로 떼려야 뗄 수 없는 관계입니다. 모형이 있으면 실형이 있고, 실형이 있으면 모형이 있기 마련입니다. 따라서 대제사장이신 예수님을 알려면 구약의 제사장들을 알아야 합니다. 예수님의 족보가 중요하다면 제사장들의 족보도 중요합니다. 그래서 성경에는 다양한 면에서 하나님의 구속 사업에 관련된 사람들의 족보가 수록되어 있고, 그중에서도 제사장들의 족보는 거의 완벽하게 기술해 놓았습니다.

그럼에도 불구하고 우리는 그동안 제사장들의 역할에 대해서는 많은 관심을 가졌지만, 제사장들의 족보에 대해서는 별로 관심을 갖지 못했습니다. 그런데 박윤식 목사님은 이스라엘의 대제사장들의 족보를 정리해서 책으로 내놓으신 것입니다. 특히 역사상 처음으로 제사장의 족보를 정리하여 만든 도표는 한눈에 보기에도 제사장의 역사를 알 수 있게 잘 만들어진 것이라고 생각됩니다. 저자는 우리 예수님의 제자들이 꼭 알아야 할 부분이지만 미처 생각하지 못했던 부분을 연구하고 책으로 출판하여, 후진(後進) 성경 학도들에게 중요한 가르침을 주신 것입니다.

박 목사님은 본 서를 시작함에 있어서 신명기 32:7, 여호와께서 모세를 통하여 주신 말씀, "역대의 연대를 생각하라"라는 구절을 통하여 우리 성도들이 하나님의 구원의 역사를 아는 것이 얼마나 중요한가를 전제하고, 역대서에 기록된 족보를 설명해 갑니다. 그는 특히 역대서 가운데 구속사의 압축이라고 할 수 있는 1-9장의 족보 가운데서 X자 형 구조를 발견하고, 이 구조 속에서 6장의 제사장들과 레위인들에 관한 기사가 전체 족보의 핵심을 이루고 있고, 6장 가운데서도 6:48-53에서 대제사장에 관한 기사가 전체 족보의 중앙에 배열된 점을 통하여 결국 역대기는 제사장을 중심한 역사임을 인지하고, 그의 책을 제사장과 레위인의 족보와 그들의 역할을 중심으로 전개해 갑니다. 이 점에 있어서 박윤식 목사님의 책은 그 구성이 참으로 독특하고 뛰어납니다.

일반적으로 역대기서의 관심사와 족보의 역할은, 이방 땅에서 포로 생활을 마치고 부정할 대로 부정해져서 예루살렘에 돌아왔지만, 성전도 없고 왕도 없이 황폐한 성읍을 바라보며 이스라엘 백성이 가진 질문, 곧 "아직도 우리는 여호와의 선민인가?" 하는 과거와의 연속성 문제에 대하여 "그렇다. 우리는 여전히 여호와의 백성이다"라는 신학적 해답을 주는 목적으로 쓰인 책이라고 말합니다. 그러나 박 목사님은 역대기서를 통하여 제사장들의 족보와 역할에 관심을 두고 있다는 점에서 특별한 것입니다.

역대기서를 통하여 하나님께서 죄지은 인간들을 구원하기 위하여 세운 제사장들이 어떤 사람들이며 이들의 역할이 무엇인가를 통시적(通時的)일 뿐만 아니라 공시적(共時的)으로 전개해 나감으로 역사를 입체적으로 조망할 수 있게 했습니다. 그래서 성경의 제사장에 대한 기사를 써 내려가는 것이, 마치 어부가 강물을 따라 그물을 들고 물고기를 몰아가듯이 그의 주제를 몰고 가는 것 같은 느낌을 갖게 합니다.

또한 이 책은 성경에 국한하지 않고, 성경 시대 이후, 제2성전(스룹바벨 성전) 시대로부터 헤롯 성전 시대까지의 역사를 제사장 중심으로 다루고 있어서, 신약과 구약 사이의 중간 시대에 대해서 익숙하지 않은 독자들에게는 귀중한 역사적 정보를 접하게 해 줍니다. 마치 요세푸스의 역사책을 읽는 것 같습니다.

바벨론에게 유다가 멸망한 이후, 헬라 세력의 지배 시대, 그리고 로마 시대로 이어지는 역사가 성경에는 에스겔, 다니엘, 느헤미야, 에스라, 에스더 등에 기록되어 있지만, 그것은 선지자를 중심으로 매우 단편적입니다. 사무엘서, 열왕기서, 역대기서처럼 역사의 흐름을 잘 알 수 있도록 포괄적이고 체계적으로 기록된 부분이 없어서 포로로 잡혀간 이후 귀환까지, 그리고 예수님의 탄생까지의 역사가 시원하게 이해되지 않는 부분인데, 이 책은 바로 그 공백을 잘 메워 주고 있습니다. 물론 이 시대는 이스라엘의 역사 가운데 가장 시련이 많고 중요한 시기입니다. 예루살렘 성읍을 정비하고, 성전을 재건한 후, 계속 밀려오는 이방 세력의 정치적인 압제와 종교 탄압, 그리고 강제 노동과 착취 등으로 신음하는 백성들을 위로하고 희망을 주어야 할 이 시기의 제사장들이 벌이는 정치적인 세력 다툼과 세속적으로 타락한 모습을 이 책은 너무나 적나라하게 잘 정리하고 있습니다.

또한 박 목사님의 책은 전체적인 구성도 잘 짜여 있지만, 장마다 본문 전개도 먼저 내용 구분, 그리고 해석상의 특이 사항, 마지막으로 구속사적 의미를 다루고 있습니다. 그의 해석은 곳곳에 그의 해박한 성경 지식과 영적인 통찰력이 배어 있으며, 자칫 영해(靈解)로 흐르기 쉬운 부분도 절제하여 신학적인 균형을 이루고 있습니다. 또한 일반 목회자들이 설교하는 데 도움이 되도록, 복잡한 역사를 한눈에 보고 알 수 있도록 한 점도 박 목사님 특유의 목회적 배려라고 생각됩니다.

그러나 무엇보다 그의 글은 쉽고, 누구나 편하게 읽을 수 있는 글입니다. 한번 손에 책을 들면 끝을 보아야 책을 놓게 만드는 마력이 있습니다. 그리고 또 다음을 기다리게 합니다. 본 서에는 지면상 다루지 않았지만 제사장과 더불어 다루어야 할 부분이 성막과 성전, 그리고 제사와 제물 등입니다. 저자는 다음에 쓰겠다는 것을 약속하고 있기 때문에 다음 책 역시 기다려집니다.

나는 이 책이 성경을 공부하는 모든 성경 학도들이 꼭 읽고 공부해야 할 책이라고 생각합니다. 신학대학원이나 목회 현장에서는 우리의 대제사장 예수 그리스도의 모형으로서 제사장의 역할에 대한 단편적인 지식에만 관심을 갖습니다. 그러나 그에 못지않게 제사장의 계보와 그들이 하나님의 구속사 가운데 행한 일들을, 역사적으로 그리고 체계적으로 아는 것은 무엇보다 더 중요한 일입니다. 마치 그동안 가 보지도 못했던 전혀 새로운 길을 들어가, 눈앞에 펼쳐지는 장엄한 경관을 대하는 듯한 감동과 감격을 주리라 믿습니다.

철학박사, 개신대학원대학교 명예총장 **손 석 태** 박사

| 추천사

조영엽 박사(Ph.D.)
철학박사, 미국독립장로해외선교부
[The Independant Board for Presbyterian
Foreign Mission (IPM)
J. Gresham Machen 설립] 선교사

먼저 박윤식 목사님의 「구속사 시리즈」 제6권 <하나님의 구속사적 경륜으로 본 대제사장의 족보 **맹세 언약의 영원한 대제사장**>이 출간되어, 한국과 전 세계 신학계에 큰 공헌과 기여를 한 데 대하여 진심으로 축하를 드립니다.

「구속사 시리즈」 - 특이한 책명

박윤식 목사님은 일반적이고도 보편적 명칭인 '구원'이라는 용어 대신 '구속'이라는 단어를 사용하고 있습니다. 그것은 매우 의미심장한 용어입니다.

일반적으로 '구원'은 헬라어 원문에 '쏘테리아'(σωτηρία, salvation, deliverance: 구원, 구출)라는 단어입니다(눅 19:9, 행 4:12, 살후 2:13, 딤후 3:15, 히 2:3). 반면에 '구속'은 '루트로시스'(λυτρωσις) 또는 '아포루트로시스'(απολύτρωσις)로, 구원의 구체적 방편까지도 나타내는 단어입니다(마 20:28, 눅 21:28, 롬 8:23, 엡 4:30, 히 9:12). 구속은, 예수 그리스도께서 자신을 희생의 제물로 드리심으로 만세 전에 그리스도 안에서 택한 자들을 죄와 사탄의 권세와 사망에서 구원하신다는 뜻입니다.

따라서 박윤식 목사님이 본인의 저서들을 「구속사 시리즈」라고 한 것은 용어의 올바른 선택이요, 성경적이요, 칼빈주의 정통보수 신학적 입장을 분명히 취한 것입니다.

박윤식 목사님은 이 저서(제6권)에서
1) '제사장은 레위 지파 중 오로지 아론의 후손에서만 나오도록 되어 있는데 어떻게 유다 지파에서 나올 수 있었는가?'라는 학문적 의문을 세계 최초로 명쾌하게 입증하셨습니다. 다시 말하면 '레위 지파가 아닌, 아론 계통이 아닌, 한 사람도 제단 일을 받들지 아니한 유다 지파에서 영원한 대제사장이신 예수 그리스도께서 어떻게 나오실 수 있었는가?' 하는 문제를, 영원한 대제사장 멜기세덱의 반차(계열)를 따라 성취되었음을 통하여 성경적으로 입증하셨습니다.
2) 아론으로부터 시작하여 AD 70년 로마 디도 장군(Titus)에 의하여 예루살렘이 멸망당할 때까지 77대의 방대한 대제사장(high priest)의 계보를, 성경적으로 연계(連繫)하여 세계 최초로 일목요연하게 체계적으로 정리하셨습니다.
3) 대제사장의 예복에 관하여도, 지금까지 내려온 고정 관념과 잘못된 전통을 깨고, 오직 하나님의 말씀에 입각하여 대제사장의 예복을 성경적으로 고증하셨습니다.

이 외에도 박윤식 목사님은 이 저서에서 --진리의 광산에서-- 값진 보화들을 발굴하여 전(全) 세계 신학계와 교계에 지대한 공헌과 기여를 하셨습니다.

저는 이 저서를 추천함에 있어서, 저자 박윤식 목사님에 대한 올바른 평가가 이루어지기를 바라는 심정에서 몇 가지를 부언하고자 합니다.

박윤식 목사님에 대한 올바른 평가
1) 박윤식 목사님은 기도와 묵상 그리고 성경 다독, 정독에 전념하는 하나님의 종이라고 생각합니다.

박 목사님의 「구속사 시리즈」 제1, 2권 서문에 나온, "저는 우리 주님의 그 크신 사랑과 십자가 복음에 너무도 큰 빚을 진 죄인일 뿐입니다(롬 1:14). 그래서 47년 전 하나님 앞에서 서원하는 마음으로 기도하는 가운데 하루에 두 시간 이상 기도와 세 시간 이상 성경 읽기를 결심하고 오늘에 이르기까지 하루도 빠짐없이 기도하면서 하나님의 주권적인 은혜로 성경을 읽어 왔습니다. 그리고 부족한 종을 통해서 이루어진 것이 있다면, 그것은 팔십 묵은 죄인이 이룩한 것이 아니라 전적으로 주님께서 하신 것임을 고백합니다."라고 한 고백은 우리 모두에게 시사하는 바가 크다고 생각합니다.

2) 박윤식 목사님은 칼빈주의, 개혁주의 정통보수 신앙을 주장하는 하나님의 종이라고 생각합니다.

박 목사님은 「구속사 시리즈」 제2권 서문에서 "저는 믿음의 대선배이신 고 박형룡 박사님이 교훈하신 칼빈주의, 개혁주의 정통 신학을 계속 연구하며 오직 보수 신앙을 지키고자 애써 왔습니다."라고 밝히고 계십니다. 박 목사님은 신복음주의나 자유주의, 신오순절주의 및 온갖 이단 등을 배격하고 개혁주의 정통보수주의를 지켜 왔습니다. 또한 부족한 저의 저서들(조영엽 박사 조직신학 전권)을 신학교 교과서로 가르친다는 사실만으로도, 박 목사님과 평강제일교회와 그 교단의 신앙적 신학적 입장은, 칼빈주의 개혁주의 노선이라고 확신합니다.

3) 박윤식 목사님은 자신을 위한 개인 통장이 없다는 말씀을 그 교회 성도님들로부터 듣고 알게 되었습니다. 물질에도 청렴하신 분이십니다.

그분은 이 책 서문에서 "인생은 이 땅에서 내 것이라곤 하나도 없는 나그네요, 잠깐 보이다가 없어지는 안개요, 너무나 짧은 찰나요, 그나마도 머무름이 없는 그림자에 불과하며(대상 29:15, 약 4:14, 벧전 2:11), 그 후에는 반드시 하나님의 심판이 있습니다(롬 2:16, 히 9:27, 계 20:12-13)." 하셨고, "… 너희의 나그네로 있을 때를 두려움으로 지내라"(벧전 1:17) 하신 말씀을 가슴 깊이 새기고 계십니다.

고린도전서 15:58 "그러므로 내 사랑하는 형제들아 견고하며 흔들리지 말며 항상 주의 일에 더욱 힘쓰는 자들이 되라 이는 너희 수고가 주 안에서 헛되지 않은 줄을 앎이니라"

고린도후서 13:13 "주 예수 그리스도의 은혜와 하나님의 사랑과 성령의 교통하심이 너희 무리와 함께 있을지어다"

이제 박윤식 목사님의 「구속사 시리즈」 제6권이 한국의 교역자, 교수, 신학생, 평신도를 비롯한 모두에게 올바른 구속사를 깨닫게 하고, 말씀 중심의 정통개혁주의 신앙을 확립시키며, 성경을 보는 영안을 열어 주는 최상의 지침서라고 확신하므로 이 저서의 필독을 강력히 권하는 바입니다.

그리스도 예수 안에서 조 영 엽 박사

Youngyup Cho

| 추천사 |

주대준 박사
(前) 한국과학기술원(KAIST) 부총장
기독교 베스트셀러 「바라봄의 법칙」의 저자

하나님의 은혜로 제 간증집 「바라봄의 법칙」이 많은 사람들에게 사랑받고 있는 것은 참으로 감사한 일입니다. 저는 시간이 허락하는 한 자주 서점에 들러 독자들을 만나곤 합니다. 많은 독자들이 박윤식 목사님의 「구속사 시리즈」를 읽고 은혜 받는 것을 보면서, 저도 박 목사님의 책을 읽게 되었습니다. 일반 목사님들이 쉽게 쓸 수 없는 깊은 영감과 성경을 꿰뚫는 혜안에 큰 감동과 은혜를 받았습니다. 85세의 고령에도 불구하고 「구속사 시리즈」 제6권 <맹세 언약의 영원한 대제사장>을 집필하시고 출판하신 그 열정에 진심으로 경의를 표합니다.

구약시대 이스라엘 백성을 대표했던 가장 큰 지도자는 바로 대제사장이었습니다. 그들은 백성을 대표하여 1년에 하루 지성소에 들어가 하나님께 사죄의 제사를 드렸습니다. 대제사장은 우리의 영원한 대제사장인 예수 그리스도의 예표입니다. 지금까지 대제사장에 대한 연구가 미흡했던 것이 아쉬웠는데, 이번에 박윤식 목사님의 저서를 통해서 대제사장에 대한 자세하고 체계적인 연구가 이루어졌습니다. 이번 책을 읽으며 느낀 점은,

첫째, 아론부터 시작하여 주후 70년에 이스라엘이 멸망할 때까지의 77명의 대제사장의 족보와 역사를 세계 최초로 성경과 연결시

켜 정리하였습니다.

　둘째, 대제사장 모습의 성경적인 의미를 밝히고 있습니다.

　셋째, '바사 멸망 이후 유대 대제사장과 세계사의 변천', '레위 자손과 대제사장의 족보'를 정리한 도표를 보는 순간, 노종의 혼신의 힘과 열정이 담겨 있음을 느낄 수 있었습니다.

　전 세계적으로 그 어떤 학자도 체계화하지 못한 것을 박윤식 목사님이 완성하신 것은, 오직 성경만을 사랑하고 성경의 깊은 진리를 꿰뚫고 있기에 해 낼 수 있었다고 생각합니다. 저는 약 30여 년 전부터 박윤식 목사님께서 깊고 깨끗한 영성과 학문성을 겸비한 세계적 지도자이심을 잘 알고 있었습니다. 박 목사님은 오직 기도와 성경 연구에 평생을 매진해 오신 영력이 뛰어나신 분이십니다. 지금까지 박 목사님께서 많은 오해와 모략을 받으셨지만, 그것 때문에 오히려 성경 연구에 몰두한 결과로 이렇게 찬란히 빛나는 「구속사 시리즈」로 꽃을 피우고 결실을 맺게 된 것임을 믿어 의심치 않습니다. 바라옵기는 한국 교회가 교파를 초월하여 예수님 안에서 하나가 되어, 교단 간에 분열과 불신보다는 화합을 위해 서로 기도하고 축복해 주는 예수님의 마음을 품기를 소망합니다. 박윤식 목사님의 「구속사 시리즈」가 한국 교회를 말씀 중심으로 하나가 되게 하는 촉진제 역할을 하게 되기를 소망하며 이 책을 추천합니다.

한국과학기술원(KAIST) 부총장 **주대준** 박사

저자 서문

PREFACE

박윤식 목사

　하나님의 창조와 그 이후 인간의 타락, 구속, 마침내 새 하늘과 새 땅의 완성에 이르는 모든 역사는, 하나님의 구속사(救贖史)입니다. 구속사의 중심은 예수 그리스도이시며, 신구약성경 66권은 처음부터 마지막까지 예수 그리스도를 중심한 하나님의 구속 경륜을 기록하고 있습니다. 구약의 족장 시대, 애굽과 출애굽 시대, 광야 시대, 사사 시대와 왕정 시대, 바벨론 포로와 귀환 시대, 신구약 중간 시대, 신약시대에 이르는 성경의 역사는, 위대한 하나님의 구속사입니다. "옛날을 기억하라 역대의 연대를 생각하라"(신 32:7)라는 모세의 유언적 권면처럼, 우리는 태초부터 한 세대 한 세대로 엮어져 내려온 역대의 연대 속에 담긴 하나님의 구속사를 반드시 깊이 깨달아야 합니다.

　에덴에서 쫓겨난 이후 인생들이 하나님을 만나는 통로는, 제사 드리는 제단을 통한 구속 운동이었습니다. 이 제단은 족장 시대의 개인 제단, 광야 시대의 성막 제단을 거쳐, 왕정 시대에는 솔로몬 성전의 제단, 포로 귀환 시대에는 스룹바벨 성전의 제단으로 바뀌었습니다. 그러나 이 제단들에서 날마다 제사가 반복적으로 드려졌음에도 불구하고, 근본적인 죄의 문제는 해결되지 않았습니다.

이제 제단을 통한 구속 운동의 절정으로 오신 분이, 바로 예수 그리스도이십니다. 예수 그리스도께서는 "인자의 온 것은 잃어버린 자를 찾아 구원하려 함이니라"(눅 19:10), "이 소자 중에 하나라도 잃어지는 것은 하늘에 계신 너희 아버지의 뜻이 아니니라"(마 18:14)라고 말씀하시면서, 한시도 쉬지 않으시고 구속 운동을 진행하셨습니다(요 5:17). 마침내 예수님께서는 영원하신 대제사장으로서 십자가에서 단번에 영원한 속죄를 이루시고(히 7:27, 9:12, 26, 10:2, 10, 14, 참고-롬 6:10, 벧전 3:18), '여자의 후손' 약속을 성취시키시고, 잃어버린 자를 찾는 구속 운동의 완성을 이루셨습니다(창 3:15).

자기 몸을 제물로 드리시고 부활 승천하신 예수님께서는(히 4:14), 지금도 대제사장으로서 하나님 보좌 우편에서 잃어버린 자를 찾기 위하여 쉬지 않고 간구하고 계십니다(롬 8:34, 골 3:1, 히 1:3, 8:1, 벧전 3:22). 실로 예수님만이 멜기세덱의 반차를 좇아서 오신 영원한 대제사장이요(히 2:17, 3:1, 4:14, 15, 5:5, 10, 6:20, 7:11, 17, 9:11), 유일하게 맹세로 언약된 대제사장이신 것입니다(시 110:4, 히 7:20-21).

성경에는 많은 대제사장이 나옵니다. 대제사장의 사역은 참대제사장이신 예수님의 모습을 보여 줍니다. 대제사장은 하나님 앞에서 이스라엘 백성을 대표했던 자들로, 이들의 족보와 역사는 이스라엘 전체 족보와 역사를 대변합니다. 그런데 안타깝게도, 대제사장 및 제사장의 족보와 역사는 지금까지 많은 사람에게 외면당했던 분야였습니다. 국내외에서 부분적으로는 연구한 분들이 있었지만, 아론부터 시작하여 주후 70년 예루살렘이 멸망할 때까지의 방대한 77대 대제사장의 계보를 통시적이고 체계적으로 정리하여 성경과 연결시킨 연구는 지금까지 없었습니다. 이 전인미답(前人未踏)의 분야를 정리한다는 것이 미천한 저에게는 너무도 감당키 어려운 과제였습니다. 그러나 45년도 더 전부터 정리해 두었던 원고들을 근간(根幹)으로, 오직 하나님의 선하신 손의 도움을 받아 이렇게 '대제사장의 계보'를 정리하게 되었으니 실로 감사와 감격뿐입니다.

부디 끝까지 정독(精讀)하시는 가운데, 본 서가 이 분야의 연구에 기본적인 교재가 되어 많은 이들의 수고를 덜어 줄 뿐 아니라, 더 깊고 방대한 연구의 큰 기폭제가 되고 많은 성도의 견문을 넓혀 주는 계기가 되기를 소원합니다. 나아가 부족한 노종의 연구를 계기로, 대한민국의 교회가 자랑할 만하고 세계 신학계가 깜짝 놀랄 만한 세계적인 명저들이 많이 나오기를 간망(懇望)합니다.

그동안 저는 깊은 산속에 수백 년 파묻혔던 산삼(山蔘)을 캐는 심마니의 심정으로, 신구약성경에 파묻힌 구속 경륜의 비밀(엡 3:9)을 캐내어 보려고 마음과 정성을 쏟고 정신을 집중하였습니다. 역대의 연대 속에 감추어진 믿음의 선진들의 발자취를 구석구석 세밀하게 밟으면서, 그 가운데 역사하신 하나님의 변함없으신 사랑과 은혜에 흐르는 눈물을 주체할 수 없을 때가 많았습니다. 책을 쓰면 쓸수록 저의 부족한 구상력과 필력(筆力)으로 인하여 역대 연대의 구속 경륜과 하나님께서 주신 영감을 온전히 표현하지 못한 아쉬움과 안타까움이 가득합니다. 막상 책으로 내놓고 보니 그렇게도 하고픈 말이 많았는데 다 쓰지 못한 부분이 너무도 많고, 제

마음에서 뜨겁게 솟구쳤던 그 영감 어린 말씀을 제대로 표현하지 못한 점이 하나님 앞에 그저 송구스러울 따름입니다. 그러나 모든 것을 온전케 하시는 하나님께서, 믿음으로 이 책을 읽는 모든 분에게, 강력한 성령의 역사하심을 통해서 만세와 만대로부터 옴으로 감취었던 비밀의 경륜(골 1:26)을 깨닫게 해 주시기를 간절히 소망합니다.

오늘날 한국 교회와 목회자들이 물량주의와 배금주의에 빠져서 많은 사람에게 지탄을 받는 것은 참으로 안타까운 현실입니다. 예수님 당시에 바리새인들은 돈을 좋아하였으며(눅 16:14), 서기관들은 불쌍한 과부의 가산을 삼켰습니다(막 12:40, 눅 20:47). 순전했던 동방의 의인 욥은 "나는 황금을 믿지도 않고 정금을 의지하지도 않았다. 내가 재산이 많다고 하여 자랑하지도 않고, 벌어 들인 것이 많다고 하여 기뻐하지도 않았다"라고 고백하였습니다(욥 31:24-25, 표준새번역). 인생은 이 땅에서 내 것이라곤 하나도 없는 나그네요, 잠깐 보이다가 없어지는 안개요, 너무도 짧은 찰나요, 그나마도 머무름이 없는 그림자에 불과하며(대상 29:15, 약 4:14, 벧전 2:11), 그 후에는 반드시 하나님의 심판이 있습니다(롬 2:16, 히 9:27, 계 20:12-13). 젊었을 때는 잘 몰랐지만, 나이를 먹으면 먹을수록 "너희의 나그네로 있을 때를 두려움으로 지내라"(벧전 1:17) 하신 말씀이 가슴 깊이 다가옵니다.

사람은 누구나 불완전하고 연약하며 흠이 많습니다. 피차에 흠집을 내거나 비난하는 것은 결코 주의 뜻이 아닙니다. 서로 존중하면서 더 나은 결론을 향하여 함께 나아가야 합니다. 로마서 14:10

에서 "네가 어찌하여 네 형제를 판단하느뇨 어찌하여 네 형제를 업신여기느뇨 우리가 다 하나님의 심판대 앞에 서리라"라고 말씀하고 있습니다. 풍문(風聞)만 듣고 직접 확인해 보지 않고 함부로 판단하고 정죄했다가, 그것이 사실이 아닐 때에는 주님 앞에 큰 수치와 무서운 심판을 면치 못합니다. "사람이 무슨 무익한 말을 하든지 심판 날에 이에 대하여 심문을 받으리니 네 말로 의롭다 함을 받고 네 말로 정죄함을 받으리라" 하신 말씀을 마음에 깊이 새겨야 하겠습니다(마 12:36-37). 예수님의 보혈로 구속 받은 성도라면 나보다 남을 낮게 여기고(빌 2:3) 서로 간의 비난은 절대 삼가야 할 것입니다(롬 2:1). 우리 모두는 함부로 남을 정죄하고 판단하기에 앞서, 성경을 더 깊이 연구하고 날마다 정직한 하나님의 말씀을 따라 정직하게 살아야 합니다. 하나님의 말씀은 정직하기에(시 19:8, 33:4), 의인은 그 도에 행하지만 죄인은 그 도에 거쳐 넘어집니다(호 14:9). 정직히 행하는 자에게 좋은 것을 아끼지 아니하시는 하나님께서(시 84:11), 정직하게 살아가는 모든 이에게 반드시 놀라우신 구속사적 경륜을 깨닫게 인도하시기를 간절히 소망합니다.

끝으로, 이 귀한 서책이 출판되기까지 보이지 않게 물심 양면으로 도와주신 많은 손길에게 진심으로 감사를 드립니다. 특히 「구속사 시리즈」를 영어, 일본어, 중국어, 인도네시아어, 스페인어, 러시아어, 독일어, 캄보디아어, 파키스탄어, 히브리어 등 세계 각국의 언어로 번역하는 데 수고하시는 모든 분께 진심으로 감사를 드립니다.

주의 피로 값없이 구원 받은 저의 얼마 남지 않은 생에 소원이 있다면, 「구속사 시리즈」를 통하여 오직 하나님께만 영광 돌리는 것입니다. 사도 바울의 위대한 신앙 고백처럼, 살든지 죽든지 우리의 온몸 세포 하나하나까지에서 오직 예수 그리스도만 존귀케 되는 축복의 향기가 넘쳐 나기를 간절히 소망합니다(빌 1:20).

이제 한국 교회는 오직 하나님의 말씀으로 돌아갈 때 요셉의 무성한 가지가 담을 넘는 것같이 큰 복을 받을 것입니다(창 49:22). 부디 「구속사 시리즈」가 앞으로 하나님의 말씀을 대한민국뿐만 아니라 온 열방에 편만하게 증거하는 통로가 되며(롬 15:19, 사 11:9, 합 2:14), 전 세계 열방을 살리는 그리스도의 생명에 이르는 향기가 되기를 바랍니다(고후 2:15-16). 아무쪼록 이 책이 하나님의 말씀을 사랑하는 모든 형제 자매에게 큰 유익과 축복이 되고, 하나님께서 이 책을 하나님의 영광의 도구로 만들어 주시기를 기대하며 소망합니다.

2011년 5월 17일
천국 가는 나그네길에서
예수 그리스도 안에 있는 작은 지체 **박 윤 식** 목사

| 차례

서평 · I - XVIII
추천사 · 3
저자 서문 · 16

이해도움 1 · 바사 멸망 이후 대제사장의 계보와 세계사의 변천
이해도움 2 · 레위 자손과 대제사장의 족보

제 1 장 역대의 연대를 생각하라 · 27

Ⅰ. 모세의 역사적 고별 설교 신명기 · 28
Ⅱ. 모세의 축가 '증거의 노래' · 32
Ⅲ. 옛날을 기억하라 역대의 연대를 생각하라 · 34
  1. "옛날을 기억하라"
  2. "역대의 연대를 생각하라"
  3. "네 아비에게 물으라 그가 네게 설명할 것이요
     네 어른들에게 물으라 그들이 네게 이르리로다"

제 2 장 역대기 족보 · 49

Ⅰ. 역대기 족보의 특징 · 52
  1. 구약의 전 역사를 이름으로 압축한 족보입니다.
  2. 수직적인 기록 형식과 수평적인 기록 형식을 모두 사용하고 있는 족보입니다.
  3. 중간에 공백이 있는 경우도 있지만, 구속사의 중단 없는 전진을 보여 주는 족보입니다.
  4. 예수 그리스도의 족보와 연결되는 족보입니다.
  5. 역대기에는 두 가지 종류의 족보가 있습니다.
  6. '온 이스라엘'을 중심한 족보입니다.
  7. 유다 지파와 레위 지파를 중심한 족보입니다.

Ⅱ. 역대기 족보 각 장의 구속 경륜 · 63
  역대상 1장 / 역대상 2장 / 역대상 3장 / 역대상 4장 / 역대상 5장
  역대상 6장 / 역대상 7장 / 역대상 8장 / 역대상 9장

제 3 장 **제사장과 레위인의 직무** · 101
  Ⅰ. 성전 봉사의 완전한 질서 체제 '24반열' · 108
  Ⅱ. 레위인(성전 봉사자) 24반열(대상 23:6-23, 24:20-31) · 111
    1. 레위인의 기원   2. 레위인의 직무
    3. 레위인 24반열의 족보   4. 레위인 직무의 역사
    5. 레위 지파와 장자들의 총회

  Ⅲ. 제사장 24반열(대상 24:1-19) · 138
    1. 제사장의 기원
    2. 제사장의 성별(聖別)
    3. 제사장의 직무
    4. 제사장의 24반열 조직
    5. 제사장 직무의 역사

  Ⅳ. 찬양대 24반열(대상 25:1-31) · 178
    1. 찬양대의 직무와 기원
    2. 찬양대의 24반열 조직
    3. 찬양대 직무의 역사

| 차례

Ⅴ. 문지기 24반열(대상 26:1-19) · 197
  1. 문지기 직임의 중요성
  2. 문지기 24반열 조직(대상 26:1-19)
  3. 성전 문지기의 역사와 직무

제 4 장 대제사장의 족보 · 211

Ⅰ. 대제사장의 족보 · 214
  1. 대제사장의 원어적 의미
  2. 아론부터 주후 70년까지의 대제사장 77대

Ⅱ. 성전별로 구분한 대제사장의 역사 · 225
  1. 모세의 장막 성전   2. 솔로몬 성전
  3. 스룹바벨 성전   4. 헤롯 성전

이해도움 3 · 제사장 겸 선지자였던 사무엘의 생애 · 238

Ⅲ. 시대별로 구분한 대제사장의 역사 · 279
  1. 프톨레미, 셀류쿠스 지배 시대
  2. 셀류쿠스 지배 시대의 극악한 대제사장
  3. 대제사장 공백기 7년
  4. 유대 독립 시대(하스몬 왕가)

Ⅳ. 헤롯 대왕 이후 임명자별로 구분한
   대제사장의 역사 · 311
  1. 헤롯 대왕   2. 헤롯 아켈라오
  3. 수리아 총독 구레뇨   4. 유대 총독 그라투스
  5. 수리아 총독 비텔리우스 6. 헤롯 아그립바 1세
  7. 칼키스의 왕 헤롯   8. 헤롯 아그립바 2세
  9. 반란자들(열심당)의 제비뽑기로 선출

이해돕기 4 · 대제사장 하스몬 왕가와
　　　　　유대 통치자 헤롯 가문의 가계도 · 354

제 5 장 **대제사장의 예복과 직무** · 357

　Ⅰ. 대제사장의 예복 · 360
　　1. 제사장과 대제사장이 공통으로 입는 옷
　　　속옷 / (속옷) 띠 / 관(冠) / 고의
　　2. 대제사장만 입는 거룩한 옷
　　　관(冠) / 에봇 / 에봇 띠 / 에봇 받침 겉옷 / 판결 흉패

　Ⅱ. 대제사장의 직무 · 396
　　1. 이스라엘 백성의 대표자로 제사에 관한
　　　제반 사항을 관장했습니다.
　　2. 1년에 하루, 지성소에 들어갑니다.
　　3. 우림과 둠밈으로 판결을 하였습니다.
　　4. 도피성으로 도망친 자를 살렸습니다.

결론 - 멜기세덱의 반차로 오신 영원한 대제사장
　　　예수 그리스도 · 407

각 장에 대한 주(註) · 454

찾아보기 · 460

이해돕기 5 · 대제사장의 예복

제 1 장

역대의 연대를 생각하라

Consider the Years of All Generations

I
모세의 역사적 고별 설교 신명기
THE BOOK OF DEUTERONOMY:
MOSES' HISTORICAL FAREWELL DISCOURSE

구약성경의 모세오경(창세기, 출애굽기, 레위기, 민수기, 신명기) 중 마지막 책은 신명기입니다. 신명기는 가나안 땅을 목전에 두고 모압 평지에서 모세가 광야 제2세대에게 말씀한 것입니다. 모세는 시내산 언약을 재확인시키면서(신 29장의 모압 언약), 과거 역사를 회고하고 율법을 재강론하였습니다. '신명기(Deuteronomy)'는 한자로 '밝히 알릴 또는 거듭할 신(申), 명령 명(命), 기록할 기(記)'이며, '하나님의 말씀을 다시 밝혀 기록한 책'이란 뜻입니다(참고-신 17:18-20).[1] 첫 번째 하나님의 말씀을 받은 이후(참고-출 19:1-민 10:10) 광야 40년을 거의 마쳐 갈 무렵 약속의 땅에 들어가기 전에 새로운 세대를 위해 다시 강조하는 말씀입니다.

'신명기'의 히브리어책 제목은 신명기 1:1에 처음 나오는 단어 '엘레 핫드바림'(אֵלֶּה הַדְּבָרִים)으로, '이는 그 말씀들이다'라는 뜻입니다. 이것은 신명기가 모세를 통해 선포된 하나님의 말씀임을 명확하게 보여 줍니다.

신명기는 서두에서 그 말씀을 선포한 시기와 장소와 대상을 확실히 밝히고 있는데, 애굽에서 나온 지 제40년 11월 1일에 요단 저편 숩 맞은편 아라바 광야에서 이스라엘 자손, 광야 제2세대에게 선포한 말씀입니다(신 1:1-3). 좀 더 구체적인 시기는 '아모리 왕 시혼과 바산 왕 옥을 쳐 죽인 후'입니다(신 1:4). 이때는 이스라엘 백성이 가나안 땅으로 들어가기 약 두 달 열흘 전으로(참고-수 4:19), 신명기의 설교를 마치고 하나님의 사람 모세는 비스가산에 올라 120세로 그 생애를 마치게 됩니다(신 34:1-7). 그러므로 신명기는 120세 노장 모세가 자신의 임종을 눈앞에 두고, 요단 저편 모압 땅(신 1:5)에서 새로운 세대에게 하나님의 율법을 밝히 재강론한 것으로, 다음 세대를 향한 유언과도 같은 비장함이 담긴 고별 설교입니다.

이때는, 1차 계수된 20세 이상의 장정들(603,550명 - 민 1:46)이 세렛 시내를 건너기 전에 여호수아와 갈렙을 제외하고 다 죽었기 때문에(민 14:26-35, 26:64-65, 32:13, 신 2:13-15), 이 고별 설교를 듣는 대상은 출애굽 한 자 중에 제1차 계수 때 20세 미만으로 계수에 들지 않은 자들과 광야에서 출생한 자들이 대부분입니다. 그들 중 절대 다수는 애굽에서의 430년간(출 12:40-41) 고된 종살이를 전혀 모르는 세대요, 출애굽의 대기적과 홍해를 가르신 하나님의 생생한 구원 역사를 몸으로 체험하지 못한 자들이며, 하나님께서 친히 영광스러운 불꽃 중에 십계명을 돌비에 새기시던 시내산의 그 위엄 있는 장관을 보지 못한 사람들입니다(신 11:2-6). 그러므로 광야 제2세대의 가나안 입성을 앞두고, 하나님께서는 모세로 하여금 다시 하나님의 율법을 밝혀 유언적인 설교를 하도록 명하신 것입니다.

신명기 전체에서 거듭 밝히고 있는 핵심 내용은, 이스라엘의 불신과 패역에도 불구하고 하나님께서는 조상들에게 약속하신 언약을 신실하게 지키셨다는 것입니다(신 4:31, 7:9, 9:5, 29:13). 그러므로 신명기는 단순히 율법을 반복한 것이 아니라, 이스라엘의 모든 과거 역사가 하나님의 언약 속에 진행된 것임을 설명해 주면서 새로운 세대가 직면한 상황에 맞게 율법을 다시 깨우쳐 주고, 그렇게 함으로써 이제 들어갈 약속의 땅에서 펼쳐질 미래의 역사를 어떻게 준비해야 하는가를 밝히 조명해 주고 있습니다.

모세의 고별 설교는 크게 신명기 1-30장과 31-34장으로 나눌 수 있습니다. 신명기 1-30장은 모세가 이스라엘의 과거 역사를 회고하면서 율법을 재강론한 내용이며, 신명기 31-34장은 새 지도자 여호수아의 등장, 그리고 임종을 앞둔 하나님의 사람 모세가 이스라엘의 미래를 바라보면서 최후로 남긴 두 편의 시('증거의 노래'-신 32장, '12지파에 대한 축복'-신 33장)와 모세 최후의 순간(신 34장)을 기록하고 있습니다. 신명기의 결론임과 동시에 율법서 전체의 결론에 해당합니다.

신명기 1-30장은 모세가 선포한 세 편의 설교입니다. 그 첫 번째 설교(신 1:1-4:43)는 출애굽부터 약속의 땅 가나안 접경까지 이르는 광야 노정 속에서 겪은 하나님의 구원 역사를 회고하는 내용입니다. 두 번째 설교(신 4:44-26:19)는 율법의 재강론으로, 언약의 원리(신 4:44-11:32)와 약속의 땅에서의 삶을 위한 세부적인 규칙 및 규정들(신 12:1-26:19)입니다. 세 번째 설교(신 27:1-30:20)는 가나안 입성을 위해 이스라엘 자손이 준비해야 하는 내용들입니다. '너희들은 곧 약속의 땅을 밟을 것이다. 그 땅은 아브라함과 이삭과 야곱에게 약속하신 언약의 땅이다. 그 땅에 들어가서 반드시 언약의 자손답게 살아야 된다'라고 하는 예언적 권면입니다.

신명기 31-34장은 모세가 후계자 여호수아를 세운 일(신 31:2-8, 23), 그리고 강론한 율법을 책에 기록한 일(신 31:9, 24), 그 책의 낭독과 자녀 교육, 그 책의 보관에 대한 당부(신 31:9-13, 25-29), 증거의 노래와 그에 따른 모세의 당부(신 31:14-22, 30, 32:1-47), 이스라엘 12지파를 향한 모세의 축복(신 33:1-29)을 기록하고 있습니다. 그 마지막에 모세는 이스라엘을 가리켜 '여수룬'[2]이라고 부르면서, 천하 만민 중에서 구원 받은 참행복자 이스라엘에 대한 감명 깊은 축복의 메시지로 결론을 맺었습니다(신 33:29, 참고-신 33:5, 26, 사 44:1-2).

신명기 3:23-27을 볼 때, 모세는 가나안 땅에 들어가게 해 달라고 혼신의 힘을 다해 간구하였으나, 하나님께서는 "그만해도 족하니 이 일로 다시 내게 말하지 말라"라고 단호하게 거절하셨습니다. 여기 '다시'에 해당하는 히브리어 '야사프'(יָסַף)는 '더하다, 증가하다, 오래하다'라는 뜻으로, 모세가 가나안 땅에 들어가기를 여러 번 기도했음을 암시하고 있습니다.

이제 모세는 느보산에 올라 여리고 맞은편 비스가산 꼭대기에 이르러 장엄한 최후를 맞게 됩니다(신 32:48-52, 34:1-12). 하나님께서는 모세에게 길르앗 온 땅을 단까지 보이시고, 또 온 납달리와 에브라임과 므낫세의 땅과 서해까지의 유다 온 땅과 남방과 종려의 성읍 여리고 골짜기 평지를 소알까지 보이셨습니다(신 34:1-3). 이는 하나님께서 이스라엘에게 언약하신 가나안 땅 전체에 해당합니다.

모세는 120세를 향수하고 죽어 벧브올 맞은편 모압 땅에 있는 골짜기에 장사되었고, 오늘날까지 그 묘를 아는 자가 없습니다(신 34:5-6, 유 1:9). 모세는 죽을 때까지 눈이 어둡지 않았고 육체의 기력이 쇠하지 않았습니다(신 34:7). 이스라엘 자손은 모세를 위하여 삼십 일을 애곡하였습니다(신 34:8).

II
모세의 축가 '증거의 노래'
The Song of Moses: The Song of Witness

모세는 세 편의 설교를 마친 후, 하나님께서 말씀하신 대로 여호수아를 새 지도자로 임명하였습니다(신 31:1-8, 23). 그리고 하나님께서는 모세에게 이스라엘의 장래를 위하여 증거의 노래를 지으라고 최후의 명령을 내리시면서(신 31:19-22) "이 노래로 나를 위하여 이스라엘 자손에게 증거가 되게 하라"(신 31:19)라고 말씀하셨습니다. 그 이유는 이스라엘 백성이 가나안 땅에 들어간 뒤에 배부르게 먹고 살찌게 되면, 다른 신들을 섬기며 하나님을 멸시하고 하나님의 언약을 어기므로 재앙과 환난을 당할 것인데(신 31:20-21, 참고-신 32:15), 그때에 이스라엘 자손이 잊지 않고 부르는 이 노래가 하나님의 말씀을 증거해 줄 것이기 때문입니다(신 31:19, 21).

노래는 사람들에게 친숙하여 쉽게 따라 부르게 되고, 절로 외어지고 오래 기억되기 때문에 어떤 사상이나 교훈을 전달하는 데 매우 효과적입니다. 이스라엘이 범죄하여 타락하더라도, 누군가 외어 부를 이 노래가 하나님께 대한 이스라엘의 범죄 사실을 확인시켜 주는 증인 역할을 할 것입니다. 그래서 신명기 31:21 상반절을 표준새번역에서는 "그리하여 그들이 온갖 재앙과 환난을 당하게 될 것이다. 그러나 사람들이 이 노래를 부르는 한, 이 노래가 그들을 일깨워 주는 증언이 될 것이다"라고 번역하였습니다. 그러므로 '증거의 노래'는 '이스라엘의 배반과 하나님의 심판'(신 31:16-18)을 주제로 하지만, 그 속에는 먼 훗날 패역과 불순종으로 재앙과 환난을 당할 때에 이스라엘 자손이 하나님과의 언약을 다시금 기억하고 회개하여 회복의 길을 가게 하시려는, 하나님의 크신 사랑의 섭리가 응축되어 있습니다.

놀랍게도 모세는 이 장대한 증거의 노래를 하나님께서 지시하신 당일에 완성하여 이스라엘 총회에게 가르쳤으며(신 31:22), 끝까지 읽어 들려주었습니다(신 31:30). 여호수아도 모세와 함께 이 노래를 백성들에게 들려주었으며(신 32:44), 또한 12지파의 모든 장로와 유사들을 통해 간접적으로 전달되었을 것입니다(신 31:28, 참고-신 31:9).

모세가 숨을 거두기 전에 남긴 '증거의 노래'(신 32:1-43)는, 평생의 신앙 체험을 담고 있고, 이스라엘과 동고동락했던 그의 마지막 숨결이 고동치고 있으며, 사랑하는 이스라엘 후손들을 향한 애절한 소망이 진하게 배어 있습니다. 마치 망원경으로 환히 살핀 듯, 이스라엘 백성의 미래가 파노라마처럼 예언되어 있으며, 그 속에는 활화산에서 용암이 분출되듯, 언약에 근거한 하나님의 변함없는 사랑이 뜨겁게 솟구치고 있습니다.

III
옛날을 기억하라
역대의 연대를 생각하라
REMEMBER THE DAYS OF OLD
CONSIDER THE YEARS OF ALL GENERATIONS

모세는 증거의 노래를 시작하면서 먼저 천지를 호출했습니다(신 32:1, 참고-신 4:26, 30:19, 31:28, 시 19:1, 사 1:2). 그리고 하나님의 교훈을 '내리는 비, 맺히는 이슬, 연한 풀 위에 가는 비, 채소 위에 단비'라고 생동감 넘치게 비유하면서, 하나님의 말씀이 축복과 생명의 근원이 된다는 사실을 선포했습니다(신 32:2). 그리고 노래의 본론에서 공평하고 진실무망(眞實無妄)하신 하나님을 대적하고 배신하는 이스라엘 백성의 죄를 크게 질책하였습니다(신 32:3-6).

그리고 모세는 신명기 32:7에서 "옛날을 기억하라 역대의 연대를 생각하라 네 아비에게 물으라 그가 네게 설명할 것이요 네 어른들에게 물으라 그들이 네게 이르리로다"라는 세 가지 명령으로 그들에게 호소하였습니다.

이 말씀은 하나님을 배반하고 떠난 이스라엘이 그 죄악을 깨닫고 온전히 회복할 수 있는 방법을 요약한 것입니다. 먼저 옛날을 기억하고, 역대의 연대를 돌이켜 깊이 생각해 보라는 명령입니다. 그래도 잘 모르겠거든 아비와 어른들에게 물어보라는 것입니다. 그들이 옛날과 역대의 연대에 관하여 설명해 주고 일러 줄 말이 많이 있

III. 옛날을 기억하라 역대 연대를 생각하라 | 35

을 것이라는 뜻으로, 모세가 뼈에 사무치게 당부하는 말씀입니다. 이스라엘이 장차 하나님을 불신하고 그 곁을 떠날 것을 알면서도, 가까이 붙들어 놓고 애정 어린 말씀으로 권면하고 호소하는 말씀입니다. 애절한 마음이요, 깊은 생각이요, 정직한 교훈입니다.

첫 번째 명령

"옛날을 기억하라"
"Remember the days of old"

올람   예모트   제코르

זְכֹר יְמוֹת עוֹלָם

"기억하라(remember)"

옛적 일을 돌이켜 생각하기 위해 "기억하라"라고 말씀하셨습니다. '기억'은 지난 일을 '잊지 아니함'을 뜻합니다. 히브리어로 '자카르'(זְכֹר: 기억하라)라는 외침은 신명기에만 열다섯 번이나 기록되어 있습니다(신 5:15, 7:18 2회, 8:2, 18, 9:7, 27, 15:15, 16:3, 12, 24:9, 18, 22, 25:17, 32:7). 그 밖에도 '잊지 말라', '잊어버릴까 하노라'라는 단어가 수차례 반복됩니다(신 4:9, 6:12, 8:11, 14, 9:7, 25:19, 31:21). 하나님의 율법을 잊어버리는 것에 대한 특별한 경계와 권면이 참으로 간곡하게 계속됩니다. 하나님께서 이스라엘에게 베푸신 기적적인 은혜를 기억하라, 언약을 잊지 말라는 것입니다(신 4:23). 구원자는 하나님 한 분밖에 없음을 명심하라는 것입니다(신 4:37-39). 조심하여 잊지 말라는 것입니다(신 6:12-13). 사건 하나하나를 자세히 기억하라는 것입니다(신 11:2-7). 그 가운데 특히, 애굽 땅에서 종 되었던 것과 하나님께서 거기서 속량하셨음을 기억하되(신 5:15, 7:8-11, 8:14, 15:15, 24:18),

잘 기억하라고 말씀하셨습니다(신 7:18-19). 은혜뿐 아니라 거역했던 일도 잊지 말라고 말씀하셨습니다(신 9:7). 평생에 항상 기억하라(신 16:3), 마음에 두고 자녀에게 가르치라(신 32:46)고 말씀하셨습니다.

만일 주인에게 생명의 은혜를 입은 한 종이 자기가 받은 지난날의 은혜를 잊지 않고 기억한다면, 그 기억은 주인에게 충성을 다하는 동기가 될 것입니다(시 116:12). 하나님께서 베푸신 기적적인 은혜를 생생하게 기억하는 자, 허락해 주신 하나님의 영원한 언약의 약속을 흐린 곳 하나 없이 마음속에 기억하는 자는, 견고한 믿음 위에 범사에 감사가 차고 넘치며, 마음속에서 기쁨과 찬송이 그치지 않을 것입니다(시 111:1-4).

"옛날(the days of old)"

기억해야 할 "옛날"의 범위는 상당히 포괄적입니다. 모세는 "옛날"에 해당하는 단어를 일반적으로 '앞서 지나간 때, 지나간 과거'를 가리킬 때 흔히 사용되는 '케드마'(קִדְמָה)가 아니라(시 77:5, 11, 143:5, 사 51:9, 애 1:7), '예모트 올람'(יְמוֹת עוֹלָם)으로 쓰고 있습니다. '예모트 올람'은 '날'을 뜻하는 '욤'(יוֹם)의 복수형 '예모트'와 '영원히'란 뜻의 '올람'의 합성어입니다. '올람'(עוֹלָם)은 과거이든 미래이든 '매우 긴 시간'을 뜻합니다. 미래를 향한 매우 긴 시간을 가리키는 경우에는 '사는 날 내내, 영원히'라고 번역되며(신 23:6, 29:29, 시 21:4, 사 51:8), 과거를 향한 매우 긴 시간을 가리킬 때에는 '아주 오래된 고대, 태고의 때'라고 번역됩니다(시 77:5, 전 1:10, 사 63:9, 11). 그래서 미가 5:2에는 '예모트 올람'을 "상고에"(上古: 아득한 옛날부터, 영원의 날부터)라고 번역하여, 메시아의 자존적 영원성을 말씀하였습니다.

이와 같이 '옛날'은 이스라엘 민족이 태동한 기원(起源)에까지, 더 나아가서 아담, 하와의 창조 때까지 거슬러 올라갑니다. 태초부터 지금까지 전(全) 구속사의 내용을 모두 포함하는 것입니다. 즉 온 우주 만물의 창조와 에덴동산에서 있었던 아담과 하와의 타락, 가인의 끔찍한 살인과 그 후예들의 불신앙적인 행동들, 노아 당시 죄악이 관영한 세대의 모습, 바벨탑을 쌓던 인간들의 교만, 아브라함에게 하신 횃불 언약과 (창 15장) 그 후 이스라엘 백성이 430년간 애굽에서 종살이한 시대, 거기서 벗어나 영광스럽게 출애굽 한 일, 광야 40년의 시련 기간 등이 모세가 염두에 두었던 '기억해야 할 옛날'입니다. 그러므로 "옛날을 기억하라"라는 명령은 '태초부터 지금까지 하나님께서 행하신 일을 기억하라'라는 의미인 것입니다.

한 가지 주목할 점은, '옛날'이라고 할 때 '샤나'(שָׁנָה, 해, 年)의 복수형 '쉐노트'(שָׁנוֹת)를 쓰지 않고 (참고-시 77:5), '욤'(יוֹם, 날, 日)의 복수형 '예모트'(יְמוֹת)를 쓰고 있다는 것입니다. 그들이 기억해야 할 '옛날'은 단 하루도 빠짐이 없는 날들인 것입니다. 그 '옛날'은 이스라엘을 존재케 한 역사적 터전과 뿌리입니다. 이스라엘의 복의 근원이신 하나님께서는, 이스라엘 역사의 주권자로서 창세로부터 시작하여 장차 약속의 땅에 들어갈 때까지, 아니, 그 후에도 영원토록 그들의 미래를 책임지고 주관하실 분이십니다.

그러므로 그 언약의 하나님께서 함께해 오신 모든 역사적 발자취를 더듬어 보면, 그 '옛날'은 매일매일이 하나님 섭리의 흔적이 있는 과거요, 반드시 기억하고 마음속에 간직해야 할 시간들인 것입니다.

> **두 번째 명령**
>
> **"역대의 연대를 생각하라"**
> "Consider the years of all generations"
> 바도르 도르 쉐노트 비누
> בִּינוּ שְׁנוֹת דּוֹר־וָדוֹר

"역대의 연대(the years of all generations)"

모세가 최후의 설교를 하기 얼마 전에 광야 제2세대 앞에서 사라진 수많은 아비와 어미가 있었습니다. 또 그 아비와 어미를 낳은 할아버지와 할머니, 또 그 윗세대로 계속해서 거슬러 올라가면서 그 선조들이 경험한 구원사의 체험을, 모세는 "역대의 연대"라고 표현했습니다.

여기 '역대'로 번역된 히브리어 '도르 바도르'(דּוֹר־וָדוֹר)는 문자적으로 '세대와 세대'라는 뜻인데 '거듭된 세대'라고 번역할 수 있습니다. 여기에 '연대'를 뜻하는 '쉐노트'(שְׁנוֹת)를 함께 써서 '쉐노트 도르 바도르'(שְׁנוֹת דּוֹר־וָדוֹר)는 '거듭된 세대의 연수들'이란 뜻으로, 이스라엘 민족의 전 역사를 가리킵니다. 여기 '세대'(דּוֹר, 도르)는 국어사전에 "혈통으로 보아 한 세대가 다음 세대로 바뀌기까지 약 30년 정도의 기간, 같은 시대에 사는 비슷한 연령층의 사람 전체"라고 정의되어 있습니다.

이처럼 '역대의 연대'는 한 세대 또 한 세대, 그 다음 또 한 세대로 이어지는 연대로, 모세가 말한 '옛날'이라는 시간 속에 촘촘히 연결되고 있음을 암시하는 말입니다. 말하자면 옛날을 가득 메우고 있는 조상들의 연대를 가리키며, 동시에 하나님께서 그들을 통해 세대마다 이루신 구원 역사를 말합니다.

그러므로 여기 '역대', 즉 세대와 세대는 '족보'라고 할 수 있습니다. 족보는 조상부터 후손까지의 세대들을 기록하고 있기 때문입니다. 따라서 "역대의 연대를 생각하라"라는 말씀은 '세대(족보)를 생각하라'라고 번역할 수도 있습니다. 그 세대는 이스라엘 조상들이 걸어온 발자취인 족보이며, 그것을 깊이 연구하고 그 시대에 살았던 인물들의 장단점과 그 가운데서 일하신 하나님의 뜻을 찾아 온전히 깨달으라는 것입니다.[3]

"생각하라(consider)"

성경에 기록된 역대의 연대를 "생각하라"(בִּין, 빈: 분별하다, 관찰하다)라고 하신 말씀은 '충분히 이해하라'라는 뜻입니다. 유의해서 보고, 충분히 숙지해야 할 것들이 역대의 연대 속에 있다는 것입니다. 사려 깊게 생각하고 마음속에 간직해야 할 것들이 그 안에 있다는 것입니다. 말하자면 하나님의 구속사를 보면서 그 역사적 가치와 뜻을 올바로 깨닫고, 거기서 선과 악을 분별하면서 구속사적으로 돌이켜 생각해 볼 것을 권면한 것입니다.

예레미야 선지자는 이스라엘 백성에게 "길에 서서 보며 옛적 길 곧 선한 길이 어디인지 알아보고"라고 하였습니다(렘 6:16). 표준새번역에는 "가던 길을 멈추어서 살펴보고, 옛 길이 어딘지, 가장 좋은 길이 어딘지 물어보고"라고 번역하였습니다. 그 길이 어딘지를 배워서 깨닫고, 그 길로 가라고 명령한 것입니다. 여기 '옛 길'에서, '옛'은 '영원, 오랜 시간'을 뜻하는 명사 '올람'(עוֹלָם)이고, '길'은 '데레크'(דֶּרֶךְ)의 복수형인 '데라킴'(דְּרָכִים)입니다. 그러므로 "옛적 길 곧 선한 길이 어디인지 알아보고"를 쉽게 풀어 쓴다면 '너희는 옛 길을 향하여 물어보라, 너희는 영원한 길을 찾아서 향하라'라는 의미입니다. 한마디로 '옛적 길, 선한 길'은 신앙의 선조들이 삶의 기본으로 삼았던 '여호와의 율법'을 가리킵니다. 자신의 생각을 버리고, 세상 사람들의 길로 향하던 발걸음을 멈추고, 하나님의 말씀을 따라가는 삶을 살라는 명령인 것입니다.

과연 그 길은 선한 길, 복된 길, 언약의 길입니다(신 28-30장, 시 1편).[4] 곧 '옛적 길'은 메시아 약속을 믿는 삶의 길입니다(창 5:29, 15:6, 49:18, 욥 19:25-27).[5]

그러므로 그 길은 하나님의 말씀만 따라가는 길이요(참고-딤전 1:18), 처음 사랑의 길이요, 영원한 생명의 길입니다.[6] 그 길은 좁아서 찾는 이가 적으나(마 7:13-14), 하나님께서는 오직 그 길로 행하기를 힘쓰는, 의인을 위하여 빛을 뿌리고 마음이 정직한 자를 위하여 기쁨을 뿌려 주신다고 약속하셨습니다(시 97:11). 이 길을 버리고 다른 길로 향하면, 반드시 평강을 잃어버리고 곤고하게 되며, 생명과 축복을 원수에게 빼앗기고 말 것입니다(시 7:3-5, 렘 6:16下-19).

세 번째 명령

"네 아비에게 물으라 그가 네게 설명할 것이요
네 어른들에게 물으라 그들이 네게 이르리로다"

"Ask your father, and he will inform you,
your elders, and they will tell you."

라크 베요메루 제케네카 베약게데카 아비카 쉐알
שְׁאַל אָבִיךָ וְיַגֵּדְךָ זְקֵנֶיךָ וְיֹאמְרוּ לָךְ

"물으라(ask)"

신명기 32:7의 히브리 원문에는 "물으라"라는 동사가 한 번만 기록되어 있는데, 개역성경에 두 번 언급된 것은 물어 보아야 할 대상이 "아비"와 "어른들" 둘로 나뉘어 있기 때문입니다. 모세의 세 번째 명령은 어떤 물음에도 쉽게 설명해 주고 자상하게 답해 줄 아비와 어른들이 너희 시대에 함께하고 있으니, 그들에게 묻기를 게을리하지 말라는 간곡한 당부입니다.

그것은 '물으라'의 히브리어 원뜻에서도 잘 드러납니다. '물으라'에 해당하는 히브리어 '샤알'(שׁאל)은 '묻다, 질문하다'인데, '강력한 질문'을 뜻합니다. 이 말은 정확한 답변을 듣기 위하여, 거지가 구걸하고 애원하듯 최선을 다해 구하라는 뜻입니다. 이는 부모에게 가정 교육과 신앙 교육의 중요성을 일깨워 주는 동시에, 자녀들도 관심을 가지고 여호와께서 행하신 큰 일을 적극적으로 배워야 한다는 말씀입니다. 또한, 하나님께서 자신들을 위해 행하신 위대한 역사에 무관심하고 감사를 잃어버린 패역한 세대를 향한 질책이기도 합니다.

옛날과 역대의 연대에 관하여 아비에게 물으면 분명하게 설명해 주고, 어른들에게 물으면 정확하게 일러 줄 것이라고 말씀하셨습니다. 그렇다면 '아비'와 '어른들'은 어떤 사람들입니까?

아비와 어른들은 옛날 일과 역대의 연대를 잘 알고 있는 사람들입니다. 이스라엘 역사의 실상에 대해 몸으로 체험했거나 교육을 받은 역사의 산 증인들입니다. 그들이야말로 옛날 일과 역대의 연대를 기억나게 하고 생각하게 해 줄 사람들입니다. 자손들에게 역대의 연대와 신앙의 족보를 바르게 설명해 주며, 역사 속에 실재했던 하나님의 선하신 역사를 입증해 보여 줄 사람들입니다.

"아비(father)에게"

"아비"는 '아버지'를 뜻하는 히브리어 '아브'(אָב)라는 단어로서, 일반적으로는 부모를 지칭하지만 넓은 뜻으로는 '조부, 선조'(창 15:15, 마 3:9)를 가리키며, 민족의 조상(창 10:21, 신 26:5)이나 창시자(창 4:20, 욥 38:28), 통치자(창 45:8) 등을 뜻하기도 합니다.

성경에서 '아비'가 쓰인 용례를 살펴보면 다음과 같습니다.

첫째, 가장인 아버지를 가리킵니다.

부모는 자녀들에게 성경을 가르치고 신앙으로 양육해야 합니다(신 6:6-9, 욥 1:5). 모세는 축복 받은 가정에서 부모님의 가르침에 크게 영향을 받았습니다. 애굽의 혹독한 학정으로 소망이 없는 시기에 이스라엘의 지도자 모세와 여선지자 미리암과 대제사장 아론과 같은 세 명의 큰 인물이 한 가정에서 배출된 것은, 무엇보다도 부친 아므람과 모친 요게벳의 가정교육의 영향이 컸습니다. 그들이 모세를 구하기 위해 믿음으로 행한 일은 히브리서 11장에도 기록되어 있습니다(히 11:23).

다윗은 임종 직전에 아들 솔로몬에게 언약 신앙을 온전히 전수하였습니다(대상 22:9-13). 그는 이스라엘 모든 방백을 모아 놓고, 하나님께서 여러 아들 중에 솔로몬을 택하시어 여호와의 나라 위(位)에 앉혀 이스라엘을 다스리게 하셨다고 선포했습니다(대상 28:5). 그러면서 자기 아들을 향해 마지막으로 당부하기를 "내 아들 솔로몬아 너는 네 아비의 하나님을 알고 온전한 마음과 기쁜 뜻으로 섬길지어다"(대상 28:9上)라고 권면하였습니다. 다윗은 자기 자신을 신앙의 모범으로 자신 있게 추천한 것입니다. 멀리 계신 하나님이 아니라 바로 '네 아비의 하나님', 즉 다윗의 하나님을 알라는 권고입니다. 다윗이 얼마나 하나님을 사랑하고 그 계명을 충실하게 지켰는지를 알고 배워서 최소한 아버지 다윗만큼 하나님을 알고 사랑하라는 것입니다.

모든 아버지가 사랑하는 자녀들에게 다윗처럼 자신 있게 말할 수 있어야 할 것입니다. 믿음으로 자식을 잘 양육하고 아랫사람을 잘 가르쳐서 선조로부터 후손에까지 신앙의 대물림이 지속될 때 "손자는 노인의 면류관이요 아비는 자식의 영화"(잠 17:6)가 될 것입니다.

둘째, 각 세대를 이끌었던 믿음의 족장, 언약의 선조(先祖)로, 신앙의 계보를 이어 온 조상들을 의미하기도 합니다.

첫 언약을 받았던 아담과 하나님의 언약을 계승한 에녹, 노아, 셈, 아브라함, 이삭, 야곱, 요셉 등은 모두 오늘날 우리에게 신앙의 모범이요 영적 아버지들입니다.

창세기 15:15에서 "너는 장수하다가 평안히 조상에게로 돌아가 장사될 것이요"라고 말씀하고 있습니다. 여기 '조상'(아비)은 히브리어 '아브'(אָב)로, 아브라함의 믿음의 선조, 조상들을 가리킨 것입니다.

또한, '아비'는 '스승, 교사, 선생, 선지자'처럼 신앙적으로 이끌어 주고 지도해 주는 믿음의 선진들을 가리키기도 합니다(왕하 2:12, 6:21, 13:14, 고전 4:15, 딤전 1:2, 18, 딤후 1:2, 딛 1:4, 벧전 5:13).

셋째, 하나님 아버지를 가리키기도 합니다.

신명기 32:6에서 "그는 너를 얻으신 너의 아버지가 아니시냐 너를 지으시고 세우셨도다"라고 말씀하신 대로 '아버지'는 하나님을 부르는 호칭이기도 합니다(사 64:8). '아버지'라는 말에는 하나님께서 이스라엘을 조성하신 창조주이시며(사 43:1, 44:2, 24, 말 2:10, 눅 3:38), 이스라엘을 애굽에서 구원해 낸 분이시고(사 43:2-3), 이스라엘을 보호하고 양육하는 분이시며(사 1:2, 렘 31:9), 마땅히 이스라엘로부터 존경받아야 할 분이시라는 뜻이 담겨 있습니다(시 135:3-4, 말 1:6). 하나님께서는 이스라엘의 영원한 아버지이시며, 그들의 구원자이십니다(시 89:26, 사 63:16).

"어른들(elders)에게"

"어른"을 가리키는 히브리어 '자켄'(זָקֵן)은 '연장자, 늙은이, 한 성읍의 지도자, 각 지파의 대표자, 가문의 유력자(족장), 장로'를 가리키는 전문 용어입니다(창 50:7, 출 3:16, 18, 4:29, 12:21, 17:5-6, 18:12, 19:7, 24:1, 레 4:15, 민 11:16, 수 23:2, 삼상 8:4-5 등). 그들은 단순히 나이 든 노인이 아니라 지혜와 덕망이 있는 백성의 지도자로서, 행정과 재판 등을 관할하며(신 21:1-9, 수 20:4, 룻 4:9, 11), 공동체의 모든 문제들에 깊이 관여했습니다(신 19:12, 22:15, 25:7-10).

첫째, 어른들은 일반적으로 '장로'를 가리킵니다.

에스겔 7:26에서는 장로를 가리켜 '모략(지혜: 표준새번역)을 베푸는 자'로 기록하고 있습니다. 모세 당시에는 이스라엘 12지파의 대표자인 장로들이 모세와 함께 백성을 이끌고 가나안 땅으로 인도했으며(출 24:14, 신 5:23, 수 8:33, 23:2), 그들은 대제사장 아론을 도와 제사 의식에 참여하기도 했습니다(레 9:1-2). 또 말씀을 가르치고 선포하였으며(신 27:1, 31:9-11, 13, 28), 백성 사이에 발생한 분쟁을 조정하고 재판하였습니다(신 21:18-21, 잠 31:23). 가나안에 들어간 후에는 지도자 곁에 늘 함께하였는데(수 7:6, 8:10), 백성을 대표하여 왕을 요구하기도 하였습니다(삼상 8:4-5). 특히 열왕 시대에는 왕을 보좌하며(대상 21:16), 왕의 자문 역할을 맡기도 했습니다(왕상 12:6-8, 20:7-8). 장로의 역할은 바벨론 유수 중에도(렘 29:1, 겔 8:1), 포로 귀환 후에도(스 10:8, 14) 지속되었으며, 신약시대에는 하나님의 말씀을 가르치고 성도들을 양육하는 자로 기록되어 있습니다(딤전 3:2, 딛 1:7-9, 약 5:14, 벧전 5:1-4).

둘째, **어른들은 '제사장과 레위인들'을 가리킵니다.**
'자켄'은 하나님의 말씀을 가르칠 수 있는 사람으로, 하나님의 언약 신앙을 자손들에게 철저하게 전수해 줄 수 있는 이스라엘의 지도자를 가리킵니다. 이러한 면에서 이스라엘 자손이 옛날과 역대의 연대에 대하여 물어야 할 율법의 지도자 '자켄'에는, 제사장이나 레위인들도 포함됩니다. 그들은 이스라엘 역사 속에서 백성을 말씀으로 지도하고(레 10:11, 신 33:10) 여호와의 언약을 끝까지 보수하였으며, 밑바닥까지 흔들리는 국가적 혼란기 속에서도 신앙의 부흥을 일으킨 영적 선각자들이었습니다.

아비와 어른들은 실로 옛날을 기억나게 해 주고, 역대의 연대를 생각하게 해 주는 사람입니다. '어른들'(자켄)에게 하나님의 말씀은 단순한 지식이 아니라 삶 속에 뿌리내린 산 지혜였습니다. 그러므로 그들에게 부지런히 묻고 배워야 하는 것입니다. 레위기 19:32에서 "너는 센 머리 앞에 일어서고 노인의 얼굴을 공경하며 네 하나님을 경외하라 나는 여호와니라"라고 말씀하고 있고, 잠언 16:31에서는 "백발은 영화의 면류관이라 의로운 길에서 얻으리라"라고 말씀하고 있습니다(참고-잠 20:29).

우리가 물어야 할 대상은 아비와 어른들이요, 물어야 할 궁극적인 내용은 옛날과 역대의 연대에 담긴 하나님의 구속사입니다.

한편, 신명기 4:32에서는 이스라엘 백성에게 "네가 있기 전 하나님이 사람을 세상에 창조하신 날부터 지금까지 지나간 날을 상고하여 보라 하늘 이 끝에서 저 끝까지 이런 큰 일이 있었느냐 이런 일을 들은 적이 있었느냐"라고 말씀하고 있습니다. 여기 '상고하여 보라'는 히브리어 '샤알'(שאל)로, 신명기 32:7의 '물으라'와 동일한 단어입니다. 하나님께서는 아비와 어른들뿐만 아니라 시간(지나간 날들)과 공간(하늘 이 끝에서 저 끝) 속에 있었던 '역사'에게도 물을 것을 명령하고 계신 것입니다.

"지나간 날(들)"

신명기 4:32을 바른성경은 "네가 있기 전 곧 하나님께서 이 땅 위에 사람을 창조하신 날부터 지금까지 지나간 날들에게 물어보아라"라고 번역하고 있습니다. 마치 '지나간 날(들)'을 불러 놓고 서로 대화하기 위해 마주 보고 있는 듯한 모습을 연상시킵니다. 모세는 창조 때부터 지금까지 지나간 날들을 마주 대하고, 그 시간 속에 있는 역사에게 직접 물어보라고 촉구하고 있는 것입니다.

"하늘 이 끝에서 저 끝까지"

　이것은 역사 속에 존재한 모든 구속사적 삶의 공간을 가리키는 말입니다. 말하자면 하나님의 주권 역사가 함께한 신앙 체험의 현장, 역사적 사실을 말해 줄 증거의 현장에 찾아가서 거기서 행하신 하나님의 큰 역사에게 물으라는 것입니다. 하나님의 한량없는 은혜는 이스라엘 모든 역사 속의 '이 끝에서 저 끝까지' 미치지 않은 곳이 없었습니다. 하나님의 손으로 창조하신 온 우주와 전 세계는 택자(擇者) 구원의 완성을 위한 하나님의 인자와 섭리로 가득합니다. 하나님께서는 이스라엘 곧 언약 백성이 있는 곳이면 어디에서도 그 눈을 떼지 않으시고, 때마다 시마다 그들의 삶을 쉬지 않고 간섭해 주셨습니다.

　구속사는 하나님의 언약이 역사 속에서 성취되어 가는 점진적인 구속 운동입니다. 그 한가운데에는 옛날과 역대의 연대를 설명하는 아비들과 어른들, 그것을 기억하고 생각하기 위해 물어보는 자손들이 있습니다. 그렇게 옛날과 역대의 연대를 기억하고, 생각하고, 묻고, 설명하는 가운데 이스라엘은 하나님의 거룩한 언약 백성으로 완성되어 갑니다(출 19:5-6, 신 7:6, 14:2, 26:18-19). 그래서 창세기 18:19에서 아브라함을 택한 목적에 대해 말씀하시면서, "그가 자식들과 자손을 잘 가르쳐서 나에게 순종하게 하고 옳고 바른 일을 하도록 가르치라는 뜻에서 한 것이다. 그의 자손이 아브라함에게 배운 대로 하면 나는 아브라함에게 약속한 대로 다 이루어 주겠다."(표준새번역)라고 선포하셨습니다. 이 언약 백성을 통하여 마침내 아브라함과 다윗의 자손 예수 그리스도의 세계(世系)가 역사 속에 출현하게 되었습니다(마 1:1).

언약 백성의 숱한 역사를 이름으로 압축하여 기록한 족보는, 역사의 한가운데서 세초(歲初)부터 세말(歲末)까지 우리의 갈 길을 확실하게 제시하고 정확한 방향을 설정해 주는 나침반이 됩니다. 그러므로 성경에 나타난 족보를 상고함으로써 그 생생한 임마누엘 현장의 감격을 오늘에 되살려, 우리 신앙의 현주소를 점검하고 정확한 미래를 설계해 나가야 합니다.

성경에는 우리가 꼭 기억해 두어야 할 '옛날'과 생각하고 유념해야 할 '역대의 연대'가 가득합니다. 우리는 지나간 역사에 담긴 하나님의 신비롭고 오묘한 구원 섭리를 아비와 어른들에게 확실하게 묻고, 정확한 설명을 들어야 합니다. 오늘도 역사 속에서 살아 숨쉬며 우리에게 믿음으로 말하고 있는 수많은 아비와 어른에게, 옛날과 역대의 연대를 묻고 또 물어서 오늘 나의 나 된 현주소를 깨달아야 합니다. 그리하면 긴 세월과 수백 세대의 간격을 뛰어넘어, 하나님의 오묘한 구속 섭리가 오늘을 사는 우리에게도 동일한 감동과 흥분을 일으키며, 큰 용기와 큰 소망과 큰 위로를 더해 줄 것입니다.

우리가 명심할 것은, 옛날과 역대의 연대를 기억하고 생각하고 묻는 데 그쳐서는 안 된다는 것입니다. 나 하나만 아는 데 그쳐서는 안 됩니다. 입술을 열어서 말하고 또 행동해야 합니다. 주님 다시 오시는 그날까지 남아 있는 경건한 신앙의 후손들에게 올바로 가르쳐 주어야 합니다. 그것이 하나님께서 우리를 이 세상에 남겨 두신 이유이며, 언약의 후손들을 세상 끝 날까지 보존하시는 하나님의 구속 섭리입니다(창 18:18-19, 45:7).

제 2 장
역대기 족보
The Chronicler's Genealogies

역대기 족보
The Chronicler's Genealogies

　신명기 32:7의 "옛날을 기억하라 역대의 연대를 생각하라"라는 말씀은 가나안 입성을 앞두고 모압 평지에서 선포한 말씀입니다. 그러므로 여기에 나오는 "역대의 연대"는 일차적으로 창조 이후부터 가나안 입성 직전까지의 구속사를 가리킵니다. 역대기는 이러한 "역대의 연대" 뿐만 아니라 그 이후 바벨론 포로에서 귀환한 세대에 이르기까지의 전 구속사를 제사장적 관점에서 정리하고 있습니다.

　역대기는 바벨론 포로 귀환 후에 이제 어두운 과거가 청산되고 새로운 선민 역사의 시대가 열렸음을 선포하고 있습니다. 나아가, 구약 역사의 마지막 시기에서 이스라엘 민족이 언약의 계승자임을 밝히고 언약하신 대로 오시는 메시아를 대망케 하고 있습니다.

　역대기는 크게 네 부분으로 나눌 수 있는데, 첫째, 아담부터 사울왕까지의 역사(대상 1:1-9:44), 둘째, 다윗왕의 역사(대상 10:1-29:30), 셋째, 솔로몬왕의 역사(대하 1:1-9:31), 넷째, 솔로몬왕의 죽음부터 포로기까지의 역사입니다(대하 10:1-36:23).

　이러한 역대기 가운데 구속사를 압축하여 가장 핵심적으로 기록한 것이, 역대상 1-9장에 기록된 역대기의 족보입니다. 그러므로 역대기의 족보는 구약에 나타난 구속사의 압축판이라 할 수 있습니다.

I
역대기 족보의 특징
THE CHARACTERISTICS OF THE CHRONICLER'S GENEALOGIES

역대상 1-9장의 족보는 크게 3부로 구성되어 있습니다.

첫째, **다윗 가문의 계보**(대상 1:1-3:24)입니다.

선민 이스라엘의 족보를 아담부터 시작하여 유다 지파를 중심으로 다윗 가문에 이르기까지 기록하고 있습니다. 다윗 왕가의 족보에는 남 유다 왕국을 지나 바벨론 포로로 끌려갔던 때로부터, 거기서 돌아온 스룹바벨을 비롯하여(대상 3:19), 그 후손 에료에내의 일곱 아들들까지 기록되어 있습니다(대상 3:24).

둘째, **이스라엘 12지파의 계보**(대상 4:1-8:40)입니다.

이스라엘 12지파의 원 조상인 야곱의 12아들부터 시작하여 포로 귀환 전까지의 각 지파별 계보가 기록되어 있습니다. 포로 귀환이라는 다소 혼란한 역사적 상황 속에서 성전 중심의 예배 회복이라는 중차대한 사명을 감당해야 하는 레위 지파의 비중을 높이 두고, 남 유다 왕국을 형성하였던 유다 지파와 베냐민 지파가 상대적으로 강조되어 있습니다. 스불론 지파와 단 지파는 아예 그 기록이 생략되어 있습니다.

셋째, 바벨론 포로 귀환 세대의 지파별 계보(대상 9:1-44)입니다.

역대상 9:1-9에는 남 유다 백성의 주요 귀환자 명단, 9:10-13에는 귀환한 제사장 명단, 9:14-34에는 귀환한 레위인 명단이 기록되어 있습니다. 이것은 느헤미야의 포로 귀환자 명단과 관련되어 있습니다(느 11:3-24).

이렇게 계보를 기록함에 있어서 주로 제사장과 레위인을 강조한 것은, 선민 국가로서의 회복을 이루기 위해 가장 중요한 것이 하나님께 예배드리는 일과 하나님 중심의 삶이라는 것을 보여 줍니다.

이러한 구조를 가진 역대기 족보에 나타난 몇 가지 특징은 다음과 같습니다.

1. 구약의 전 역사를 이름으로 압축한 족보입니다.

The entire history of the Old Testament is summarized in the Chronicler's genealogies.

(1) 구약의 전 역사를 압축하고 있습니다.

'역대기'는 히브리어 '디브레 하야밈'(דִּבְרֵי הַיָּמִים)으로, '그 시대의 말씀들'이라는 뜻을 가지고 있습니다. 이를 라틴역 벌게이트 성경은 '거룩한 역사 전체의 연대기'라고 부르고 있습니다. 역대기 족보는 아담부터 통일왕국과 남 유다를 중심으로 한 분열왕국 시대의 모든 역사, 그리고 제3차 바벨론 포로 귀환 이후에 이르기까지 대략 3,700년 정도되는 구약 역사의 구속사적 흐름을 이름으로 압축하여 기록하고 있습니다. 역대기 족보는 구약성경 전체 역사의 압축판이면서 나아가 그 역사에 대한 구속사적 해석입니다.

(2) 가장 많은 이름이 등장하는 족보입니다.

역대기 족보는 창세기에 언급된 인물들로부터 바벨론에서 귀환한 세대까지를 대부분 이름만으로 기록하고 있습니다. 성경의 족보를 구성하는 핵심이자 기본 요소는 '이름'입니다. 이름은 한 사람의 생애와 함께 그 주변 인물과의 관계, 그가 속한 나라의 역사, 그와 맞물린 세계사의 시대적 흐름까지 담고 있습니다. 성경에 있는 이름들은 대부분 고대 역사의 단면인 동시에 하나님의 경륜이 담겨있는 계시와 미래의 소망과 예언들을 일괄적으로 다루고 있습니다.

역대기 족보는 기록된 모든 이름뿐만 아니라 인물의 명수까지도 중요합니다. 역대상 1-9장에 기록된 인명의 수(數)를 살펴보면 다음과 같습니다.[7]

역대상 1장(1-54절)은 아담부터 야곱까지의 족보로, **총 191명**이 기록되어 있습니다(남자 165, 여자 3, 족장 12, 족속 11).

역대상 2장(1-55절)은 유다 지파의 족보로, **총 161명**이 기록되어 있습니다(남자 133, 여자 13, 족속 15).[8]

역대상 3장(1-24절)은 다윗과 그 후손의 족보로, **총 89명**(남자 80, 여자 9)이 기록되어 있습니다.

역대상 4장(1-43절)은 유다 지파와 시므온 지파의 족보로, 유다 지파(1-22절)가 108명(남자 96, 여자 7, 족속 5), 시므온 지파(24-42절)가 40명(남자 40)으로, **총 148명**이 기록되어 있습니다.

역대상 5장(1-26절)은 요단 동쪽 지파들(르우벤, 갓, 므낫세 반 지파)의 족보로, 총 60명(남자 60)이 기록되어 있습니다.

역대상 6장(1-81절)은 레위인의 족보로, **총 119명**(남자 107, 여자 1, 지파 11)이 기록되어 있습니다.

역대상 7장(1-40절)은 북쪽 지파들(잇사갈, 베냐민, 납달리)과 중앙 지파들(므낫세, 에브라임, 아셀)의 족보로, **총 140명**(남자 134, 여자 6)이 기록되어 있습니다. 잇사갈 지파(1-5절)가 16명, 베냐민 지파(6-12절)가 31명, 납달리 지파(13절)가 6명, 므낫세 지파(14-19절)가 22명(남자 20, 여자2), 에브라임 지파(20-29절)가 21명(남자 20, 여자 1), 아셀 지파(30-40절)가 44명(남자 42, 여자 2)입니다.

역대상 8장(1-40절)은 베냐민 지파의 족보로, **총 128명**(남자 124, 여자 4)이 기록되어 있습니다.

역대상 9장(1-44절)은 바벨론 포로에서 귀환한 자들 중에 예루살렘에 정착하여 살았던 사람들의 족보로, **총 123명**(남자 122, 여자 1)이 기록되어 있습니다. 유다와 베냐민 지파 사람(3-9절) 중에 28명, 제사장들이(10-13절) 19명, 레위인들이(14-34절) 35명 기록되었습니다. 그리고 마지막은 이스라엘의 초대 왕 사울의 족보(35-44절)로, 총 41명(남자 40, 여자 1)이 기록되어 있습니다.

2. 수직적인 기록 형식과 수평적인 기록 형식을 모두 사용하고 있는 족보입니다.

The Chronicler's genealogies employ both linear and segmented genealogical forms.

수직적인 족보는 일반적으로 한 조상에서 어느 한 후손까지 내려가는 형식(하향식), 또는 어느 한 후손에서 한 조상으로 올라가는 형식(상향식)으로 기록된 족보입니다. 역대상 1:1-4은 아담부터 노아의 아들 셈과 함과 야벳까지, 역대상 1:24-27은 셈부터 아브라함까지를 기록한 수직적인 형식(하향식)의 족보입니다.

또한, 역대상 6:49-53은 아론부터 시작하여 아히마아스까지 내려오고 있고(하향식), 역대상 6:33-47은 헤만부터 시작하여 레위로 올라가는 수직적인 족보(상향식)입니다.

역대기 족보는 이러한 몇 가지 수직적인 기록 형식 외에는 대부분 수평적인 기록 형식을 가지고 있습니다. 역대기에 나오는 수평적인 기록 형식의 족보로는 야벳 자손의 족보(대상 1:5-7), 함 자손의 족보(대상 1:8-16), 셈 자손의 족보(대상 1:17-23), 이스마엘 자손의 족보(대상 1:29-31), 에서 자손의 족보(대상 1:35-42), 유다 자손의 족보(대상 2:3-8), 다윗의 족보(대상 2:9-17), 다윗의 자손들의 족보(대상 3:1-9), 시므온 자손의 족보(대상 4:24-37), 대제사장과 레위 자손의 족보(대상 6:1-30) 등이 있습니다.

3. 중간에 공백이 있는 경우도 있지만, 구속사의 중단 없는 전진을 보여 주는 족보입니다.

Despite some gaps, the genealogies manifest an uninterrupted progression of redemptive history.

역대기의 족보가 혈통상의 모든 인물을 빠짐없이 기록한 것은 아닙니다. 하나님의 구속사적 경륜 가운데 수직적인 족보에서 어떤 부분은 과감히 생략하고 어떤 부분은 강조하여 기록하고 있습니다. 아들이 없는 상황에서 족보의 단절이 올 뻔한 위기 속에서도 족보를 이어 간 자들이 있습니다(대상 2:33-41).

또한, 수평적인 족보에서는 모든 사람을 다 기록한 것이 아니라 구속사에서 필요한 인물들을 선별하여 기록하기도 하였습니다. 이러한 부분은 다음에서 자세히 살펴보겠습니다.

아담부터 시작하여 노아를 거쳐 아브라함과 다윗까지 내려온 족보는 남 유다의 멸망으로 끊어진 듯 보였습니다. 그러나 하나님께서는 포로 귀환자들을 족보에 연결시키심으로써(대상 9장), 하나님의 구속사가 바벨론 포로 생활 중에도 결코 중단되지 않고 지속되었음을 보여 주셨습니다.

4. 예수 그리스도의 족보와 연결되는 족보입니다.
The Chronicler's genealogies are linked to that of Jesus Christ.

히브리어 성경에서는 역대기가 구약성경의 제일 마지막 책입니다. 그러므로 역대기 족보는 신약성경에서 가장 먼저 나오는 마태복음 1장 예수 그리스도의 족보와 연결됩니다. 역대기 족보는 구약성경에 나타난 구속사를 압축하고 있으며, 마태복음 1장에서는 지금까지 이어 온 구속사(족보)의 주인공이신 예수 그리스도를, 족보를 통해 소개하고 있습니다. 모든 족보는 메시아를 대망하고 있습니다. 마태복음 1장 예수 그리스도의 족보는 구약과 신약을 연결해 주는 단단한 고리요, 구약에서 신약으로 넘어가는 관문이요, 구약의 핵심이요, 신약의 근거가 됩니다.

5. 역대기에는 두 종류의 족보가 있습니다.
There are two kinds of genealogies in the Books of Chronicles.

역대기 족보에 나오는 '족보'를 뜻하는 히브리어는 주로 '야하스'(יַחַשׂ)와 '톨도트'(תּוֹלְדֹת)가 쓰였습니다.

(1) 족보를 뜻하는 히브리어 '야하스'(יָחַשׂ)가 있습니다.

야하스는 '족보에 오르다'라는 뜻으로, 이 말은 단순히 그들의 혈통이 확인되고 계수되었다는 의미뿐만 아니라, 하나님의 선민 이스라엘 백성으로 인정되어 족보에 등재되었음을 나타냅니다. 바벨론 포로 귀환 후에 기록된 에스라-느헤미야, 역대기 족보에서 주로 쓰였습니다.

① 시므온 지파의 족보입니다.

역대상 4:33 "시므온 자손의 주소가 이러하고 각기 보계(יָחַשׂ)가 있더라"

② 갓 지파의 족보입니다.

역대상 5:17 "이상은 유다 왕 요담과 이스라엘 왕 여로보암 때에 족보(יָחַשׂ)에 기록되었더라"

③ 베냐민 지파의 족보입니다.

역대상 7:9 "저희는 다 그 집의 족장이요 큰 용사라 그 자손을 보계대로 계수(יָחַשׂ)하면 이만 이백 인이며"

④ 아셀 지파의 족보입니다.

역대상 7:40 "이는 다 아셀의 자손으로 족장이요 뽑힌 큰 용사요 방백의 두목이라 출전할 만한 자를 그 보계(יָחַשׂ)대로 계수하면 이만 육천 인이었더라"

⑤ 모든 이스라엘의 공적 족보입니다.

역대상 9:1 "온 이스라엘이 그 보계(יָחַשׂ)대로 계수되고 이스라엘 열왕기에 기록되니라"

⑥ 문지기들의 족보입니다.

역대상 9:22 "택함을 입어 문지기 된 자가 모두 이백 열둘이니 이는 그 향리에서 그 보계(יָחַשׂ)대로 계수된 자"

⑦ 르호보암이 기록된 족보책입니다.

역대하 12:15 "르호보암의 시종 행적은 선지자 스마야와 선견자 잇도의 족보(יַחַשׂ)책에 기록되지 아니하였느냐"

(2) 족보를 뜻하는 히브리어 '톨도트'(תּוֹלְדֹת)가 있습니다.

톨도트는 '낳다'라는 뜻의 '얄라드'(יָלַד)에서 유래하여, '출생, 후손, 족보, 어떤 사건이나 사람의 역사'를 뜻합니다. 톨도트는 시발점이 되는 한 사람의 조상으로부터 시작되었다는 사실이 강조되며, 구속사의 핵심 내용이 선별되어 기록된 족보입니다.

① 이스마엘의 세계(世系)입니다.

역대상 1:29 "이스마엘의 세계(תּוֹלְדֹת)는 이러하니…"

② 잇사갈 지파의 족보입니다.

역대상 7:4 "저희와 함께한 자는 그 보계(תּוֹלְדֹת)와 종족대로 능히 출전할 만한 군대가 삼만 육천 인이니…"

③ 베냐민 지파의 족보입니다.

역대상 7:9 "저희는 다 그 집의 족장이요 큰 용사라 그 자손을 보계(תּוֹלְדֹת)대로 계수하면 이만 이백 인이며"

④ 예루살렘에 정착한 베냐민 지파 사람의 족보입니다.

역대상 9:9 "또 저의 형제들이라 그 보계(תּוֹלְדֹת)대로 계수하면 구백 오십육 인이니 다 그 집의 족장 된 자들이더라"

⑤ 헤브론의 족보입니다.

역대상 26:31 "헤브론 자손 중에 여리야가 그 세계(תּוֹלְדֹת)와 종족대로 헤브론 자손의 족장이 되었더라…"

이 외에도 역대기에 톨도트(תּוֹלְדֹת)가 세 번 더 사용되었는데, 문맥상 '족보'라는 의미보다 '세대'라는 의미가 적합하여 "대대로"라고 번역하고 있습니다(대상 7:2, 8:28, 9:34).

6. '온 이스라엘'을 중심한 족보입니다.
The genealogies are centered around "all Israel."

역대상 1-9장은 인류의 기원인 아담부터 시작해서 아브라함까지, 아브라함에서 다윗왕까지, 다윗왕에서 바벨론 포로 귀환까지의 긴 역사를 거대한 족보로 요약하여 기록하고 있습니다. 모든 이스라엘이 하나님의 선택에 의해 지명된 언약 백성으로서 하나가 되는 것입니다. 여기에는 단과 스불론을 제외한 모든 지파의 간략한 족보가 소개되어 있습니다. '온 이스라엘의 역사'를 족보로 대신한 것입니다. 역대상 9:1에는 "온 이스라엘이 그 보계대로 계수되고 이스라엘 열왕기에 기록되니라…"라고 기록하고 있습니다. 역대기에는 "온 이스라엘"(כָּל־יִשְׂרָאֵל, 콜-이스라엘), "이스라엘 온 회중", "이스라엘 온 무리"와 같은 말씀이 자주 등장하는데, 무려 52회[9]나 언급되었습니다. 참고로, 열왕기에는 33회, 에스라에 4회, 느헤미야에 3회 언급되었습니다.

7. 유다 지파와 레위 지파를 중심한 족보입니다.
The genealogies are centered around the tribes of Judah and Levi.

족보에 기록된 인물이 많다는 것은 그 가문이 구속사적으로 중요한 가문이거나 또는 번성한 가문임을 뜻합니다. 역대기 족보는 이스라엘 12지파를 중심으로 기록되어 있으며, 그 가운데 다윗왕이 속한 유다 지파의 족보와 대제사장이 속한 레위 지파의 족보가 핵심입니다.

유다 지파를 통해서 다윗왕이 태어났을 뿐만 아니라 더 나아가 약속의 자손인 예수 그리스도께서도 유다 지파 자손으로 오셨기 때문입니다(창 49:10, 히 7:14). 역대상 1-3장의 족보는 아담부터 다윗왕과 솔로몬왕, 남 유다 왕까지 그리고 포로기와 귀환 이후 약 주전 400년대 초에 살았던 다윗의 후손까지 기록하고 있습니다. 또 역대상 4:24-43에는 유다 지파 가운데 거한 시므온 지파에 관해서도 기록하고 있습니다.

한편, 아브라함부터 다윗의 마지막 후손까지의 인물들은 마태복음 1장에 기록된 예수 그리스도의 족보의 근거가 되고 있습니다.

특히, 레위(제사장) 지파의 족보는 역대기 족보 구조의 중심에 위치하고 있습니다. 역대상 6장은 총 81절로 구성되어, 역대상 1-9장의 족보 가운데 가장 깁니다. 또한, 레위인들의 성전 봉사 제도는 다윗왕이 임종 직전에 체계화한 것으로, 역대상 23-26장에 자세히 기록되어 있습니다.

역대상 6장 전체가 레위 가문의 자손들에 대한 기록이고, 9장에도 포로 귀환 후에 예루살렘에 정착한 제사장들(대상 9:10-13), 예루살렘에 정착한 레위 사람들(대상 9:14-16), 예루살렘에 정착한 회막 문지기와 나머지 레위 사람들(대상 9:17-34)이 소개되고 있습니다. 역대기에 나타난 12지파의 족보 가운데서 레위 지파의 족보가 가장 길고 상세하며, 또한 두 번이나 반복해 언급되었습니다(대상 23:1-24).

역대기 족보 1-9장의 X자형 구조를 통해 볼 때에도, 역대상 6장의 대제사장과 레위인들의 족보가 12지파 족보의 중심에 위치하고 있음을 확인할 수 있습니다.

역대기 족보의 X자형 구조

A	역대상 1:1-54	이스라엘 전(前)의 세계(이스라엘의 뿌리)
B	역대상 2:1-2	이스라엘의 모든 아들
C	역대상 2:3-4:23	유다-다윗왕의 지파
D	역대상 4:24-5:26	이스라엘의 지파들
E	역대상 6:1-47	대제사장과 레위의 자손들
F	역대상 6:48-49	제사장들의 의무
F′	역대상 6:50-53	대제사장들
E′	역대상 6:54-81	정착지의 레위의 자손들
D′	역대상 7:1-40	이스라엘의 지파들
C′	역대상 8:1-40	베냐민-사울왕의 지파
B′	역대상 9:1上	계수된 모든 이스라엘
A′	역대상 9:1下-34	이스라엘의 재건

역대상 6장 레위 지파의 족보를 중심으로 그 전에는 5지파(유다, 시므온, 르우벤, 갓, 므낫세 반)의 족보를, 그 후에는 나머지 6지파(잇사갈, 베냐민, 납달리, 므낫세 반, 에브라임, 아셀)의 족보를 대칭 구조로 소개함으로써 이스라엘 역사에 있어서 레위인과 제사장의 중요성을 강조하고 있습니다.

II
역대기 족보 각 장의 구속 경륜
THE REDEMPTIVE ADMINISTRATION IN EACH CHAPTER OF THE CHRONICLER'S GENEALOGIES

1. 역대상 1장
I Chronicles 1

(1) 내용

역대상 1:1-4   아담부터 노아의 세 아들(셈, 함, 야벳)까지의 족보

역대상 1:5-23   노아의 후손들의 족보

역대상 1:24-27   셈부터 아브라함까지의 족보

역대상 1:28-34   아브라함부터 이스라엘(야곱)까지의 족보

역대상 1:35-54   에서의 족보

(2) 특이 사항

역대상 1장 족보의 명단은 창세기의 족보에 나오는 명단과 거의 일치합니다. 그런데 이름이 약간씩 변형된 곳을 제외하고, 큰 차이가 나는 곳이 두 군데 있습니다.

첫째, 셈의 아들의 족보입니다.

창세기 10:22-23에는 "셈의 아들은 엘람과 앗수르와 아르박삿과

룻과 아람이요 아람의 아들은 우스와 훌과 게델과 마스"라고 기록된 반면에, 역대상 1:17에는 "셈의 아들은 엘람과 앗수르와 아르박삿과 룻과 아람과 우스와 훌과 게델과 메섹"이라고 말씀하고 있습니다. 이 두 군데의 결정적인 차이는 창세기에는 아람의 아들(셈의 손자)이 '우스와 훌과 게델과 마스'인데, 역대상에는 '우스와 훌과 게델과 메섹(마스)'이 마치 셈의 아들인 것처럼 기록되어 있다는 것입니다. 그러나 역대상에 사용된 '아들'이라는 히브리어 '벤'(בֵּן)은 본래는 '친아들'을 가리키는 말이지만 '자손들'을 가리킬 때에도 자주 사용되므로(창 31:28, 출 12:24 등), 셈의 아들들과 손자들 모두 '벤'(בֵּן)이라고 할 수 있습니다.

둘째, 엘리바스 아들의 족보입니다.

역대상 1:36에서 "엘리바스의 아들은 데만과 오말과 스비와 가담과 그나스와 딤나와 아말렉이요"라고 말씀하고 있습니다. 여기서 창세기의 기록과 다른 사람은 '딤나'입니다. 창세기 36:12에서 딤나는 엘리바스의 첩으로, 엘리바스의 아들인 아말렉을 낳았습니다. 반면에, 역대상 1장에는 딤나가 엘리바스의 아들인 것처럼 기록되어 있습니다. 이것은 딤나가 엘리바스의 첩으로서 엘리바스의 다른 아들들처럼 분깃을 받아 하나의 족속을 형성한 것으로 추측케 합니다.

(3) 구속사적 경륜

역대상 1장의 족보는 아담으로부터 시작하고 있습니다. 이 족보는 이스라엘 백성의 뿌리가 아담임을 알려 주며, 아담에게 주셨던 하나님의 말씀에 순종해야 할 사명이 이스라엘 백성에게 있음을 가르쳐 줍니다(참고-창 2:17, 호 6:7). 역대기 족보는 태초(아담)부터 바벨론 포로 귀환에 이르기까지의 족보를 기록함으로써, 이스라엘을 통한 하나님의 구원 역사가 단 한 번도 끊어지지 않고 이어져 왔음을 밝혀 그 세대를 향한 하나님의 구속 경륜을 계속해서 일깨우고 있습니다.

또한, 역대상 1장의 족보에는 이삭(대상 1:34)과 이스마엘의 족보(대상 1:28-31)가 분리되어 있으며, 에서(대상 1:35-42)와 야곱의 족보(대상 2:1-4)도 분리되어 있습니다. 그리고 아브라함의 족보는 이삭에게(대상 1:34), 이삭의 족보는 야곱에게로(대상 2:1) 계승되고 있습니다.

이것은, 하나님의 약속이 있는 자손들만이 하나님의 언약을 계승하는 족보를 이룬다는 것을 보여 줍니다. 로마서 9:7-8에서 "또한 아브라함의 씨가 다 그 자녀가 아니라 오직 이삭으로부터 난 자라야 네 씨라 칭하리라 하셨으니 곧 육신의 자녀가 하나님의 자녀가 아니라 오직 약속의 자녀가 씨로 여기심을 받느니라"라고 말씀하고 있습니다. 이처럼 이스마엘과 에서가 아니라 하나님의 약속으로 말미암은 이삭과 야곱이 언약의 정통성을 계승하는 자들이 되는 것입니다(창 17:18-19, 25:23, 28:13-14).

2. 역대상 2장
I Chronicles 2

(1) 내용

역대상 2:1-2 이스라엘의 12아들

역대상 2:3-17   유다부터 다윗까지의 족보
역대상 2:18-55   그 외 유다 자손들의 족보

(2) 특이 사항

역대상 2장의 족보는 성경의 다른 곳에 나오는 족보와 거의 일치하지만, 종종 큰 차이가 있거나 중간에 생략된 경우가 몇 군데 있습니다.

첫째, 세라의 아들들입니다.

역대상 2:6에서 "세라의 아들은 시므리와 에단과 헤만과 갈골과 다라니 모두 다섯 사람이요"라고 말씀하고 있습니다. 그런데 열왕기상 4:31에서 세라의 아들들 중 '에단, 헤만, 갈골, 다르다(다라)'는 솔로몬 시대의 인물로, 솔로몬의 지혜를 언급할 때 비교 대상으로 등장하였습니다. 즉 세라는 주전 1876년 애굽에 내려간 야곱의 가족 70명 명단에 기록되어 있고(창 46:12), 에단, 헤만, 갈골, 다르다(다라)는 솔로몬 시대(주전 970-930년)의 인물들이므로 이들 사이에는 900년 이상의 간격이 있는 것입니다.

또한, '에단'은 므라리 자손으로(대상 6:44, 15:17), 시편 89편을 기록한 저자입니다(시 89:1). '헤만'은 그핫 자손(대상 6:33)으로, "하나님의 말씀을 받드는 왕의 선견자"(대상 25:5)이며, 시편 88편을 기록한 저자입니다(시 88:1). '갈골'과 '다르다(다라)'는 '에단, 헤만'과 형제로 기록되어 있습니다(왕상 4:31, 대상 2:6). 그 맡은 일들을 보아도 이들은 레위 족속임이 분명합니다(대상 15:16-17, 19, 25:1, 5). 그런데 이 네 사람을 역대상 2:6에서 유다 지파 세라의 아들로 기록하고 있는 것은, 이들이 유다 지파 땅에 거하면서 유다 지파의 세라 가문

에 병합되었기 때문일 것입니다(참고-삿 17:7).¹⁰⁾

특히 에단은 "에스라 사람"(왕상 4:31)으로 소개되어 있는데 이는 히브리어 '에즈라히'(אֶזְרָחִי)로, '떠오름, 빛남'이란 뜻의 '제라흐'(זֶרַח)에서 유래한 이름입니다. 여기서 '제라흐'는 역대상 2:6의 '세라'(זֶרַח)와 원어가 같습니다. 따라서 '에스라 사람'과 '세라의 아들'은 동일한 의미로 볼 수 있습니다. 시편 88편의 표제가 '고라 자손의 찬송 시 곧 에스라인 헤만의 마스길'이고, 시편 89편의 표제가 '에스라인 에단의 마스길'인데, 여기서 에단과 헤만 둘 다 '에스라인'(אֶזְרָחִי)으로 불리고 있는 것도 이를 뒷받침합니다. 이들은 당대에 하나님을 섬기는 지혜에 있어서 대단한 명성을 떨치며 빛났던 자들이었을 것입니다.

열왕기상 4:31을 보면, 에단을 제외한 나머지 세 사람 곧 '헤만, 갈골, 다르다'는 특별히 "마홀의 아들"(בְּנֵי מָחוֹל, 베네 마홀: 춤의 아들)로 기록되어 있습니다. 여기 '마홀'은 '춤추다, 몸부림치다'라는 뜻의 '훌'(חוּל)에서 유래하였으며, 성경에서 여호와를 찬양하면서 드리는 춤을 의미하는 데 사용되었습니다(삼하 6:14, 시 30:11, 87:7, 149:3, 150:4, 참고-출 15:20, 렘 31:4, 13, 애 5:15). 여기서 '아들'을 뜻하는 히브리어 '벤'(בֵּן)은 혈통적인 직계 아들이 아니라, '어떤 모임의 구성원들' 혹은 '동일한 직업을 가진 공동체'를 가리키는 표현으로 사용되었습니다. "선지자의 생도"(왕하 2:3, 5, 7, 15, 4:1, 38, 9:1)에서 '생도(生徒)'에 해당하는 히브리어도 '벤'(בֵּן)인데, 이는 선지자의 아들이라기보다 "선지자의 무리"(삼상 10:5, 19:20, 왕상 20:35)로 보는 것이 타당합니다.

하나님께서 주신 여러 가지 음악적 재능(노래, 춤, 악기 등) 중에서, 춤에 특출한 자들을 모아 "마홀의 아들"이라고 불렀던 것으로 보입니다.[11] 즉 에스라 사람 중에서도 특히 헤만, 갈골, 다르다가 "마홀의 아들"로 표현된 것은 이들이 하나님 앞에서 춤추는 자들이었음을 나타냅니다.

'에단, 헤만, 갈골, 다르다(다라)'는 서로 혈통적 형제 관계는 아니지만, 하나님을 잘 섬기기 위해 특별히 함께한 자들이라고 볼 수 있습니다. 또 그들은 지혜에 있어서 '솔로몬의 지혜'에 견줄 만큼(왕상 4:31) 대단히 큰 명성을 떨쳤던 자들로, "에스라 사람"이라 불렸던 것입니다.

한편, 역대상 2:6에 세라의 장자로 기록된 시므리는 히브리어 '지므리'(זִמְרִי)로, '노래로 찬양하는'이라는 뜻입니다. '마홀의 아들들'(헤만, 갈골, 다르다)이 춤으로 헌신하고, 시므리는 찬양으로 하나님께 헌신한 것으로 보입니다.

이처럼 네 사람(에단, 헤만, 갈골, 다르다)은 그들의 족보와 담당한 직무를 통해 살펴볼 때 레위 지파가 분명하지만, 유다 지파 세라의 자손에 소속되어 '에스라 사람', '에스라인', '세라의 아들(בֶּן, 벤: 자손)' 등으로 불렸던 것으로 추정됩니다.

둘째, 가르미의 아들입니다.

역대상 2:7에서는 "가르미의 아들은 아갈이니 저는 마땅히 멸할 물건으로 인하여 이스라엘을 괴롭게 한 자며"라고 말씀하고 있습니다. 여기 '아갈'은 여호수아 7장에서 외투 한 벌과 은 200세겔과 금덩이 50세겔을 훔친 '아간'을 가리킵니다. 이 아간을 색출하기 위하여 12지파 가운데 한 지파를 뽑았고, 그 지파 가운데 한 족속을 뽑았습니다.

여호수아 7:17-18을 보면 유다 지파의 세라 족속이 뽑히고 다시 그 가운데 삽디의 손자요 갈미의 아들인 아간이 뽑혔습니다. 여기서 우리는 "세라 족속"이라는 단어에 주목해야 합니다. 여기 '족속'은 히브리어 '미쉬파하'(מִשְׁפָּחָה)로, 부족이나 국가와 같은 큰 집단을 세분하는 데 사용되며(참고-삿 18:19 '한 가족'), 우리나라의 '대가족'에 해당하는 대단위 가족 공동체를 말합니다. 그런데 삽디와 갈미와 아간에게는 '족속'이라는 단어가 붙지 않았습니다. 그러므로 갈미는 아간의 친아버지이고, 삽디는 갈미의 친아버지이지만, 세라는 삽디의 친아버지가 아니고 먼 윗대의 조상인 것을 알 수 있습니다.

실제로 '세라'는 주전 1876년 애굽에 들어간 야곱의 가족 70명 명단에 나오는 이름입니다(창 46:12). 반면에 가나안에 입성한 아간은 광야 2세대입니다. 따라서 아간의 아버지 갈미는 출애굽 한 광야 1세대이고, 조부 삽디는 애굽 종살이 말기의 인물로 볼 수 있으므로 '세라'와 '삽디' 사이에는 약 400년 정도의 엄청난 시대적 공백이 있는 것입니다.

그렇다면 왜 역대기 족보에 아간을 강조하여 기록하였을까요?

하나님께서는 바벨론 포로에서 돌아온 유대인들에게 하나님 앞에서 거짓말하지 말고 욕심을 품지 말고 성별되게 살도록 권고하시려고, '깨닫는 본(本)'으로서 '아갈(아간)'을 세우신 것입니다. '깨닫는 본'으로 기록된 다른 사람으로 역대상 2:3의 유다의 장자 엘(에르)이 있습니다. 역대상 2:3에서는 "유다의 맏아들 에르는 여호와 보시기에 악하였으므로 여호와께서 죽이셨고"라고 말씀하고 있습니다(창 38:7).

후대에 내 이름이 어떤 내용으로 족보에 남겨질 것인가를 생각해 볼 때, 나는 과연 다른 이들에게 어떤 신앙의 본이 되고 있는지 자신을 살펴야 하겠습니다.

셋째, 람과 아미나답(암미나답) 사이입니다.

역대상 2:10에 "람은 암미나답을 낳았고"라고 하였고, 마태복음 1:4에도 "람은 아미나답을 낳고"라고 기록되어 있습니다. 람은 헤스론의 둘째 아들이며(대상 2:9), 헤스론은 야곱과 함께 애굽에 들어간 가족 70명의 명단에 그 이름이 기록되어 있습니다(창 46:12). 따라서 헤스론과 그 아들 람은 애굽 거주 기간 430년 중 초기 인물입니다.

한편, 아미나답의 아들로 자주 등장하는 나손(출 6:23)은 출애굽 이후 광야 생활에서 유다 지파의 지도자(두령, 족장, 방백)였습니다(민 2:3, 10:14). 그리고 나손의 아버지 아미나답은 출애굽 할 때 있었던 인물로, 애굽 생활 430년 말기의 인물입니다. 그러므로 람과 아미나답 사이에는 애굽에서 종노릇하던 430년 기간의 족보 대부분이 생략되어 있는 것입니다.

넷째, 살마(살몬)와 보아스 사이입니다.

역대상 2:11에는 "나손은 살마를 낳았고 살마는 보아스를 낳았고"라고 기록하였고, 마태복음 1:5에는 "살몬은 라합에게서 보아스를 낳고"라고 기록되어 있습니다.

위에서 살펴본 것처럼, 나손은 광야 생활 40년 기간의 지도자였고, 그의 아들 살마는 주전 1406년경 가나안에 입성할 때의 사람입니다. 그런데 보아스는 사사 시대 말기의 사람입니다. 보아스는 룻과 결혼하여 오벳을 낳았는데, 오벳은 '다윗의 아비인 이새의 아비(다윗의 할아버지)'였습니다(룻 4:13, 17, 22).

그러므로 살마와 보아스 사이에는 약 300년 사사 시대의 대부분이 생략되어 있습니다. 사사 시대는 신앙이 제대로 계승되지 못하여 사람이 각각 그 소견에 옳은 대로 행하였던 영적 암흑시대였습니다(삿 17:6, 21:25).

다섯째, 헤스론 가문입니다.

역대상 2장에서는 유다 지파 가운데 특히 베레스의 아들인 헤스론의 가문을 자세히 기록하고 있습니다. 먼저 헤스론의 둘째 아들 람의 후손(대상 2:10-17), 셋째 아들 글루배(갈렙, 대상 2:9)의 후손(대상 2:18-20), 헤스론이 둘째 아내에게서 낳은 아들 스굽과 아스훌의 후손(대상 2:21-24), 헤스론의 장자 여라므엘의 후손(대상 2:25-41), 다시 글루배(갈렙)의 맏아들 메사의 후손과 갈렙의 두 첩(에바, 마아가)에게서 난 후손(대상 2:42-49), 그리고 글루배(갈렙)의 다른 아내 에브라다(에브랏)에게서 난 후손(대상 2:19, 50-55)의 순서대로 기록하고 있습니다. 헤스론은 하나님의 각별하신 은혜 가운데 큰 가문을 이루었습니다.

(3) 구속사적 경륜

역대상 2장에는 하나님의 구속사적 경륜에 따라 사람들의 이름을 바꾸어 기록하는 경우가 있습니다. 창세기에는 주로 '야곱'으로 기록된 이름이 역대상 족보에는 '이스라엘'로 기록되어 있습니다(대상 5:1, 3, 6:38, 7:29). 역대상 1:34에서 "아브라함이 이삭을 낳았으니 이삭의 아들은 에서와 이스라엘이더라"라고 기록하고 있고, 역대상 2:1에서도 "이스라엘의 아들은 이러하니 르우벤과 시므온과 레위와 유다와 잇사갈과 스불론과"라고 기록하고 있습니다. 이렇게 '야곱'을 '이스라엘'로 기록한 이유는 무엇입니까?

첫째, 야곱이라는 불신앙적 이름보다는 하나님의 축복 속에서 주어진 새 이름 이스라엘이 하나님의 언약의 계승이라는 측면에서 의미가 크기 때문입니다(창 32:28).

둘째, 이스라엘은 개인의 이름인 동시에 나라(민족)의 이름으로도 사용되었는데(대상 2:7, 4:10), 이는 이스라엘의 12아들을 중심으로 나라가 형성되었기 때문입니다.

아간의 경우도 역대상 족보에는 다른 이름으로 기록되었습니다. 여호수아 7:1에는 "갈미의 아들 아간"으로 기록되었으나 역대상 2:7에는 "가르미의 아들은 아갈"이라고 기록하고 있습니다. '아간'은 히브리어 '아칸'(עָכָן)으로, '골치 아픈'이란 뜻이며 '아갈'은 히브리어 '아카르'(עָכָר)로, '괴로움을 주는 자'라는 뜻입니다. 이것은 아간 때문에 이스라엘 백성 전체가 괴로움을 받게 되었음을 나타냅니다(수 7:1-26).

이처럼 역대상 2장에서 바뀌어 표기된 이름들은 이스라엘 공동체 전체와의 관계 속에서 특별한 의미를 담고 있음을 발견할 수 있습니다. '이스라엘'은 나라의 이름이 된 영예로운 이름인 반면에, '아갈'은 나라에 괴로움을 주고 치욕을 남긴 이름이었던 것입니다.

3. 역대상 3장
I Chronicles 3

(1) 내용

역대상 3:1-9	다윗의 아들들
역대상 3:10-16	솔로몬에서 시드기야까지의 족보
역대상 3:17-24	여호야긴(여고냐)의 후손들

(2) 특이 사항

첫째, 다윗의 아들들입니다.

다윗은 헤브론에서 7년 6개월을 통치하였고(삼하 2:11, 5:5上, 대상 3:4上), 예루살렘에서 33년을 통치하였습니다(삼하 5:5下, 대상 3:4下). 역대상 족보에는 헤브론에서 낳은 아들들과 예루살렘에서 낳은 아들들(대상 3:1-9)을 분리하여 소개하고 있습니다. 이것을 다른 곳의 기록과 비교하면 다음과 같습니다.

① 헤브론에서 낳은 아들 6명

	삼하 3:2-5	대상 3:1-4
암논	이스르엘 여인, 아히노암의 소생	암논
길르압	갈멜 사람 나발의 아내, 아비가일의 소생	다니엘
압살롬	그술 왕 달매의 딸, 마아가의 소생	압살롬
아도니야	학깃의 소생	아도니야
스바댜	아비달의 소생	스바댜
이드르암	에글라의 소생, "다윗의 아내"라고 특별히 기록함(삼하 3:5, 대상 3:3).	이드르암

② 예루살렘에서 낳은 아들 13명

	삼하 5:13-16	대상 3:5-8	대상 14:4-7	
1	삼무아	시므아	삼무아	암미엘의 딸 밧수아 (밧세바: '맹약의 여인' 이란 뜻)의 소생 (대상 3:5)
2	소밥	소밥	소밥	
3	나단	나단	나단	
4	솔로몬	솔로몬	솔로몬	
5	입할	입할	입할	
6	엘리수아	엘리사마	엘리수아	
7		엘리벨렛	엘벨렛	
8		노가	노가	
9	네벡	네벡	네벡	
10	야비아	야비야	야비아	
11	엘리사마	엘리사마	엘리사마	
12	엘랴다	엘랴다	브엘랴다	
13	엘리벨렛	엘리벨렛	엘리벨렛	

③ 족보에 기록되지 않은 아들 '여리못'이 있습니다.

역대하 11:18에서 "르호보암이 다윗의 아들 여리못의 딸 마할랏으로 아내를 삼았으니 마할랏은 이새의 아들 엘리압의 딸 아비하일의 소생이라"고 말씀하고 있습니다. 여리못과 아비하일 사이에서 태어난 마할랏은 남 유다 제1대 왕 르호보암의 아내였으며, 여우스, 스마랴, 사함을 낳았습니다(대하 11:18-19). 또한, 역대상 3:9 하반절의 "이 외에 또 첩의 아들이 있었더라"라는 말씀에 근거해 볼 때, 여리못은 다윗이 첩(들)을 통해서 낳은 아들들 중 하나였을 것입니다.

둘째, 요시야의 아들들입니다.

역대상 3:15에서 "요시야의 아들들은 맏아들 요하난과 둘째 여호야김과 세째 시드기야와 네째 살룸이요"라고 말씀하고 있습니다. 여기 살룸은 여호아하스의 다른 이름입니다(왕하 23:30, 대하 36:1, 렘 22:11).

요시야 다음에 여호아하스가 왕이 되었는데(주전 609^b-608년), 이 때 여호아하스는 23세였습니다(왕하 23:31, 대하 36:2^{상}). 그러나 그는 석 달 만에 애굽으로 잡혀가고 그 대신 여호야김이 왕이 되었습니다(왕하 23:31, 34, 대하 36:2^{하}-4). 여호야김은 25세에 왕이 되어 11년(주전 608-597년)간 통치하였습니다(왕하 23:36, 대하 36:5). 그 후에 그의 아들 여호야긴(주전 597년)이 왕이 되었습니다(왕하 24:6, 대하 36:8). 여호야긴은 18세에 왕이 되어 석 달 열흘을 치리하다가 바벨론에 포로로 끌려갔고(왕하 24:8-15, 대하 36:9-10), 그 후 시드기야(주전 597-586년, 11년 통치)가 21세에 왕이 되었습니다(왕하 24:18, 대하 36:11, 렘 52:1).

이러한 역사 기록에 근거하여 계산해 보면, 여호아하스는 요시야 16세(주전 632년)에 출생하였고, 시드기야는 요시야 30세(주전 618년)에 출생하였으므로, 시드기야는 여호아하스의 동생입니다. 따라서 역대상 3:15의 족보는 출생 순서대로 기록된 것이 아닙니다. 역대상 3:15에서 동생인 시드기야가 형 여호아하스보다 먼저 기록된 이유는 시드기야의 통치 햇수(11년)가 여호아하스(3개월)보다 훨씬 길었기 때문일 것입니다.

셋째, 스룹바벨의 아들들입니다.

역대상 3:19-24에 나오는 스룹바벨의 후손은 '스룹바벨-하나냐-스가냐-스마야-느아랴-에료에내-호다위야'로, 스룹바벨을 포함하여 7대입니다. 만약 한 대를 대략 25년으로 계산한다면, 스룹바벨의 족보에서 가장 마지막에 등장하는 사람 호다위야가 태어난 때는 주전 420년경이 됩니다. 이것은 스룹바벨이 태어난 연대를 대략 주전

570년으로 잡고 25년씩 차감하여 계산한 것입니다. 스룹바벨의 출생 연대를 주전 570년경으로 보는 이유는, 스룹바벨이 주전 538년에 선포된 바사 왕 고레스의 조서에 따라 바벨론에서 제1차로 귀환한 자들의 지도자였기 때문입니다(스 2:1-2). 지도자가 되려면 보통 30세 이상은 되어야 하므로 그는 최소한 주전 568년 이전에 태어난 것입니다.

이러한 사항들을 종합해 볼 때, 호다위야가 태어난 때는 주전 420년경입니다. 여기에 호다위야의 동생 6명(엘리아십, 블라야, 악굽, 요하난, 들라야, 아나니-대상 3:24)이 기록된 것을 고려하면, 막내아들 아나니가 태어난 때는 대략 주전 400년대 초이며, 이는 역대기의 저자로 알려진 에스라가 역대기를 저작한 시기와 비슷합니다. 이것은 역대기 족보가 스룹바벨로부터 7대까지의 자손들을 빠짐없이 기록해 놓은 귀한 자료임을 말해 줍니다.

(3) 구속사적 경륜

역대상 3:10-16에는 다윗의 후손인 남 유다 왕들의 계보가 기록되어 있습니다. 그 가운데 역대상 3:11에는 "그 아들은 요람이요 그 아들은 아하시야요 그 아들은 요아스요"라고 말씀합니다. 여기 아하시야와 요아스 사이에는, 스스로 여왕이 되어 6년간(주전 840-835[b]년) 통치한 아달랴에 대한 기록이 빠져 있습니다.

그 이유는 아달랴가 북 이스라엘 아합왕의 딸로, 다윗 가문에 속한 왕이 아니기 때문입니다(왕하 8:18, 26-27, 대하 21:6). 그녀는 하나님을 대적하며 악행을 거듭하였는데, 특히 유다 집의 왕의 씨를 진멸함으로 메시아가 오시는 길을 막으려 했던 극악한 자였습니다

(왕하 11:1, 대하 22:10).

역대상 3:17-24에는 바벨론 포로 귀환 이후의 다윗 가문의 계보를 기록하고 있습니다. 이것은 바벨론 포로와 귀환의 역사 속에서도 다윗의 자손으로 메시아가 오신다는 다윗 언약(삼하 7:12-16, 대상 17:11-14)이 중단 없이 진행되었음을 보여 주며, 나아가 그것이 메시아가 오실 때까지 지속된다는 것을 확증한 것입니다. 하나님의 구속사적 경륜은 때로 세속 역사 속에 묻혀 버린 것처럼 보일지라도 결코 중단되지 않고 언젠가는 다시 역사의 전면에 드러나게 되는 것입니다.

4. 역대상 4장
I Chronicles 4

(1) 내용

역대상 4:1	유다 지파의 주요 혈통 (베레스-헤스론-갈미-훌-소밧)
역대상 4:2-8	소라, 에담, 드고아 지역 주민의 계보
역대상 4:9-10	야베스의 출생 배경과 기도
역대상 4:11-14	레가와 게하라심 지역 주민의 계보
역대상 4:15-20	기타 유다 지파 주요 족장들의 계보
역대상 4:21-23	유다의 아들 셀라 계열의 주요 자손들
역대상 4:24-27	시므온 지파의 기본 계보
역대상 4:28-33	시므온 지파의 거주지
역대상 4:34-38^{상}	시므온 지파의 주요 족장
역대상 4:38^{하}-43	시므온 지파 족장들의 정복 사업

(2) 특이 사항

첫째, 유다의 아들들입니다.

역대상 4:1에서 "유다의 아들들은 베레스와 헤스론과 갈미와 훌과 소발이라"고 말씀하고 있습니다. 유다의 아들들로 기록된 다섯 사람은 형제가 아니라 부자 관계입니다. 유다는 베레스를 낳았고(창 46:12, 민 26:20, 룻 4:12, 대상 2:4, 마 1:3, 눅 3:33), 베레스는 헤스론을 낳았으며(창 46:12, 민 26:20-21, 룻 4:12, 18, 대상 2:4-5, 마 1:3, 눅 3:33), 헤스론은 갈렙을 낳았습니다(대상 2:18). 그런데 역대상 4:1에는 '갈렙' 대신 '갈미'로 기록되어 있습니다. '갈미'는 히브리어 '카르미'(כַּרְמִי)로, '포도원'이란 뜻입니다. 역대상 2:19에서 갈렙의 아들이 훌이고, 역대상 2:50에서 훌의 아들이 소발인 것으로 보아, '갈미'와 '갈렙'은 동일 인물로, 이름만 다르게 표기된 것으로 볼 수 있습니다.

둘째, 야베스에 대한 기록입니다.

야베스는 유다 지파의 자손들 가운데 유일하게 그 개인에 대한 내용이 자세히 기록된 사람입니다. 역대상 4:9에서 "야베스는 그 형제보다 존귀한 자라 그 어미가 이름하여 야베스라 하였으니 이는 내가 수고로이 낳았다 함이었더라"라고 말씀하고 있습니다. 여기 '존귀한'은 히브리어 '카바드'(כָּבַד)의 니팔(수동) 분사형으로, '존경을 받는'이란 뜻입니다. 야베스는 그 형제들보다 더 존경을 받는 사람이었습니다. 그의 이름 '야베스'는 히브리어 '야으베츠'(יַעְבֵּץ)로, '슬픔에 잠긴'이란 뜻이며, '상처를 입히다, 고통하다, 슬퍼하다'라는 뜻의 '아차브'(עָצַב)에서 유래한 것입니다. 이 단어의 어원은 해산의 고통과 관계되는 단어로(창 3:16), 어머니가 극심한 슬픔 가운데 야베스를 낳으므로 그가 불행하게 출생하였음을 나타내는 것입니다. 이 단어는 이사야 14:3에서 바벨론에 포로로 끌려간 이스라엘 백성의 슬픔을 나타낼 때도 사용되었습니다.

역대상 4:9에서 야베스의 불행한 출생은 바벨론에 포로로 끌려간 백성의 슬픔을 연상시키며, 성장한 후에 받는 큰 존경은 포로지에서 귀환한 이후의 영광을 연상시킵니다.

야베스는 비록 그 출생은 불행하였으나, 하나님께 간절히 기도하는 사람이었습니다. 역대상 4:10에서 "야베스가 이스라엘 하나님께 아뢰어 가로되 원컨대 주께서 내게 복에 복을 더하사 나의 지경을 넓히시고 주의 손으로 나를 도우사 나로 환난을 벗어나 근심이 없게 하옵소서 하였더니 하나님이 그 구하는 것을 허락하셨더라"라고 말씀하고 있습니다. 여기 '원컨대 주께서 내게 복에 복을 더하사'는 '바라크'(בָּרַךְ: 무릎 꿇다, 축복하다)라는 단어를 두 번 연속 사용하여, '반드시 저를 축복하여 주시옵소서' 하는 간절한 애원이 담겨 있습니다. 이처럼 불행한 상황에서도 간절히 기도할 때 하나님께서는 반드시 응답해 주십니다.

야베스가 기도한 내용은 세 가지입니다. 먼저 야베스는 "나의 지경을 넓히시고"라고 기도했습니다. 이것은 바벨론 포로에서 돌아왔으나 여전히 주변 나라들의 침략을 받는 상황 속에서 나라의 부강함을 바라는 기도였습니다. 다음으로 "주의 손으로 나를 도우사"라고 기도했습니다. 이 기도의 원문의 뜻은 '그리고 당신의 손이 나와 함께하여 주시옵소서'입니다 (참고-느 2:8, 18). 하나님의 손이 함께 하신다면 아무런 근심과 걱정을 할 필요가 없게 되는 것입니다. 마지막으로 "나로 환난을 벗어나 근심이 없게 하옵소서"라고 기도하였습니다. 야베스가 이렇게 기도할 때 하나님께서는 그의 구하는 것을 허락해 주셨습니다. 야베스가 존귀하게 된 것은 고통과 슬픔

중에서도 기도하였기 때문입니다. 야베스는 포로 생활이라는 도저히 빠져나갈 수 없는 절망 중에서도 하나님께 간구하기를 잊지 않았습니다. 야베스는 '모든 일이 오직 하나님께 달려 있다'고 하는 '하나님의 절대 주권'을 믿는 신앙의 사람이었습니다.

역대상의 족보에 야베스를 자세히 기록한 것은, 현재 이스라엘의 형편이 야베스의 출생 환경과 비슷하였기 때문입니다. 현재는 그들이 환난과 근심 속에 있지만, 하나님께 간절히 기도하면 반드시 영광을 안겨 주신다는 큰 소망을 주기 위함이었습니다.

(3) 구속사적 경륜

역대상 4:18에는 이방인의 이름이 등장하는데 메렛의 아내 '비디아'입니다. 그녀는 애굽 왕 바로의 딸로 기록되어 있습니다. 비디아는 히브리어 '비트야'(בִּתְיָה)로, '바트'(בַּת: 딸)와 '야'(יָהּ: 여호와의 압축형)가 합성된 단어로, '여호와의 딸'이란 뜻입니다. 그녀는 비록 이방인이었지만 하나님을 믿고 언약 백성 가운데 편입되었을 것입니다. 역대상 족보에 여자 이름이 기록된 것은 언약 자손의 정통성이 혈통이 아니라 신앙에 있음을 보여 줍니다.

또한, 역대상 4장에는 유다 지파에 이어 시므온 지파가 가장 먼저 소개되고 있습니다. 본래 야곱의 열두 아들 중 시므온은 레위와 함께 누이 디나를 욕보인 세겜 족속을 할례를 악용하여 칼로 죽인 일 때문에, 저주를 받았습니다(창 34:24-27, 49:5-7). 그 후 시므온 지파는 오랜 세월 미약하였습니다. 광야에서 시행되었던 제1차 군인 계수(59,300명)와 제2차 군인 계수(22,200명)의 결과만 비교해 보아도 현저하게 37,100명이나 줄어들었습니다(민 2:13, 26:14). 또한, 모세의 축복에서도 제외되었습니다(신 33장). 가나안 정복 전쟁 때에도 독립적으로 땅을 분배 받지 못하고 유다 지파의 분깃에서 일부를 분배 받았습니다(수 19:1-9). 그러나 오랜 세월이 지나 남 유다 제13대 왕 히스기야(주전 715-686년) 시대에 이르러, 그동안 그렇게 미약하였던 시므온 지파에 회복과 번성의 역사가 일어났습니다. 역대상 4:38에서는 "그 종족이 더욱 번성한지라"(표준새번역: 그들의 가문은 많이 불어나서 퍼졌으므로)라고 말씀하고 있습니다. 그리하여 시므온 지파의 열세 종족은 더 큰 목장을 구하였는데, "골짜기 동편 그돌 지경에 이르러" 아름답고 기름진 목장을 발견하였으며, 그 땅은 광활하고 안정된 곳이었습니다(대상 4:34-40). 뿐만 아니라, 번성한 시므온 지파는 새로운 거주지를 위하여 과거 선조들이 이루지 못한 정복 사업을 이루었습니다. 역대상 4:41에서는 "이 위에 녹명된 자가 유다 왕 히스기야 때에 가서 저희의 장막을 쳐서 파하고 거기 있는 '모우님' 사람을 쳐서 진멸하고 대신하여 오늘까지 거기 거하였으니 이는 그 양 떼를 먹일 목장이 거기 있음이며"라고 말씀하고 있습니다. 그리고 시므온 자손 중에 오백 명이 세일산으로 가서 남아 있는 아말렉 사람을 치고 거기 거하였습니다(대상 4:42-43). 이것은 '가나안 족속을 진멸하라'(신 7:1-2), '아말렉을 진멸하라'(출 17:14, 신 25:19, 삼상 15:3)라신 하나님의 명령이 가장 미약하였던 시므온 지파를 통해 늦게나마 실행되었음을 보여 줍니다. 그것은 과거 어두웠던 역사로부터 회복해 주시는 하나님의 은혜였고 특별하신 섭리였습니다.

 역대상 4장에서 시므온 지파가 영토를 정복한 내용을 자세히 기록하고 있는 이유는 무엇입니까? 그것은 바벨론에서 귀환한 백성에게 시므온과 같이 어두운 과거를 적극적인 믿음으로 극복하고 언약 백성의 미래를 개척할 것을 촉구하는 것입니다.

하나님께서는 역대상 4장에서 유다 지파 야베스와 시므온 지파의 이야기를 통하여, 바벨론에서 귀환한 백성에게 신앙의 개혁과 회복, 그리고 적극적인 기도와 믿음의 행위를 강조하셨던 것입니다.

5. 역대상 5장
I Chronicles 5

(1) 내용

역대상 5:1-10　르우벤 지파의 주요 계보와 거주지
역대상 5:11-17　갓 지파의 주요 계보와 거주지
역대상 5:18-22　요단 동편 두 지파 반(르우벤, 갓, 므낫세 반 지파)의 전쟁과 승리
역대상 5:23-24　므낫세 반 지파의 주요 거주지와 족장
역대상 5:25-26　요단 동편 두 지파 반의 죄와 앗수르에게 잡혀 감

(2) 특이 사항

첫째, 야곱의 장자 르우벤의 장자권 상실에 대한 말씀입니다.

역대상 5:1-2에서 "이스라엘의 장자 르우벤의 아들들은 이러하니라(르우벤은 장자라도 그 아비의 침상을 더럽게 하였으므로 장자의 명분이 이스라엘의 아들 요셉의 자손에게로 돌아갔으나 족보에는 장자의 명분대로 기록할 것이 아니니라 유다는 형제보다 뛰어나고 주권자가 유다로 말미암아 났을지라도 장자의 명분은 요셉에게 있으니라)"라고 말씀하였습니다. 역대상 5장 족보를 시작하면서 르우벤의 장자권 상실과 그 이유, 그리고 그 결과를 상세히 밝힌 것입니다.

성경은 분명히 '이스라엘의 장자 르우벤'(출 6:14, 민 1:20, 26:5, 대상 5:1, 3)이라고 누차 기록하고 있으며, 창세기 49:3 한 구절 안에서만 르우벤이 '장자'라는 사실을 다섯 번이나 강조하여 ㉠'내 장자' ㉡'나의 능력', ㉢'나의 기력의 시작', ㉣'위광이 초등하고', ㉤'권능이 탁월하도다'라고 기록하고 있습니다.

그러나 창세기 49:4에서는 그가 장자권을 박탈당한 이유를 자세히 설명하고 있습니다. 즉 "네가 아비의 침상에 올라 더럽혔음이로다"라고 말씀하고 있습니다. '침상을 더럽혔다'는 것은 히브리적 완곡 어법으로, 적법하지 못한 동침을 가리킵니다. 르우벤이 그의 서모 빌하와 통간한 사실을 말합니다(창 35:22). 빌하(בִּלְהָה: 유순함, 단순함)는 라헬의 몸종으로, 단과 납달리의 어머니였습니다(창 29:29, 30:3-8). 르우벤은 주체할 수 없는 음욕으로 서모 빌하를 범하여 아비의 침상을 더럽혔습니다. 결국 사단은 르우벤의 가장 큰 약점을 잡아 장자권을 상실하도록 만든 것입니다. 율법에는 아비의 아내와 관계하는 것은 아비의 하체를 범하는 것이므로, 사형에 해당하는 중죄로 규정하고 있습니다(레 18:6-8, 20:11, 신 22:30, 27:20).

둘째, 르우벤 지파의 역사에 대한 말씀입니다.

르우벤 지파는 앗수르 왕 디글랏 빌레셀 3세의 북 이스라엘 침공(왕하 15:29, 대상 5:26) 때 앗수르에 포로로 끌려갔습니다. 역대상 5:6에 "그 아들은 브에라니 저는 르우벤 자손의 두목으로서 앗수르 왕 디글랏 빌레셀에게 사로잡힌 자라"라고 말씀하고 있습니다. 그런데 역대상 5:7-10에는 르우벤 지파의 족장 여이엘, 스가랴, 벨라가 유브라데강에서부터 광야 지경까지 이르렀으며, 사울왕 때에는 하갈 사람과의 전쟁에서 이기고 길르앗 동편 온 땅에 이른 것을 기록하고 있습니다. 여기 역대상 5:7에 나오는 "형제"(אָח, 아흐)는 같은 르우벤 지파 사람을 지칭하는 것으로 보아야 합니다. 북 이스라엘이 멸망할 때의 인물인 브에라(대상 5:6)의 형제로 기록되어 있는 여이엘, 스가랴, 벨라는 실제로는 사울왕 시대의 인물인 것입니다(대상 5:10).

역대기 기자는 역대상 5:6과 5:7-10을 대비(對比)하여, 이스라엘 공동체도 바벨론 포로라는 비극을 겪었지만 이제 귀환 후에 놀라운 회복과 번성이 있을 것이라는 소망을 갖게 하였으며, 동시에 과거에 하나님을 의지함으로 축복을 받아 번성하였을지라도 우상을 숭배하고 말씀에 불순종할 때에는 심판을 받는다는 것을 극명하게 보여 주고 있습니다.

셋째, 세 지파의 승리와 멸망에 대한 말씀입니다.

역대상 5:18을 보면, 요단강 동편에 거주하였던 르우벤 지파와 갓 지파와 므낫세 반(半) 지파 가운데 싸움에 익숙한 용사가 44,760명이 있었습니다. 이들은 하갈 사람과 여두르, 나비스, 노답과의 전쟁에서 크게 승리하였습니다. 그들은 약대 5만과 양 25만과 나귀 2천을 빼앗았으며 사람 10만 명을 사로잡았습니다. 이 전쟁의 승리는, 세 지파가 하나님께 의뢰하고 부르짖은 결과로, 하나님께서 들으시고 도와주셨기 때문입니다. 역대상 5:20에서 "도우심을 입었으므로 하갈 사람과 그 함께한 자들이 다 저희 손에 패하였으니 이는 저희가 싸울 때에 하나님께 의뢰하고 부르짖음을 하나님이 들으셨음이라"라고 말씀하고 있습니다.

그러나 승리의 궁극적인 원인은 이 전쟁이 하나님께로부터 나온 전쟁이었기 때문입니다. 역대상 5:22에서 "이 싸움이 하나님께로 말미암았음이라"라고 말씀하고 있습니다. 전쟁은 하나님께 속한 것입니다(삼상 17:47, 대하 20:15). 그러므로 하나님께로 말미암은 전쟁 즉 하나님께서 시작하신 전쟁은 반드시 승리하게 되어 있는 것입니다.

그런데 이렇게 큰 승리를 거두었던 세 지파는 앗수르가 이스라엘을 침략하였을 때 멸망하고 말았습니다. 세 지파는 앗수르 왕 디글랏 빌레셀(불)에게 사로잡혀서 할라와 하볼과 하라와 고산 하숫가에까지 옮겨졌습니다(대상 5:26). 이렇게 된 이유는, 이들이 이방 신들을 간음하듯 음란하게 섬긴 죄 때문에 하나님께서 앗수르 왕의 마음을 일으키셔서 이스라엘을 침략하도록 역사하셨기 때문입니다(왕하 17:7-18). 역대상 5:26에서는 "그러므로 이스라엘 하나님이 앗수르 왕 불의 마음을 일으키시며 앗수르 왕 디글랏 빌레셀의 마음을 일으키시매 곧 르우벤과 갓과 므낫세 반 지파를 사로잡아 할라와 하볼과 하라와 고산 하숫가에 옮긴지라 저희가 오늘날까지 거기 있으니라"라고 말씀하고 있습니다.

세 지파의 승리와 멸망에 대한 뚜렷한 대조는, 바벨론 포로 귀환 후 세대들이 과거의 불신앙적 죄악을 다시 되풀이하지 않도록 경고하는 강력한 교훈이 되고 있습니다. 우리도 한순간의 승리에 도취하여 온갖 탐심으로 우상을 숭배하면, 갑자기 하나님의 진노가 임하여 멸망하는 날이 닥친다는 사실을 명심해야 할 것입니다(골 3:5-6).

(3) 구속사적 경륜

역대상 5장 족보는 르우벤의 장자권 상실에 대한 기록으로 시작합니다(대상 5:1-2). 르우벤이 서모인 빌하와 간음하여 아비의 침상을 더럽힌 사건으로 말미암아(창 35:22, 49:3-4) 장자의 명분은 요셉 자손에게로 돌아갔습니다(창 49:22-26). 이것은 요셉이 영적인 장자가 된 것과, 요셉을 통해서 야곱의 가족 70명이 기근에서 건짐 받은 사실(창 45:7, 46:27, 47:12, 50:21)을 염두에 둔 표현입니다. 그런데 역대상 5:1 하반절에서는 "족보에는 장자의 명분대로 기록할 것이 아니니라"라고 말씀하고 있습니다. 이것은 실제 족보상의 장자는 요셉이 아니라 네 번째 아들 유다가 되었으며, 유다 지파를 통해서 다윗왕뿐만 아니라 최종적으로 주권자이신 메시아가 오신다는 것을 가르쳐 줍니다(창 49:8-10, 참고-사 9:7, 렘 23:5, 겔 34:23, 마 1:1).

장자권을 상실한 르우벤의 행동은 애굽의 총리가 되어 민족을 구원한 요셉의 장자다운 행동과 대조를 이루며, 동시에 유다 지파를 통하여 언약의 정통성이 계승되었음을 보여 주고 있습니다.

르우벤은 야곱의 장자였습니다. 그가 죄를 범하지 않았다면 다른 형제의 두 배의 분깃을 받고 집안을 다스리는 권리를 차지했을 것입니다(신 21:15-17). 이삭의 아들 에서는 혈통상 장자였음에도 불구하고 장자의 명분을 경홀히 여기고(창 25:34) 장자의 축복을 받지 못하여(창 27:22-23, 35-36), 결국 장자권이 야곱에게 넘어갔습니다(참고-히 12:16-17). 마찬가지로, 르우벤은 적법한 장자였지만 장자권 중 두 배의 축복은 요셉에게(창 48:5), 치리권은 유다에게로 돌아가고 말았습니다(대상 5:1-2).

아비의 침상은 아비의 권위요, 아비의 비밀입니다. 르우벤은 간음죄와 더불어 '아버지의 권위에 도전'하는 심각한 죄를 범한 것입니다. 다윗의 아들 압살롬도 아버지의 후궁들을 욕보이는 죄를 범하였으며(삼하 12:11-12, 16:21-22), 그 말로는 매우 비참했습니다. 압살롬은 노새를 타고 도망가던 중 자신의 자랑거리였던 머리카락이 상수리나무에 걸려, 다윗의 군대 장관 요압의 창에 심장이 찔리고 요압의 병기를 맡은 소년 열 명에게 에워싸여 쳐 죽임을 당하였습니다(삼하 18:9-15).

우리는 역대기의 족보가 장자권의 상실과 획득을 중시하여 기록하고 있음에 주목해야 합니다. 야곱의 장자였던 르우벤이 장자권을 상실하는 과정을 통해, 아무리 권능이 탁월하고 최고의 권세를 가진 사람이라도 '간음'이라는 한순간의 범죄로, 자기를 위해 예비하여 쌓아 두신 하나님의 축복을 송두리째 상실하고 만다는 것을 깊이 되새겨야 하겠습니다.

6. 역대상 6장
I Chronicles 6

(1) 내용

역대상 6:1-15	대제사장의 계보
역대상 6:16-30	레위 지파의 족보
	레위의 후손: 16-19절, 게르손의 후손: 20-21절,
	그핫(고핫)의 후손: 22-28절,
	므라리의 후손: 29-30절
역대상 6:31-47	찬양대로 봉사한 레위 자손의 계보
	찬양대의 발족: 31-32절, 헤만의 계보: 33-38절,
	아삽의 계보: 39-43절, 에단의 계보: 44-47절
역대상 6:48-49	레위인, 제사장, 대제사장의 직무
역대상 6:50-53	대제사장의 계보(아론부터 다윗왕 시대까지)
역대상 6:54-81	레위 지파가 거주한 성읍들

(2) 특이 사항

첫째, 아사랴에 대한 기록입니다.

역대상 6:1-15에 나타난 대제사장의 명단 가운데 아사랴는 특별히 그 행적이 기록되어 있습니다. 역대상 6:10에서 "요하난은 아사랴를 낳았으니 이 아사랴는 솔로몬이 예루살렘에 세운 전에서 제사장의 직분을 행한 자며"라고 말씀하고 있습니다. 아사랴의 시대는 솔로몬 성전이 완성된 후에, 성전이 이스라엘 백성의 종교와 삶의 중심이 되었던 시대입니다. 이것은 바벨론 포로 귀환 후세대들에게 그들의 종교와 삶의 중심이 하나님의 성전이어야 함을 강조하는 것입니다.

이 대제사장의 족보는 역대상 6:15에서 바벨론에 포로로 끌려가는 것으로 끝이 납니다. 바벨론의 포로가 된 비극의 역사는 하나님의 성전이 이스라엘 백성의 삶의 중심이 되지 못했던 결과임을 보여 줍니다.

둘째, 찬송하는 일에 대한 기록입니다.

사무엘 시대에 블레셋에게 빼앗겼던 언약궤가 기럇여아림에 있었는데, 다윗은 마침내 그것을 예루살렘의 다윗성으로 옮겨와 성막에 안치하였습니다(대하 1:4). 이 일을 가리켜 역대상 6:31에서는 '언약궤가 평안한 곳을 얻었다'라고 말씀하고 있습니다. 그때 다윗은 여호와의 집에서 찬송하는 일을 맡을 사람들을 임명하였습니다. 찬송하는 일을 하는 사람들의 대표자는 헤만과 아삽과 에단이었습니다. 그런데 헤만은 그핫(고핫)의 후손이었으며(대상 6:33-38), 아삽은 게르손의 후손이었고(대상 6:39-43), 에단은 므라리의 후손이었습니다(대상 6:44-47). 이처럼 하나님께서는 찬양하는 지도자들을 레위의 세 아들의 후손 가운데서 골고루 뽑게 하셨습니다.

셋째, 임명받은 레위 사람들에 관한 기록입니다.

역대상 6:31에서 "다윗이 이 아래의 무리를 세워 여호와의 집에서 찬송하는 일을 맡게 하매"라고 말씀하고 있습니다. 여기 '세워'는 히브리어 '아마드'(עָמַד)의 히필(사역)형으로, '임명하다'라는 뜻입니다. 또 역대상 6:48에서도 "하나님의 집 장막의 모든 일을 맡았더라"라고 말씀하고 있습니다. 여기 '맡았더라'는 히브리어 '나탄'(נָתַן)으로, 역시 '임명하다'라는 뜻입니다. 이것은 레위 사람들의 임무는 무슨 일이든지 다 하나님의 영광을 위하여 필요한 일들이고, 하나같이 정식 임명 절차를 통해 위임받았으며, 하나님께서는 더욱 사명감을 가지고 충성하도록 레위인들을 권고하셨음을 의미합니다.

(3) 구속사적 경륜

역대상 5장에서는 요단강 동편의 세 지파에 대하여 기록하였습니다. 그리고 요단강 서편의 지파들에 대하여 설명하기에 앞서, 역대상 6장에서는 먼저 레위 지파를 기록하고 있습니다. 그리고 레위 지파 가운데서도 대제사장의 족보가 가장 먼저 나오며(대상 6:1-15), 이는 역대상 6:49-53에서 다시 반복해서 기록되고 있습니다. 이것은 대제사장이 백성의 영적 대표자로 성막에서 가장 중요한 직분을 맡고 있었기 때문입니다. 역대상 6:49에서 "아론과 그 자손들은 번제단과 향단 위에 분향하며 제사를 드리며 지성소의 모든 일을 하여 하나님의 종 모세의 모든 명대로 이스라엘을 위하여 속죄하니"라고 말씀하고 있습니다. 나아가 바벨론 포로 귀환 후세대에게 제사장의 직분을 강조함으로써, 하나님께서 전 세계를 구원하는 역사에서 이스라엘 백성의 남은 자들에게 제사장과 같은 사명이 있음을 알려 주시려 했던 것입니다. 하나님께서는 출애굽기 19:6에서도 이스라엘 백성에게 "너희가 내게 대하여 제사장 나라가 되며"라고 말씀하셨습니다(참고-벧전 2:9, 계 1:6, 5:10).

7. 역대상 7장
I Chronicles 7

(1) 내용

역대상 7:1-5	잇사갈 지파의 족보
역대상 7:6-12	베냐민 지파의 족보
역대상 7:13	납달리 지파의 족보
역대상 7:14-19	므낫세 반(半) 지파의 족보
역대상 7:20-29	에브라임 지파의 족보
역대상 7:30-40	아셀 지파의 족보

(2) 특이 사항

첫째, 슬로브핫에게는 딸만 있었습니다.

역대상 7:15에서 "… 므낫세의 둘째 아들의 이름은 슬로브핫이니 슬로브핫은 딸들만 낳았으며"라고 말씀하고 있습니다. 이 말씀에는 슬로브핫이 므낫세의 둘째 아들인 것처럼 기록하고 있습니다. 그러나 민수기 27:1에 "요셉의 아들 므낫세 가족에 므낫세의 현손 마길의 증손 길르앗의 손자 헤벨의 아들 슬로브핫의 딸들"이라고 기록된 내용으로 보아, 슬로브핫은 므낫세의 둘째 아들이 아닙니다. 여기 '둘째 아들의'라는 단어는 히브리어 '쉐니'(שֵׁנִי)로, '둘째의, 두 번째의'라는 뜻 외에도 '다른 하나의, 다른'이라는 뜻을 가지고 있습니다. 그러므로 역대상 7:15의 "므낫세의 둘째 아들의 이름은 슬로브핫이니"라는 표현은 "므낫세의 다른 자손의 이름은 슬로브핫이니"라는 번역이 원문에 가깝습니다.

슬로브핫은 아들이 없이 딸만 다섯 명이 있었습니다(수 17:3). 당시에는 남자들에게만 상속이 이루어졌기 때문에 슬로브핫의 받을 기업이 없어질 위기에 처했습니다. 이때 다섯 딸은 자기 아버지에게는 아들이 없으니 아버지의 기업을 자기들에게 달라고 모세에게 요구하였습니다. 모세가 이 사연을 하나님께 여쭈었더니, 하나님께서 아들이 없는 경우는 딸에게 그 유업을 주라고 말씀하셨습니다. 민수기 27:8에서 "너는 이스라엘 자손에게 고하여 이르기를 사람이 죽고 아들이 없거든 그 기업을 그 딸에게 돌릴 것이요"라고 말씀하고 있습니다.

그 후에 므낫세 지파 사람들은 만약 슬로브핫의 딸들이 다른 지파 남자에게 시집을 가면 자기 조상의 기업이 다른 지파로 넘어가게 된다고 문제점을 지적하였습니다. 이에 모세는 '그들의 지적이 맞다, 옳은 지적'이라고 하면서, "슬로브핫의 딸들에게 대한 여호와의 명이 이러하니라 이르시되 슬로브핫의 딸들은 마음대로 시집가려니와 오직 그 조상 지파의 가족에게로만 시집갈지니 그리하면 이스라엘 자손의 기업이 이 지파에서 저 지파로 옮기지 않고 이스라엘 자손이 다 각기 조상 지파의 기업을 지킬 것이니라"라고 대답해 주었습니다(민 36:6-7).

역대상 7장의 족보에는 이러한 사실을 강조하여 기록하고 있는데, 이는 바벨론 포로 귀환 후의 모든 세대에게 조상의 기업을 지키는 것이 얼마나 중요한 일인지를 가르쳐 주기 위한 것이었습니다.

둘째, 에브라임의 두 아들이 가드 사람에게 죽임을 당했습니다.

에브라임에게는 수델라 외에 '에셀과 엘르앗'이라는 아들도 있었습니다. 그런데 이들이 가드 사람의 짐승을 빼앗으려 하다가 가드 토인(土人: 지방에 대대로 살아온 사람)에게 죽임을 당하였습니다. 이에 에브라임이 여러 날 슬퍼하였으며 그 형제가 와서 위로하였습니다(대상 7:21-22). 그 후에 에브라임은 아들을 더 낳았는데 자신의 극심한 고통과 슬픔을 반영하여 그 이름을 '브리아'라고 불렀습니다(대상 7:23). '브리아'는 히브리어 '베리아'(בְּרִיעָה)로, '곤고한 중에'라는 뜻입니다.

에브라임 집안이 재앙을 받아 극한 슬픔 속에서 낳은 아들이 브리아인데, 모세의 후계자로 가나안 정복을 영도한 여호수아가 바로 브리아의 직계 후손이었습니다(대상 7:27). 하나님께서는 그 어떤 슬픔과 고통의 시기에도 자기 백성과 함께하시고 훗날을 준비해 주시는 자비가 한이 없는 분이십니다.

(3) 구속사적 경륜

역대상 7장에서 에브라임 지파의 족보는 여호수아로 끝이 납니다. 가나안 정복 시대의 지도자인 그는 주전 1390년경 110세로 생을 마쳤습니다(수 24:29). 여호수아의 죽음 이후 바벨론에서 귀환하여 역대상 족보를 기록할 때까지 약 1,000년 가까운 세월이 흘렀습니다. 그러나 역대상 족보에서는 여호수아 이후 에브라임 지파의 후손들을 더 이상 기록하지 않고 여호수아에서 끝내고 있습니다. 이는 바벨론 포로 귀환 후세대에게 큰 구속사적 경륜을 제시하고 있는 것입니다.

먼저 에브라임이 두 아들 에셀과 엘르앗을 가나안 사람에게 잃고 이루 형언할 수 없는 아픔과 고통을 당했지만, 그의 후손 가운데 가나안 정복의 위대한 지도자 여호수아가 태어났다는 사실을 증거함으로써, 바벨론 포로 귀환 후 여러 가지 아픔과 고통을 겪고 있는 백성의 삶에도 가나안 정복과 같은 위대한 승리의 역사가 있을 것이라는 소망을 제시하고 있습니다.

여호수아의 등장은 우리의 원수 사단을 멸망시키시고 모든 비극과 아픔을 해결하실 예수 그리스도가 오실 것을 예표하고 있습니다. 에셀과 엘르앗을 죽인 자는 가드 토인이었습니다. '토인'은 '땅'을 의미하는 히브리어 '에레츠'(אֶרֶץ)로, '원주민'이라는 뜻입니다. 그는 가나안 땅에 대대로 거주하였던 원주민이었습니다. 그런데 여호수아가 가나안 땅을 정복하여 가문의 옛 원수들을 멸망시키고 승리하였던 것입니다. 여호수아는 히브리어 '예호수아'(יְהוֹשׁוּעַ)로, '여호와께서 구원하심'이란 뜻입니다. 비극의 가문에 등장한 여호수아는 그 가문의 소망과 위로가 되었습니다. 오늘날 죄와 사망, 눈물과 고통과 아픔 가운데 살아가는 인생들에게 오직 예수님만이 유일한 소망과 위로입니다. 이 땅에서 기대할 만한 소망은 아무것도 없습니다(참고-전 1:2). 산 소망의 근원지는 오직 예수 그리스도뿐입니다(딤전 1:1). 하나님의 비밀이신 예수 그리스도만이 우리의 영원한 영광의 소망이십니다(골 1:27).

8. 역대상 8장
I Chronicles 8

(1) 내용

역대상 8:1-5	베냐민과 벨라의 아들의 족보
역대상 8:6-28	에훗 자손의 족보
역대상 8:29-33	사울의 족보
역대상 8:34-40	요나단의 족보

(2) 특이 사항

첫째, 베냐민 아들들의 이름이 다르게 기록되어 있습니다.

베냐민의 아들들의 이름은 창세기 46:21, 민수기 26:38-40, 역대상 7:6-8, 역대상 8:1-5에 각각 다르게 기록되어 있습니다. 이것은 한 사람이 두 개의 다른 이름을 가진 경우가 있고, 아들을 전부 기록하지 않고 중요한 인물만 선별하여 기록하거나, 그 후손들까지도 족보 명단에 포함하고 있기 때문으로 추정됩니다. 이들을 표로 정리하면 다음과 같습니다.

베냐민의 아들 및 후손	
창세기 46:21	"베냐민의 아들 곧 벨라와 베겔과 아스벨과 게라와 나아만과 에히와 로스와 뭅빔과 훕빔과 아릇이니"
민수기 26:38-40	"베냐민 자손은 그 종족대로 이러하니 벨라에게서 난 벨라 가족과 아스벨에게서 난 아스벨 가족과 아히람에게서 난 아히람 가족과 ³⁹스부밤에게서 난 스부밤 가족과 후밤에게서 난 후밤 가족이며 ⁴⁰벨라의 아들은 아릇과 나아만이라 아릇에게서 아릇 가족과 나아만에게서 나아만 가족이 났으니"
역대상 7:6-8	"베냐민의 아들들은 벨라와 베겔과 여디아엘 세 사람이며 ⁷벨라의 아들들은 에스본과 우시와 웃시엘과 여리못과 이리 다섯 사람이니 다 그 집의 족장이요 큰 용사라 그 보계대로

	계수하면 이만 이천 삼십 사인이며 ⁸베겔의 아들들은 스미라와 요아스와 엘리에셀과 엘료에내와 오므리와 여레못과 아비야와 아나돗과 알레멧이니 베겔의 아들들은 이러하며"
역대상 8:1-5	"베냐민의 낳은 자는 맏아들 벨라와 둘째 아스벨과 세째 아하라와 ²네째 노하와 다섯째 라바며 ³벨라에게 아들들이 있으니 곧 앗달과 게라와 아비훗과 ⁴아비수아와 나아만과 아호아와 ⁵게라와 스부반과 후람이며"

둘째, 사하라임에 대한 기록입니다.

'사하라임'(שַׁחֲרַיִם: 두 새벽, 이중의 새벽)에게는 '후심과 바아라'라는 두 아내가 있었습니다(대상 8:8). 그러나 그는 두 아내를 내보냈습니다. 역대상 8:8의 "내어 보내다"는 '이혼하여 아내를 내쫓다'라는 뜻입니다. 그리고 사하라임은 모압 땅에 가서 호데스와 결혼하여 자녀를 낳았습니다(대상 8:8-10).

역대상 8장에서는 이스라엘의 아내를 통하여 낳은 계보(대상 8:11-28)와 모압 여인을 통하여 낳은 계보(대상 8:8-10)를 대조해 보여 주면서, 하나님의 기업은 이스라엘의 아내가 낳은 자손들을 통하여 계승되었음을 강조하고 있습니다. 이것은 바벨론 포로 귀환 후세대에게 경종을 울리는 말씀입니다. 당시에 이방인과의 결혼은, 하나님의 말씀을 거역하여 믿음의 혈통을 통해 메시아가 오시는 길을 막는 심각한 도전이었습니다(스 9:1-2, 느 13:23-29). 역대상 8장의 족보는 하나님의 기업을 잇는 계보가 되기 위해서는 절대로 이방인과 통혼해서는 안 된다는 사실을 가르쳐 줍니다.

(3) 구속사적 경륜

베냐민의 족보는 이미 역대상 7:6-12에 기록되어 있는데, 역대상

8:1-40에서 보다 상세하게 반복하여 기록하고 있습니다. 그 이유가 무엇입니까?

첫째, 이스라엘의 초대 왕 사울이 베냐민 지파 출신이기 때문입니다(삼상 10:21, 대상 8:33).

둘째, 분열왕국 시대에 유다 지파와 베냐민 지파가 남 유다를 형성하였기 때문입니다. 오직 베냐민 지파만은 북 이스라엘로 가지 않고 유다 지파와 함께 남 유다를 형성하여 다윗 언약을 계승하였습니다(왕상 12:21, 대하 11:12, 15:2).

셋째, 베냐민 지파는 바벨론에서 귀환한 세대 중에 큰 비중을 차지하고 있기 때문입니다(느 11:7-9, 31-36). 느헤미야 11:4은 예루살렘에 거주한 자들 중에 유다 지파와 베냐민 지파를 강조하여 기록하고 있습니다.

이처럼 베냐민 지파는 자기 지파의 이익이나 자존심보다 하나님의 언약의 정통성을 계승하는 편에 섰습니다. 훗날 사도로 크게 쓰임을 받은 바울도 베냐민 지파 출신이었습니다(롬 11:1). 그는 빌립보서 3:5에서 "내가 팔 일 만에 할례를 받고 이스라엘의 족속이요 베냐민의 지파요 히브리인 중의 히브리인이요 율법으로는 바리새인이요"라고 말씀하였습니다. 우리도 항상 하나님 언약의 정통성을 계승하는 편에 서서 하나님의 나라 건설을 위해 충성하는 삶을 살아야 합니다.

9. 역대상 9장
I Chronicles 9

(1) 내용

역대상 9:1-9	예루살렘에 거하는 귀환자들
역대상 9:10-13	포로에서 귀환한 제사장들
역대상 9:14-34	포로에서 귀환한 레위인들
역대상 9:35-44	사울의 가계

(2) 특이 사항

첫째, 느디님 자손들을 기록하고 있습니다.

역대상 9:2에서는 바벨론에서 귀환한 사람들을 소개하면서 제사장들과 레위 사람들과 함께 '느디님 사람들'을 언급하고 있습니다. 이 사람들은 히브리어 '네티님'(נְתִינִים)으로, '허락된 자들, 성전 봉사자들'을 의미합니다. 에스라가 바벨론 포로지에서 귀환할 때, 행군을 전면 중지하고 아하와로 흐르는 강가에 귀환하는 백성을 모으고 거기서 3일 동안 장막에 유하면서 백성과 제사장들을 살펴본즉 레위인이 하나도 없음을 알았습니다. 모든 족장 9명과 명철한 사람 요야립과 엘라단을 불러, 그들을 통해 찾고 또 찾아 레위인 38명과 가계별 대표 3명(세레뱌, 하사뱌, 여사야)과 느디님 사람 220명이 귀환 대열에 합류하였습니다(스 8:15-20). 에스라 8:20에서 "또 느디님 사람 곧 다윗과 방백들이 주어 레위 사람에게 수종 들게 한 그 느디님 사람 중 이백 이십 명을 데려왔으니 그 이름이 다 기록되었느니라"라고 기록하고 있습니다. 느디님 사람들이 레위인들의 대열에 함께하여 귀환할 수 있었던 것은 레위인들이 모여 사는 곳에 느디님 사람들도 함께 있었기 때문으로 보입니다.

그런데 일반적으로 레위인들을 '성전 봉사자들'(민 3:6-9, 대상 23:3-5)이라고 부른 것을 볼 때, 느디님 사람들은 성전에서 봉사는 하면서도 레위인들과는 구별된 자들임을 알 수 있습니다. 느디님 사람들의 족보에서 특이한 사실은 그들이 순수한 유대 혈통이 아니라 성전 봉사자로 쓰임 받던 이방 민족이었다는 사실입니다(스 2:43-54, 느 7:46-56). 느디님 사람들은 비록 혈통적으로는 이스라엘 백성이 아니었으나, 여호와를 경외하는 신앙 안에서 이미 뿌리를 내려 이스라엘 백성이 되어 있었던 자들입니다.

느디님 사람들이 바벨론에서 귀환하여 거했던 곳은 '오벨'이었습니다(느 3:26, 11:21). 오벨은 예루살렘 성전 언덕 남쪽으로 연결된 지역으로서 '거룩한 성'의 일부로 간주되었습니다.

둘째, 포로지에서 돌아온 사람들의 명단입니다.

역대상 9:3의 포로지에서 돌아온 자들의 명단에 유다 자손과 베냐민 자손과 에브라임 자손과 므낫세 자손이 기록되어 있습니다. 그러나 실제로는 역대상 9:4-9에서 유다 자손과 베냐민 자손만을 기록하고 있습니다. 이것은 남 유다 왕국을 건설했던 두 지파가 포로지에서 돌아온 이후에도 신정국가를 세우는 데 주도적인 역할을 담당했기 때문입니다(스 1:5, 4:1).

셋째, 귀환한 제사장들의 명단입니다.

역대상 9:13에서 "하나님의 전의 일에 수종 들 재능이 있는 자가 모두 일천 칠백 육십 인이더라"라고 말씀하면서, 귀환한 제사장들의 족보를 소개하고 있습니다.

여기에 사용된 '재능 있는 자가 모두'는 히브리어 '깁보레 헤일'(גִּבּוֹרֵי חָיִל)입니다. '깁보르'(גִּבּוֹר)는 '용사, 힘센 사람'을 뜻하며, '헤일'(חָיִל)은 '하일'(חַיִל)의 연계형으로, '능력'이란 뜻입니다. 그러므로 '재능 있는 자'는 '능력이 있는 힘센 사람'을 뜻합니다. 하나님의 전에서 수종 드는 사람들은 '능력이 있는 힘센 사람'이 되어야 합니다. 그러나 봉사하는 힘은 사람의 힘이 아니라 하나님께서 공급하시는 힘으로 해야 합니다. 베드로전서 4:11에서 "만일 누가 말하려면 하나님의 말씀을 하는 것같이 하고 누가 봉사하려면 하나님의 공급하시는 힘으로 하는 것같이 하라 이는 범사에 예수 그리스도로 말미암아 하나님이 영광을 받으시게 하려 함이니 그에게 영광과 권능이 세세에 무궁토록 있느니라 아멘"이라고 말씀하고 있습니다.

넷째, 귀환한 레위 족장 가운데 찬송하는 자가 있었습니다.

역대상 9:33에서 "또 찬송하는 자가 있으니 곧 레위 족장이라 저희가 골방에 거하여 주야로 자기 직분에 골몰하므로 다른 일은 하지 아니하였더라"라고 말씀하고 있습니다. 이들은 다윗왕 시대에 찬양의 직분을 맡았던 헤만과 아삽과 에단의 자손들이었습니다(대상 6:33, 39, 44). 이들은 바벨론 포로에서 귀환한 후에도 동일하게 찬양대의 직무를 잘 수행했습니다.

여기 '골방'은 히브리어 '리쉬카'(לִשְׁכָּה)로, '성전에 딸린 방'을 의미합니다(느 10:38, 겔 40:17, 45). 또 '골몰하므로'는 히브리어 '알레헴'(עֲלֵיהֶם)으로, 전치사 '알'(עַל)과 3인칭 남성 복수 접미어가 결합되어, '그들 위에'라는 뜻입니다. 즉 그들 위에는 항상 일이 있었다는 뜻으로, 그들이 성전에 딸린 방에서 살면서 항상 하나님의 일만 했다는 것을 의미합니다. 성전 찬양대의 임무를 제대로 수행하기 위해 항상 준비하며 언제든지 하나님께 찬양 드릴 준비가 되어 있었던 것입니다. 이들이 바로 시편 84:4의 "주의 집에 거하는 자가 복이 있나이다 저희가 항상 주를 찬송하리이다(셀라)"라는 말씀의 주인공들입니다.

(3) 구속사적 경륜

역대상 9:32에서 "또 그 형제 그핫 자손 중에 어떤 자는 진설하는 떡을 맡아 안식일마다 준비하였더라"라고 말씀하고 있습니다. 여기 '진설병'은 생명의 떡이 되시는 예수님을 나타냅니다. 예수님께서는 요한복음 6:48에서 "내가 곧 생명의 떡이로라"라고 말씀하셨습니다.

진설병을 안식일마다 새로운 것으로 교체하듯이(레 24:8), 성도는 주일마다 교회에 나와서 생명의 떡이신 예수님을 통하여 하나님의 말씀으로 새롭게 변화되어야 합니다. 하나님의 종들을 통하여 선포되는 하나님의 말씀으로 영육 간에 평안과 안식을 누리고 새 힘을 공급받아 세상에서 승리할 수 있게 되는 것입니다. 그러므로 우리는 매주일 성령의 검, 하나님의 말씀으로 무장해야 합니다(엡 6:17).

하나님께서는 우리에게 감추었던 만나를 주시겠다고 약속하셨습니다. 요한계시록 2:17을 볼 때 "귀 있는 자는 성령이 교회들에게 하시는 말씀을 들을지어다 이기는 그에게는 내가 감추었던 만나를 주고 또 흰 돌을 줄 터인데 그 돌 위에 새 이름을 기록한 것이 있나니 받는 자밖에는 그 이름을 알 사람이 없느니라"라고 말씀하고 있습니다. 우리의 가정과 교회마다 '감추었던 만나'를 받아, 늘 새로운 신앙으로 승리하시기를 주님의 이름으로 축원합니다.

제 3 장
제사장과 레위인의 직무
The Duties of the Priests and Levites

제사장과 레위인의 직무
THE DUTIES OF THE PRIESTS AND LEVITES

역대상 1-9장에 나오는 족보는 구속사의 압축이며, 역대기 족보 중에도 가장 중심이 되는 것은 역대상 6장의 레위(제사장) 족보입니다. 하나님께서는 레위 지파에서 제사장을 세워 하나님을 섬기는 일에 전무하게 하셨습니다(민 3:5-10). 하나님께서는 제사장을 세우실 때 언약을 체결하시고 영원한 규례를 세우셨습니다(출 27:21, 28:1-3, 느 13:29, 렘 33:21, 말 2:4-5, 8). 이것을 위해 제사 규례를 정하시고 위임식을 거행하였습니다(레 1-8장). 제사 규례와 제사장 언약에 대한 것은 「구속사 시리즈」 제12권上으로 출간되었습니다.

이번 장에서는 레위인과 제사장의 직무를 24반열을 중심으로 살펴보도록 하겠습니다. 역대상 22장부터 29장까지는 임종을 앞둔 다윗이 자신의 왕위를 계승할 아들 솔로몬과 이스라엘 백성에게 유언으로 당부한 말씀인데(대상 22:6, 17, 23:1-2), 그 내용은 대부분 성전 건축과 성전 제사 제도에 관한 것입니다. 22장에는 '성전 건축 준비와 독려', 23장에는 '성전 봉사자 레위인의 족보', 24장에는 '제사장의 족보와 레위인의 남은 자손의 족보', 25장에는 '찬양대의 족보', 26장에는 '성전 문지기의 족보'가 기록되어 있습니다. 다윗은 먼저 성전 봉사자 레위인과 제사장의 직무와 조직을 정비한 후에 군대 조직과 행정 조직을 개편했습니다(대상 27:1-24). 이것은 성전과 하나님께 드리는 제사를, 국방이나 국가 행정 조직보다 앞세우고 중요시하는 다윗의 철저한 신앙을 보여 줍니다.

다윗은 말년에 필생(畢生)의 숙원인 성전 건축을 위해 필요한 것들을 심혈(心血)을 기울여 힘껏 준비하였습니다. 역대상 22:5에는 "다윗이 가로되 내 아들 솔로몬이 어리고 연약하고 여호와를 위하여 건축할 전은 극히 장려하여 만국에 명성과 영광이 있게 하여야 할지라 그러므로 내가 이제 위하여 준비하리라 하고 죽기 전에 많이 준비하였더라"라고 기록하고 있습니다. 다윗은 하나님의 전을 사모하는 열심으로 힘을 다하여 즐거운 마음으로, 성전 건축을 위한 모든 자재와 물질을 넘치도록 예비하였습니다(대상 29:2). 이 모든 것 외에도 개인 소유의 금과 은을 하나님의 전을 위하여 내어 놓았습니다(대상 29:3-5).

다윗이 하나님의 전을 사모하는 열심은 물질을 예비하는 데 그치지 않았습니다. 다윗은 성전이 완성된 후에 드릴 제사와 성전 봉사를 위해서도 세밀하게 준비했습니다. 그는 노령에도 불구하고 성전에서 봉사할 제사장과 레위인의 반열을 조직하고, 그들의 직무를 분담시키고 정비하는 일에 성심을 다했습니다. 다윗은 죽는 순간까지 하나님의 영광만을 구하는 복스러운 삶을 살았던 것입니다.

다윗이 조직한 레위 사람을 중심으로 한 성전 봉사 제도의 특징은 다음과 같습니다.

첫째, 성전 봉사 제도는 다윗이 임종 직전에 조직했습니다.

솔로몬 성전의 모든 식양은 여호와의 손이 다윗에게 임하여 그려서 알게 해 주신 것입니다(대상 28:12, 19). 그러므로 다윗은 하나님께서 알게 해 주신 성전의 식양에 따라 필요한 모든 것을 빈틈없이 준비할 수 있었습니다. 석수를 시켜 전을 건축할 돌을 다듬게 하고(대상 22:2), 식양에 맞추어 문짝못과 거멀못에 쓰일 철을 한없이 준비하고(대상 22:3), 놋을 셀 수 없을 만큼(대상 22:3), 백향목을 무수히 준비하였으며(대상 22:4), 금 10만 달란트와 은 100만 달란트를 준비하였습니다(대상 22:14). 그리고 그 아들 솔로몬에게 여호와께서 보여 주신 성전의 식양을 주고(대상 28:11-12), 제사장과 레위인의 반열과 그들이 섬기는 모든 일을 설명하고(대상 28:13), 성전에서 쓰이는 모든 기명(器皿)들의 식양을 설명하고, 거기에 들어가는 금과 은의 무게까지 정하여 일일이 설명하여 주었습니다(대상 28:14-18).

이처럼 다윗은 성전을 짓기 위해 필요한 건축 자재와 물질을 정성을 다해 준비하였을 뿐 아니라, 성전 안에서 섬기는 일에 헌신하도록 레위인과 제사장, 찬양대, 문지기를 각각 24반열로 정비하였습니다.

죽음을 앞둔 황혼기(대상 23:1)에도 다윗은 오로지 하나님의 언약 속에서 장차 완성될 영광스러운 성전과 거기에서 드려질 제사를 믿음의 눈으로 바라보면서, 그것이 흠 없이 진행되도록 쉬지 않고 준비했던 것입니다. 다음 세대를 위해 주도면밀하게 앞서 준비한 다윗의 정성스러운 마음과 뜨거운 열정, 그리고 복스러운 믿음의 향기가 진동하는 듯합니다.

둘째, 성전 봉사 제도는 하나님께서 명하신 것입니다.

다윗은 말년에 아들 솔로몬에게 왕위를 물려주면서 이스라엘 모든 방백과 제사장과 레위 사람을 불러 모아 계수하고, 성전 봉사를 위한 반열을 조직하였습니다(대상 23-26장).

하나님께서 다윗에게 성전의 크기와 식양과 기명에 들어가는 금과 은의 무게까지 지시해 주신 것처럼, 성전 안에서 하나님을 섬기는 레위인, 제사장, 찬양대, 문지기 제도 역시 다윗에 의한 것이 아니라 하나님께서 말씀하여 주신 것입니다(삼하 7:21, 대상 17:19, 28:12-13, 19). 역대하 29:25에 히스기야가 다윗 시대처럼 레위인을 성전 찬양대로 세우기를 원했던 것은 그 제도가 여호와께로 말미암았기 때문이었습니다. 역대하 29:25 하반절의 "이는 여호와께서 그 선지자들로 이렇게 명하셨음이라"라는 말씀은 히브리어로 '키 베야드 아도나이 함미츠바 베야드 네비아이브'(כִּי בְיַד־יְהוָה הַמִּצְוָה בְּיַד־נְבִיאָיו)이며, 직역하면 '왜냐하면 그 명령이 여호와의 손과 선지자들의 손을 통하여'가 됩니다. 즉 찬양대 조직은 다윗이 독자적으로 만든 것이 아니라 하나님의 명령에 따라 만든 것으로, 신적 기원을 가집니다. 하나님께서 다윗과 선견자 갓과 선지자 나단을 통해서 말씀하셨기 때문입니다(대하 29:25).

그래서 다윗은 그 아들 솔로몬에게 하나님께 받은 성전 식양을 비롯해 "제사장과 레위인의 반열과 여호와의 전에서 섬기는 모든 일과 섬기는 데 쓰는 모든 그릇의 식양"까지도 일일이 자세하게 설명해 주었던 것입니다(대상 28:12-13).

셋째, 성전 봉사 제도는 각각 '24반열'로 조직되었습니다.

다윗은 성전에서 봉사할 30세 이상 된 레위인들을 계수하였는데, 그 수가 38,000명이었습니다(대상 23:3). 이 숫자는 솔로몬 시대(주전 970년)로부터 475년 전인 주전 1445년에 모세가 시내 광야에서 계수한 레위인 8,580명에 비해 4배 이상이 된 것입니다(민 4:48).

이어서 역대상 23:4-5의 레위인 38,000명은 그들의 업무에 따라 분류됩니다. 그 내용은 여호와의 전 사무를 보살피는 자 24,000명, 유사(백성의 지도자)와 재판관 6,000명, 문지기 4,000명, 다윗이 만든 악기로 찬송하는 자 4,000명입니다. 또한, 제사장과 레위인과 찬송하는 자, 문지기는 각각 24반열로 조직되었습니다.

모세 율법에 의하면 성막에서 봉사할 수 있는 나이는 30세에서 50세까지입니다(민 4:3, 23, 30, 35, 47, 8:25). 그리고 25세부터 실무를 5년 동안 미리 배워 익히도록 하였습니다(민 8:24). 더 나아가 다윗은 20세부터 10년 동안 철저한 훈련으로 준비시켜, 30세부터 본격적으로 성전에서 섬기도록 유언하였습니다(대상 23:24, 27). 다윗의 유언대로 레위 자손은 20세 이상 계수하여 여호와의 전에서 수종들게 하였습니다(대상 23:32).

I
성전 봉사의 완전한 질서 체제 '24반열'
THE 24 DIVISIONS: A COMPREHENSIVE SYSTEM FOR MINISTERING IN THE TEMPLE

다윗은 성전 제사가 질서 정연한 가운데 온전하게 드려지도록 '레위인, 제사장, 찬양대, 문지기 반차'를 제정하였는데, 독특한 점은 각 족속을 따라서 모두 '24반열'로 구성하였다는 것입니다(대상 23-26장).

반열(division)은 한자로 '나눌 반(班), 벌일 열(列)'로, '군대나 종교 조직 등에서 그 출신이나 신분 또는 업무에 따라 구분해 놓은 차례'를 의미합니다. 반열은 '나누다, 분배하다'란 뜻의 '할라크'(חָלַק)에서 유래한 히브리어 '마할로케트'(מַחֲלֹקֶת)로, '반차'(班次)(대상 23:6, 26:1)란 뜻이며, 땅의 분배와 관련해서는 '할당된 몫(분깃)'이란 뜻도 담겨 있습니다(수 18:10, 겔 48:29).

특히, 반차는 성전 봉사 직무를 효율적으로 수행하기 위해 정해 놓은 제사장과 레위인들의 순번을 뜻하는 말로, 각 반열은 1년에 두 번 1주일간 매일 성전에서 봉사하고, 안식일에 교대하였습니다. 이때 일하러 들어가는 것을 '입번'(入番)이라고 하고, 일을 마치고 나오는 것을 '출번'(出番)이라고 하였습니다. 주전 835년 대제사장 여호야다가 아달랴를 몰아내고 요아스를 왕으로 세울 때 제사장들이 입번하고 출번하였다는 기록이 있습니다(왕하 11:5, 7, 9, 대하 23:4, 8). 24개 반열이 각각 1주일씩 봉사하므로, 168일(24×7)이 지날 때마다 자기 반열의 차례가 돌아오게 됩니다.

24반열로 정해진 성전 봉사자들은 1년에 1주일씩 두 차례 정도 순번대로 섬기는 일 외에도, 3대 절기가 되면 예루살렘으로 모두 올라와 함께 사역하였습니다. 하나님께서 모세의 율법을 통해 명한 3대 절기는 유월절(무교절), 칠칠절(오순절, 맥추절, 초실절), 초막절(장막절, 수장절)이었습니다. 20세 이상 된 이스라엘 남자들은 의무적으로 매년 3차 이 절기를 지켜야 했으므로(출 23:14-17, 34:23, 신 16:16), 성전 봉사자들인 레위인, 제사장, 찬양대, 문지기도 모두 참여했던 것으로 보입니다.

제사장의 24반열 제도는 다윗 시대에 처음 제정된 이후로 바벨론 포로 전까지 지속되었습니다. 솔로몬 성전이 봉헌된 이후 바벨론에 의해 불살라질 때까지 다윗이 정한 24반열 봉사는 약 370년 동안 그 횟수가 약 800회 정도 반복하였을 것으로 보입니다. 24반열 제도는 오랜 세월 동안 그 순번을 따라 반복하여 유지되었으므로, 이스라엘 민족에게는 매우 익숙한 성전 봉사 체제였을 것입니다.

솔로몬 성전이 파괴될 때(주전 586년 5아브(Av)월 7일- 왕하 25:8, 대하 36:19)의 제사장 반열은 여호야립(Jehoiarib)이었으며[12], 헤롯 성전이 파괴될 때(주후 70년 5아브(Av)월 9일)에도 동일하게 여호야립 반열이었습니다. 이처럼 반열의 기록이 역사적으로 정확하게 남아 있을 정도로 24반열 제도는 매우 귀중하게 여겨졌습니다.

다윗이 제사장을 제비 뽑아 24반열을 만든 이유는, 성전이 완공되어 제사와 예배가 성전으로 집중되어 제사장들의 숫자가 많아질 때 모든 가문이 빠짐없이 골고루 돌아가면서 성전 직무를 담당할 수 있게 하기 위함이었습니다.[13]

24반열 제도는 제비를 뽑아서 순번을 정하기 때문에 순서에 우열이 없고, 어느 한 가문에 치우치지 않도록 하는 합리적인 방법이었습니다(대상 24:5-7, 25:8-9, 참고-대상 26:13-16). 이 제도는 솔로몬 시대에는 철저하게 시행되었고(대하 8:14), 이 후에 일어난 신앙 부흥 운동(요아스왕 때의 대제사장 여호야다, 히스기야왕, 요시야왕)의 시대를 통해 겨우 그 명맥이 유지되었다가(대하 23:18, 29:25, 31:2, 35:4-5), 에스라와 느헤미야 시대에 다시 회복되었습니다. 에스라 6:18에는 "제사장을 그 분반대로, 레위 사람을 그 반차대로 세워 예루살렘에서 하나님을 섬기게 하되 모세의 책에 기록된 대로 하게 하니라"라고 기록하고 있습니다. 이 제도는 예수님 시대까지도 시행되고 있었습니다(눅 1:5, 8-9). 24반열 제도의 시행 여부는 당시의 종교적, 신앙적 상태와 깊이 관련되어 있다고 볼 수 있습니다.

다윗은 말년에 성전에서 섬길 레위 지파 사람들을 성전 봉사자, 제사장, 찬양대, 문지기 등 4개의 반열로 나누고 각각 24반열에 맞추어 제도화하였습니다. 그 조직도와 이스라엘 역사에 나타난 각 반차의 역사를 살펴보겠습니다.

II
레위인(성전 봉사자) 24반열
(대상 23:6-23, 24:20-31)
THE 24 DIVISIONS OF THE LEVITES
(MINISTERS OF THE TEMPLE)

*유구한 역사 속에서 세계 최초로 성경적 체계화 정리

1. 레위인의 기원
The origin of the Levites

(1) 레위는 야곱의 셋째 아들이었습니다.

레위는 야곱이 첫째 아내인 레아를 통해서 낳은 세 번째 아들이었습니다(창 29:34, 35:23). 레아는 레위가 출생하자 "내가 그에게 세 아들을 낳았으니 내 남편이 지금부터 나와 연합하리로다"라고 고백하였습니다. 레위는 히브리어 '레비'(לֵוִי)로, '연합하다, 같이 되다'라는 뜻이며, 레아가 이 아들을 통하여 남편과 연합되기를 소망하는 이름입니다.

(2) 레위는 세겜 족속을 몰살하였습니다.

레위는 아버지 야곱과 함께 가나안으로 돌아오던 길에 형 시므온과 함께 세겜 족속을 몰살하였습니다. 여동생 디나가 하몰의 아들 세겜에게 강간을 당하자, 세겜 족속의 모든 남자가 할례를 받으면 결혼을 시켜 주겠다고 속여서, 할례를 받은 세겜 족속의 남자를 제3일에 칼로 다 죽였던 것입니다(창 34:24-31). 이 일로 레위의 자손은 가나안 온 땅에 흩어져 살게 될 것이라는 저주를 받았습니다(창 49:5-7).

(3) 레위인들은 금송아지 숭배 사건 때 하나님께 헌신하였습니다.

시내산 아래에서 이스라엘 백성이 금송아지를 만들어 우상숭배에 빠졌을 때, 레위 지파는 하나님의 명령에 따라 의로운 분노로 자기 형제, 친구, 이웃을 도륙함으로 하나님께 헌신하였습니다(출 32:25-29). 이 일 후에 레위 지파는 각 지파의 48개 성읍에 흩어져 살면서(민 35:2-8) 백성에게 율례와 법도를 가르치며 제사 직무를 담당하게 되었습니다. 레위인들은 따로 분깃이 없었는데, 이는 하나님께서 그들의 기업이 되셨기 때문입니다(신 10:9).

(4) 레위인들은 제사를 돕는 직분을 감당하게 되었습니다.

하나님께서는 시내산에서 모세를 통하여 "레위 지파로 나아와 제사장 아론 앞에 서서 그에게 시종하게 하라"(민 3:6), 그리고 "레위인을 아론과 그 아들들에게 주라 그들은 이스라엘 자손 중에서 아론에게 온전히 돌리운 자니라"(민 3:9)라고 명령하셨습니다.

이때부터 레위인들은 아론의 직무와 온 회중의 직무를 위하여 회막에서 일하는 자로 쓰임 받게 되었습니다(민 3:7-8). 그들은 아론의 자손들이 수행하는 제사장 직무를 조력하며, 회막의 모든 비품을 관리하고, 성막을 옮기는 일들을 담당하였습니다.

2. 레위인의 직무
Levitical duties

(1) 성전 봉사자 레위인들을 구별하기 위한 의식 절차

율법에 의하면 레위인은 여호와를 위하여 봉사할 자격을 얻기 위하여 두 가지 의식 절차를 밟아야 했습니다.

첫째, 레위인의 몸을 깨끗하게 하는 정결(淨潔) 의식을 행하였습니다(민 8:6-7).

먼저 '속죄의 물'을 그들에게 뿌리고, 전신을 삭도로 밀게 하고 그 예복을 빨게 함으로 몸을 정결케 하였습니다(민 8:7). 여기 '속죄의 물'은 '온전하여 흠이 없고 아직 멍에를 메어 보지 않은 붉은 암송아지'를 불사르고 남은 재를 섞어 만든 '부정을 깨끗케 하는 물'입니다(민 19:1-10). 에스겔 36:25에는 '맑은 물'이라고 하였습니다.

둘째, 레위인 자신을 요제로 여호와 앞에 바쳤습니다(민 8:11).

요제를 가리키는 히브리어 '테누파'(תְּנוּפָה)는 '앞뒤로 움직이다, 들어올리다'라는 뜻의 히브리어 '누프'(נוּף)에서 유래하여, 주로 동물의 가슴 부분이나 땅의 첫 수확을 제물로 드릴 때 '흔들어 드리는' 제사법입니다. 제사장은 손 위에 제물을 올려놓고, 성소를 향해 여호와의 제단 앞에서 앞뒤로 수평 되게 움직입니다. 즉 앞으로 내밀었다가 다시 뒤로 잡아당기는 식으로 흔드는 것인데, 이는 제물을 먼저 하나님 앞에 바치고, 다시 그것을 하나님께 선물로 받는다는 뜻이 담겨 있습니다(출 29:24, 26-27, 레 7:30-34, 8:27-29, 9:21, 10:14-15, 14:12, 21, 24, 23:11-12, 15-17, 20, 민 6:20, 8:11, 13, 18:11, 18 등).

그런데 하나님께서는 이스라엘 자손을 위하여 레위인을 요제로 드리라고 명하십니다. 살아 있는 레위인을 요제로 드리는 것은(민 8:11, 13) 짐승을 죽여서 제물로 드리는 경우와는 다릅니다. 레위인이 요제로 드려지려면, 먼저 수송아지 둘을 각각 속죄 제물과 번제물로 여호와께 드려 속죄함을 받아야 합니다. 레위인으로 수송아지들의 머리에 안수케 하고 모세가 그 하나는 속죄 제물로, 하나는 번제물로 여호와께 드려 레위인을 속죄하고, 레위인을 아론과 그 아들들 앞에 세워 여호와께 요제로 드리라고 했습니다(민 8:12-13). 이렇게 함으로써 레위인들은 비로소 회막에 들어가 하나님께 봉사할 수 있었습니다(민 8:14-15).

아론에 의해 요제로 여호와 앞에 드려진 레위인을(민 8:10-13), 여호와께서는 다시 아론에게 선물로 돌려주셨습니다. 민수기 8:19 상반절에서 "내가 이스라엘 자손 중에서 레위인을 취하여 그들을 아론과 그 아들들에게 선물로 주어서 그들로 회막에서 이스라엘 자손을 대신하여 봉사하게 하며…"라고 말씀하고 있으며, 민수기 18:6에서도 "보라 내가 이스라엘 자손 중에서 너희 형제 레위인을 취하여 내게 돌리고 너희에게 선물로 주어 회막의 일을 하게 하였나니"라고 말씀하고 있습니다. 이렇게 하여 민수기 3:9의 말씀대로 레위인들은 "이스라엘 자손 중에서 아론에게 온전히 돌리운 자"가 된 것입니다. 이처럼 레위인은 이스라엘 자손 중에서 구별되어 여호와 앞에 바쳐진 자 곧 여호와께 온전히 소속된 하나님의 소유물입니다(민 8:14). 또한, 그들은 하나님을 섬기되 제사장들에게 선물로 주어진 자로(민 3:9, 8:19), 제사장에게 시중드는 성전 봉사자가 되었습니다(민 3:6, 대상 23:28).

레위인과 제사장의 관계는 성도와 그리스도와의 관계를 보여 줍니다. 제사장의 소유가 된 레위인이 성전에서 하나님을 섬기는 자가 된 것처럼, 예수께서 그 피로 값 주고 사셔서 주님의 소유가 된 성도는(행 20:28, 고전 6:20) 살든지 죽든지 오직 그리스도를 존귀케 하는 삶을 살아가야 합니다(빌 1:20).

(2) 레위인의 이중 직무
(아론을 위한 직무와 온 회중을 위한 직무)

아론을 비롯한 제사장들과 일반 레위인들 사이에는 직무상의 구분이 엄격했습니다. 레위인은 "네(아론의) 직무와 장막의 모든 직무"(민 18:3)를 지키고, 제사장은 "성소의 직무와 단의 직무"(민 18:5)를 지켰습니다.

민수기 18:1-3에서 "여호와께서 아론에게 이르시되… 너는 네 형제 레위 지파 곧 네 조상의 지파를 데려다가 너와 합동시켜 너를 섬기게 하고 너와 네 아들들은 증거의 장막 앞에 있을 것이니라 레위인은 네 직무와 장막의 모든 직무를 지키려니와"라고 말씀하고 있습니다. 여기 '네 직무'는 아론의 직무 곧 제사장의 직무를 뜻합니다. 민수기 3:7에서는 "그들이 회막 앞에서 아론의 직무와 온 회중의 직무를 위하여 회막에서 시무하되"라고 말씀하고 있는데, 이것은 레위인의 이중적 직무를 말씀한 것입니다.

'직무'는 한자로 '맡을 직(職), 힘쓸 무(務)'이며 '책임을 지고 담당하여 맡은 업무'라는 뜻을 가지고 있습니다. 히브리어 '미쉬메레트'(מִשְׁמֶרֶת)로, '지키다'(שָׁמַר: 샤마르)에서 파생하여 '명심하여 지켜야 할 사항'을 뜻합니다. 이것은 일평생 반드시 수행해야 할 임무라는 매우 의미심장한 뜻을 내포하고 있습니다. 레위인들은 1회적 사역이 아니라 평생 동안 성실히 지켜 나가야 할 사역을 위하여 부름받은 사람들인 것입니다.

그런데 민수기 18:4을 보면, 하나님께서 아론에게 "레위인은 너와 합동하여 장막의 모든 일과 회막의 직무를 지킬 것이요 외인은 너희에게 가까이 못할 것이니라"라고 말씀하고 있습니다. 오직 하나님께서 기름 부어 세우신 제사장만이 거룩하게 성별된 기물을 만질 수 있으며 제단에 나아갈 수 있으므로(민 4:15-20), 레위인은 제사장과 합동하여 장막의 모든 일과 회막의 직무를 지킬 수는 있지만, 제사장처럼 성소의 기구와 단에는 가까이할 수 없었던 것입니다(민 18:3).

레위인의 직무를 자세히 살펴보면 다음과 같습니다.

첫째, **회막 앞에서 아론의 직무를 돕는 것입니다**(민 3:7, 18:3-4).

아론의 직무는 아론과 그 아들들, 즉 제사장들이 성소에서 행하는 제사 업무입니다(출 29:1, 9, 30, 44, 30:30, 31:10, 40:13-15, 민 3:3, 10, 18:1, 5, 7, 25:13). 이들의 가장 중요하고 필수적인 직무는 등불을 켜고, 관리하며, 분향하고, 떡을 진설하는 일입니다. 민수기 4:16에 "제사장 아론의 아들 엘르아살의 맡을 것은 등유와 분향할 향품과 항상 드리는 소제물과 관유며 또 장막의 전체와 그 중에 있는 모든 것과 성소와 그 모든 기구니라"라고 말씀하고 있습니다.

레위인들은 '아론의 직무'를 행하는 제사장을 시종(侍從)하며 성소 전체를 관리하는 일을 하였습니다. 즉 레위인의 가장 기본적인 임무는 제사장들이 하나님 앞에 제사 드릴 때 그것이 차질 없이 진행되도록 보조하는 것이었습니다. 민수기 3:6에서 "레위 지파로 나아와 제사장 아론 앞에 서서 그에게 시종하게 하라"라고 말씀하고 있습니다. 여기 '시종'은 한자로 '모실 시(侍), 따를 종(從)'이며 왕을

'모시어 수종 드는 것'을 의미합니다.

'시종'은 히브리어 '샤라트'(שָׁרַת)로서, 수넴 여자 아비삭이 노년의 다윗왕을 봉양하며 수종할 때(왕상 1:4), 엘리사가 스승 엘리야를 좇아 수종할 때(왕상 19:21) 사용되었습니다. 이 단어는 특별히 왕이나 제사장 등 최고로 높은 분을 섬길 때 쓰이는 단어입니다. 이는 섬기는 자의 성별(聖別)과 존귀성을 더해 주는 단어로, 천한 위치에 있는 노예들이 주인을 섬길 때 쓰는 '아바드'(עָבַד, 창 15:13, 사 14:3)와는 구별됩니다. 그러므로 하나님께서 레위인들에게 대제사장과 제사장들을 시종하게 하라고 하신 명령에는, 하나님께 거룩히 구별 받은 레위인들이 제사장들을 섬기되 그것을 영광스럽게 여기며 자발적인 마음으로 돕고, 그 직분을 주신 하나님께 감사하라는 당부가 들어 있습니다(참고-민 16:9-10).

회막 앞에서 진행되는 제사장의 직무에 레위인은 '합동'해야 합니다(민 18:2, 4). '합동'에 해당하는 히브리어 '라바'(לָוָה)는 '꼬아 짜다, 맞물리다, 하나로 되다'라는 의미를 가지고 있습니다. 레위인은 아론의 직무를 돕고 장막의 모든 직무를 지킬 때, 제사장들의 직무가 원활하게 진행되도록 그들을 전적으로 따르는 자세로 온전히 섬겨야 한다는 말씀입니다.

다윗이 정한, 솔로몬 시대에 여호와의 전 사무를 보살피는 레위인 24,000명(대상 23:3-4)은 모든 성물(聖物)을 정결케 하는 일 곧 하나님의 전에서 섬기는 일을 하였습니다(대상 23:28). 또 진설병과 고운 가루의 소제물 곧 무교 전병이나 남비에 지지는 것이나 반죽하는 것이나 또 모든 저울과 자를 맡고(대상 23:29), 새벽과 저녁마다 서서 여호와께 축사하며 찬송하는 일을 맡았습니다(대상 23:30). 그리고 안식일과 초하루와 절기에 모든 번제를 여호와께 드리고 그 명하신 규례의 정한 수효대로 항상 여호와 앞에 드리며, 회막의 직무와 성소의 직무와 그 형제 아론 자손의 직무를 지켜(시중들어) 여호와의 전에서 수종 드는 일을 하였습니다(대상 23:31-32).

둘째, 온 회중을 위하여 회막에서 시무하는 것입니다(민 3:7-8).

민수기 3:7을 보면 레위인이 봉사하는 장소에 대하여 "회막 앞에서… 회막에서"라고 하였는데, 여기에 쓰인 원어는 각각 다르게 나타납니다.

앞에 나오는 회막은 히브리어로 '오헬 모에드'(אֹהֶל מוֹעֵד)입니다(출 29:30, 42, 44, 33:7, 40:12). '오헬'(אֹהֶל)은 '천막, 텐트'란 뜻이며 '모에드'(מוֹעֵד)는 '지정(약속)된 장소, 시간, 절기' 등을 의미하는 말로, '오헬 모에드'는 하나님과 만나는 약속된 장소(the tent of meeting)라는 의미를 가집니다.

출애굽기 29:42-43 "이는 너희가 대대로 여호와 앞 회막문에서 늘 드릴 번제라 내가 거기서 너희와 만나고 네게 말하리라 [43] 내가 거기서 이스라엘 자손을 만나리니 내 영광을 인하여 회막이 거룩하게 될지라"

이 회막 안에는 언약궤가 있는 지성소(the holy of holies)가 있고(출 26:33, 40:3, 20-21), 지성소와 구분된 '휘장 밖'(출 30:6, 40:22, 레 24:3)에는 등대, 분향단, 떡상이 있습니다(출 40:4-5, 22-27, 레 24:3-9). 그곳을 '회막' 혹은 '성소'(the holy place)라고 부릅니다. 이곳은 레위인(성전 봉사자)과 일반 백성의 출입이 금지되었습니다(민 1:51, 3:10, 38, 17:13, 18:4, 7, 22-23). 더구나 지성소에는 오직 대제사장만이 1년에 대속죄일 하루만 들어갈 수 있었습니다(레 16:29-34, 23:27-28, 히 9:7). 민수기 18:22-23을 바른성경에서는 "이스라엘 자손은 죄를 짊어지고 죽지 않도록 다시는 회막에 가까이 오지 마라. 오직 레위인이 회막을 섬기는 일을 하고, 자기들의 죄악을 짊어져야 한다. 이것이 너희 대대로 영원한 규례가 될 것이며"라고 번역하고 있습니다.

다음으로 민수기 3:7에서 뒤에 나오는 '회막'은 히브리어 '미쉬칸'(מִשְׁכָּן)인데, 일반적으로 '장막'(the tabernacle)을 뜻합니다. 레위인은 바로 이 장막(제사장의 뜰)에서 봉사하며 회막 안 성소(the holy place)로는 들어갈 수 없습니다. 장막은 일반적으로 회막과 구분하여 백성의 출입이 가능한 물두멍, 번제단 등이 있는 성막을 가리킵니다(출 40:6, 29-30). 레위인들은 바로 이 장막에서 일반 백성의 제사 준비를 돕는 일이나, 백성이 회막에 접근하는 것을 막는 일 등 백성을 위한 제반 업무를 담당했습니다.

민수기 1:50-53 "그들로 증거막과 그 모든 기구와 그 모든 부속품을 관리하게 하라 그들은 그 장막과 그 모든 기구를 운반하며 거기서 봉사하며 장막 사면에 진을 칠지며 ⁵¹장막을 운반할 때에는 레위인이 그것을 걷고 장막을 세울 때에는 레위인이 그것을 세울 것이요 외인이 가까이 오면 죽일지며 ⁵²이스라엘 자손은 막을 치되 그 군대대로 각각 그 진과 기 곁에 칠 것이나 ⁵³레위인은 증거막 사면에 진을 쳐서 이스라엘 자손의 회중에게 진노가 임하지 않게 할 것이라 레위인은 증거막에 대한 책임을 지킬지니라 하셨음이라"

(3) 레위인 직무의 특수성

레위인은 이스라엘 자손 전체에게 하나님의 자비로운 속죄가 임하고 재앙을 만나지 않게 했던 성별된 직무자입니다. 민수기 8:19에서 "내가 이스라엘 자손 중에서 레위인을 취하여… 이스라엘 자손을 위하여 속죄하게 하였나니 이는 이스라엘 자손이 성소에 가까이할 때에 그들 중에 재앙이 없게 하려 하였음이니라"라고 말씀하고 있습니다.

제물을 드려서 죄를 속하는 일은 제사장이 수행하여도, 레위인들은 회막 봉사와 제사장의 제사 집례를 보조하는 일을 함으로써 이스라엘의 죄를 속하고 백성에게 재앙이 없게 해 준다는 말씀입니다. 그들을 통해 하나님의 거룩과 영광을 보존하는 동시에, 백성이 하나님의 진노에서 벗어나게 된다는 것입니다. 이것이 레위인의 최종적이고도 매우 중대한 사명입니다. 성경은 그 이유를 민수기 8:16에서 "그들은 이스라엘 자손 중에서 내게 온전히 드린 바 된 자라 이스라엘 자손 중 일절 초태생 곧 모든 처음 난 자의 대신으로 내가 그들을 취하였나니"라고 말씀하고 있습니다.

하나님께서는 출애굽 직전 애굽에서 내린 열 번째 재앙(출 12:29-30)으로부터 이스라엘의 장자들을 보호하신 후, 이스라엘의 초태생은 그것이 사람이든지 짐승이든지 모두 하나님의 소유로 선포하셨습니다(출 13:2). 레위인을 가리켜 "이스라엘 자손 중 일절 초태생 곧 모든 처음 난 자의 대신"(민 8:16)이라고 말씀하신 것은, 레위인을 선택하여 이스라엘의 장자를 대신케 하였음을 의미합니다. 그러므로 그들은 이스라엘 자손 전체를 대신하여 일하는 것이요, 12지파의 모든 맏아들 대신 평생 성전에서 일하는 것입니다(민 3:41, 45, 8:17-19). 이렇게 레위인들이 온 이스라엘의 장자를 대신하여 바쳐졌기 때문에, 이스라엘 자손이 여호와의 진노의 재앙을 면하게 되는 것입니다(민 8:19下).

하나님께서는 이스라엘 백성에게 명하여 모든 십일조를 레위 자손에게 기업으로 주게 하심으로써 그것이 회막을 섬기는 레위인의 보수가 되도록 하셨는데(민 18:21), 레위인은 그중에서 다시 십일조를 구별하여 여호와께 거제로 드리고, 그 거제물은 제사장 아론에게로 돌려 회막에서 일하는 제사장의 보수가 되도록 하였습니다(민 18:26-31). 그렇게 제사장의 분깃으로 드려진 거제물과 요제물은 영영한 응식[14]이 되었고, 또 여호와께 드리는 처음 익은 모든 열매(첫소산)도 제사장이 먹도록 허락하셨으며, 이것을 대대로 변하지 않는 소금 언약으로 규정하셨습니다(민 18:8-19).

3. 레위인 24반열의 족보
The genealogy of the 24 Levitical divisions

다윗은 레위인들 중 24,000명을 구별하여 성전 사무를 보살피는 직무를 맡기면서, 레위의 아들 게르손, 고핫(그핫), 므라리의 각 족속을 따라 그 반열을 나누었습니다(출 6:16, 대상 23:6). 역대상 23:24에는 "이는 다 레위 자손이니 그 종가를 따라 계수함을 입어 이름이 기록되고 여호와의 전에서 섬기는 일을 하는 이십 세 이상 된 족장들이라"라고 기록하고 있습니다. 여기 '종가'(宗家)는 '한 지파나 가문 가운데 장남 계열에 있는 어른 집안'을 말합니다. 이 종가를 따라 계수함을 입었다는 것은, 레위인을 계수하여 족보에 그 이름을 등재할 때 아무런 원칙 없이 무작위로 한 것이 아니라 혈통에 따라 체계적으로 기록하였다는 뜻입니다.

레위인들의 반차는 하나님의 주권 속에 제비뽑기에 의해서 정해졌습니다(잠 16:33). 역대상 24:31에서 "다윗왕과 사독과 아히멜렉과 및 제사장과 레위 족장 앞에서 그 형제 아론 자손처럼 제비 뽑혔으니 장자의 종가와 그 아우의 종가가 다름이 없더라"라고 말씀하고 있습니다. 레위인의 24반열도 제사장들과 마찬가지로 제비뽑기에 의해 순번이 결정되었으므로, 가문의 서열에 따른 차등이 없이 공평하게 직무를 수행할 수 있었습니다. 그러므로 인간적인 특혜나 기득권에 좌우되지 않고, 오직 하나님의 뜻에 따라 순리대로 행할 수 있었던 것입니다.

역대상 23:7-23의 레위인 24반열

	게르손 Gershon (대상 23:7)			
1	립니 Libni (대상 6:17)	라단 Ladan	여히엘 / Jehiel / יְחִיאֵל	하나님은 살아 계신다	대상 23:8
2			세담 / Zetham / זֵתָם	감람나무	대상 23:8
3			요엘 / Joel / יוֹאֵל	여호와는 하나님이시다	대상 23:8
4		시므이 Shimei	슬로밋 / Shelomoth / שְׁלֹמוֹת	평화로 충만하다, 평화	대상 23:9
5			하시엘 / Haziel / חֲזִיאֵל	하나님이 보셨다	대상 23:9
6			하란 / Haran / הָרָן	산의 사람, 산악의 사람	대상 23:9
7	시므이 Shimei		야핫 / Jahath / יַחַת	하나님께서 붙잡으신다, 회복, 부흥	대상 23:10-11
8			시나(시사) / Zina(Zizah) / זִינָא(זִיזָה)	풍부한, 살찐	대상 23:10-11
9			여우스 / Jeush / יְעוּשׁ	도우려고 오다	대상 23:10-11
10			브리아 / Beriah / בְּרִיעָה	탁월한, 재앙(불운)을 받음	대상 23:10-11

역대상 24:20-31에서 다시 구성된 레위인 24반열

		고핫(그핫) Kohath (대상 23:12)			
11	1	헤브론 Hebron	여리야 / Jeriah / יְרִיָּה	여호와께서 보시기를 원하노라	대상 23:19, 24:23
12	2		아마랴 / Amariah / אֲמַרְיָה	여호와께서 선언하셨다, 여호와께서 말씀하셨다	대상 23:19, 24:23
13	3		야하시엘 / Jahaziel / יַחֲזִיאֵל	하나님께서 보시다, 하나님께서 환상을 주시다	대상 23:19, 24:23
14	4		여가므암 / Jekameam / יְקַמְעָם	사람들이 일어나게 하옵소서, 백성을 모아 굳게 하옵소서	대상 23:19, 24:23

II. 레위인(성전 봉사자) 24반열 (대상 23:6-23, 24:20-31)

15	5		웃시엘 Uzziel	미가 / Micah / מִיכָה	여호와와 같은 자가 누구냐	대상 23:20, 24:24
	6			(추가)사밀 / Shamir / שָׁמוּר	예리한 끝, 보석 단단한 돌	대상 24:24
16	7			잇시야 / Isshiah / יִשִּׁיָּה	여호와께서 빌리신다 여호와여 잊어 주소서	대상 23:20, 24:25
	8			(추가)스가랴 / Zechariah / זְכַרְיָה	여호와께서 기억하신다	대상 24:25
17	9	아 므 람 A m r a m	모세 Moses (대상 23:13- 15)	게르솜 Gershom	스브엘(수바엘) / Shebuel (Shubael) (שׁוּבָאֵל) / שְׁבוּאֵל	하나님께 붙잡힘	대상 23:16, 24:20
	10				(추가)예드야 / Jehdeiah / יֶחְדְּיָהוּ	여호와께서 기뻐하신다	대상 24:20
18	11			엘리에셀 Eliezer	르하뱌(외아들) / Rehabiah / רְחַבְיָה	여호와께서 확장시키셨다 주의 확장	대상 23:17, 24:21
	12				(추가)잇시야 / Isshiah / יִשִּׁיָּה	여호와께서 빌리신다 여호와여 잊어 주소서	대상 24:21
19	13		이스할 Izhar		슬로밋(슬로못) / Shelomith (Shelomoth) (שְׁלֹמוֹת) / שְׁלֹמִית	평화로 충만하다 평화	대상 23:18, 24:22
	14				(추가)야핫 / Jahath / יַחַת	하나님께서 붙잡으신다 회복, 부흥	대상 24:22

므라리 Merari (대상 23:21, 24:26)

20	15	무시 Mushi	마흘리(말리) / Mahli / מַחְלִי	질병	대상 6:19, 23:23, 24:30
21	16		에델 / Eder / עֵדֶר	무리(떼)	대상 23:23, 24:30
22	17		여레못(여리못) / Jeremoth (Jerimoth) (יְרִימוֹת) / יְרֵמוֹת	높은 곳, 지극히 높은 자	대상 23:23, 24:30
23	18	마흘리 Mahli	엘르아살 / Eleazar / אֶלְעָזָר	하나님께서 도우셨다	대상 23:21, 24:28
24	19		기스 / Kish / קִישׁ	능력, 활	대상 23:21, 24:29
	20		(추가)여라므엘 / Jerahmeel / יְרַחְמְאֵל	하나님이여 긍휼히 여기소서	대상 24:29
	21	(추가) 야아시야 Jaaziah *므라리의 후손으로 추정 (대상 24:26-27)	브노 / Beno / בְּנוֹ	그의 아들	대상 24:26- 27
	22		소함 / Shoham / שֹׁהַם	홍옥수(보석의 일종)	대상 24:27
	23		삭굴 / Zaccur / זַכּוּר	기억된, 잊지 않은, 순결	대상 24:27
	24		이브리 / Ibri / עִבְרִי	히브리 사람	대상 24:27

역대상 24장에는 제사장의 24반열과 제사장을 도와 성전에서 일할 레위인의 24반열을 기록하고 있습니다. 그런데 역대상 24:20-31에 기록된 레위인의 24반열은 이미 역대상 23:6-23에서 언급된 바 있는 내용의 반복입니다. 차이점이 있다면, 역대상 23:7-11에 기록된 게르손 계열의 10반열이 빠져 있다는 것입니다. 그리고 고핫 계열 중 헤브론 자손 4반열과 므라리 계열 중 무시 자손의 3반열을 제외하고 그들의 아들 대까지 기록되어 있습니다.

또한, '야아시야'는 역대상 23:21에는 기록되지 않고 역대상 24:26-27에만 기록되어 있습니다. 역대기 기자가 야아시야를 '마흘리와 무시'와 대등하게 기록한 것은 야아시야 가문이 큰 집안으로 성장하여 '마흘리와 무시'와 더불어 레위인의 24반열 중 4반열을 차지하게 되었기 때문입니다. 일반적으로 레위 자손이 한 가문에 한 사람씩만 기록되었거나(대상 24:21, 24-25, 29) 아예 후손이 끊어진 것(대상 24:28)과 달리 야아시야의 후손이 네 사람이나 기록된 것은 그 가문이 매우 번창했음을 뒷받침합니다. 한편, 야아시야의 아들 브노가 역대상 24:26-27에 두 번 언급된 것을 볼 때, 야아시야의 아들들 중에서 가장 번창하여 '야아시야' 가문의 대표가 된 것으로 보입니다.

결론적으로, 역대상 24:20-30에서는 역대상 23:6-23의 24반열 중 시간이 흐름에 따라 게르손 계열의 10반열은 모두 빠지고, 고핫 계열에서 5명(사밀, 스가랴, 에드야, 잇시야, 야핫-대상 24:20, 21, 22, 24, 25), 므라리 계열에서 5명(여라므엘, 야아시야 가문에서 브노, 소함, 삭굴, 이브리-대상 24:26-27, 29)이 추가되므로 총 10반열이 더해져서 24반열을 그대로 유지하게 되었습니다.

4. 레위인 직무의 역사
The history of the Levitical duties

(1) 모세 시대

레위인이 장막에서 봉사하는 두 가지 직무는 장막 서편과 남편과 북편에 진을 치고 성막을 지키는 직무(민 3:14-37)와 행진할 때 성막과 회막의 모든 기물을 메고 운반하는 육체적인 노동의 직무였습니다(민 4:1-33).

민수기 3장에는 출생 순서에 따라 게르손, 고핫, 므라리 순으로 기록된 반면에, 민수기 4장에는 족보상 순서가 아니라 성막 관리의 중요도에 따라 고핫 자손이 먼저 기록되어 있습니다.

고핫 자손은 이스라엘이 가나안에 정착하기 전에 광야에서 성막 중심으로 생활하며 이동할 때에 성막 안에 있는 증거궤, 떡상, 등대, 단, 기명 등 모든 지성물을 어깨에 메는 역할을 담당하였습니다(민 4:4-15).

게르손 자손은 성막의 앙장들과 회막과 그 덮개와 그 위의 해달의 가죽 덮개, 회막 문장(문 문(門), 휘장 장(帳): 문과 창문에 쳐서 늘어뜨리는 휘장)을 메며, 뜰의 휘장과 성막과 단 사면에 있는 뜰의 문장, 그 줄들과 그것에 사용되는 모든 기구를 맡아 운반하는 일을 맡았습니다(민 4:21-28).

므라리 자손은 성막을 세우는 데 근간이 되는 널판, 기둥, 말뚝 등 성막 구조물들을 운반하는 일을 하였습니다(민 4:29-33).

그러므로 게르손 자손과 므라리 자손은 성물을 메고 진행하는 고핫 자손이 도착하기 전에 성막을 세우기 위해서, 항상 고핫 자손보다 먼저 성막을 메고 출발하였습니다(민 10:17, 21).

한편, 민수기 16장에는 같은 레위 지파의 후손이면서도 아론과 그 자손만이 제사장 직분을 얻으므로 나머지 레위인과 직무상 엄격한 종속 관계가 생기게 되자, 레위 자손 고라와 르우벤 자손 다단과 아비람과 온이 당을 짓고 모세와 아론을 거스려 반역한 사건을 기록하고 있습니다. 여기에 유명한 족장 250명까지 합세하여 모세와 아론을 거스려, "너희가 분수에 지나도다 회중이 다 각각 거룩하고 여호와께서도 그들 중에 계시거늘 너희가 어찌하여 여호와의 총회 위에 스스로 높이느뇨"라며 반기를 들었습니다(민 16:1-3).

특히 이 일을 주동한 고핫의 후손 고라는 레위 지파로서 성막에서 하나님을 가까이 섬기며 봉사하는 큰 축복을 받은 자였습니다. 모세는 그 직분의 영예로움을 강조하기 위해 "레위 자손들아"라고 연거푸 말하면서(민 16:7-8), "이스라엘의 하나님이 이스라엘 회중에서 너희를 구별하여 자기에게 가까이하게 하사 여호와의 성막에서 봉사하게 하시며 회중 앞에 서서 그들을 대신하여 섬기게 하심이 너희에게 작은 일이겠느냐 하나님이 너와 네 모든 형제 레위 자손으로 너와 함께 가까이 오게 하신 것이 작은 일이 아니어늘 너희가 오히려 제사장의 직분을 구하느냐"(민 16:9-10)라고 책망하였습니다. 그것은 여호와를 거스리는 것이고, 여호와를 멸시하는 것이었습니다(민 16:11, 30).

그러나 모세의 책망에도 불구하고 고라가 뉘우칠 줄 모르고 오히려 온 회중을 회막 문에 모아 놓고 모세와 아론을 대적하려 하자, 그 순간 여호와의 영광이 온 회중에게 나타나셨습니다(민 16:19). 하나님께서 모세와 아론에게 민수기 16:21에서 "너희는 이 회중에게서 떠나라 내가 순식간에 그들을 멸하려 하노라"라고 말씀하시므로, 백성이 순종하여 고라와 다단과 아비람의 장막 사면을 떠났습니다(민 16:27). 모세가 모든 말을 마치는 동시에 땅이 갈라지면서 다단과 아비람의 가족들과 고라에 속한 모든 사람과 그 물건까지 모두 삼킨 후에 땅이 그 위에 합하니 그들은 생매장되고 말았습니다(민 16:31-33). 또한, 여호와께로서 불이 나와서 분향하던 250인을 소멸하였습니다(민 16:35). 이러한 상황에서도 철없는 백성은 오히려 '모세와 아론이 여호와의 백성을 죽였다'라며 원망하다가 14,700명이 염병에 걸려 죽고 말았습니다(민 16:41-50).

하나님께서는 이스라엘 백성의 원망을 그치게 하시려고, 열두 지파의 이름을 쓴 지팡이를 회막 안 증거궤 앞에 두라고 명령하셨습니다. 그리고 다음날 아론의 이름을 쓴 레위 지파의 지팡이에만 싹이 나게 하심으로 하나님께서 아론과 그 자손을 제사장으로 택하셨음을 온 이스라엘 백성에게 확증해 주셨습니다(민 17:1-11).

(2) 다윗과 솔로몬 시대

레위인들의 위상은 가나안 땅에 정착한 후 사사 시대 동안 그 역할이나 활동이 극히 미미한 상태로 퇴락해 버렸습니다. 그러다가 사무엘 시대에 서서히 그 중요성이 다시 부각되기 시작하여, 다윗 왕 때 비로소 그 본연의 사명이 재확인되었습니다(대상 15:2-15).

다윗과 솔로몬 시대에 레위인의 역할은 모세 시대보다 훨씬 체계화하고 전문화해 갔습니다. 이스라엘이 430년간 애굽에서 노예 생활을 하다가 출애굽 한 이후, 하나님께서는 장막 성전에 거하시면서 이스라엘의 광야 노정 내내 함께하셨습니다. 사무엘하 7:6에서는 "내가 이스라엘 자손을 애굽에서 인도하여 내던 날부터 오늘날까지 집에 거하지 아니하고 장막과 회막에 거하며 행하였나니"라고 말씀하셨고, 역대상 17:5에서는 "내가 이스라엘을 올라오게 한 날부터 오늘날까지 집에 거하지 아니하고 오직 이 장막과 저 장막에 있으며 이 성막과 저 성막에 있었나니"라고 말씀하셨습니다.

그러나 이제 고정된 성전을 건축함으로써 더 이상 이동할 필요가 없게 되자, 장막을 분해하고 장막을 운반해야 하는 레위인의 임무가 사라지게 되었습니다. 그래서 다윗은 "이스라엘 하나님 여호와께서 평강을 그 백성에게 주시고 예루살렘에 영원히 거하시나니 레위 사람이 다시는 성막과 그 가운데서 쓰는 모든 기구를 멜 것이 없다"(대상 23:25-26)라고 하였습니다. 이 후에 레위 자손의 직분은 "회막의 직무와 성소의 직무와 그 형제 아론 자손의 직무를 지켜 여호와의 전에서 수종 드는 것"으로 규정되었습니다(대상 23:32).

다윗 시대에 마련된 24반열 제도는 솔로몬 때에 철저히 이행되었습니다. 역대하 8:14에 "솔로몬이 또 그 부친 다윗의 정규를 좇아 제사장들의 반차를 정하여 섬기게 하고 레위 사람에게도 그 직분을 맡겨 매일에 합의한 대로 찬송하며 제사장들 앞에서 수종 들게 하며 또 문지기로 그 반차를 좇아 각 문을 지키게 하였으니 이는 하나님의 사람 다윗이 전에 이렇게 명하였음이라"라고 말씀하고 있습니다.

(3) 히스기야 시대

남 유다 제13대 왕 히스기야는 왕위에 오르자마자 가장 먼저 종교개혁과 성전 청결을 단행했습니다. 역대하 29:3에서 "원년 정월에 여호와의 전 문들을 열고 수리하고"라고 말씀하고 있습니다. 여기 히스기야 '원년 정월'은 그가 단독 통치를 시작한 주전 715년 니산월에 해당합니다. 히스기야는 제사장과 레위인들에게 그의 부친 아하스의 악정으로 인해 닫혔던 성전 문들(대하 28:24-25)을 모두 열고, 꺼졌던 성전 등불을 밝히며, 성소의 분향과 제사를 다시 시작하도록 명령하였습니다(대하 29:3-7, 11). 히스기야 시대의 레위인과 관련된 개혁의 내용은 다음과 같습니다.

첫째, 레위 사람 일곱 자손 중에 각각 두 명씩 14명이 일어나 성전을 깨끗하게 하였습니다.

히스기야가 여호와의 전 성결케 하기를 명한 후에 "내 아들들아 이제는 게으르지 말라 여호와께서 이미 너희를 택하사 그 앞에 서서 수종 들어 섬기며 분향하게 하셨느니라"(대하 29:11)라고 독려하자, 레위 사람 14명이 일어났습니다(대하 29:12-14). 그들은 그 형제를 모아 성결케 하고 여호와의 전을 깨끗하게 하였습니다(대하 29:15). 레위인들은 히스기야가 "여호와의 말씀대로" 명한 것임을 알았으므로 그 지시한 바를 좇아 그대로 행하였습니다(대하 29:15).

그러나 레위인들은 성전 안으로의 출입이 금지되었으므로 제사장들이 여호와의 전 안으로 들어가 더러운 것들을 끌어내어 여호와의 전 뜰에 두면, 이를 레위인들이 취하여 바깥 기드론 시내로 가져다 버렸습니다(대하 29:16). 이처럼 성전 청결의 역사는 제사장과 레위인들의 긴밀한 동역으로 이루어졌습니다(대하 29:16-19).

둘째, 제사장의 수효가 부족하여 레위인들이 번제물의 가죽을 벗기는 일을 도왔습니다.

성전 청결의 역사는 첫째 달 초하루에 여호와의 전 성결케 하기를 시작하여 초팔일에 낭실에 이르고, 또 8일 동안 성결케 하여 정월 16일에 마쳤습니다(대하 29:17). 성전 정화 작업이 끝나자, 히스기야왕은 깨끗해진 성전에서 온 이스라엘을 위하여 속죄제와 번제를 드렸습니다(대하 29:20-24).

히스기야는 하나님께 제사를 드리면서 찬양하고 경배 드리기를 마친 후에(대하 29:25-30) 회중에게 제물과 감사 제물을 가져오게 하였는데, 회중이 제물과 감사 제물을 가져오니 그 번제물의 수효는 수소가 70마리, 숫양이 100마리, 어린 양이 200마리, 또 구별하여 드린 소가 600마리, 양이 3,000마리였습니다(대하 29:31-33).

그런데 제사장이 부족하여 그 모든 번제물의 가죽을 능히 벗기지 못하자 그 형제 레위인들이 그 일을 마치기까지 도왔습니다(대하 29:34上). 이는 성결케 하는 일에 레위인들이 제사장들보다 성심(誠心)이 있었기 때문입니다(대하 29:34下). 바른성경에서는 "이는 레위 사람들이 스스로 거룩하게 하는 일에 있어서 제사장들보다 더욱 성실하였기 때문이다"라고 번역하였습니다. '성심이 있었음이라'라는 말은 히브리어 '이쉬레 레바브'(יִשְׁרֵי לֵבָב)로, '마음이 올바르다'라는 뜻이며 '더 양심적이었다'(more conscientious: NIV, NASB), '더욱 성심껏 하였다'(공동번역), '더 부지런하였다'(more diligent: NKJV) 등 다양한 의미로 번역되었습니다.

셋째, 레위인의 협력을 통해 여호와의 전에서 섬기는 일이 순서대로 갖추어졌습니다.

히스기야 때 레위인들의 적극적인 봉사와 협력으로 성전에서 제사 드리는 일과, 노래하고 악기로 찬양하는 일이 새롭게 재정비되는 등 성전 제사 제도가 회복될 수 있었습니다. 역대하 29:35 하반절에서는 "… 이와 같이 여호와의 전에서 섬기는 일이 순서대로 갖추어지니라"라고 말씀하고 있습니다. 여기 '순서대로 갖추어지니라'는 히브리어 '틱콘'(תִּכּוֹן)으로, '세워지다, 확립되다'라는 뜻을 가진

'쿤'(כון)의 니팔(수동)형입니다. 즉 성전 제사 및 그와 관련된 의식들이 완전히 재확립되었다는 것입니다.

역대하 29:36에서는 "이 일이 갑자기 되었을지라도 하나님이 백성을 위하여 예비하셨음을 인하여 히스기야가 백성으로 더불어 기뻐하였더라"라고 말씀하고 있습니다. 갑자기 엄청나게 많은 제물이 드려졌지만 전혀 혼란스럽지 않게 제사를 드릴 수 있었던 것은 하나님께서 성심이 있는 레위인들을 예비해 두셨기 때문입니다. 그것은 전적으로 하나님의 은혜와 섭리였으므로 히스기야왕과 백성은 모두 기쁨이 넘쳤던 것입니다.

히스기야는 방백들과 온 회중으로 더불어 의논한 결과로 2월에 유월절을 지키기로 결의하고, 온 이스라엘은 일제히 예루살렘에 와서 여호와의 유월절을 지키라고 전국(브엘세바에서부터 단까지)에 반포하였습니다(대하 30:1, 5). 규례대로 정월에 유월절을 지킬 수 없었던 이유는 성결케 된 제사장이 부족하고 또 백성이 모이지 못했기 때문이었습니다(대하 30:3). 참으로 오랫동안 이스라엘은 기록된 규례대로 유월절을 지키지 못하고 있었습니다(대하 30:5下).

그런데 본래 유월절 양은 백성이 직접 잡도록 되어 있으나(출 12:6, 참고-레 1:2-9), 자신을 성결케 하지 못한 사람들이 많아 레위인이 대신 양을 잡고, 제사장들은 모세의 율법을 따라 레위인으로부터 그 피를 받아 뿌렸습니다(대하 30:15-17). 이처럼 레위인이 회중을 대신해 제물을 잡은 일은 요시야 때(대하 35:1, 11)와 바벨론 포로에서 귀환한 직후(스 6:19-20)에도 있었습니다.

히스기야는 여호와를 섬기는 일에 통달한 모든 레위 사람을 격려했고, 절기를 지키는 7일 동안 무리가 먹으며 화목제를 드리고 하나님께 감사하였습니다(대하 30:22). 그리고 또 7일을 즐거이 지켰습니다(대하 30:23). 히스기야의 종교개혁, 곧 성전을 청결케 하고 제사 제도와 찬양대의 질서를 확립한 모든 일은 하나님 보시기에 선하고 올바르고 진실하게 행한 것이었습니다(대하 31:20). 이처럼 히스기야는 여호와의 전에서 봉사하는 일과 율법과 계명을 따라 자기 하나님을 찾는 일에 마음을 다하여 행함으로 형통하였으며(대하 31:21), 그 바탕에는 레위인들의 성실한 헌신이 있었던 것입니다.

(4) 요시야 시대

요시야는 재위 8년(약 16세)에 그 조상 다윗의 하나님을 비로소 구하고 12년(약 20세)에 유다와 예루살렘의 모든 우상을 제거하는 종교개혁을 시작하여(대하 34:1-7), 재위 18년(약 26세)에 이르러 그 땅과 성전의 청결을 마치고 성전을 수리하였습니다(대하 34:8). 이때 백성이 성전 보수를 위해 연보한 돈으로 문지기 레위인들이 기술자들을 고용하였으며, 그들을 관리하는 감독자들 역시 레위인들이었습니다(왕하 22:4-6, 대하 34:9-12). 또한, 음악으로 봉사하는 레위인들도 함께하였고(대하 34:12), 어떤 레위인들은 서기관, 감독관, 문지기 등의 주요직을 맡았습니다(대하 34:13).

요시야는 유월절을 지키면서 레위인에게 이르기를 "또 여호와 앞에 구별되어서 온 이스라엘을 가르치는 레위 사람에게 이르되 거룩한 궤를 이스라엘 왕 다윗의 아들 솔로몬의 건축한 전 가운데 두고 다시는 너희 어깨에 메지 말고 마땅히 너희 하나님 여호와와 그 백성 이스라엘을 섬길 것이라"(대하 35:3)라고 명령하였습니다.

여기 '다시는 언약궤를 메지 말라'는 말씀은, 이전에 언약궤가 아하스, 므낫세, 아몬 등 사악한 왕들의 개인적인 욕심에 따라 이리저리로 옮겨졌음을 나타냅니다. 아하스는 극렬한 우상숭배에 더하여 성전 기구들을 훼파하였고(왕하 16:10-18, 대하 28:22-25), 므낫세는 성전에 온갖 우상과 제단을 만들었으며(왕하 21:3-9, 대하 33:3-9), 그 아들 아몬 역시 므낫세처럼 악을 행하였습니다(왕하 21:20-21, 대하 33:22-23). 그러나 이제 요시야의 개혁으로 언약궤는 고정된 자리(지성소)에 안치되었으므로 레위인이 더 이상 언약궤를 메고 다니지 않아도 되었던 것입니다(대하 35:3).

레위인들은 스스로 성결케 하고 백성을 위하여 유월절 희생 제물을 잡고, 가죽을 벗기고(대하 35:6, 11), 제사가 끝난 후에는 규례대로 제물을 요리하여 백성에게 '속히 분배'(רוץ, 루츠: 달리다, 돌진하다)하여(대하 35:12-13) 모든 백성에게 골고루 음식이 돌아가도록 하였습니다. 그 후에 레위인들은 자기와 제사장들을 위한 몫을 준비하였는데, 제사장들이 저녁까지 번제와 기름을 드렸기 때문입니다(대하 35:14). 뿐만 아니라 찬양대와 문지기들이 자기 자리를 뜨지 않고 끝까지 지킬 수 있었던 것도 레위인들이 그들 몫까지 예비했기 때문이었습니다(대하 35:15). 레위인들은 자기 직무에 충실하였을 뿐 아니라 제사장들을 위해서도 끝까지 헌신적으로 사명을 감당하였던 것입니다.

이날 레위인의 업무가 장시간 진행되어 그 일이 과중하였으나 모두가 주어진 임무를 충실히 감당하여, 당일에 여호와를 섬길 일이 다 준비되었습니다(대하 35:16). 그때에 모인 이스라엘 자손이 연하여 무교절을 7일 동안 지켰는데, 선지자 사무엘 이래로 (혹은 사사가 이스라엘을 다스리던 시대부터) 이스라엘 역사상 요시야 시대만큼 유월절을 범국가적으로 성대하게 지킨 때가 없었습니다(왕하 23:21-23, 대하 35:17-18).

(5) 포로 귀환 이후

레위인의 역할은 바벨론 포로 귀환 이후 성전 회복과 이스라엘의 신앙부흥 운동의 근간이 되었습니다. 느헤미야를 보면, 포로 생활에서 돌아온 레위인들이 온 백성의 영혼을 깨우는 데 매우 큰 역할을 담당하였음을 알 수 있습니다(느 8-9장). 그런데 느헤미야 시대에 레위인들이 생활고로 인해 직무를 다하지 못하므로 성전 제사가 단절될 뻔한 위기도 있었습니다(느 13:10-11).

포로 귀환 이후 레위인의 역할을 살펴보면 다음과 같습니다.

첫째, 고라 자손 살룸의 장자 '맛디댜'(מַתִּתְיָה: 여호와의 선물)는 남비에 지지는 일을 담당했습니다(대상 9:31, 참고-대상 23:29).

둘째, 고핫 자손 중 일부는 진설하는 떡을 맡아 안식일마다 준비하였습니다(대상 9:32, 참고-대상 23:29).

셋째, 찬송하는 직무를 맡은 레위 족장은 독특하게도 "골방에 거하여 주야로 자기 직분에 골몰하므로 다른 일은 하지 아니하였더라"라고 말씀하고 있습니다(대상 9:33). 이는 하나님 앞에 부끄럽지 않도록 최선의 노력을 다해 헌신적으로 직무를 수행하는 모습을 보여 줍니다.

넷째, 여호와의 전에 바친 예물과 십일조를 맡은 고지기(성전 창고 관리자)를 세워 형제들에게 고르게 분배하는 일을 맡겼습니다(느 13:11-13). 느헤미야는 제사장 셀레먀와 서기관 사독과 레위 사람 브다야 3명을 고지기로 삼고, 맛다냐의 손자 삭굴의 아들 하난으로 버금(두 번째 사람, 돕는 사람)을 삼았는데, 이들은 모두 충직한 자로 인정받은 사람들이었습니다(느 13:13).

　다섯째, 백성을 율법으로 교육하였습니다(느 8:7-9). 레위인들은 유사와 재판관처럼 하나님의 말씀을 가르치는 이스라엘의 영적 지도자 역할까지 담당했던 것입니다(대상 23:4). 이전에도 여호사밧 왕 통치 제3년에 레위인 9명이 방백 5명과 제사장 2명과 함께 파송되어 유다 여러 성읍을 순행하며 가르쳤다는 기록이 있습니다(대하 17:7-9). 가르치는 사람들 가운데 레위인의 숫자가 가장 많았던 것은 그들이 말씀을 가르치는 실무에 능했기 때문일 것입니다.

　제3차 바벨론 포로 귀환 때 백성은 새벽부터 오정까지 수문 앞 광장에 모여 학사 에스라에게 율법책을 읽도록 청하고 그것을 귀기울여 들었습니다. 그리고 에스라가 하나님 여호와를 송축하매 손을 들고 "아멘 아멘" 응답하고 몸을 굽혀 얼굴을 땅에 대고 여호와께 경배하였습니다(느 8:1-6).

　이때 레위인들은 백성 가운데서 율법을 해석하고 가르쳐서 백성이 깨닫도록 도왔습니다. 느헤미야 8:7-9에서 "예수아와 바니와 세레뱌와 야민과 악굽과 사브대와 호디야와 마아세야와 그리다와 아사랴와 요사밧과 하난과 블라야와 레위 사람들이 다 그 처소에 섰는 백성에게 율법을 깨닫게 하는데 하나님의 율법책을 낭독하고 그 뜻을 해석하여 백성으로 그 낭독하는 것을 다 깨닫게 하매 백성이 율법의 말씀을 듣고 다 우는지라 총독 느헤미야와 제사장 겸 학사 에스라와 백성을 가르치는 레위 사람들이 모든 백성에게 이르기를 오늘은 너희 하나님 여호와의 성일이니 슬퍼하지 말며 울지 말라"라고 말씀하고 있습니다.

　그리고 레위인들은 율법의 말씀을 밝히 알고자 하여 학사 에스라에게 모여 배우기도 하였습니다(느 8:13).

또한, 레위인들은 이스라엘 각 성읍에 흩어져 살면서 유사와 재판관의 직무도 담당하였는데(대상 23:4), 이로 보아 레위인은 이스라엘 백성이 하나님의 말씀을 따라 성결하고 공의로운 삶을 살도록 교육하고 지도하며 감독함으로 신앙을 지킬 수 있게 하는 일들을 수행했던 것으로 보입니다.

지금까지 살펴본 레위인들의 신앙과 헌신은 오늘날 평신도 지도자들이 어떤 모습으로 하나님을 섬겨야 하는지를 보여 주는 좋은 본이 되고 있습니다.

5. 레위 지파와 장자들의 총회
The tribe of Levi and the general assembly of the firstborns

레위 지파는 이스라엘 자손 중 모든 처음 난 자를 대신하여 바쳐졌습니다. 민수기 3:12에서 "보라 내가 이스라엘 자손 중에서 레위인을 택하여 이스라엘 자손 중 모든 첫 태에 처음 난 자를 대신케 하였은즉 레위인은 내 것이라"라고 말씀하고 있습니다(민 8:16, 18). 심지어는 이스라엘 자손의 가축의 모든 처음 난 것도 레위인의 가축으로 대신하여 바치라고 명령하셨습니다(민 3:41). 그리하여 레위 지파는 이스라엘 자손의 장자를 대신하는 장자들의 총회가 되고, 이스라엘 온 백성의 속죄 사역에 헌신하게 되었습니다.

하나님의 대속의 원리는 정확하였습니다. 이스라엘의 장자의 총수는 22,273명이었는데(민 3:43), 레위인의 숫자는 22,000명밖에 되지 않았습니다(민 3:39). 그러므로 이스라엘의 장자의 숫자보다 레위인이 273명이 모자라서 그만큼은 레위 지파가 대신할 수 없었습니다. 이에 하나님께서는 대신할 레위인이 없는 이스라엘의 장자

273명을 속하기 위하여 한 사람에 5세겔씩 총 1,365세겔을 취하여 아론과 그 아들들에게 주라고 명령하셨습니다(민 3:46-51).

그런데 실제로 레위인의 숫자는 게르손 가족 7,500명(민 3:21-22), 고핫 가족 8,600명(민 3:27-28), 므라리 가족 6,200명(민 3:33-34)을 합치면 22,300명이었습니다. 그런데 왜 민수기 3:39에서는 22,000명이라고 말씀하고 있을까요? 이스라엘 백성의 장자를 대신하는 레위인의 숫자에서 누락된 300명은 레위 지파의 장자입니다. 이들 역시 하나님께 대속을 받아야 할 사람들이기 때문입니다.

하나님께서는 이스라엘을 이방인과 구별하여 출애굽기 4:22에서 "이스라엘은 내 아들 내 장자라"라고 말씀하셨습니다. 그러므로 레위 지파는 하나님의 장자 전체를 대신하는 모임으로서, 끝날에 구원 받을 성도들 곧 '장자들의 총회'를 예표하고 있습니다(히 12:23).

우리가 '장자들의 총회'에 들어가는 것은 오직 예수 그리스도를 통해서입니다. 왜냐하면 예수 그리스도께서 맏아들이시고 부활의 첫 열매(장자)이시기 때문입니다(롬 8:29, 고전 15:20, 23, 히 1:6, 참고-골 1:18). 성도들은 오직 참장자이신 예수 그리스도를 믿음으로 '장자들의 총회'에 들어가게 될 것입니다.

III
제사장 24반열 (대상 24:1-19)
THE 24 DIVISIONS OF THE PRIESTS

*유구한 역사 속에서 세계 최초로 성경적 체계화 정리

1. 제사장의 기원
The origin of the priesthood

　제사장이란 레위 지파 중에서 구별되어 제사와 관계된 일을 담당했던 사람들로서, 제사장들 중의 우두머리인 '대제사장'은 하나님 앞에서 이스라엘 백성의 대표자였습니다.

　제사장은 히브리어 '코헨'(כֹּהֵן)으로, '제사장'이라는 단어가 성경에 처음 등장한 것은 '멜기세덱'과 관련하여 나타나는 창세기 14:18로, '멜기세덱'을 '지극히 높으신 하나님의 제사장'이라고 소개하고 있습니다.

　비록 '제사장'이라는 직접적인 표현은 없지만, 가인과 아벨은 하나님께 제사를 드렸으며(창 4:1-5) 방주에서 나온 노아도 제사를 드렸습니다(창 8:20). 그리고 아브라함과 이삭과 야곱도 하나님께 제사를 드렸습니다(창 12:7, 13:4, 22:13, 26:25, 35:3).

　공식적으로 제사장이라는 직책이 생겨난 것은, 모세 시대에 성막이 완공된 후였습니다. 모세의 형 아론이 처음으로 제사장의 직책을 받은 사람이었고, 율법상 결격 사유가 없으면 그 장자가 대를 이어 종신토록 사역하는 세습직이었습니다(출 29:29, 레 21:16-23, 민 25:11-13). 제사장 위임식은 '기름 부음'으로 거행되었습니다(출 28:41, 29:29, 30:30). 또 자격 조건은 성별되고(출 29:7-9, 19-21, 31-34, 30:30-33), 신체적 결함이 없으며(레 21:16-23), 성결을 상징하는 예복들을 입어야 했습니다(출 28:2-43, 29:29).

제사장 가운데 특별히 대제사장은 성소를 감독하고 봉사와 회계를 주관했습니다(출 30:7-9, 레 24:3-4, 왕하 12:10, 22:4, 대하 24:12). 또 우림과 둠밈으로 하나님의 뜻을 구하였으며(출 28:30, 레 8:8, 민 27:21), 1년에 하루 7월 10일 대속죄일에 지성소에 들어가 자기와 백성을 위한 속죄제를 드렸습니다(레 16장, 히 9:7). 또 신약시대에는 대제사장이 산헤드린 공회의 의장 역할도 했습니다(마 26:57, 행 5:21).

2. 제사장의 성별(聖別)
The consecration of the priest

제사장이 되려면 혈통적으로 레위인이어야 합니다. 12지파 가운데 레위 지파만 제사장이 될 수 있었으며, 그것도 아론의 후손들이 제사장이 될 수 있었습니다(출 28:1, 29:9).

제사장으로 위임받은 자들에게는 특별한 성별이 요구되었습니다. 제사장에게는 성별된 결혼, 성별된 생활, 성별하는 신체 규정, 성별된 성물(음식)이 요구되었는데 이 기준을 지키지 않으면 절대로 제사장 직분을 감당할 수 없었습니다.

(1) 제사장의 성별된 결혼

　제사장직은 아론의 후손이라는 '혈통'이 절대적인 기준이 되어 아버지에게서 아들에게로 자동 승계되었습니다(출 40:12-15). 언약을 맺은 '아론의 후손들'만이 제사를 집행할 수 있었습니다. 그래서 하나님께서는 언약 속에 있는 제사장 혈통을 최대한 순결하게 보존하기 위해 제사장의 '결혼'에 대한 규정을 엄격하게 정하셨습니다.

　레위기 21:7-8 "그들은 기생이나 부정한 여인을 취하지 말 것이며 이혼 당한 여인을 취하지 말지니 이는 그가 여호와께 거룩함이니라 ⁸너는 그를 거룩하게 하라 그는 네 하나님의 식물을 드림이니라 너는 그를 거룩히 여기라 나 여호와 너희를 거룩하게 하는 자는 거룩함이니라"

　율법 규정에 의하면, 여호와께 거룩하게 구별하여 바쳐진 제사장들은 다른 남자에게서 구별된 여인, 오직 자기 백성 중 순결한 처녀를 아내로 삼아야 했습니다. 물론 그 처녀는 이스라엘 사람이어야 했습니다(레 21:14). 에스겔 44:22에서는 "이스라엘 족속의 처녀"라고 말씀하고 있습니다.

　제사장이 결혼해서는 안 되는 자는 첫째, 기생(זֹנָה, 자나: 매춘부, 몸 파는 창녀), 둘째, 부정한 여인(חֲלָלָה, 할랄: 근친상간 등 하나님이 금하신 성관계로 더러워진 여자-창 49:4, 레 18:6-23), 셋째, 이혼 당한 여인(גְּרֻשָׁה, 가라쉬: 순결을 의심받아 남편으로부터 쫓겨난 여자), 넷째, 과부(אַלְמָנָה, 알마나: 남편이 죽어서 혼자 사는 여자)입니다(레 21:7, 14下, 겔 44:22).

단, '제사장의 과부'와는 혼인할 수 있었습니다. 에스겔 44:22에서 "과부나 이혼한 여인에게 장가들지 말고 오직 이스라엘 족속의 처녀나 혹시 제사장의 과부에게 장가들 것이며"라고 말씀하고 있습니다.

이러한 성별은 대제사장에게도 그대로 적용되었습니다. 레위기 21:13-15에서 "그는 처녀를 취하여 아내를 삼을지니 과부나 이혼된 여인이나 더러운 여인이나 기생을 취하지 말고 자기 백성 중 처녀를 취하여 아내를 삼아 그 자손으로 백성 중에서 더럽히지 말지니 나는 그를 거룩하게 하는 여호와임이니라"라고 말씀하고 있습니다. 대제사장의 경우가 제사장과 다른 점은 처녀에게만 장가를 가야 하고 제사장의 과부에게도 장가갈 수 없다는 점입니다.

한편, 제사장 가문의 거룩성을 보존하기 위한 이러한 엄격한 규정은 제사장의 딸에게도 해당되었습니다. 율법에서 간음한 자를 화형에 처하는 경우는 첫째, 장모와 부인을 함께 취하거나(레 20:14), 둘째, 제사장의 딸이 음행할 때입니다. 제사장의 직계 후손인 딸이 행음하여 스스로 더럽히면, 그것은 그 아비(제사장)를 욕되게 한 것이므로 그 딸을 불살라 죽이도록 규정했습니다(레 21:9).

이러한 제사장의 결혼 규정은 그들이 성별된 족보의 보존을 매우 중시하였음을 보여 주며, 요세푸스의 아피온 반박문 1권(32-36절)에서도 그 사실을 확인할 수 있습니다. 그 내용은 다음과 같습니다.

"심지어 애굽이나 바벨론, 혹은 기타 인간이 거주할 수 있는 어떤 곳에서도 유대 제사장들의 결혼 계보는 철저히 지켜진다는 사실입니다. … 그들은 먼 조상의 이름은 물론, 그들의 부모의 옛 이름들을 써서 예루살렘으로 보내면서 증인에 관해서까지 표시하고 있습니다. … 우리 시대에 발생한 전쟁에서 살아남은 제사장들은 옛날 문서를 통해 새로운 족보를 작성하고 생존한 여인들의 환경을 조사하게 되었습니다. 하지만 포로로 잡혀간 적이 있는 여인들은 이방인들과의 관계를 의심케 되어 그들의 이름을 적지 않았습니다. 이러한 족보의 관리가 엄정했다는 가장 확실한 증거는 우리 유대민족이 2,000년 동안이나 아버지에게서 아들로 이어져 기록되어 온 대제사장의 명단들을 지니고 있다는 것입니다. 만일 이들 중 누구든지 이러한 규칙을 범하면, 그들은 제단 앞에 나아올 수 없을 뿐만 아니라 하나님을 경배하는 다른 부분에도 참석할 수가 없게 되었습니다. 이러한 사항들은 당연하고도 매우 필수적으로 행하여졌는데…"

(2) 제사장의 성별된 생활(부정과 정결)

민수기 19장에는 사체(死體)로 인한 부정을 정결케 하는 잿물의 준비와, 부정을 정결케 하는 방법에 대하여 기록하고 있습니다. 민수기 19:20에서 "사람이 부정하고도 스스로 정결케 아니하면 여호와의 성소를 더럽힘이니 그러므로 총회 중에서 끊어질 것이니라 그는 정결케 하는 물로 뿌리움을 받지 아니하였은즉 부정하니라"라고 말씀하고 있습니다. 이러한 정결 의식법은 영영한 율례로 정하신 것이며(민 19:21上), 이스라엘 백성에게만 아니라 이스라엘 중에 우거하는 이방인에게도 적용되는 영원한 법이었습니다(민 19:10下).

민수기 19장에 기록된 부정하게 되는 경우는 다음 세 가지입니다.

첫째, 사람의 시체를 만진 자는 7일간 부정합니다(민 19:11-13).

둘째, 장막에서 사람이 죽었을 때, 무릇 그 장막에 들어가는 자와 그 장막에 있는 자가 7일간 부정합니다(민 19:14). 그때에 뚜껑을 덮지 않은 그릇도 부정합니다(민 19:15).

셋째, 들에서 칼에 죽은 자나 시체나 사람의 뼈나 무덤을 만진 자는 7일간 부정합니다(민 19:16). 이렇듯 모든 부정이 '죽음'과 관련되어 있는데, '죽음'은 죄(罪)의 결과이기 때문입니다(롬 6:23).

만일 제사장이 부정한 것과 접촉하면 제사장 자신도 부정케 됩니다(민 19:7). 무릇 부정한 자가 만진 것은 무엇이든지 부정하고, 또 그것을 만지는 자도 저녁까지 부정합니다(민 19:22).

하나님 앞에 드리는 거룩한 제사 예식을 담당하면서 부정을 정결케 할 사명이 있는 제사장에게 부정이 있어서는 안 됩니다. 이처럼 제사장의 정결은 필수불가결한 조건이므로 제사장들은 시체 곁에 가거나 일반적인 장례식에 참여하는 일이 금지되었습니다. 그러나 제사장들의 부모, 자녀, 형제, 출가하지 아니한 처녀인 친자매들에 대해서만 예외적으로 허용되었습니다(레 21:1-4, 겔 44:25-27). 반면에, 관유로 부음을 받고 위임되어 예복을 입은 대제사장은 친부모의 시신조차 가까이하는 것을 금하였으며(레 21:10-12), 친자식이 죽어도 슬퍼하면 안 되었습니다(레 10:1-7). 나답과 아비후가 다른 불로 분향하다가 죽임을 당하였을 때, 모세가 아론과 그 아들 엘르아살과 이다말에게 이르되 "너희는 머리를 풀거나 옷을 찢지 말아서 너희 죽음을 면하고 여호와의 진노가 온 회중에게 미침을 면케 하라"라고 말할 정도였습니다(레 10:6).

또한, 하나님께서는 거룩한 제사장들에게 강력히 권고하시기를, 이방의 우상을 숭배하는 풍습처럼 죽은 자를 애도하기 위하여 머리를 삭발하거나 수염을 깎아서는 안 된다고 말씀하셨습니다. 레위기 21:5에서 "제사장들은 머리털을 깎아 대머리 같게 하지 말며 그 수염 양편을 깎지 말며 살을 베지 말고"라고 말씀하셨습니다. 이스라엘에서 수염은 위엄과 영예를 상징하는 것으로, 수염을 깎거나 뽑는 것은 극심한 모욕적 처사였습니다(삼하 10:4-5, 사 50:6). 수염과 머리털, 살을 베는 일에 대한 규정은 비단 제사장들에게만 해당되는 명령이 아니라 모든 일반 백성에게도 해당되었습니다(레 19:27-28, 참고-삼하 10:4, 사 7:20).

하나님께서는 부정에 물들 수밖에 없는 인간들을 위해서 '온전하여 흠이 없고 한 번도 멍에를 메어 보지 아니한 붉은 암송아지'(민 19:2)의 희생으로 정결을 회복할 수 있는 길을 예비해 주셨습니다. 제사장이 붉은 암송아지의 피를 회막 앞을 향하여 일곱 번 뿌리고, 붉은 암송아지의 가죽, 고기, 피와 똥까지 완전히 태우되, 백향목과 우슬초와 홍색실을 던져 함께 태웁니다(민 19:2-6). 암송아지를 태운 재는 진 밖 정한 곳에 보관하였다가 부정을 깨끗케 하는 물을 만드는 데 사용하였습니다(민 19:9). 이스라엘 민족의 정결용 잿물을 만들기 위해 희생된 붉은 암송아지는 흠 없고 순전하며 멍에를 메어 본 적이 없는 것이어야 합니다. 이는, 흠 없고 순전하여 실로 죄를 알지도 못하신 예수 그리스도께서 대속의 제물이 되실 일의 예표입니다(참고-마 27:4, 막 14:55, 눅 23:4, 14-15, 22, 41, 47, 요 8:46, 18:38下, 고후 5:21, 히 4:15, 7:26, 벧전 2:22, 요일 3:5). 붉은 색 암송아지는 십자가에서 흘리신 예수 그리스도의 보혈을 생각나게 합니다(요 19:34, 히 9:12-14, 12:24).

히브리서 9:13-14 "염소와 황소의 피와 및 암송아지의 재로 부정한 자에게 뿌려 그 육체를 정결케 하여 거룩케 하거든 ¹⁴하물며 영원하신 성령으로 말미암아 흠 없는 자기를 하나님께 드린 그리스도의 피가 어찌 너희 양심으로 죽은 행실에서 깨끗하게 하고 살아 계신 하나님을 섬기게 못하겠느뇨"

(3) 제사장을 성별하는 신체 규정

제사장은 몸에 어떤 흠이라도 있으면 그 직무를 수행할 수 없었습니다. 레위기 21:21에서 "제사장 아론의 자손 중에 흠이 있는 자는 나아와 여호와의 화제를 드리지 못할지니 그는 흠이 있은즉 나아와 하나님의 식물을 드리지 못하느니라"라고 말씀하고 있습니다.

레위기 21:16-20에는 제사장이 될 수 없는 열두 가지 육체적 흠에 대해서 자세히 기록하고 있습니다. 소경, 절뚝발이, 코가 불완전한 자, 지체가 더한 자, 발 부러진 자, 손 부러진 자, 곱사등이, 난쟁이, 눈에 백막이 있는 자, 괴혈병이나 버짐이 있는 자, 불알 상한 자입니다.

또한, 여호와의 총회에 부적합한 자는 당연히 제사장이 될 수 없습니다. 신명기 23:1에 "신낭이 상한 자나 신을 베인 자는 여호와의 총회에 들어오지 못하리라"라고 규정하고 있습니다. 이를 현대인의 성경은 "불알이 상했거나 생식기가 잘라진 자는 종교 집회에 참석하지 못합니다"라고 번역하였습니다. 생식기가 상한 남자는 거룩한 여호와의 총회에 들어올 수 없었습니다. 이들은 남자의 생식 기능을 잃은 자들로, 하나님의 거룩한 백성의 모임에 참여할 수 없었던 것입니다.

이스라엘의 총회는 사람들의 약속을 따라 사람들의 영리를 목적으로 하는 모임과는 완전히 구별됩니다. 사생자(私生子: 법률상 부부가 아닌 남녀 사이에서 태어난 자식)는 '십 대까지라도' 여호와의 총회에 들어오지 못합니다(신 23:2). 암몬 사람이나 모압 사람은 영원히 여호와의 총회에 들어올 수 없습니다(신 23:3). 이처럼 여호와의 총회는 철저하게 성별되었습니다.

'총회'(קָהָל, 카할)라는 단어는 '불러내다, 부르다'라는 뜻을 가진 히브리어 동사 '카할'(קָהַל)에서 유래하였습니다. '카할'은 본래 무기를 사용할 수 있는 장정들로서, 여호와의 전쟁, 제의(祭儀), 법적 재판 등에 출석할 수 있는 이스라엘의 남성 전체를 나타냈습니다(삿 20:2, 대하 20:5). 이스라엘의 모든 남자는 이스라엘의 3대 절기(유월절, 칠칠절, 초막절) 때, 곧 1년에 세 차례 하나님 여호와의 택하신 곳에서 여호와께 보여야 했습니다(출 23:14-17, 34:22-23, 신 16:16). 이들은 바로 하나님의 부르심을 받고 시내산에서 언약을 받은 하나님의 백성 곧 언약 공동체였습니다(신 4:10, 5:22, 9:10, 10:4, 18:16).

신체적 결함 때문에 제사장직을 행하지 못하더라도 그들은 제사장 반차에 속한 자들이기 때문에, 다른 제사장과 같이 지성물이나 성물을 나누어 가질 수 있는 권리는 허용되었습니다.

레위기 21:22-23 "그는 하나님의 식물의 지성물이든지 성물이든지 먹을 것이나 [23]장 안에 들어가지 못할 것이요 단에 가까이 못할지니 이는 그가 흠이 있음이라 이와 같이 그가 나의 성소를 더럽히지 못할 것은 나는 그들을 거룩하게 하는 여호와임이니라"

그러나 신약시대에 와서 예수 그리스도를 통한 하나님의 대속적 은혜는 육체적 장애우들과 여성도 하나님 나라 사역에 동참케 하시니, 참으로 감사할 뿐입니다(참고-사 35:5-6, 56:4-8, 눅 14:13, 21, 요 5:2-9, 갈 3:28-29).[15]

(4) 제사장의 성별된 음식

제사장이 먹을 수 있는 식물을 가리켜 지성물(지극히 거룩한 것, the most holy)이라고 합니다. '지성물'은 히브리어로 '카드쉐 하코다쉼'(קָדְשֵׁי הַקֳּדָשִׁים)으로(레 21:22, 대하 31:14, 겔 42:13), '코데쉬'(קֹדֶשׁ)가 두 번 반복된 최상급으로, '그 거룩한 것들 중에 거룩한 것들'이란 뜻입니다. 즉, 거룩한 제사장이 거룩한 성소에서 먹는 것으로, 거룩하게 취급해야 하는 음식이라는 뜻입니다(레 10:17, 14:13, 겔 42:13). '지성물'은 속죄제, 속건제, 소제 중 제사장의 몫과 진설병이었습니다(레 2:3, 10, 6:16-18, 29, 7:6-10, 24:8-9). 또 '지성물' 외에 제사장이 자신뿐만 아니라 자기 자손과 같이 먹을 수 있는 성물이 있었습니다. 그것은 화목제 가운데 요제로 드리는 제물의 가슴과 거제로 드리는 제물의 뒷다리, 여호와께 드리는 첫 소산 곧 제일 좋은 기름과 제일 좋은 포도주와 곡식이었습니다(레 7:29-34, 민 18:8-13).

그러나 제사장과 그의 자손의 몸이 부정한 상태에서 성물을 가까이하면 하나님 앞에서 끊어집니다(레 22:2-3). 성물을 먹지 못하는 경우는 다음과 같습니다.

첫째, 제사장 중에 문둥병자나 유출병자(레 22:4)

둘째, 제사장 중 시체로 더럽혀진 자, 설정한 자, 부정한 벌레나 부정한 사람에게 접촉하고도 씻지 않은 자(레 22:4-6)

셋째, 외국인, 제사장이 데리고 있는 나그네나 품꾼(레 22:10, 13下)
넷째, 외국인에게 출가한 제사장의 딸(레 22:12)

그러나 제사장이 돈 주고 샀거나 그 집에서 출생한 품꾼은 성물을 먹을 수 있으며(레 22:11), 과부가 되든지 이혼을 당하든지 자식이 없이 친정에 돌아와서 어릴 때와 같으면 아비의 응식을 먹을 수 있었습니다(레 22:13). 또한, 부지중에 성물을 먹으면 오분의 일을 더해서 제사장에게 보상하도록 하였습니다(레 22:14).

사도 베드로는 모든 그리스도인이 제사장의 직분을 가졌다고 하였습니다. 베드로전서 2:5에서 "너희도 산 돌같이 신령한 집으로 세워지고 예수 그리스도로 말미암아 하나님이 기쁘게 받으실 신령한 제사를 드릴 거룩한 제사장이 될지니라"라고 말씀하고 있습니다. 그리스도인에게 '거룩한 제사장'이라는 호칭보다 더 영광스러운 이름은 없습니다. 우리는 그리스도의 몸(교회)을 구성하는 제사장들입니다.
우리는 그리스도의 대속의 은혜로 거룩한 제사장의 직분을 위임받은 성도입니다. 또한, 우리 몸은 하나님이 기뻐하시는 산 제사로 드려져야 할 제물입니다(롬 12:1).

하나님의 언약 속에서 제사장이 된 자들에게 요구되는 성별에 관한 말씀은, 오늘날 제사장이 된 성도가 어떻게 하나님을 섬겨야 하는지를 깨우쳐 줍니다. 오늘날 제사장이 된 성도들은 모든 삶이 성별되어야 합니다(벧전 1:15-16). 레위기 20:26에 "너희는 내게 거룩할지어다 이는 나 여호와가 거룩하고 내가 또 너희로 나의 소유를 삼으려고 너희를 만민 중에서 구별하였음이니라"라고 말씀하고 있습니다(레 11:44, 19:2).

예수 그리스도의 보배로운 피로 구속 받은 성도는 무엇보다 성별된 삶을 살아야 합니다. 성별은 한자로 '거룩할 성(聖), 다를 별(別)'입니다. 그 뜻은 첫째, 하나님을 위하여 세속적인 것을 끊는 것(느 13:22), 둘째, 그리스도를 닮아 가는 것(롬 8:29, 엡 2:10, 골 3:10), 셋째, 모든 삶을 하나님 중심으로 전환해 가는 것(갈 1:15, 딛 2:14), 넷째, 거룩하신 하나님 앞에서 경건하게 사는 것입니다(레 11:44-45, 19:2, 20:7, 26, 21:8, 22:9, 16, 살전 4:7, 벧전 1:16). 마치 다니엘이 뜻을 정하고 목숨 다하여 자기를 더럽히지 않았던 것과 같이(단 1:8), 복 있는 성도는 날마다 악인의 꾀에서 갈라지는 성별, 죄인의 길에서 갈라지는 성별, 오만한 자의 자리에서 갈라지는 성별이 필요합니다(시 1:1).

하나님께서 구약시대에 제사장들에게 명령하신 철저한 성별의 규정들은, 예수 그리스도 안에서 '거룩한 제사장'이 된 종말 성도들의 삶의 원형(原型)이기도 합니다. 신령과 진정으로 드리는 예배(제사) 생활, 하나님께서 기뻐하시는 성별된 결혼, 죄(부정한 것)를 멀리하고 말씀을 가까이하는 경건한 생활, 그리고 오직 주의 영광을 위하여 먹고 마시는 삶, 이 모든 영역에서 온전히 성별되어야 합니다. 그리하여 점도 없고 흠도 없을 때 다시 오시는 주님 앞에 설 수 있는 자격자가 되는 것입니다(벧후 3:14).

다니엘은 말에나 모든 생활에 아무 틈, 아무 허물이 없었습니다(단 6:4). 성별된 성도는 무흠합니다. 성별된 성도가 성도 중의 성도입니다. 무슨 일을 하든지 아무 틈, 아무 흠이 없는 성별된 생활을 해야 죄를 이기고 세상을 이기고 승리합니다. 우리도 다시 오시는 주님을 맞이하려면 인격 면에서, 윤리 면에서, 그리고 모든 행동의 충성됨에서, 점도 없고 흠도 없이 깨어 있어야 합니다.

육체의 부정은 우리 마음의 부정과 연결되고 결국은 우리의 영혼까지 더럽히고 병들게 합니다. 사도 베드로는 "영혼을 거스려 싸우는 육체의 정욕을 제어하라"(벧전 2:11下)라고 했고, 사도 바울은 "음행을 피하라 사람이 범하는 죄마다 몸 밖에 있거니와 음행하는 자는 자기 몸에게 죄를 범하느니라"(고전 6:18)라고 했습니다. 주의 재림을 기다리는 성도라면 산 믿음으로써 육체의 정욕을 이기고, 알고 모르고 지은 죄를 회개함으로써 반드시 정결케 되어야 합니다. 죄인이 거룩하신 하나님을 가까이하려면 죄악의 부정을 깨끗이 해야만 하는데, 이것은 오직 살아 계신 하나님의 말씀으로만 가능합니다. 레위기 22:6에 "곧 이런 것에 접촉된 자는 저녁까지 부정하니 몸을 물로 씻지 아니하면 성물을 먹지 못할지며"라고 말씀하였습니다. 반드시 육체의 부정을 물로 씻어 정결케 하라는 것입니다. 또 에베소서 5:26에서 "이는 곧 물로 씻어 말씀으로 깨끗하게 하사 거룩하게 하시고"라고 말씀하고 있습니다(참고-딛 3:5).

죄를 능히 이기고 점도 흠도 없이 정결케 되기 위해서, 오직 살아 계신 하나님의 말씀을 듣고 묵상해야 합니다. 하나님의 거룩하신 말씀을 듣고 보고 읽음으로써, 악한 마음을 뉘우치고 악한 생각을 버리고 악한 습성을 고쳐 나갈 수 있으며, 그러한 성별을 갖추고서야 하나님을 만날 수 있습니다. 시편 119:9에서도 "청년이 무엇으로 그 행실을 깨끗케 하리이까 주의 말씀을 따라 삼갈 것이니이다"라고 말씀하고 있습니다. 예수님도 하나님의 아들의 음성, 곧 말씀을 듣는 자는 살아난다고 말씀하셨습니다(요 5:25).
 살아 계신 하나님의 말씀으로, 우리의 온 영과 혼과 몸이 점도 없고 흠도 없는 영화로운 몸이 되어야 영광의 주님 앞에 설 수 있습니다(빌 1:10-11, 살전 3:13, 5:23, 딤전 6:14, 히 4:12-13, 벧후 3:14). 성별된 삶을 살며 모든 사람으로 더불어 화평함과 거룩함을 좇는 성도만이 주님을 온전히 뵈올 수 있는 것입니다.
 히브리서 12:14 "모든 사람으로 더불어 화평함과 거룩함을 좇으라 이것이 없이는 아무도 주를 보지 못하리라"

3. 제사장의 직무
The priestly duties

 하나님께서 모든 민족 중에 특별히 이스라엘을 선민으로 구별하신 목적은 그들을 제사장 나라로 삼으시기 위함이었습니다(출 19:5-6). 이를 위하여 하나님께서는 모세를 통해 율법을 주셨을 뿐만 아니라, 그들의 삶이 하나님 중심의 삶이 되게 하시려고 이스라엘 중앙에 성소를 세우셨으며, 또 제사장과 제사장을 수종 드는 레위인들을 세우셔서 백성의 종교 생활을 이끄는 지도자를 삼으셨습니다.
 제사장은 제사를 전적으로 집례함으로써 이스라엘 백성의 예배 생활을 주관하였고, 한편 레위인은 성소에서 제사장의 직무를 돕기도 하고 이스라엘 각 성읍에 흩어져 살면서 성읍 거민들의 일상 종교 생활을 위해 봉사하는 직무를 수행하기도 했습니다.
 이스라엘의 제사장 제도는 출애굽기 28-29장에 나타나는데, 하나님께서는 광야에서 모세에게 아론과 그의 네 아들(나답, 아비후, 엘르아살, 이다말)을 제사장으로 임명할 것과, 그들이 입을 거룩한 옷,

그리고 제사장의 위임식 진행에 관하여 자세하게 지시하셨습니다.

신명기 33:10에는 제사장이 담당해야 하는 두 가지 중요한 직무를 소개하고 있습니다.

(1) 하나님의 말씀(율법)을 이스라엘 백성에게 해석해 주고 가르치는 일입니다.

신명기 33:10 상반절에서 "주의 법도를 야곱에게, 주의 율법을 이스라엘에게 가르치며…"라고 말씀하고 있습니다. 제사장의 직무 중 백성에게 말씀을 해석하고 가르치는 것은 각 시대마다 끊이지 않았던 매우 중요한 사역입니다(삼상 12:23, 느 8:7-9, 렘 18:18, 겔 7:26).

특히 여호사밧왕은 통치 제3년에 방백 5명과 제사장 2명, 레위인 9명을 파송하여 율법을 가르치도록 했는데, 그 구체적인 명단을 기록하고 있는 점이 매우 인상적입니다. 방백 5명(벤하일, 오바댜, 스가랴, 느다넬, 미가야)은 유다 여러 성읍에 가서 가르치게 했고, 또 저희와 함께 레위 사람 9명(스마야, 느다냐, 스바댜, 아사헬, 스미라못, 여호나단, 아도니야, 도비야, 도바도니야 등)을 보내고, 또 저희와 함께 제사장 2명(엘리사마, 여호람)을 보냈습니다(대하 17:7-8). 저들은 여호와의 율법 책을 가지고 유다에서 가르치되 그 모든 성읍으로 순행하며 인민을 가르쳤습니다(대하 17:9). 제사장은 율법을 해석하는 권위를 가진 사람들이고, 레위인들은 말씀을 가르치는 실무에 능한 사람들입니다. 방백들은 행정 처리에 능한 관리들이면서 하나님의 율법에도 밝아서 레위인들과 함께 다니면서 말씀을 가르친 것으로 보입니다.

또 제사장들은 율법에 관한 모든 문제에 있어서 최종적 권위를 가진 자들로, 백성이 거룩한 것과 속된 것, 부정한 것과 정한 것을 구별하도록 여호와께서 모세에게 명한 규례를 가르쳤습니다(레 10:8-11). 에스겔 44:23에서는 "내 백성에게 거룩한 것과 속된 것의 구별을 가르치며 부정한 것과 정한 것을 분별하게 할 것이며"라고 말씀하고 있습니다.

말라기 선지자는 참된 제사장의 자격에 관해 "그 입에는 진리의 법이 있었고 그 입술에는 불의함이 없었으며 그가 화평과 정직한 중에서 나와 동행하며 많은 사람을 돌이켜 죄악에서 떠나게 하였느니라 대저 제사장의 입술은 지식을 지켜야 하겠고 사람들이 그 입에서 율법을 구하게 되어야 할 것이니 제사장은 만군의 여호와의 사자가 됨이어늘"(말 2:6-7)이라고 말씀하였습니다.

(2) 주 앞에 분향하고 온전한 번제를 주의 단 위에 드리는 일입니다.

신명기 33:10 하반절에서 "주 앞에 분향하고 온전한 번제를 주의 단 위에 드리리로다"라고 말씀하고 있습니다. 제사 업무는 오직 제사장에게만 맡겨진 고유의 직무입니다(출 29:1, 9, 29, 44, 30:30, 40:13-15, 민 3:3, 10, 18:1, 7, 25:12-13). 이를 위해 제사장은 육체에 흠이 없어야 했습니다(레 21:16-21). 그러나 육체의 흠으로 제사장 자격을 잃고 단에 가까이하지 못하더라도 지성물은 먹을 수 있었습니다(레 21:22-23).

제사장이 주 앞에 분향하고 온전한 번제를 드리는 가장 큰 이유는, 백성의 죄와 자신의 죄 문제를 해결하기 위해서입니다.

민수기 18:1 "여호와께서 아론에게 이르시되 너와 네 아들들과 네 종족은 성소에 대한 죄를 함께 담당할 것이요 너와 네 아들들은 너희가 그 제사장 직분에 대한 죄를 함께 담당할 것이니라"

제사장들이 담당해야 할 죄는 크게 두 가지입니다.

첫째, '성소에 대한 죄'를 담당한다는 것은 레위인이나 제사장 이외의 사람들 즉 이스라엘 온 회중의 부정과 그 범한 죄를 속죄하는 것입니다(레 16:15-19).

둘째, 거룩해 보이는 제사장들에게도 죄가 있으므로 '그 제사장 직분에 대한 죄'를 함께 담당하는 것입니다(레 16:6, 11, 참고-레 4:3). '제사장 직분에 대한 죄'가 무엇입니까? 그것은 제사장이 자기 직무를 양심적으로 성실하게 수행하지 않고 소홀하게 행하는 것입니다. 매년 속죄일에 대제사장이 성물을 위하여 속죄하고 성결케 하는 데에는 자신에 대한 속죄도 포함되어 있습니다(레 16:6, 11, 17, 24). 히브리서 7:27에서 "저가 저 대제사장들이 먼저 자기 죄를 위하고 다음에 백성의 죄를 위하여 날마다 제사 드리는 것과 같이…"라고 말씀하고 있으며, 히브리서 9:7에서도 "… 자기와 백성의 허물을 위하여 드리는 것이라"라고 말씀하고 있습니다.

제사장들은 성소 안에서의 사역도 담당했습니다.

① 아론과 그 아들들은 이스라엘 자손에게 순결한 감람유를 찧어 오도록 하여 성소 안의 일곱 등잔에 등불을 켰습니다(출 27:20-21, 레 24:1-4). 하나님께서는 등불을 타오르게 할 때 일곱 등잔이 등대 앞을 비추게 하라고 명령하셨습니다(민 8:1-3). 곧 등대 앞 정면에 있는 진설병 상 쪽을 향해 비추도록 한 것입니다.

② 아론과 그 아들들은 회막 안 증거궤 앞 휘장 밖에서 저녁부터 아침까지 등잔을 정리(간검)하여 등불이 꺼지지 않게 하였습니다(출 27:21, 레 24:3-4). 그것은 대대로 지켜야 할 영원한 규례였습

니다(출 27:21). 이 직무를 감당하기 위해 제사장은 저녁부터 아침까지 편히 쉴 수 없었고, 회막 안에서 늘 깨어 있어야만 했습니다. 이스라엘 백성이 모두 잠들어 모든 진과 처소에 불이 꺼진 캄캄한 그때에도 오직 회막에는 불이 환히 켜져 있었습니다. 제사장들은 그곳에서 깨어서 밤을 지새우며 말씀을 묵상하고 백성의 평안을 위해 기도하면서 지켰을 것입니다. 과연 제사장은 캄캄한 밤에도 깨어서 이스라엘 백성을 지키는 언약의 등불이었습니다(삼상 3:3).

③ 대제사장 아론이 아침 저녁으로 등불을 손질할 때마다 분향단에 향기로운 향을 사르도록 했습니다. 출애굽기 30:7-8에서 "아론이 아침마다 그 위에 향기로운 향을 사르되 등불을 정리할 때에 사를지며 또 저녁 때 등불을 켤 때에 사를지니 이 향은 너희가 대대로 여호와 앞에 끊지 못할지며"라고 말씀하고 있습니다. 이때 성소에서 쓰는 향기로운 향은 처음에 하나님께서 모세에게 만들도록 명하셨고(출 30:34-38), 후에 브살렐과 오홀리압과 마음이 지혜로운 자들에게 만들도록 명령하셨습니다(출 31:2, 6, 11, 37:29).

④ 제사장은 안식일마다 여호와 앞 순결한 상 위에 진설병 12개를 6개씩 두 줄로 배열하여 진설하였습니다(레 24:5-6, 8). 이는 이스라엘 자손을 위한 것이요, 영원한 언약이었습니다(레 24:8). 또 정결한 유향을 그 매 줄 위에 두어 기념물로 여호와께 화제를 삼았는데(레 24:7), 거룩한 떡 진설병은 제사장이 먹고 진설병을 대신하여 유향을 태우도록 명하셨습니다. 이는 영원한 규례로 지켜졌습니다(레 24:9).

⑤ 성막을 이동할 때 아론과 그 아들들이 증거궤, 대접, 숟가락, 주발, 붓는 잔, 등대, 모든 기명, 분향단, 봉사하는 데 쓰는 모든 기구 등을 정리하였습니다(민 4:5-16). 제사장들이 이것들을 모두 정리하고 나면 레위인들이 어깨에 메고 운반하였습니다(민 4:15, 27, 31-32). 이와 관련한 레위인의 직무에 대하여 민수기 3:8에서는 "곧 회막의 모든 기구를 수직(守直)하며 이스라엘 자손의 직무를 위하여 장막에서 시무할지니"라고 말씀하고 있습니다.

이상의 직무 외에도 제사장들은 재판 업무를 담당하기도 했고(민 5:12-31, 신 17:8-9, 겔 44:24), 공동체와 개인을 축복하였으며(민 6:22-27), 백성을 소집하기도 하였고(민 10:1-2, 7-8), 나팔을 불어 전쟁을 경고하거나 군인들을 격려하기도 하였습니다(민 10:9, 신 20:2-4).

4. 제사장의 24반열 조직
The organization of the 24 priestly divisions

다윗왕은 성전 건축 준비와 함께 성직에 임할 레위 사람들을 분류하면서, 제사장들을 24반열로 조직하였습니다.

제사장직에는 대제사장과 부(버금)제사장(왕하 23:4, 25:18), 평제사장이 있었습니다(왕하 12:7, 대하 26:20, 느 3:1).

24반열의 족보는 "아론 자손의 반차가 이러하니라"(대상 24:1)라는 말씀으로 시작됩니다. 역대상 23:13에서 아론은 "그 자손들과 함께 구별되어 몸을 성결케 하여 영원토록 지극히 거룩한 자가 되어 여호와 앞에 분향하며 섬기며 영원토록 그 이름을 받들어 축복하게" 된 자였습니다. 그런데 아론과 함께 그의 네 아들 나답과 아비후와 엘르아살과 이다말이 제사장의 직분을 행하다가, 나답과 아비후가 여호와의 명하시지 않은 다른 불을 담아 분향한 죄로 그 아비보다 먼저 죽었습니다(레 10:1-2, 민 3:4, 26:61, 대상 24:2上). 그들에게 자식이 없었기 때문에 이 후에는 엘르아살과 이다말 계열에서 제사장직을 계승하였습니다.

다윗 시대에는 엘르아살의 자손 사독과 이다말의 자손 아히멜렉이 제사장직을 맡아 그 섬기는 직무를 각각 나누어 담당하였습니다(대상 24:3). 그런데 제사장 24반열에 대해 제비를 뽑을 때, 엘르아살 자손이 이다말의 자손보다 많아서 엘르아살 가문에서 16족장, 이다말 가문에서 8족장이 뽑혀, 도합 24족장으로 24반열의 우두머리가 되게 하였습니다(대상 24:4).

역대상 24:6 "레위 사람 느다넬의 아들 서기관 스마야가 왕과 방백과 제사장 사독과 아비아달의 아들 아히멜렉과 및 제사장과 레위 사람의 족장 앞에서 그 이름을 기록하여 엘르아살의 자손 중에서 한 집을 취하고 이다말의 자손 중에서 한 집을 취하였으니"

이때 24반열에 뽑힌 제사장을 "성소의 일을 다스리는 자", "하나님의 일을 다스리는 자"라고 칭하였습니다(대상 24:5). '성소의 일을 다스리는 자'는 히브리어 '사레 코데쉬'(שָׂרֵי־קֹדֶשׁ)로, '거룩한 직분자'란 뜻입니다. '하나님의 일을 다스리는 자'는 히브리어 '사레 하엘로힘'(שָׂרֵי הָאֱלֹהִים)으로, '하나님의 직분자들'이라는 뜻입니다. 이들은 왕과 대제사장을 도와 성전의 모든 일을 관장하는 책임을 맡은 자들이었습니다.

제3장 제사장과 레위인의 직무

24반열에 뽑힌 자들은 다음과 같습니다.

반열	이름	뜻	출처
1반열	여호야립 / Jehoiarib / יְהוֹיָרִיב	여호와께서 다투신다 여호와께서 변론하신다	대상 24:7
2반열	여다야 / Jedaiah / יְדַעְיָה	여호와께서 알고 계시다	대상 24:7, 스 2:36, 느 7:39
3반열	하림 / Harim / חָרִם	헌납, 봉헌	대상 24:8, 스 2:39, 느 7:42
4반열	스오림 / Seorim / שְׂעֹרִים	보리	대상 24:8
5반열	말기야 / Malchijah / מַלְכִּיָּה	여호와는 나의 왕이시다	대상 24:9
6반열	미야민 / Mijamin / מִיָּמִן	오른쪽(행운) 오른손으로부터	대상 24:9
7반열	학고스 / Hakkoz / הַקּוֹץ	가시나무	대상 24:10
8반열	아비야 / Abijah / אֲבִיָּה	여호와는 나의 아버지이시다	대상 24:10
9반열	예수아 / Jeshua / יֵשׁוּעַ	여호와는 구원이시다	대상 24:11
10반열	스가냐 / Shecaniah / שְׁכַנְיָה	여호와께서 거하신다	대상 24:11
11반열	엘리아십 / Eliashib / אֶלְיָשִׁיב	하나님께서 돌이키신다 하나님이 회복케 하신다	대상 24:12
12반열	야김 / Jakim / יָקִים	그(여호와)가 일으키신다 그가 세우셨다	대상 24:12
13반열	훕바 / Huppah / חֻפָּה	여호와는 가리우신다, 덮개	대상 24:13
14반열	예세브압 / Jeshebeab / יֶשֶׁבְאָב	아버지의 거처하시는 곳 아버지께서 거하신다	대상 24:13
15반열	빌가 / Bilgah / בִּלְגָּה	유쾌함, 쾌활함, 빛남	대상 24:14
16반열	임멜 / Immer / אִמֵּר	두드러진, 어린 양	대상 24:14, 스 2:37, 느 7:40
17반열	헤실 / Hezir / חֵזִיר	멧돼지	대상 24:15
18반열	합비세스 / Happizzez / הַפִּצֵּץ	흩음, 부수는 자	대상 24:15

19반열	브다히야 / Pethahiah / פְּתַחְיָה	여호와께서 (태를) 여셨다	대상 24:16
20반열	여헤스겔 / Jehezkel / יְחֶזְקֵאל	하나님이 강하게 하신다	대상 24:16
21반열	야긴 / Jachin / יָכִין	그가 견고히 하다 그가 확립하다	대상 24:17
22반열	가물 / Gamul / גָּמוּל	상 주다, 보상 받다, 젖 뗀 자	대상 24:17
23반열	들라야 / Delaiah / דְּלָיָה	여호와께서 구원하셨다	대상 24:18
24반열	마아시야 / Maaziah / מַעַזְיָה	여호와의 구원	대상 24:18

5. 제사장 직무의 역사
The history of the priestly duties

(1) 광야 시대와 가나안 정착 시대

모세는 출애굽의 지도자로서 맨 처음 제사장 역할을 담당하였습니다. 그는 레위 지파로, 출애굽기 24장에서 직접 하나님께 제사를 드렸습니다. 시내산 언약을 체결하면서, 제물의 피를 취하여 반은 여러 양푼에 담고 반은 단에 뿌리고 언약서를 가져 백성에게 낭독하여 들려주었으며, 그 피를 백성에게 뿌렸습니다(출 24:5-8).

하나님께서 모세는 지성소에 들어갈 수 있게 하셨습니다. 모세는 대속죄일에는 지성소에 들어가지 못했지만 다른 때에는 지성소에 들어갈 수 있었습니다. 출애굽기 25:22에서 "거기서 내가 너와 만나고 속죄소 위 곧 증거궤 위에 있는 두 그룹 사이에서 내가 이스라엘 자손을 위하여 네게 명할 모든 일을 네게 이르리라"라고 말씀하고 있습니다. 실제로 모세는 각 지파별로 지팡이를 취하여 증거궤 앞에 둘 때, 세 번이나 지성소에 들어갔습니다. 지팡이를 증거궤 앞에 둘 때 들어갔고(민 17:7), 이튿날 지팡이를 꺼낼 때 들어갔고(민 17:8), 다시 살구 열매가 열린 아론의 지팡이를 증거궤 앞으로 도로 가져다가 간직할 때 들어갔습니다(민 17:10-11). 모세는 특별한 제사장이었습니다.

모세는 "너는 이스라엘 자손 중 네 형 아론과 그 아들들 곧 나답과 아비후와 엘르아살과 이다말을 그와 함께 네게로 나아오게 하여 나를 섬기는 제사장 직분을 행하게 하되"(출 28:1)라는 말씀을 듣고, 아론과 그의 자손들이 제사장 직분을 행하도록 위임식을 거행하고(출 29:1-9) 그것을 제도화하였습니다(레 8장).

가나안에 입성할 때 "레위 사람 제사장"들은 법궤를 메었습니다(수 3:3, 8:33). 그리고 가나안에 정착한 후에 레위인들과 제사장의 구별은 명확하게 시행되었습니다(수 21:1-42). 여호수아는 실로에 회막을 세웠으며(수 18:1), 사사 시대 동안 실로는 이스라엘 신앙의 중심지가 되었습니다.

그러나 사사 시대에는 점점 신앙적인 무질서로 말미암아 제사장의 규례가 다 깨어지고 말았습니다. 에브라임 산지에 사는 미가라는 사람은 우상을 만들고 자기 아들을 제사장으로 삼았으며(삿 17:5), 나중에는 레위인 소년을 자기 집의 제사장으로 세웠습니다(삿 17:12). 후에 이 레위인 소년 제사장은 단 지파의 제의를 받고 미가의 집을 떠나 단 지파 전체의 제사장이 되었습니다(삿 18:19-20). 당시에는 성직자들이 경제적 조건이 좋은 곳을 따라 왔다 갔다 하는 타락한 시대였던 것입니다.

사사 시대 후기에는 아론의 아들 가운데 넷째 아들이었던 이다말의 후손들이 대제사장의 임무를 수행하였습니다. 엘리는 이다말의 후손으로 대제사장의 임무를 수행하고, 그의 아들들은 제사장의 임무를 수행했습니다(삼상 1:3, 9). 그러나 엘리의 아들이었던 홉니와 비느하스는 회막문에서 수종 드는 여인과 동침했으며(삼상 2:22), 제물이 하나님께 바쳐지기 전에 자기들이 먼저 취하였습니다(삼상 2:12-17). 결국 홉니와 비느하스는 블레셋과의 전쟁에서 죽임을 당하고, 언약궤는 블레셋 사람들에게 빼앗겼습니다(삼상 4:11). 이 소식을 전해 들은 엘리 제사장은 의자에서 자빠져 목이 부러져 죽었습니다(삼상 4:17-18).

(2) 통일왕국 시대

사울왕 시대에 제사장으로 아히야가 있었습니다(삼상 14:3). 그는 엘리의 증손이었는데, 사울은 아히야에게 전쟁의 승패를 묻고자 했으나 전세가 유리하게 전개되자 그것을 중단했습니다(삼상 14:18-19). 사울이 그날 밤에 블레셋 군대를 공격하고자 할 때, 그것이 하나님의 뜻인지 묻자고 아히야가 제안하자 사울은 그 말을 듣고 하나님께 전쟁의 가부를 물었습니다(삼상 14:36-37). 이처럼 당시에 제사장은 하나님의 뜻을 묻는 통로였습니다.

사울왕 후기에 그가 살기가 등등하여 다윗을 쫓을 때, 궁지에 몰린 다윗은 놉 땅으로 가서 제사장 아히멜렉에게 피하여 크게 도움을 받았습니다(삼상 21:1-9). 아히멜렉은 이다말 계열의 제사장으로, 엘리-비느하스-아히둡-아히멜렉으로 이어지는 엘리 제사장의 증손이었습니다(삼상 14:3, 22:9, 11, 20). 처음에 라마로 도피하여 선지자 사무엘의 도움을 입었던 다윗은, 이제 제사장의 도움을 입고자 하였습니다. 한 치 앞을 알 수 없는 죽음의 위기 속에서 오랫동안 굶

주린 다윗이 "떡 다섯 덩이나 무엇이든지 있는 대로 내 손에 주소서"라고 요청하자, 아히멜렉은 부녀를 가까이하지 않은 성결 상태를 확인한 후에 안식일에 여호와 앞에서 물려 낸 진설병을 주어 먹게 하였습니다(삼상 21:3-6). 사무엘상 21:6에 "제사장이 그 거룩한 떡을 주었으니 거기는 진설병 곧 여호와 앞에서 물려 낸 떡밖에 없음이라 이 떡은 더운 떡을 드리는 날에 물려 낸 것이더라"라고 말씀하고 있습니다. 진설병은 안식일마다 성소 안의 순결한 떡상 위에 6개씩 두 줄로 배열되어 여호와 앞에 진설하는 지극히 거룩한 떡으로, 영원한 규례를 따라 대제사장 가문이 거룩한 장소에서 먹도록 규정된 것입니다(레 24:5-9).

이 외에도 다윗은 제사장 아히멜렉으로부터 '보자기에 싸여 에봇 뒤에 있던 골리앗의 칼'을 받았습니다(삼상 21:9).

당시 놉 땅에는 제사장이 있었고, 여호와께 제사 드리던 성소가 있었으며, 또 에봇이 있던 곳입니다. 그래서 놉 땅은 '제사장들의 성읍'이라 불렸습니다(삼상 22:19). 생명의 위협을 당하고 있던 다윗이 놉 땅으로 피신한 이유는 제사장을 통하여 앞으로의 행로에 대하여 하나님께 확실히 지시받고자 했던 것입니다(삼상 22:10, 15).

그러나 다윗이 놉 땅을 떠나 헤렛 수풀로 도피하여 숨었을 때, 에돔 사람이자 사울의 목자장이었던 도엑(삼상 21:7)의 밀고로, 아히멜렉과 그 아비의 온 집 제사장들은 반역의 누명을 쓰고 처참하게 쳐 죽임을 당하였습니다(삼상 22:17-18). 이때 놉 땅에 있던 여호와의 제사장 곧 세마포 에봇 입은 자는 85명이었으며, 성읍의 남녀노소와 짐승까지 죽임을 당하였습니다(삼상 22:19).

다윗왕 시대에는 대제사장이 둘이 있었는데, 이다말 후손의 대제사장 '아비아달'과 엘르아살 후손의 대제사장 '사독'입니다(삼하 15:35, 20:25). 아비아달은 압살롬의 반역 때는 다윗을 도왔으나(삼하 15:24-26, 17:15-16), 다윗의 아들 아도니야의 반역에 가담한 죄로, 솔로몬왕에 의해 대제사장직에서 쫓겨났습니다(왕상 1:7, 2:27, 35). 그 후 대제사장직은 엘르아살 계열 사독의 후손들이 독점하였습니다(참고-겔 44:15).

솔로몬왕 시대에는 솔로몬이 성전을 완성함으로써(왕상 6:37-38), 고정된 성전이 세워졌습니다. 이때 제사장들이 여호와의 언약궤를 정해진 처소로 메어 들였고, 제사장이 성소에서 나올 때에 구름과 여호와의 영광이 성전에 가득하였습니다(왕상 8:1-11).

(3) 분열왕국 시대(남 유다를 중심으로)

솔로몬 사후에 나라가 북 이스라엘과 남 유다로 분열된 다음에, 북 이스라엘의 여로보암왕은 벧엘과 단에 금송아지를 만들고, 레위 자손을 내쫓고 레위 자손이 아닌 보통 백성으로 제사장을 삼았습니다(왕상 12:28-31, 13:33, 대하 13:9). 여로보암은 수송아지 하나와 숫양 일곱을 끌고 오면 누구에게나 제사장 직분을 주었습니다(대하 13:9). 심지어 제사장들이 해야 할 분향을 자기가 직접 하는 죄까지 저질렀습니다(왕상 13:1).

그러나 남 유다에서는 제사장의 규례가 북 이스라엘에 비하여 잘 지켜졌습니다.

① 히스기야 시대 - 제사장 족보 등록과 지성물(至聖物) 제도

히스기야왕은 우상을 제거하고 유월절을 성공적으로 지킨 후, 오랫동안 유명무실했던 제사장과 레위인의 반차를 다시 정하고 각각

그 직임을 행하게 하였습니다(대하 31:2). 히스기야가 종교개혁을 일으키면서 성전 제사 제도와 제사장 및 레위인의 조직을 바로잡아 재정비했던 것입니다. 이때 히스기야는 제사장과 레위인이 여호와의 율법에 전념하여 그 직무에 충실할 수 있도록 지성물로 그들의 생계를 보장해 주었는데(대하 31:4-19), 이것은 다른 왕들에게서 찾아볼 수 없는 가장 혁신적인 개혁이었습니다.

지성물(至聖物)은 '지극히 거룩한 물건, 최상으로 구별된 것'(the most holy things)이라는 뜻입니다. 히브리어로는 '코드쉐 하코다쉼'(קָדְשֵׁי הַקֳּדָשִׁים)으로, '거룩한'이란 뜻의 '카다쉬'(קָדַשׁ)가 두 번 반복되어 '최상의 거룩함'을 의미합니다. 에스겔 42:13에서는 지성물을 둔 장소 또한, '거룩한 곳'이라 말씀하고 있습니다. 제사장과 레위인들은 하나님께 제물로 드리고 남은 지성물을 소득으로 받게 되어 있었으며(레 7:35-36, 민 18:8-32, 신 18:1-5), 역대하 31:14에서 지성물은 바로 하나님의 전에서 일하며 여호와를 가까이하는 '제사장과 레위인을 위한 몫'(스 2:63, 느 7:65, 겔 42:13)을 말합니다. 히스기야는 제사장과 레위인들이 지성물을 받을 수 있도록 십일조를 거두고, 그것을 저장할 곳을 마련하여 담당자를 두고 철저하게 관리하였습니다(대하 31:11-15). 역대하 31:11-12에 "히스기야가 명하여 여호와의 전 안에 방을 예비하라 한 고로 드디어 예비하고 성심으로 그 예물과 십일조와 구별한 물건을 갖다 두고…"라고 말씀하고 있습니다.

그 구체적인 내용은 다음과 같습니다.

첫째, 왕이 예루살렘에 거한 백성에게 명하여 제사장들과 레위 사람들의 응식을 주도록 하였습니다(대하 31:4).

둘째, 왕이 명령을 내리자 곧 이스라엘 자손이 곡식과 포도주와 기름과 꿀과 밭의 모든 소산의 처음 것을 풍성히 드렸고, 모든 것의 십일조를 많이 가져왔습니다(대하 31:5-7).

셋째, 제사장과 레위 사람이 족하게 먹고도 많이 남을 정도가 되자(대하 31:10), 히스기야는 그 헌물을 보관할 방을 예비하고(대하 31:11), 동시에 성전 창고 관리자(고지기)를 두어 헌물을 관리하게 했습니다. 레위 사람 고나냐(주관자)와 그 아우 시므이(버금)와 10명의 보조원(여히엘, 아사시야, 나핫, 아사헬, 여리못, 요사밧, 엘리엘, 이스마갸, 마핫, 브나야)이 그 일을 도왔습니다(대하 31:12-13).

넷째, 동문지기 레위 사람 임나의 아들 '고레'(קוֹרֵא: 부르짖는 자)를 세워, 여호와께 드리는 일과 모든 지성물을 형제들에게 고르게 분배하는 일을 맡도록 하였습니다(대하 31:14). 그의 수하에 6명(에덴, 미냐민, 예수아, 스마야, 아마랴, 스가냐)이 함께하였으며, 그들은 제사장들이 사는 성읍으로 다니면서 무론대소하고 형제들에게 골고루 나누어 주기를 성심으로(faithfully: NIV) 하였습니다(대하 31:15).

다섯째, 지성물을 나누어 주기 위하여 제사장과 레위인들의 족보 관리를 아주 철저하게 하였습니다(대하 31:16-19).

역대하 31:16-19에는 그 지성물을 받은 대상들을 각각의 조건으로 분류하여 자세히 기록하고 있는데, 주목할 것은 지성물을 받을 수 있는 첫째 조건이, 반드시 족보에 기록된 자라야 된다는 점입니다. 느헤미야 시대에 제1차 귀환자들의 명단 즉 족보 조사를 실시하다가 자신의 족보를 밝히지 못한 제사장들(하바야 자손, 학고스 자손, 바르실래 자손)이 드러났을 때, 방백이 그들에게 "우림과 둠밈을 가진 제사장이 일어나기 전에는 지성물을 먹지 말라"(스 2:61-63, 느 7:63-65)라고 명하였습니다. 족보에 기록되지 못한 자, 혹은 족보를 속이는 자, 혹은 족보를 관리하지 못한 자는 결코 성전에 바쳐진 지성물을 함부로 먹을 수 없었으며, 지성물은 어떤 것이든지 족보에 기록된 기준에 따라 정확하게 분배되었습니다.

역대하 31:16-19에 기록된 지성물을 받은 대상은 다음과 같습니다.

첫째, 3세 이상으로 족보에 기록된 남자(대하 31:16上)

여기 '족보에 기록된'은 히브리어 '야하스'(יָחַשׂ)로, '가계를 따라 세다, 족보에 오르다, 이름이 족보에 기록되다'라는 뜻입니다. '3세 이상'이면 젖을 뗀 시기인데, 당시에는 3세부터 족보에 기록되었을 것으로 추정됩니다. 그렇게 족보에 기록된 3세부터 분깃을 받을 자격자가 되는 것입니다.

둘째, 날마다 여호와의 전에 들어가서 그 반차대로 직임에 수종 든 자들(대하 31:16下)

족보에 기록된 것 외에, 제사장들이 그 반차대로 성전에 나아가 수종 들 때 맡은 직임의 종류와 시간에 따라 별도의 몫을 더 받았던 것으로 추정됩니다.

셋째, 그 족속대로 족보에 기록된 제사장들(대하 31:17上)

제사장의 가문별로 족보에 기록되었고, 그렇게 나누어진 족보대로 지성물을 나누어 주었습니다.

넷째, 20세 이상부터 그 반차대로 직임을 맡은 레위 사람들 (대하 31:17下)

다윗왕이 24반열을 제도화할 때 정한 대로 레위인들은 20세 이상이 되어야만 성전에 출입하면서 봉사할 수 있었습니다(대상 23:24, 27). 족보에 기록된 것 외에도 그들이 봉사하는 일의 직임의 종류와 시간에 따라 별도의 몫을 더 받았던 것으로 추정됩니다.

다섯째, 그 족보에 기록된 온 회중의 어린아이와 아내와 자녀들
(대하 31:18)

여기 '온 회중'은 성전에서 봉사하는 제사장과 레위인 전체를 가리키며, 그들 본인뿐 아니라 그들이 부양하는 가족에게까지 지성물을 나누어 준 것입니다. 역대하 31:18 하반절에는 제사장과 레위인의 가족들까지 책임진 이유(כִּי, 키: 이유나 원인)에 대하여 "이 회중은 성결하고 충실히 그 직분을 다하는 자며"라고 기록하고 있습니다. '성결하고'는 히브리어 '이트카데슈 코데쉬'(יִתְקַדְּשׁוּ־קֹדֶשׁ)로, '거룩함, 분리'라는 뜻의 '코데쉬'(קֹדֶשׁ)가 두 번 반복되어 자기 자신을 성결하게 하여 진실로 헌신하였음을 나타냅니다. 또한, '충실히'에 해당하는 히브리어 '에무나'(אֱמוּנָה)도 '진실, 신실'이라는 뜻을 가지고 있습니다. 즉 그들이 하나님 앞에 거룩하게 헌신하되 진실되고 거짓 없는 자들이었기에 그들의 가족을 전적으로 책임졌다는 사실을 강조한 것입니다.

여섯째, 각 성읍에서 녹명되어 성읍 가까운 들에 거한 아론 자손 제사장들의 모든 남자와 족보에 기록된 레위 사람들
(대하 31:19)

제사장들이 거주하는 성읍의 외곽 시골에 사는 레위인들도 있었는데, 그들의 이름이 순차대로 레위인들의 계보에 기록되어 있었고,

이를 근거로 지성물을 분배받는 혜택을 받았습니다. 이스라엘에서 인구조사의 범위에 들어가는 대상은 '남자'뿐이었고(민 1:2, 3:15, 스 8:3), 이 남자들만 족보에 들어가 후손들에게 기억되었습니다. 당시 레위 지파 사람 중 한 사람도 빠짐없이 다 기억되어 지성물과 십일조를 분배받았던 것입니다. 즉 성읍에 거하든 들에 거하든 상관없이 모든 레위인들과 제사장들이 지성물을 공급받았다는 것은, 히스기야가 그만큼 성심을 다해 그들을 배려했다는 의미입니다.

② 요시야 시대

요시야왕은 재위 18년(약 26세)에 성전을 수리하는 과정에서 율법책을 발견하고, 모든 백성과 함께 마음과 성품을 다하여 여호와께 순종하고 그 계명과 법도와 율례를 지키기로 여호와 앞에 언약하였습니다(왕하 22:3-8, 23:1-3). 언약을 세운 후에 요시야는 철저한 종교개혁을 단행하였습니다.

그는 먼저 대제사장 힐기야와 모든 버금 제사장과 문을 지킨 자들에게 명하여, 여호와의 전 안에 바알과 아세라와 하늘의 일월성신을 위하여 만든 모든 기명을 내어다가 예루살렘 바깥 기드론 밭에서 불사르고 그 재를 벧엘로 가져가게 하였습니다(왕하 23:4). 특히 성전 가운데 있는 미동의 집을 헐었는데, 그곳은 이방신 아세라를 위하여 휘장을 짜는 처소였습니다(왕하 23:7).

요시야가 단행한 종교개혁 중에 특히 두드러진 것은 우상숭배하던 제사장들을 파면하고 징계한 것입니다.

첫째, 산당에서 분향하며 우상을 섬기게 한 제사장들을 파면하였습니다. 저들은 옛적에 유다 왕들이 세운 제사장들로, 유다 모든 고을과 예루살렘 사면 산당에서 분향하던 자들입니다(왕하 23:5상). 또

바알과 해와 달과 열두 궁성과 하늘의 모든 별에게 분향하는 자들도 파면하였습니다(왕하 23:5下).

둘째, 유다 각 성읍에서 모든 제사장을 불러서, 산당의 제사장들은 예루살렘 여호와의 단에 올라가지 못하도록 징계하였습니다(왕하 23:8-9). 요시야는 도처에 흩어져 있는 산당들에서 더 이상 우상 숭배 의식이 행해지지 못하도록, 제사장이 분향하던 산당을 게바에서부터 브엘세바까지 더럽게 하고(부정하게 만들고), 또 성문의 산당들을 헐어 버렸습니다(왕하 23:8下).

이러한 종교개혁으로 인하여 온 백성이 예루살렘으로 올라와 예배를 드렸으므로 참된 예배의 부흥이 이루어졌으며, 이것은 이스라엘 신앙 개혁의 마지막 불꽃이었습니다.

(4) 바벨론에서 귀환한 후 제사장 24반열의 회복

주전 586년 5월 7일에 예루살렘 성전이 불타고(왕하 25:8-9) 유다 백성이 바벨론으로 끌려간 후에, 제사장 24반열 조직은 무너지고 말았습니다. 그리하여 제사장의 후손이라고 하던 자들도 바벨론 포로에서 돌아온 후 그들의 족보를 찾지 못한 경우가 있었습니다. 방백은 이런 자들을 부정하게 여겨 제사장의 직분을 행하지 못하게 하였고, 저희에게 명하여 우림과 둠밈을 가진 제사장이 일어나기 전에는 지성물을 먹지 못하게 금하였습니다(스 2:61-63, 느 7:63-65). 이처럼 제사장 조직은 바벨론 유수라는 민족적 대혼란기를 거치면서 심각하게 무너지고 말았습니다.

이러한 때에 하나님께서는 에스겔 선지자를 통해, 참으로 생생하고 확실한 선민 부활의 비전을 보여 주셨습니다. 에스겔 선지자는 하나님께서 자기 백성 가운데 돌아오셔서 함께 거하시겠다는 약속의 상징으로, 새 성전이 건축될 것(겔 40-43장)과 예배 의식이 회복될 것(겔 44-46장)을 포로 된 이스라엘에게 예언하였습니다.

특히 에스겔 44장은 새 성전에서 지켜야 할 제사장의 직분에 관한 말씀입니다(겔 44:15-31). 여기에서 가장 중요한 규정은, 사독의 자손들에게만 제사장직을 맡기시겠다는 말씀입니다(겔 44:15, 참고-겔 40:46, 43:19). 그 이유에 대하여 "이스라엘 족속이 그릇하여 나를 떠날 때에 사독의 자손 레위 사람 제사장들은 내 성소의 직분을 지켰은즉"(겔 44:15上)이라고 말씀하고 있습니다.

사독 계열을 제외한 레위인들이 패역하게 행했던 가증한 일들은 (겔 44:6) 첫째, 마음과 몸에 할례 받지 않은 이방인을 성전 안으로 데려온 것입니다(겔 44:7). 둘째, 레위인들이 성물의 직분을 지키지 않고 다른 사람이 그 직분을 대신하게 한 것입니다(겔 44:8). 셋째, 백성으로 하여금 우상을 섬기게 하였을 뿐만 아니라 자신들도 우상 숭배에 빠진 것입니다(겔 44:10, 12).

이 후에 레위인들은 백성 앞에서 제물을 잡는 일에 수종 드는 일만 할 수 있고(겔 44:11, 14), 지성물에 결코 가까이하지 못하게 하겠다고 말씀하셨습니다(겔 44:13). 하나님께서는 오직 사독 계열의 제사장들만 "내게 가까이 나아와 수종을 들되 내 앞에 서서 기름과 피를 내게 드릴지니라"(겔 44:15下)라고 말씀하셨습니다. 그리하여 사독의 자손 제사장들만 여호와의 성소에 들어갈 수 있고 여호와의 상에 가까이 나아갈 수 있게 하신 것입니다(겔 44:16).

바벨론 유수에서 제1차 귀환 후 스룹바벨 성전을 재건하면서, 다윗 시대와 같은 성전 제사 제도의 회복을 위해 제사장과 레위인 반열을 회복시켰습니다. 에스라 6:18에서 "제사장을 그 분반대로, 레위 사람을 그 반차대로 세워 예루살렘에서 하나님을 섬기게 하되 모세의 책에 기록된 대로 하게 하니라"라고 기록하고 있습니다. 이러한 제사장 24반열 제도는 놀랍게도 신약시대까지 그대로 유지되었는데(눅 1:5, 8), 세례 요한의 아버지 사가랴가 속한 아비야 반열은 구약 제사장 24반열 중 제8반차에 해당합니다(대상 24:10). '아비야 반열'은 '아비야'라는 반열의 이름을 물려받아 복원된 반열이었습니다. 누가복음 1:8에서 "마침 사가랴가 그 반열의 차례대로 제사장의 직무를 하나님 앞에 행할새"라고 기록하고 있습니다. 여기 '그 반열의 차례대로'는 헬라어로 '엔 테 탁세이 테스 에페메리아스 아우투'(ἐν τῇ τάξει τῆς ἐφημερίας αὐτου)인데, 이는 일정 기간 의무를 이행해야 하는 제사장들의 직임을 정해진 차례에 따라 수행했다는 의미입니다(대상 24:19). 또한, 누가복음 1:9에서는 "제사장의 전례를 따라 제비를 뽑아 주의 성소에 들어가 분향하고"라고 말씀하고 있습니다. 여기 '전례'는 '앞 전(前), 본보기 례(例)'로, '이전에 있었던 사례'라는 뜻입니다(참고-룻 4:7). 쉽게 풀이하면 '늘 하던 대로, 평소처럼'이란 뜻입니다(참고-막 10:1, 눅 2:42). 즉 제사장 24반열 제도에 따라 1년에 두 차례씩 1주일 동안 성전 봉사 직무를 행하는 일이 신약시대까지 지속되어 온 그대로, 아비야 반열의 제사장 사가랴가 제사장의 직무를 행하였다는 것입니다(눅 1:8).

요세푸스도 그의 자서전에서 자신이 '제사장 24반열 중 첫째 반열 여호야립 가문에 속한 제사장이었다'(*Life* 2)라고 소개하고 있으며, 또한, 다윗 시대의 반열 명칭과 순서가 신약시대까지 그대로 유지되었음을 언급하였습니다(*Ant.* 7.366).

포로 귀환 후 이스라엘 공동체는, 재건된 스룹바벨 성전을 중심으로 한 성전 제사 제도의 정착이 무엇보다도 시급했을 것입니다. 느헤미야 10:1-8에서 언약에 인친 제사장들과 느헤미야 12:1-7, 12-21에 나타난 제사장의 명단을 자세히 살펴보면, 바벨론에서 귀환한 후에 24반열을 재정비한 흔적이 뚜렷합니다. 제1차 포로 귀환 후의 제사장과 레위인의 명단을 기록한 느헤미야 12장은 '제사장 가문의 명단'(느 12:1-7), '레위 사람의 명단'(느 12:8-9), '대제사장의 명단'(느 12:10-11), '대제사장 요야김 시대의 제사장 족장의 명단'(느 12:12-21)을 정확하게 기록하고 있습니다. 요야김 시대는 바벨론에서 귀환한 대제사장 여호수아의 다음 세대인데(느 12:10, 26), 이때의 제사장들과 레위인들의 명단(느 12:12-21, 22-26)도 기록되어 있습니다.

유대인들이 바벨론에서 제1차로 귀환할 때, 24반열 중에 여다야(973명), 임멜(1,052명), 바스훌(1,247명), 하림(1,017명) 등 4반열의 4,289명의 제사장들이 돌아왔습니다(스 2:36-39, 느 7:39-42). 여기 '바스훌'은 역대상 9:12, 느헤미야 11:12을 참고해 볼 때 말기야(제사장 제5반열, 대상 24:9)의 후손이었을 것입니다.

여호수아(예수아)를 좇아 제1차로 귀환한 제사장들은, 22명의 족장들을 머리로 하여 재정비되었습니다(느 12:1-7). 여기 22명의 제사장을 "제사장과 그 형제의 어른"이라고 기록하고 있습니다(느 12:7). '어른'은 '두목, 머리'라는 뜻의 히브리어 '로쉬'(ראשׁ)이며, 이는 제사장의 두목을 가리킵니다. 귀환 직후에 제사장 가문에 속한 두목이 24명이 아니라 22명으로 기록된 것은, 아직 제사장의 24반열이 완전하게 재정비되지 못했기 때문일 것으로 추정됩니다.

한 가지 주목할 것은 느헤미야 12:6의 기록인데, 개역성경은 "스마야와 요야립과 여다야와"라고 기록했지만, KJV, NASB 등 영어성경은 히브리 원본을 따라 "Shemaiah, and Joiarib, Jedaiah"라고 번역하였습니다. 스마야와 요야립 사이에 특별히 "and"(그리고)를 기록하여, 앞에 언급된 16명의 제사장과 뒤에 나오는 6명을 구별한 것입니다. 뒤에 기록된 6명은 느헤미야 10:3-9에서 언약에 인을 친 명단에 포함되지 않은 이름들입니다.

한편, 느헤미야 12:1-21을 살펴보면, 대제사장 여호수아 때는 제사장의 어른들 22명의 이름을 기록하였고(느 12:1-7), 그 아들 요야김 때는 20족속에 속한 제사장 족장 20명의 이름을 기록하였고(느 12:12-21), 그 아들 엘리아십 때는 성벽 재건을 마치고 언약에 인친 제사장들 21명의 이름을 기록하였습니다(느 10:1-8).

바벨론 포로 귀환 후 각 시대에 따른 제사장 반열 조직의 변천 과정은 다음과 같습니다.

제3장 제사장과 레위인의 직무

느헤미야 12:1-7	느헤미야 12:12-21	느헤미야 10:2-8
포로 귀환 후 1대 대제사장	포로 귀환 후 2대 대제사장	포로 귀환 후 3대 대제사장
여호수아 (515-490 BC)	**요야김** (490-470 BC)	**엘리아십** (470-333 BC)
제사장과 그 형제의 어른 (22명)	족속과 각 족속을 대표하는 제사장 족장(20명)	언약에 인친 제사장 (21명)
1 스라야 / Seraiah (1절)	1 스라야 족속의 므라야 (12절)	1 스라야 / Seraiah (2절)
2 예레미야 / Jeremiah (1절)	2 예레미야 족속의 하나냐 (12절)	2 아사랴 / Azariah (2절)
3 에스라 / Ezra (1절)	3 에스라 족속의 므술람 (13절)	3 예레미야 / Jeremiah (2절)
4 아마랴 / Amariah (2절)	4 아마랴 족속의 여호하난 (13절)	4 바스훌 / Pashhur (3절)
5 말룩 / Malluch (2절)	5 말루기 족속의 요나단 (14절)	5 아마랴 / Amariah (3절)
6 핫두스 / Hattush (2절)		6 말기야 / Malchijah (3절)
7 스가냐 / Shecaniah (3절)		7 핫두스 / Hattush (4절)
8 르훔 / Rehum (3절)		8 스바냐 / Shebaniah (4절)
9 므레못 / Meremoth (3절)		9 말룩 / Malluch (4절)
10 잇도 / Iddo (4절)	6 잇도 족속의 스가랴 (16절)	10 하림 / Harim (5절)
11 긴느도이 / Ginnethoi (4절)	7 긴느돈 족속의 므술람 (16절)	11 므레못 / Meremoth (5절)
12 아비야 / Abijah (4절)	8 아비야 족속의 시그리 (17절)	12 오바댜 / Obadiah (5절)
13 미야민 / Mijamin (5절)	9 미냐민 곧 모아댜 족속의 빌대 (17절)	13 다니엘 / Daniel (6절)
14 마아댜 / Maadiah (5절)		14 긴느돈 / Ginnethon (6절)
15 빌가 / Bilgah (5절)	10 빌가 족속의 삼무아 (18절)	15 바룩 / Baruch (6절)
16 스마야 / Shemaiah (6절)	11 스마야 족속의 여호나단 (18절)	16 므술람 / Meshullam (7절)
17 요야립 / Joiarib (6절)	12 요야립 족속의 맛드내 (19절)	17 아비야 / Abijah (7절)
18 여다야 / Jedaiah (6절)	13 여다야 족속의 웃시 (19절)	18 미야민 / Mijamin (7절)
19 살루 / Sallu (7절)	14 살래 족속의 갈래 (20절)	19 마아시야 / Maaziah (8절)
20 아목 / Amok (7절)	15 아목 족속의 에벨 (20절)	20 빌개 / Bilgai (8절)
21 힐기야 / Hilkiah (7절)	16 힐기야 족속의 하사뱌 (21절)	21 스마야 / Shemaiah (8절)
22 여다야 / Jedaiah (7절)	17 여다야 족속의 느다넬 (21절)	
	세 족속 추가 (느 12:14-15)	
	18 스바냐 족속의 요셉 (14절)	
	19 하림 족속의 아드나 (15절)	
	20 므라욧 족속의 헬개 (15절)	

*번호에 음영처리 된 부분은 언약에 인친 제사장을 구분한 것임.

앞의 도표를 참고해 볼 때, 여호수아(예수아) 시대에 기록된 '핫두스, 스가냐, 르훔, 므레못'(느 12:2-3) 등 4족속은, 요야김 때 24반열을 구성하는 과정에서는 빠져 있습니다. 그리고 '스바냐, 하림, 므라욧'(느 12:14-15) 등 3족속은 추가되었습니다. 또 여호수아 때 '미야민, 마아댜'(느 12:5)로 기록된 2족속은, 요야김 때에는 "미냐민 곧 모아댜 족속"(느 12:17)으로 기록되어 한 족속으로 합쳐진 것을 볼 수 있습니다. 이렇게 해서 대제사장 요야김 시대에는 제사장 반열이 여호수아(예수아) 때보다 2반열이 줄어든 것을 알 수 있습니다.

느헤미야 10:1-8에서는 제1차 귀환 후에 제사장 어른 22명으로 재정비되었던 제사장 반열이 에스라, 느헤미야를 통한 거족적인 회개와 신앙 개혁 운동을 거치면서 수정 보완되어 있음을 보게 됩니다. 제3차 귀환 후에, 성벽 재건을 마치고(느 6:15) 봉헌 예식을 드리기 전에(느 12:27-43) 에스라가 율법을 낭독하였을 때, 온 백성이 울며 회개하고(느 8:5-9) 초막절을 거룩하게 지켰습니다(느 8:13-18). 거족적인 금식과 회개와 레위인의 기도를 통해, 온 백성이 하나님 앞에 견고한 언약을 세우고, 방백들과 레위인들과 제사장들이 이 언약에 인을 쳤습니다(느 9:38).

느헤미야 10:2-8에는 이 언약에 인친 21명의 제사장들 이름이 기록되어 있는데, 이 이름들은 개인의 이름이라기보다 가문의 이름입니다. 왜냐하면, 21명의 이름 대부분(21명 중의 16명, '아사랴'는 '에스라'와 그 이름의 뜻이 같음)이 제1차 귀환 후에 기록된 제사장 어른들의 이름과 일치하고 있고(느 12:1-7), 그중 두 명(말기야, 바스훌: 바스훌은 말기야의 후손-대상 9:12, 느 11:12)의 이름은 다윗 시대 제사장 24반열 중에 있는 이름과 일치하고 있기 때문입니다(참고-대상 24:9). 여기에 나머지 세 이름(오바댜, 다니엘, 바룩)만 새롭게 추가되었습니다.

바벨론에서 귀환한 후 지속적으로 이루어진 제사장 24반열의 재정비 과정에서 특기할 일은, 에스라가 제2차 귀환 후 이방 여인과 결혼한 제사장 명단을 공개함으로써 제사장 족보를 성별한 일(스 10:18-22)입니다. 이것은 제사장 24반열 재정비와 무관하지 않습니다. 바벨론 포로 귀환 후에 제사장 반열을 재정비하는 일은, 이처럼 오랜 기간 수차례에 걸쳐 수정 보완됨으로써, 요세푸스가 기록한 바와 같이(*Ant.* 7.366) 다윗 시대의 24반열로 그 이름까지 복원되었던 것으로 보입니다.

스룹바벨 성전이 재건되고 예루살렘 성벽이 완공되어, 이제 이스라엘 백성이 언약의 땅에 거할 수 있는 환경이 갖춰졌으나, 여전히 이방 나라들의 위협이 계속되고 있었습니다. 이러한 상황에서 에스라, 느헤미야 두 지도자를 통한 거족적인 회개와 성별 운동은 역사적 흑암을 밝혀 주는 등불이 되었습니다.

이스라엘 백성은 이방 열왕의 압제 속에 받고 있는 모든 고통이, 하나님의 언약을 저버리고 율법을 지키지 않은 죄에 대한 징계임을 깨닫고 고백했습니다. 백성의 지도자들은 언약에 인치고, 온 백성은 "우리 주 여호와의 모든 계명과 규례와 율례를 지켜 우리 딸은 이 땅 백성에게 주지 아니하고 우리 아들을 위하여 저희 딸을 데려오지 아니하며"라고 화답했습니다(느 10:28-30).

온 백성이 금식하고 회개하며 언약을 지키기로 결단하면서, 하나님과의 관계가 먼저 회복되기를 간구하였던 것입니다(느 9:1-38). 나라의 모든 지도자와 온 백성이 하나 되어, 혈통을 성별하고 영적으로 각성함으로써, 언약 백성 이스라엘이 신구약 중간기의 역사적 흑암을 이기고 메시아가 오시는 길을 준비하는 데에 다시 한 번 일어날 수 있었습니다. 그러나 세월이 지나면서 제사장들은 극심하게 타락하였는데, 직분을 악용하고 하나님의 말씀을 버리고 언약을 파하였습니다(느 13:23-29). 과연 선지자 말라기의 말씀 그대로입니다.

말라기 2:7-8 "대저 제사장의 입술은 지식을 지켜야 하겠고 사람들이 그 입에서 율법을 구하게 되어야 할 것이니 제사장은 만군의 여호와의 사자가 됨이어늘 ⁸너희는 정도에서 떠나 많은 사람으로 율법에 거치게 하도다 나 만군의 여호와가 이르노니 너희가 레위의 언약을 파하였느니라"

당시에, 백성에게 율법을 가르치고 바른 판결을 내려 주는 '만군의 여호와의 사자'는 한 사람도 없었고, 도리어 제사장들은 백성으로 하여금 옳은 길을 떠나 율법을 거스르는 일을 자행하도록 부추겼습니다. 오늘날도 제사장(교역자)이 율법(말씀)을 떠나면 성도들을 바르게 가르칠 수 없습니다. 제사장이 언약의 근본 정신을 저버리는 순간, 많은 성도도 갈피를 잡지 못하고 정도(正道)에서 떠나 금방 타락하게 되는 것입니다.

참으로 놀라운 것은, 이러한 대제사장과 제사장들의 타락에도 불구하고 하나님은 구속사적 경륜 속에서 24반열 제도를 계속 유지시켜 오셨다는 것입니다. 예수님께서 이 땅에 오실 당시 아비야 반열에 속한 제사장이었던 사가랴는 하나님 앞에서 의롭고 율법에 흠이 없는 사람이었습니다(눅 1:5-6). 하나님께서는 그에게서 세례 요한을 나게 하시고, 그를 통하여 예수 그리스도께서 오시는 길을 예비하셨던 것입니다.

IV
찬양대 24반열(대상 25:1-31)
THE 24 DIVISIONS OF THE MUSICIANS

*유구한 역사 속에서 세계 최초로 성경적 체계화 정리

1. 찬양대의 직무와 기원
The duties of the musicians and their origin

(1) 찬양대의 직무

찬양대는 '신령한 노래'를 하는 직무를 맡은 자들입니다. 역대상 25:1에서 "아삽과 헤만과 여두둔의 자손 중에서 구별하여 섬기게 하되 수금과 비파와 제금을 잡아 신령한 노래를 하게 하였으니 그 직무대로 일하는 자의 수효가 이러하니라"라고 말씀하고 있습니다. 찬송은 하나님의 예언된 말씀을 노래로 선포하는 행위이므로(참고-대상 25:2-3), 찬양하는 자를 '선견자'라고 칭하기도 했습니다(대하 29:30 '아삽', 대상 25:5 '헤만', 대하 35:15 '여두둔'). 하나님께서는 찬송 중에 거하시며(시 22:3), 그 심령에 하나님의 말씀이 풍성히 거하여 시와 찬미와 신령한 노래를 부르며 마음에 감사함으로 하나님을 찬양하는 자를 기뻐하십니다(시 56:4, 엡 5:19, 골 3:16).

찬양이란 구체적으로 어떤 사역일까요? 역대상 16:4에는 "또 레위 사람을 세워 여호와의 궤 앞에서 섬기며 이스라엘 하나님 여호와를 칭송하며 감사하며 찬양하게 하였으니"라고 기록하고 있습니다. 여기에서 여호와의 궤 앞에서 섬기는 일을 구체적으로 "칭송하며 감사하며 찬양하게"라는 세 가지 동사로 표현하고 있습니다. 이 세 가지는 비슷한 것 같으나 각각 찬송의 의미에 대한 이해의 폭과 깊이를 더해 줍니다.

첫째, '칭송하며'는 히브리어 '자카르'(זָכַר)의 히필(사역) 능동형이며, 이것은 어떤 표적(sign)을 보고 '되새겨 보다, 기억하다'(창 9:15), 또는 공적으로 '기념하다'(에 9:28), 마음속에 품은 생각을 외부로 표출하여 '선포하다'(렘 20:9), '자랑하다'(시 20:7)라는 뜻입니다. 이러한 뜻을 종합해 볼 때, 찬송은 하나님의 역사를 기억하고 공적을 선포하고 그것을 기념하며 널리 자랑하는 것입니다.

둘째, '감사하며'의 히브리어 '야다'(יָדָה)는 '손'을 뜻하는 '야드'(יָד)에서 유래한 말로, '손을 펴서 감사를 표시하다'라는 의미입니다. 히필(사역) 능동형으로 쓰이면 '죄를 자복하다(잠 28:13), 칭찬하다(시 49:18), 감사하다, 찬양하다(시 107:8, 109:30)'라는 의미가 됩니다. 이러한 감사 찬송은 연주와 노래를 같이 할 때 주로 사용되었습니다(대하 5:13, 시 43:4, 71:22).

셋째, '찬양하게'는 히브리어 '할랄'(הָלַל)의 피엘(강조)형으로, '뽐내며 자랑하다, 어떤 대상을 기뻐하다, 갈채하다'라는 의미를 지닙니다. 이는 하나님의 탁월하신 능력과 그 위대하심을 소리 높여 찬송하는 것을 말합니다.

(2) 다윗 시대에 언약궤를 메어 올 때 조직된 최초의 찬양대

이스라엘 역사에서 예배를 드릴 때 노래를 부르고 다양한 악기를 연주하는 방식을 처음 시작한 사람은 다윗입니다.

찬양대는 다윗이 여호와의 언약궤를 오벧에돔의 집에서 다윗성으로 옮겨 올 때, 하나님의 영광을 선포하기 위해서 처음 조직되었습니다(삼하 6:10-15, 대상 13:13-14, 15:1-28). 다윗은 하나님의 궤를 위하여 처소를 예비하고 장막을 친 후에, 언약궤를 메어 올리는 영예로운 일을 맡을 아론 자손과 레위 사람을 선별하였습니다(대상 15:1-15). 다윗은 과거에 언약궤를 옮기다가 웃사의 충격적인 죽음을 경험했습니다(대상 13:1-11). 다윗은 이 사건을 통해 하나님의 궤는 반드시 레위 사람이 어깨에 메어 옮겨야 한다는 것을 철저히 깨닫고, 이번에는 율법대로 레위 사람으로 하여금 언약궤를 메도록 하였던 것입니다(대상 15:2, 13-15, 민 4:5-15, 신 10:8, 31:25).

다윗은 아론 자손과 레위 사람을 모았고, 그들의 친족 120명(우리엘), 220명(아사야), 130명(요엘), 200명(스마야), 80명(엘리엘), 112명(암미나답) 총 862명을 뽑았습니다(대상 15:4-10). 그리고 제사장 사독과 아비아달과 6명의 족장(우리엘, 아사야, 요엘, 스마야, 엘리엘, 암미나답)을 불러 그들과 그 형제들의 몸을 성결케 하도록 지시하고, 하나님의 궤를 채로 꿰어 어깨에 메도록 하였습니다(대상 15:11-15).

그리고 다윗은 앞서 뽑은 6명의 레위 족장들에게 명하여, 노래하는 자와 악기를 울려서 즐거운 소리를 크게 내는 찬양대를 세우도록 했습니다(대상 15:16).

IV. 찬양대 24반열(대상 25:1-31) | 181

첫째, 요엘의 아들 '헤만'과 그 형제 중 베레야의 아들 '아삽'과 구사야의 아들 '에단' 등 세 사람을 찬양대의 책임자로 세우고, 그 다음으로 형제 스가랴, 벤, 야아시엘, 스미라못, 여히엘, 운니, 엘리압, 브나야, 마아세야, 맛디디야, 엘리블레후, 믹네야, 문지기 오벧에돔, 여이엘 등 14명을 세웠습니다(대상 15:17-18).

둘째, 책임자 3명과 14명을 다시 악기별(제금, 비파, 수금)로 세 그룹으로 나누었습니다(대상 15:19-21).[16] 첫째 그룹은 놋제금을 크게 치는 자(헤만, 아삽, 에단), 둘째 그룹은 여창(대상 15:20)[17]에 맞추어 비파를 타며 인도하는 자(스가랴, 아시엘, 스미라못, 여히엘, 운니, 엘리압, 마아세야, 브나야), 세 번째 그룹은 수금을 타서 여덟째 음[18]에 맞추어 인도하는 자였습니다(맛디디야, 엘리블레후, 믹네야, 오벧에돔, 여이엘, 아사시야. 특히 역대상 15:18, 21에 나오는 '오벧에돔'은 베레스 웃사의 충돌 사건으로 법궤의 운반이 중단되었을 때 자기 집에 3개월 간 법궤를 모심으로써 축복 받은 자입니다(대상 13:13-14). 다윗이 그에게 '문지기'(대상 15:18, 26:1, 4-5)와 '악기 연주자'라는 중대한 두 가지 직분을 다 맡겼던 것입니다.

셋째, 노래에 정통한 그나냐는 노래하는 자들의 총책임자(지휘자)로, 찬양하는 것을 가르쳤습니다(대상 15:22).

넷째, 베레갸와 엘가나, 오벧에돔과 여히야 네 사람은 궤 앞에서 문을 지키는 자로, 아무도 법궤를 만지거나 가까이하지 못하도록 지키는 임무를 맡았던 것으로 보입니다(대상 15:23, 24下).

다섯째, 제사장 7명(스바냐, 요사밧, 느다넬, 아미새, 스가랴, 브나야, 엘리에셀)을 세워 하나님의 궤 앞에서 나팔을 불도록 하였습니다(대상 15:24).

이때 궤를 멘 레위 사람과 노래하는 자들과 찬양대 지휘자 그나냐 모두에게 세마포 겉옷을 입혀 성별하였습니다(대상 15:27). 그리고 온 이스라엘은 크게 부르며 각(שׁוֹפָר, 쇼파르: 숫양의 뿔)과 나팔을 불며 제금을 치며 비파와 수금을 힘있게 타면서 언약궤를 메어 올렸습니다(삼하 6:15, 대상 15:27-28).

다윗 자신도 베 에봇을 입고(삼하 6:14, 대상 15:27下) 너무 감격스러운 나머지 춤추며 기뻐했습니다(삼하 6:20, 대상 15:29). 다윗의 모습을 창으로 내다보던 그의 아내 미갈은 심중(心中)에 업신여기며 "방탕한 자가 염치 없이 자기의 몸을 드러내는 것처럼 오늘날 그 신복의 계집종의 눈앞에서 몸을 드러내셨도다"라고 말하였습니다(삼하 6:20, 대상 15:29). 미갈은 '그 신복의 계집종의 눈앞에서' 즉 '자기 신하들의 계집종들 보는 앞에서'라는 표현으로 다윗을 비웃으며 다윗의 행위를 멸시한 것입니다. 이에 다윗은 자신의 행동을 '여호와 앞에서 한 것'이라고 하면서 "내가 이보다 더 낮아져서 스스로 천하게 보일지라도 네가 말한바 계집종에게는 내가 높임을 받으리라"라고 하였습니다(삼하 6:21-22). 이 후로 미갈은 죽는 날까지 자식이 없었습니다(삼하 6:23).

다윗이 세운 최초 레위 찬양대 조직 (대상 15:16-28, 16:4-6)
Organization of the First Levitical Choir that David Established

책임자 Chiefs			
제금 Cymbals	헤만 / Heman / הֵימָן	신실함, 충실함	대상 15:17, 19
	아삽 / Asaph / אָסָף	모으는 자, 모아 쌓는 자	대상 15:17, 19, 16:5
	에단 / Ethan / אֵיתָן	영원함	대상 15:17, 19
부책임자 Deputy Chiefs			
비파 Harps	스가랴 / Zechariah / זְכַרְיָה	여호와께서 기억하신다	대상 15:18, 20, 16:5
	벤 / Ben / בֵּן	아들	대상 15:18
	야아시엘(아시엘) / Jaaziel(Aziel) / יַעֲזִיאֵל (עֲזִיאֵל)	영원함	대상 15:17, 19
	스미라못 / Shemiramoth / שְׁמִירָמוֹת	가장 높은 이름	대상 15:18, 20, 16:5
	여히엘 / Jehiel / יְחִיאֵל	하나님께서 살아 계시다	대상 15:18, 20, 16:5
	운니 / Unni / עֻנִּי	고난받는, 억눌린	대상 15:18, 20
	엘리압 / Eliab / אֱלִיאָב	하나님께서 아버지이시다	대상 15:18, 20, 16:5
	브나야 / Benaiah / בְּנָיָה	여호와께서 세우셨다	대상 15:18, 20, 16:5
	마아세야 / Maaseiah / מַעֲשֵׂיָה	여호와의 일	대상 15:18, 20
수금 Lyres	맛디디야(맛디디아) / Mattithiah / מַתִּתְיָה	여호와의 선물	대상 15:18, 21, 16:5
	엘리블레후 / Eliphelehu / אֱלִיפְלֵהוּ	하나님께서 구별하신다 특별하게 해 주신다	대상 15:18, 21
	믹네야 / Mikneiah / מִקְנֵיָהוּ	여호와의 소유	대상 15:18, 21
	오벧에돔 / Obed-edom / עֹבֵד אֱדוֹם	에돔의 종, 에돔의 예배자	대상 15:18, 21, 16:5
	여이엘 / Jeiel / יְעִיאֵל 언약궤 안치 후 동명이인 1인 기록	하나님께서 이끌어 가신다 하나님께서 보존하신다	대상 15:18, 21, 16:5
	아사시야 / Azaziah / עֲזַזְיָה (악기별 담당 추가)	여호와께서 강하게 하셨다	대상 15:21
지휘자 Conductor	그나냐 / Chenaniah / כְּנַנְיָה	여호와께서 힘을 주셨다 여호와께서 세우셨다	대상 15:22

제사장 Priests				
궤 앞에서 나팔부는 자	스바냐 / Shebaniah / שְׁבַנְיָה	여호와께서 기억하시다 여호와께서 번영케 하다	대상 15:24
	요사밧 / Joshaphat / יוֹשָׁפָט	여호와께서 심판하신다	대상 15:24
	느다넬 / Nethanel / נְתַנְאֵל	하나님께서 주셨다	대상 15:24
	아미새 / Amasai / עֲמָשַׂי	무거운 짐을 진 자	대상 15:24
	스가랴 / Zechariah / זְכַרְיָה	여호와께서 기억하시다	대상 15:24
	브나야 / Benaiah / בְּנָיָה	여호와께서 세우셨다	대상 15:24, 16:6
	엘리에셀 / Eliezer / אֱלִיעֶזֶר	하나님께서 나의 도움이시라	대상 15:24
	야하시엘 / Jahaziel / יַחֲזִיאֵל (언약궤 안치 후 추가된 인물)	하나님께서 보시다 하나님께서 환상을 주시다	대상 16:6
문지기 Gatekeepers			
궤 앞 문지기	베레갸 / Berechiah / בֶּרֶכְיָה	여호와께서 복을 주시다	대상 15:23
	엘가나 / Elkanah / אֶלְקָנָה	하나님께서 소유하셨다	대상 15:23
	오벧에돔 / Obed-edom / עֹבֵד אֱדֹם	에돔의 종, 에돔의 예배자	대상 15:24
	여히야 / Jehiah / יְחִיָּה	여호와께서 살아 계시다	대상 15:24

(3) 언약궤를 안치한 후 찬양대의 재조직

언약궤가 다윗성에 무사히 안치되자 다윗은 번제와 화목제를 하나님 앞에 드리고, 전 국민에게 떡 한 덩이와 고기 한 조각과 건포도병 하나를 나누어 주면서 국가적인 축제로 기념하였습니다(대상 16:1-3). 그리고 그 언약궤를 모실 전문 인력으로 레위인 찬양대를 재조직하였습니다(대상 16:4-6).

이때 다윗이 임명한 찬양대는 모두 10명으로 구성되었으며(아삽, 스가랴, 여이엘, 스미라못, 여히엘, 맛디디아, 엘리압, 브나야, 오벧에돔, 여이엘), 그들은 비파와 수금을 타고 그 찬양대의 두목(지휘자) 아삽은 제금을 힘 있게 쳤습니다(대상 16:5). 그리고 제사장 브나야와 야하시엘은 항상 하나님의 언약궤 앞에 있으면서 정해진 때마다 나팔을 불었습니다(대상 16:6, 참고-민 10:1-8).

또한, 아삽과 그 형제를 세워 다윗 자신이 직접 지은 장대한 찬송시를 낭송케 하였는데(대상 16:7-36), 그것은 하나님의 능력과 언약을 기억하고 찬양하고(대상 16:8-22, 시 105:1-15), 모든 이방 나라도 하나님을 경배할 것을 촉구하며(대상 16:23-33, 시 96:1-13), 이스라엘을 구원하신 하나님의 인자하심을 노래하는 내용(대상 16:34-36, 시 106:1, 47-48)이었습니다.

다윗은 언약궤를 평안히 안치한 후, 영구적인 제사 직무를 위해 아삽과 그 형제를 여호와의 언약궤 앞에 머물게 하여 항상 그 궤 앞에서 섬기게 하는 등 모든 제사 관련 직분을 정비하였습니다(대상 16:37-42). 역대상 6:31-48에서는 헤만과 아삽과 에단(대상 6:33, 39, 44)을 세워 솔로몬이 예루살렘에서 전을 세울 때까지 회막 앞에서 찬송하는 일을 행하되 그 반열대로 직무를 행하도록 하였다고 기록하고 있습니다(대상 6:31-32). 이 후 다윗은 그의 임종 직전에 찬양대를 다시 24반열로 체계화, 능률화하는 작업을 진행하였습니다(대상 25장).

2. 찬양대의 24반열 조직
The organization of the 24 divisions of the musicians

다윗은 성전에서 제사장들을 도와 봉사할 레위인들을 게르손, 고핫, 므라리의 각 족속을 따라 24반열로 나눈 후에(대상 23:6-23) 4,000명의 찬양대(대상 23:5)를 24반열로 나누었습니다(대상 25:1-31).

다윗이 하나님의 전에서 봉사할 악사들을 임명한 것은 하나님의 지시에 따라한 것입니다. 역대하 29:25에서는 "왕이 레위 사람을 여호와의 전에 두어서 다윗과 왕의 선견자 갓과 선지자 나단의 명한 대로 제금과 비파와 수금을 잡게 하니 이는 여호와께서 그 선지자들로 이렇게 명하셨음이라"라고 말씀하고 있습니다.

다윗은 찬양대를 직위에 따라 분리하였습니다. 전체 찬양대는 4,000명이고(대상 23:5), 아삽과 헤만, 여두둔의 자손들 중에서 성전에서 찬양의 직무를 맡을 자들의 순서를 정하였습니다(대상 25:1). 찬양대는 철저한 조직과 분명한 위계 질서에 의해 운영되었는데, '다윗왕 ⇒ 헤만, 아삽, 여두둔 ⇒ 24반열의 두목 ⇒ 288인 ⇒ 4,000찬양대'의 순서로 체계화되었습니다(대상 25:1-7).

(1) 헤만, 아삽, 에단(여두둔)[19] - 3인의 지휘자

헤만은 그 족보를 통해서 볼 때 그핫의 아들 이스할의 20세손이며, 사무엘의 손자이자 요엘의 아들입니다(대상 6:33-38, 참고-삼상 8:1-2). 사무엘의 아들 요엘은 그 아비의 행위를 따르지 않았지만, 손자 헤만은 사무엘의 행위를 따라 경건한 자가 된 것입니다. 헤만은 권세 있는 족장의 자손이었는데도, 하나님의 집에서 찬송하는 일을 낮은 일로 생각하지 않고 귀하게 여겼습니다. 시편 88편은 헤만이 지은 시입니다.

아삽은 게르손의 자손인데, 성경에서는 "헤만의 형제"라고도 부릅니다(대상 6:39). 그 이유는 아삽과 헤만이 서로 다른 가문이지만 같은 직무를 가졌기 때문일 것입니다. 아삽은 헤만의 우편에서 직무를 행하였고(대상 6:39), 그가 지은 열두 편의 시가 시편에 기록되어 있습니다(시 50, 73-83편). 아삽은 족보에 레위의 아들 게르손의 13세손으로 기록되어 있습니다(대상 6:20, 39-43).

'에단'은 므라리의 자손입니다(대상 6:44). 에단은 족보에 레위의 아들 므라리의 12세손으로 기록되어 있습니다(대상 6:44-48). 에단은 헤만의 좌편에서 직무를 행하였습니다(대상 6:44). 시편 89편은 에단이 지은 시입니다.

(2) 각 반열의 대표 24명

찬양대 각 반열의 대표 24명은 아삽의 4아들(삭굴, 요셉, 느다냐, 아사렐라), 여두둔의 6아들[그달리야, 스리, 여사야, 하사뱌, 맛디디야, 시므이-추정(대상 25:17)], 헤만의 14아들(북기야, 맛다냐, 웃시엘, 스브엘, 여리못, 하나냐, 하나니, 엘리아다, 깃달디, 로암디에셀, 요스브가사, 말로디, 호딜, 마하시옷)입니다(대상 25:2-4).

아삽의 아들들은 신령한 노래를 하는 자들이고(대상 25:2), 여두둔의 아들들은 수금을 잡고 신령한 노래를 하는 자들이며(대상 25:3), 헤만의 아들들은 나팔을 부는 자들이었습니다(대상 25:5).

(3) 찬송하기를 배워 익숙한 자 288명 - 전문 음악인

찬양대의 각 반열마다 우두머리를 포함하여 12명을 뽑았는데 이들은 찬양대의 교사격인 악사로, 총 288명이었습니다(대상 25:7). 특히 288명은 모두 "여호와 찬송하기를 배워 익숙한 자"였습니다.

여기서 '배우다'에 해당하는 히브리어 '라마드'(לָמַד)는 '뾰족한 막대기로 찌르다'라는 뜻으로, '훈련시키다, 교육시키다'라는 의미를 가집니다. 이것은 당시 찬송의 직무를 맡은 자들이 엄한 훈련을 받았음을 보여 줍니다. 또 '익숙한 자'(בִּין, 빈: 분별하다, 통찰하다, 이해하다)는 '숙달된 사람, 선생'을 의미합니다. 이는 찬송을 가르칠 만큼 예술적으로 상당한 경지에 이른 자, 숙달된 선생이 288명이나 되었음을 의미합니다.

(4) 4,000찬양대 - 대(大) 오케스트라 합창단

4,000찬양대가 24반열로 구성되었으며, 호된 훈련과 전문적인 가르침을 받아 찬양에 익숙한 288명(24×12)을 24반열의 우두머리(지휘자)로 세웠습니다. 이렇게 찬양대도 24반열로 조직하여 순차적으로 봉사하게 하였습니다. 찬양대의 직무 수행 순서는 "큰 자나 작은 자나 스승이나 제자를 무론하고" 공평하게 제비를 뽑아 정해졌습니다(대상 25:8).

첫 번째부터 스물네 번째까지 순서는 다음과 같습니다.

1	요셉 / Joseph / יוֹסֵף	아삽의 둘째 아들	여호와께서 더하신다	대상 25:2, 9
2	그달리야 / Gedaliah / גְּדַלְיָהוּ	여두둔의 맏아들	여호와는 위대하시다	대상 25:3, 9
3	삭굴 / Zaccur / זַכּוּר	아삽의 맏아들	순결, 기억된 자	대상 25:2, 10
4	이스리(스리) / Izri(Zeri) / יִצְרִי	여두둔의 둘째 아들	여호와께서 만드셨다	대상 25:3, 11
5	느다냐 / Nethaniah / נְתַנְיָה	아삽의 셋째 아들	여호와께서 주시다	대상 25:2, 12
6	북기야 / Bukkiah / בֻּקִּיָּהוּ	헤만의 맏아들	여호와께서 시험하셨다 여호와께서 비우셨다	대상 25:4, 13
7	여사렐라(아사렐라) / Jesharelah / יְשַׂרְאֵלָה	아삽의 막내	하나님께서 붙드신다 하나님께 올바른 자	대상 25:2, 14
8	여사야 / Jeshaiah / יְשַׁעְיָהוּ	여두둔의 셋째 아들	여호와께서 구원하셨다	대상 25:3, 15

IV. 찬양대 24반열(대상 25:1-31)

9	맛다냐 / Mattaniah / מַתַּנְיָהוּ	헤만의 둘째 아들	여호와의 선물	대상 25:4, 16
10	시므이 / Shimei / שִׁמְעִי	여두둔의 막내	들어주심	대상 25:17
11	아사렐(웃시엘) / Azarel / עֲזַרְאֵל	헤만의 셋째 아들	하나님께서 도우셨다	대상 25:4, 18
12	하사뱌 / Hashabiah / חֲשַׁבְיָהוּ	여두둔의 넷째 아들	여호와께서 생각하셨다 여호와께서 고려하셨다	대상 25:3, 19
13	수바엘(스브엘) / Shubael / שׁוּבָאֵל	헤만의 넷째 아들	하나님이여 돌아오소서 하나님의 포로	대상 25:4, 20
14	맛디디야 / Mattithiah / מַתִּתְיָהוּ	여두둔의 다섯째 아들	여호와의 선물 여호와의 은사	대상 25:3, 21
15	여레못(여리못) / Jeremoth / יְרֵימוֹת	헤만의 다섯째 아들	높은 곳, 지극히 높은 자	대상 25:4, 22
16	하나냐 / Hananiah / חֲנַנְיָהוּ	헤만의 여섯째 아들	여호와께서 은혜로우시다	대상 25:4, 23
17	요스브가사 / Joshbekashah / יָשְׁבְּקָשָׁה	헤만의 열한째 아들	어려운 형편에 처하다 딱딱한 자리에 앉다	대상 25:4, 24
18	하나니 / Hanani / חֲנָנִי	헤만의 일곱째 아들	자비롭다, 은혜롭다	대상 25:4, 25
19	말로디 / Mallothi / מַלּוֹתִי	헤만의 열두째 아들	내가 말했다, 선포한다	대상 25:4, 26
20	엘리아다 / Eliathah / אֱלִיאָתָה	헤만의 여덟째 아들	하나님께서 임하셨다 당신은 나의 하나님이시다	대상 25:4, 27
21	호딜 / Hothir / הוֹתִיר	헤만의 열셋째 아들	그가 풍성하게 남겼다	대상 25:4, 28
22	깃달디 / Giddalti / גִּדַּלְתִּי	헤만의 아홉째 아들	내가 크게 하였다 나는 하나님을 드높인다	대상 25:4, 29
23	마하시옷 / Mahazioth / מַחֲזִיאוֹת	헤만의 열넷째 아들	환상, 관찰력	대상 25:4, 30
24	로암디에셀 / Romamti-ezer / רוֹמַמְתִּי עָזֶר	헤만의 열째 아들	내가 돕는 자(하나님)를 드높인다 내가 도움을 얻겠다	대상 25:4, 31

이들을 포함 각 반차마다 12명씩, 총 288명(대상 25:7)

3. 찬양대 직무의 역사
The history of the musicians' duties

(1) 솔로몬 시대의 성전 찬양대

언약궤는 이스라엘 민족이 시내산에서 하나님과 언약을 맺은 증거물로서, 모세 시대부터 약 500년간 내려오던 것을 솔로몬 시대에 성전을 건축하고 그곳에 안치하므로(왕상 8:1-6, 21, 대하 5:2-7, 6:11), 솔로몬 성전과 다윗 언약의 정통성을 계승하는 표가 되었습니다.

언약궤가 성막에서 솔로몬 성전으로 옮겨지자, 노래하는 레위 사람 아삽과 헤만과 여두둔과 그 아들들과 형제들이 다 세마포를 입고 단 동편에 서서 제금과 비파와 수금을 잡고 또 나팔 부는 제사장 120인이 함께 서 있다가 나팔 부는 자와 노래하는 자가 일제히 소리를 발하여 여호와를 찬송하며 감사하였습니다(대하 5:12-13). 여기 '아삽, 헤만, 여두둔'은 다윗이 죽기 전에 임명해 두었던 찬양대의 3대 악사입니다(대상 25:1).

다윗은 그들이 연주할 악기를 정해 주었습니다(대상 15:16-24, 참고-시 33:2, 57:8, 71:22, 108:2, 144:9, 150:3-5). '제금'(מְצִלְתַּיִם: 메첼레트)은 구리로 만들어졌으며 성전 찬양대에서 연주되는 유일한 타악기였습니다(대상 15:16, 25:1, 대하 5:12-13). '비파'(נֶבֶל: 네벨)는 나무통에 열두 줄의 현이 걸려 있는 현악기로, 손가락으로 뜯어 연주하였습니다(왕상 10:12, 대상 15:16, 25:1, 대하 5:12, 9:11). 또 '수금'(כִּנּוֹר: 키노르)은 악기의 형태와 현의 개수가 다양하며, 가장 고상한 음을 내는 현악기로(왕상 10:12, 대상 15:16, 25:1, 대하 5:12, 9:11, 단 3:5, 7, 10, 15), 손가락으로 튕기거나 채로 쳐서 연주하였습니다(삼상 16:16, 23, 18:10). 마지막으로 '나팔'(חֲצֹצְרָה: 하초츠라)은 관을 울려서 소리내는 악기들을 총칭합니다(대상 25:5, 대하 5:12-13).

　찬양대가 나팔을 불고 제금을 치고 모든 악기를 울려 "선하시도 다 그 자비하심이 영원히 있도다"(대하 5:13)라고 소리 높여 여호와를 찬송하였습니다. 이때 성전에 가득한 구름으로 인하여 제사장이 능히 서서 섬기지 못할 정도였습니다(대하 5:14ᴸ). 성전 안에 가득한 구름은 모세 시대 성막 봉헌식 때에도 나타났으며, 하나님의 거룩한 영광의 임재를 상징합니다(출 40:34-35, 참고-출 16:10, 민 16:42).

(2) 여호사밧 시대의 찬양대

　남 유다 제4대 왕 여호사밧 시대에 찬양대가 군대보다 앞서 행하여 여호와를 찬송함으로 적에게 대승을 거둔 일이 있습니다(대하 20:1-30). 역대하 20장을 보면, 모압, 암몬, 세일산 거민이 연합하여 침공하였는데(대하 20:1, 10, 22), 당시 유다 백성과 여호사밧왕은 적군을 대적할 능력이 없고 어떻게 할 줄도 알지 못하고 오직 주만 바라보면서 기도할 뿐이었습니다(대하 20:12). 13절에서는 "유다 모든 사람은 그 아내와 자녀와 어린 자로 더불어 여호와 앞에 섰더라"라고 말씀하고 있습니다. 어린아이들까지 여호와의 도우심을 바라며 금식하며 기도했습니다(대하 20:3-4). 이에 하나님께서는 레위 사람 야하시엘(아삽 자손)을 통해 "이 큰 무리로 인하여 두려워하거나 놀라지 말라 이 전쟁이 너희에게 속한 것이 아니요 하나님께 속한 것이니라"라는 응답을 주셨습니다(대하 20:14-15). 이에 여호사밧을 선두로 유다와 예루살렘 거민들이 몸을 굽혀 얼굴을 땅에 대고 여호와 앞에 경배하였고, 고핫 자손과 고라 자손에게 속한 레위 사람들이 서서 심히 큰 소리로 이스라엘 하나님 여호와를 찬송하였습니다(대하 20:18-19).

여호사밧은 백성으로 더불어 의논하고 찬양대를 조직하여 거룩한 예복을 입히고 군대 앞에서 행하며 여호와를 찬송하게 하였습니다. 이들이 큰 소리로 "여호와께 감사하세 그 자비하심이 영원하도다"라고 찬송을 시작하자 하나님께서는 복병을 두어 암몬, 모압, 세일산 사람을 치게 하셨습니다(대하 20:21-22). 곧 암몬과 모압 자손이 일어나 세일산 거민을 쳐서 진멸하였고, 그 다음에는 암몬과 모압 자손이 피차에 살륙하였습니다(대하 20:23). 그 결과로 그들은 모두 시체가 되었고, 하나도 피한 자가 없었다고 말씀하고 있습니다. 게다가 전리품이 너무 많아 다 거두어들이는 데 사흘이나 걸렸습니다(대하 20:24-25).

나흘째 되는 날, 무리가 브라가 골짜기에 모여 하나님을 송축하고 그곳을 '브라가(송축) 골짜기'라고 불렀습니다(대하 20:26). 유다 백성은 여호사밧을 선두로 예루살렘에 도착하자마자 찬양하며 여호와의 전으로 나아갔습니다. 이들은 승전의 즐거움에 도취되기보다 먼저 하나님께 감사하며 찬양을 드렸습니다. 역대하 20:28에서 "무리가 비파와 수금과 나팔을 합주하고 예루살렘에 이르러 여호와의 전에 나아가니라"라고 말씀하고 있습니다.

이로써 이방 모든 나라가 여호와를 두려워하여 여호사밧의 나라가 태평하였습니다. 하나님께서 여호사밧왕이 다스리는 동안 사방에 평강을 주셨기 때문입니다(대하 20:29-30).

(3) 히스기야 시대의 찬양대

히스기야왕은 단독 통치를 시작하자마자 제사장과 레위인을 소집하여 정월 초하루부터 16일까지 성전을 정화한 후(대하 29:3-19), 다윗 시대에 마련했던 찬양대의 반열 제도를 부활시켰습니다(대하

29:25-30).

히스기야가 찬양대 조직을 다시 정비하므로, 레위 사람은 다윗의 악기를 잡고 제사장은 나팔을 잡고 섰습니다(대하 29:25-26). 여기 '다윗의 악기'(대하 29:26-27)란 언약궤를 다윗성으로 옮겨올 때 사용된 비파와 제금과 수금 등을 일컫는 말입니다(대상 15:16, 28, 16:5, 23:5). 히스기야가 명한 대로 번제를 드리고 그 번제의 희생 제물이 다 타기까지 다윗과 선견자 아삽의 시(詩)로 노래하며 여호와를 찬송하고, 나팔을 불며, 다윗의 악기를 울리고, 온 회중의 감사와 찬송이 천지를 진동하듯이 성전에 울려 퍼졌습니다(대하 29:27-28, 30).

오랜 세월 우상숭배에 찌들어 찬송하지 못하고, 죄악과 어둠으로 얼룩진 예루살렘과 유다 백성의 마음속에는 참으로 오랜만에 찬란한 태양빛이 가득히 쏟아지는 듯했습니다. 온 회중이 경배하였고(대하 29:28), 왕과 그와 함께 있는 자가 다 엎드려 경배하였습니다(대하 29:29). 레위 사람들도 왕과 귀인들의 명에 따라 다윗과 선견자 아삽의 시로 여호와를 찬송하며 "즐거움으로 찬송하고 몸을 굽혀 경배"하였습니다(대하 29:30). 이처럼 히스기야왕의 개혁으로 성전에 모인 온 회중은 크게 기뻐하며 하나님께 자원하여 경배드렸습니다.

(4) 포로 귀환 후의 찬양대

에스라, 느헤미야에 나타나는 바벨론 포로 귀환자들의 명단에는 레위 사람 아삽 자손 중 '노래하는 자' 128명도 기록되어 있습니다(스 2:41, 느 7:44에는 '148명'으로 기록, 참고-느 12:8). 느헤미야 12:24 하반절에는 "... 다윗의 명한 대로 반차를 따라 주를 찬양하며 감사하고"라고 기록하고 있습니다.

이들은 바벨론 포로에서 귀환하여 성전 재건을 시작할 때 함께 찬양하였는데, 에스라 3:10에서는 "건축자가 여호와의 전 지대를 놓을 때에 제사장들은 예복을 입고 나팔을 들고 아삽 자손 레위 사람들은 제금을 들고 서서 이스라엘 왕 다윗의 규례대로 여호와를 찬송하되"라고 말씀하고 있습니다.

이때 다른 레위인들의 직무처럼(스 6:18) 찬양대의 조직도 회복된 것으로 보입니다. 느헤미야 12:44-47을 보면, 바벨론 포로 귀환 후 율법대로 레위인들의 몫을 분배하도록 조치하면서 "옛적 다윗과 아삽의 때에는 노래하는 자의 두목(지휘자)이 있어서 하나님께 찬송하는 노래와 감사하는 노래를 하였음이며 스룹바벨과 느헤미야 때에는 온 이스라엘이 노래하는 자들과 문지기들에게 날마다 쓸 것을 주되"라고 말씀하였습니다(참고-느 11:22-23). 특히 역대상 9:33에 있는 "또 찬송하는 자가 있으니 곧 레위 족장이라 저희가 골방에 거하여 주야로 자기 직분에 골몰하므로 다른 일은 하지 아니하였더라"라는 말씀을 볼 때, 이들이 성전에 딸린 방에 살면서 밤낮으로 직무를 수행할 정도로 맡은바 사명에 전심전력했음을 알 수 있습니다. 이런 사람들이 바로 시편 84:4의 "주의 집에 거하는 자가 복이 있나이다 저희가 항상 주를 찬송하리이다(셀라)"라는 말씀의 주인공들입니다.

느헤미야는 각처에서 레위 사람들을 찾아 예루살렘으로 데려다가 감사하며 노래하며 제금 치며 비파와 수금을 연주하면서 즐거이 봉헌식을 행하고자 했습니다(느 12:27). 이때 노래하는 자들이 벧길갈과 게바와 아스마웻 들에서 모여 왔는데, 이곳은 예루살렘에서 가까운 거리로, 그들은 필요에 따라 성전 봉사에 언제든지 즉각적으로 응하려고 예루살렘 사방에 동네를 세웠던 자들이었습니다(느 12:28-29). 성벽 낙성식을 위하여 제사장과 레위인들이 자기 몸을 정결케 하고, 또 백성과 성문과 성을 정결케 하였습니다. 그리고 감사 찬송하는 자의 큰 무리를 두 떼로 나누어 한 떼는 에스라가 인도하였고, 다른 한 떼는 느헤미야가 인도하였습니다. 무리들이 두 떼로 나뉘어, 찬양하고 감사하면서 서로 반대 방향으로 하여 성벽 위를 걷는 독특한 의식을 거행하였습니다. 에스라를 따르는 찬양 대열은 호세야와 유다 방백 절반이었고 또 아사랴, 에스라, 므술람, 유다, 베냐민, 스마야, 예레미야였습니다(느 12:32-34). 또 제사장의 자손 몇이 나팔을 잡았는데 그 이름은 스가랴, 스마야, 아사렐, 밀랄래, 길랄래, 마애, 느다넬, 유다, 하나니였습니다(느 12:35-36). 그들은 풀무 망대 윗길로 성 넓은 곳에 이르고 에브라임 문 위로 말미암아 옛문과 어문과 하나넬 망대와 함메아 망대를 지나 양문에 이르러 감옥문에까지 이르게 되었습니다(느 12:31-39).

또 느헤미야를 따르는 찬양 대열에서는 제사장 엘리아김, 마아세야, 미냐민, 미가야, 엘료에내, 스가랴, 하나냐는 다 나팔을 잡았고, 또 마아세야, 스마야, 엘르아살, 웃시, 여호하난, 말기야, 엘람, 에셀이 함께했습니다(느 12:41-42^{상}). 노래하는 자는 그 감독 예스라히야의 지도하에 크게 찬송하였습니다(느 12:42^{하}). 모든 백성이 심히 즐거워하므로 그 소리가 멀리까지 들렸습니다(느 12:43).

참으로 찬양은 하나님께서 주신 사랑과 은혜에 대한 가장 자연스러운 반응이며, 은혜 받은 자가 하나님께 그 은혜를 보답할 수 있는 통로입니다. 또한, 찬양은 자기 헌신의 고백이요, 하나님의 뜻대로 쓰이기를 바라는 기원이며, 하나님의 뜻의 실현을 갈망하면서,

그분의 영광과 능력, 지혜와 자비를 기리는 의미를 담고 있습니다. 찬양은 진정한 만족과 최상 최대 최선의 기쁨을 노래하는 것이며, 온전한 하나님의 통치가 이 땅의 모든 인류와 피조세계에 미치는 큰 복락이 됨을 기뻐하고 감사하는 것입니다. 따라서 우리는 그리스도의 희생으로 말미암은 하나님의 구원을 쉬지 않고 감사하며 영원토록 찬송해야 합니다.

히브리서 13:15 "이러므로 우리가 예수로 말미암아 항상 찬미의 제사를 하나님께 드리자 이는 그 이름을 증거하는 입술의 열매니라"

V
문지기 24반열(대상 26:1-19)
THE 24 DIVISIONS OF THE GATEKEEPERS

*유구한 역사 속에서 세계 최초로 성경적 체계화 정리

문지기(gatekeeper)는 히브리어로 '쇼에르'(שֹׁעֵר)이며, 성전의 입구나 왕의 궁전을 지키는 자들을 가리킵니다(왕하 22:4, 에 2:21). 성전은 세상과 구별된 거룩한 하나님의 임재의 장소이므로 거룩하게 보존되어야 했습니다. 따라서 성전 안에 있는 여러 문의 입구를 지키는 직무는 매우 중요하였는데, 그 일이 레위인들에게 맡겨졌습니다.

1. 문지기 직임의 중요성
The importance of the gatekeepers' duties

역대상 26장은 문지기의 족보를 소개하면서 "문지기의 반차(班次)가 이러하니라"라고 기록하고 있으며(대상 26:1), 마지막 19절에서는 "고라와 므라리 자손의 문지기의 반차가 이러하였더라"로 끝나고 있습니다. 성전을 지키는 문지기는 얼핏 보기에는 비천한 일로 보일 수 있지만, 하나님의 택하심을 입은 레위 가문에게만 허락된 특별한 직분이었으며, 문지기들의 이름은 족보에서 아주 많은 분량을 차지하고 있습니다. 족보에 기록된 문지기 직임의 중요성을 살펴보면 다음과 같습니다.

첫째, 하나님의 전을 보호하기 위해 택함을 받아 족보에 기록된 자들입니다.

역대상 9:22에서 "택함을 입어 문지기 된 자가 모두 이백 열둘이니 이는 그 향리에서 그 보계대로 계수된 자요 다윗과 선견자 사무엘이 전에 세워서 이 직분을 맡긴 자라"라고 말씀하고 있습니다.

모세와 함께했던 광야 생활 말기부터 다윗 때까지 조상 대대로 레위 지파가 성전의 문지기를 맡아 왔습니다. 역대상 9:19-20을 보면 "그 열조도 여호와의 영을 맡고 그 들어가는 곳을 지켰으며 여호와께서 함께하신 엘르아살의 아들 비느하스가 옛적에 그 무리를 거느렸고"라고 말씀하고 있습니다.

가나안 입성 약 2개월 전 광야 2세대가 싯딤에서 모압 여인들과의 음행과 우상숭배로 큰 재앙을 받게 되었을 때, 레위 지파의 비느하스가 음행한 남녀의 배를 창으로 꿰뚫어 죽이므로 염병이 그쳤는데(민 25:1-8), 이때 하나님께서는 그와 그 집안을 영원히 제사장 가문으로 삼으실 것을 언약하셨습니다(민 25:13). 이 제사장 언약을 받은 비느하스가 문지기들을 거느렸다는 것은 문지기 직분도 하나님의 언약 속에서 주어진 것임을 암시하고 있습니다.

둘째, 자손 대대로 끊이지 않고 복을 받아 계승된 직분입니다.

역대상 9장에 기록된 레위인의 족보 중에서 성전 문지기의 족보(대상 9:17-27)가 가장 큰 비중을 차지하고 있음을 주목해야 합니다. 예루살렘에 정착한 문지기들은 살룸, 악굽, 달몬, 아히만과 그 형제

군데에 기록되어 있는데, 역대상 9:17-27(귀환 이후 212명), 에스라 2:42(1차 귀환 후 스룹바벨 성전 재건 때 139명), 느헤미야 11:19(예루살렘 성벽 재건 때 172명) 등에 그들의 명단과 숫자가 계보대로 기록되었습니다.

이렇게 문지기의 족보가 시대마다 언급되고 있는 것은 문지기의 자손들이 하나님의 축복을 받아 계속하여 번창하였음을 보여줍니다.

셋째, 다 능력 있는 자로 직임을 얻어 여호와의 전에서 섬기는 자들입니다.

역대상 26:7에서는 문지기들을 "능력이 있는 자니", 역대상 26:8에서는 "저희와 그 아들들과 그 형제들은 다 능력이 있어 그 직무를 잘하는 자니"라고 말씀하고 있으며, 역대상 26:9에서도 "능력 있는 자며"라고 말씀하고 있습니다. 문지기들은 외부인들의 출입을 철저히 막고 성전문을 지키는 자들로서, 이 직무를 감당할 힘과 명철과 지혜를 소유한 자들입니다. 특히, 역대상 26:14에서는 북방 문을 지키기 위하여 뽑힌 스가랴를 가리켜 "명철한 의사"라고 말씀하고 있는데, 표준새번역에서는 이를 "슬기로운 참모"라고 번역하였습니다.

이러한 문지기들 역시 다른 레위인들과 마찬가지로 여호와의 전에서 섬기는 직무를 맡은 자들이었습니다. 역대상 26:1-11에서 문지기 반장의 족보(93명)를 기록한 후에 "이상은 다 문지기의 반장으로서 그 형제처럼 직임을 얻어 여호와의 전에서 섬기는 자라"(대상 26:12)라고 말씀하고 있습니다.

2. 문지기 24반열 조직(대상 26:1-19)
The organization of the 24 divisions of the gatekeepers (1 Chr 26:1-19)

성경에는 문지기들이 24반열로 나뉘어졌다는 직접적인 기록은 없지만, 역대상 26:1과 역대하 8:14을 볼 때, 문지기들도 24반열로 조직되었다는 것을 간접적으로 알 수 있습니다. 역대하 8:14에서 "솔로몬이 또 그 부친 다윗의 정규를 좇아 제사장들의 반차를 정하여 섬기게 하고 레위 사람에게도 그 직분을 맡겨 매일에 합의한 대로 찬송하며 제사장들 앞에서 수종 들게 하며 또 문지기로 그 반차를 좇아 각 문을 지키게 하였으니 이는 하나님의 사람 다윗이 전에 이렇게 명하였음이라"라고 말씀하고 있습니다.

문지기는 고라와 므라리 자손으로 이루어졌으며(대상 26:1, 10, 19, 참고-대상 9:19), 이 가운데 반장으로 활약한 자들은 므셀레먀계(系)가 18명(대상 26:9), 오벧에돔계가 62명(대상 26:8), 호사계가 13명(대상 26:11) 등으로 총 93명이었습니다. 다윗왕이 성전 예배를 준비하기 위해 소집한 문지기의 수는 4,000명이었으므로(대상 23:5), 이들은 각각 그 수하에 43명의 문지기들을 거느렸던 셈입니다.

'므셀레먀'(מְשֶׁלֶמְיָה)는 '주는 나의 행복'이라는 뜻으로, 그 이름의 축약형인 '셀레먀'(שֶׁלֶמְיָה)로도 불리며(대상 26:14), 역대상 9:21에는 '므셀레먀'로 언급되어 있습니다.

역대상 26:13에서는 "각 문을 지키기 위하여 그 종족을 따라 무론대소하고 다 제비 뽑혔으니"라고 하였습니다. 문지기들은 동쪽 문에 6명, 북쪽 문과 남쪽 문에 각각 4명, 낭실 서편 큰길에 4명, 낭실에 2명, 곳간 두 곳에 각 2명씩, 도합 7장소에서 24명이 한 조가 되어 파수하였습니다(대상 26:17-18, 참고-대상 26:20).

고라 족속 아삽의 자손에 속한 문지기들(대상 26:1-9)
The Gatekeepers from the Sons of Asaph the Korahite (1 Chr 26:1-9)

므셀레먀계(系) The Line of Meshelemiah / מְשֶׁלֶמְיָה	주는 나의 행복	대상 26:1-2, 9
1 스가랴(장자) / Zechariah / זְכַרְיָה	여호와께서 기억하셨다	대상 26:2
2 여디아엘 / Jediael / יְדִיעֲאֵל	하나님께서 아시는 자	대상 26:2
3 스바댜 / Zebadiah / זְבַדְיָה	여호와께서 주셨다, 여호와께서 선물하셨다	대상 26:2
4 야드니엘 / Jathniel / יַתְנִיאֵל	하나님께서 고용하신다	대상 26:2
5 엘람 / Elam / עֵילָם	높은 곳	대상 26:3
6 여호하난 / Johanan / יְהוֹחָנָן	여호와께서 은혜로우시다	대상 26:3
7 엘여호에내 / Eliehoenai / אֶלְיְהוֹעֵינַי	내 눈이 여호와를 향하여 있다	대상 26:3
므셀레먀의 18인(人) "능력 있는 자" 18 sons and relatives of Meshelemiah, the "valiant men"		대상 26:9
오벧에돔계(系) The Line of Obed-edom / עֹבֵד אֱדֹם	에돔의 종, 에돔의 예배자	대상 26:4
스마야(장자) / Shemaiah / שְׁמַעְיָה	여호와께서 응답하신다	대상 26:4
1 여호사밧 / Jehozabad / יְהוֹזָבָד	여호와께서 주신다	대상 26:4
2 요아 / Joah / יוֹאָח	여호와께서 나의 형제이시다	대상 26:4
3 사갈 / Sacar / שָׂכָר	삯, 짐, 노역	대상 26:4
4 느다넬 / Nethanel / נְתַנְאֵל	하나님께서 주셨다	대상 26:4
5 암미엘 / Ammiel / עַמִּיאֵל	하나님께서 나의 친족이시다	대상 26:5
6 잇사갈 / Issachar / יִשָּׂשכָר	값을 지불하고 고용하다	대상 26:5
7 브울래대 / Peullethai / פְּעֻלְּתַי	여호와는 상급, 일	대상 26:5
스마야계(系) The Line of Shemaiah / שְׁמַעְיָה	여호와께서 응답하신다	대상 26:6
1 오드니 / Othni / עָתְנִי	여호와의 사자	대상 26:7
2 르바엘 / Rephael / רְפָאֵל	하나님께서 낫게 하시다	대상 26:7
3 오벳 / Obed / עוֹבֵד	종, 섬기는 자	대상 26:7
4 엘사밧 / Elzabad / אֶלְזָבָד	하나님께서 주셨다	대상 26:7
5 엘리후 / Elihu / אֱלִיהוּ	여호와께서 나의 하나님이시다	대상 26:7
6 스마갸 / Semachiah / סְמַכְיָהוּ	여호와께서 지지하신다	대상 26:7
오벧에돔의 62인(人) "다 능력이 있어 그 직무를 잘 하는 자" 62 sons and relatives of Obed-edom, "able men with strength for the service"		대상 26:8

V. 문지기 24반열(대상 26:1-19)

므라리 자손에 속한 문지기들(대상 26:10-11)
The Gatekeepers from the Sons of Merari (1 Chr 26:10-11)

호사계(系) The Line of Hosah / חֹסָה	도피처	대상 26:10
1	시므리(장자) / Shimri / שִׁמְרִי	깨어 지키는, 주시하는	대상 26:10
2	힐기야 / Hilkiah / חִלְקִיָּה	여호와는 나의 분깃	대상 26:11
3	드발리야 / Tebaliah / טְבַלְיָהוּ	여호와께서 성결하심	대상 26:11
4	스가랴 / Zechariah / זְכַרְיָה	여호와께서 기억하신다	대상 26:11
호사의 13인(人) 13 sons and relatives of Hosah		대상 26:11

한편, 여호람의 아내였던 북 이스라엘 아합왕의 딸 악녀 아달랴의 6년 통치 기간(주전 840-835년 - 왕하 11:3, 대하 22:12) 동안에 성전에서 드리는 모든 제사와 찬송 등이 폐지되거나 부패하여, 다윗이 정한 성전 직무의 질서가 완전히 무너졌습니다. 이때 아달랴를 몰아내고 다윗의 자손 요아스를 왕으로 세우는 데 성공한 대제사장 여호야다는(왕하 11:4-16, 대하 23:1-15) 우상을 깨뜨리고, 바알의 제사장을 죽이고, 여호와의 전의 직원을 세워 레위 사람의 수하에 맡겼습니다(대하 23:18上). 그리고 과거 다윗의 24반열 제도를 회복하여 율법에 기록된 대로 번제를 드리며, 정한 규례대로 즐거운 노래로 찬양하도록 하였습니다(대하 23:18下). 여호야다는 무너졌던 성전 의식 절차를 회복하였을 뿐만 아니라, 문지기 직분도 되살려 여호와의 전 여러 문에 세움으로 부정한 자는 들어오지 못하도록 하였던 것입니다(대하 23:19).

바벨론 포로 귀환 후 다른 레위인들의 직무처럼 문지기의 반열 조직도 회복되었습니다. 역대상 9:17-27에는 포로 귀환기의 문지기들이 기록되어 있는데, 두목인 살룸과 악굽과 달몬과 아히만과 그 형제들을 포함하여 모두 212명이었습니다(대상 9:17, 22). 그들은 "그 반열을 좇아" 여호와의 전 곧 성막 문을 지켰습니다(대상 9:23-24). 또한, 문지기의 두목 된 레위 사람 네 명이 긴요한 직분을 맡아 하나님의 전 모든 방과 곳간을 지켰습니다(대상 9:26). 문지기 두목 네 사람 외에 다른 레위 사람들은 조상으로부터 물려받은 기업의 향리에 계속 머물면서 "이레(7일)마다 와서 함께" 그들의 직임을 수행하였습니다(대상 9:25). 느헤미야 12:25에도 "맛다냐와 박부갸와 오바댜와 므술람과 달몬과 악굽은 다 문지기로서 반차대로 문 안의 곳간을 파수하였나니"라고 말씀하고 있습니다. 역대상 9:17에 등장하는 살룸은 느헤미야 12:25의 므술람과 동일인입니다.

3. 성전 문지기의 역사와 직무
The history and duties of the temple gatekeepers

성경에 기록된 성전 문지기의 역사를 보면 그들이 담당한 직무는 매우 중대하고 다양했습니다.

(1) 성전 문을 지켰습니다(대상 9:17-27).

문지기들은 여호와의 전에서 각 문을 지키기 위해 뽑힌 자들로(대상 26:12-13), "그 반열을 좇아"(각 직무를 따라) 성전의 동서남북 사방에 배치되어 성전을 철저히 지켰습니다(대상 9:23). 그들은 매일 아침에 열쇠로 문을 여는 책임이 있었는데(대상 9:27), 성전은 밤에는 출입이 통제되어 잠겨 있다가 아침마다 개방되었습니다. 이들은 성전의 정결과 안전을 유지하고, 예배에 해를 끼칠 수 있는 모든 것을 예방하기 위하여 하루 종일 이 문들을 지켰습니다. 또한, 문 주변을 청소하거나 문에 광택을 내는 일을 하였습니다.

(2) 언약궤 앞에서 문 지키며 보호하는 일을 하였습니다
(대상 15: 23-24).

역대상 15:23-24에는 언약궤 앞에서 문을 지키는 자가 모두 네 명 언급되고 있는데, "베레갸와 엘가나는 궤 앞에서 문을 지키는 자요"(23절), "오벧에돔과 여히야는 궤 앞에서 문을 지키는 자더라"(24절)라고 말씀하고 있습니다. 이 사람들은 아무도 법궤를 만지거나 가까이하지 못하도록 하는 임무를 맡았던 것으로 보입니다. 여기 므라리 자손 오벧에돔은 에단(여두둔)의 자손으로(대상 15:17, 24, 16:38), 3개월 동안 법궤를 자기 집에 모셨던 오벧에돔과는 다른 사람입니다(삼하 6:10-11, 대상 26:4-5). 그리고 제사장 스바냐와 요사밧과 느다넬과 아미새와 스가랴와 브나야와 엘리에셀 7명은 하나님의 궤 앞에서 나팔을 불었습니다(대상 15:24).

다윗은 언약궤를 안치한 후 아삽과 그 형제를 여호와의 언약궤 앞에 머무르게 하여 항상 그 궤 앞에서 섬기게 하였고, 오벧에돔과 그 형제 68인과 여두둔의 아들 오벧에돔과 호사로 문지기를 삼았습니다(대상 16:37-38).

(3) 부정한 자가 성전에 들어오지 못하게 하였습니다
(대하 23:6, 9).

대제사장 여호야다는 요아스의 즉위식을 준비하면서 "제사장과 수종 드는 레위 사람은 거룩한즉 여호와의 전에 들어오려니와 그 외의 다른 사람은 들어오지 못할 것이니 모든 백성은 여호와의 명하신 바를 지킬지며"(대하 23:6)라고 명하였습니다. 또한, 문지기를 여호와의 전 여러 문에 두어 무릇 아무 일에든지 부정한 자는 들어오지 못하게 하였습니다(대하 23:19).

(4) 성전 예물을 관리하며 분배하였습니다(대하 31:14).

역대하 31:14에는, "동문지기 레위 사람 임나의 아들 고레는 즐거이 하나님께 드리는 예물을 맡아 여호와께 드리는 것과 모든 지성물을 나눠 주며"라고 기록하고 있습니다. 문지기가 성전의 예물을 맡고 지성물을 분배하는 일도 했던 것입니다.

(5) 성전 모든 방과 곳간을 지켰습니다(대상 9:26, 느 12:25).

성신께서 다윗에게 가르치신 모든 성전 식양 중에 '하나님의 전 곳간과 성물 곳간'의 식양이 있었는데(대상 28:12), 그곳에는 백성이 바치는 금과 은과 보물, 십일조와 감사 헌물 및 전리품들을 보관하였습니다(왕상 7:51, 왕하 14:14, 16:8, 18:15, 24:13, 대하 31:11-14). 다윗은 솔로몬에게 성전 곳간을 건축하도록 지시하면서 그 곳간을 관리할 사람까지 정해 두었습니다(대상 26:20-28).

바벨론 포로 귀환 후에도 문지기의 반차가 존재했습니다. 역대상 9:26에는 "문지기의 두목 된 레위 사람 넷이 긴요한 직분을 맡아 하나님의 전 모든 방과 곳간을 지켰음이라"라고 말씀하고 있으며, 느헤미야 12:25에는 "맛다냐와 박부갸와 오바댜와 므술람과 달몬과 악굽은 다 문지기로서 반차대로 문 안의 곳간을 파수하였나니"라고 말씀하고 있습니다. 이처럼 문지기는 성전의 방과 곳간을 지키는 일을 하였습니다.

(6) 살래겟 문을 파수하였습니다(대상 26:16).

역대상 26:16에서 "숩빔과 호사는 서방에 당첨되어 큰 길로 통한 살래겟 문 곁에 있어 서로 대하여 파수하였으니"라고 말씀하고 있습니다. 여기 '살래겟'(שַׁלֶּכֶת) 문은 성전 서쪽에 있는 큰 길로 통하는 문입니다. 이 길은 솔로몬왕이 성전으로 올라가기 위하여 만든 '성전으로 올라가는 길'(여호와의 길)로 알려져 있습니다(왕상 10:5, 대하 9:4).

(7) 안식일에 성문을 닫고 상인의 출입을 막았습니다(느 13:19).

느헤미야는 예루살렘 성벽을 재건축하고 문지기들을 세워 성문을 지키게 하였습니다(느 7:1, 3-4). 특별히 안식일에 예루살렘에서 이루어지는 상거래 행위를 막기 위해 성문을 지키게 하였는데, 느헤미야 13:19에서는 "안식일 전 예루살렘 성문이 어두워 갈 때에 내가 명하여 성문을 닫고 안식일이 지나기 전에는 열지 말라 하고 내 종자 두어 사람을 성문마다 세워서 안식일에 아무 짐도 들어오지 못하게 하매"라고 말씀하고 있습니다. 느헤미야는 또 레위 사람들을 명하여 몸을 정결케 하고 와서 성문을 지켜서 안식일로 거룩하게 하라고 하였습니다(느 13:22).

시편 84편은 "고라 자손의 시, 영장으로 깃딧에 맞춘 노래"라는 표제가 붙어 있습니다. 고라는 모세와 아론의 직분과 권위에 도전했다가 하나님의 심판을 받아 광야에서 죽은 인물인데(민 16:1-3, 28-35), 그 아들들은 죽지 않고 남아 있었습니다(민 26:9-11). 후에 고라의 자손들은 성전 문지기 혹은 찬양대의 노래하는 자로 봉사했습니다(대상 6:31-38, 25:4-6, 26:1, 19, 대하 20:19). 그래서 시편에는 '고라 자손'(sons of Korah)의 이름으로 발표된 시가 무려 11편이나 됩니다(42, 44-49, 84, 85, 87, 88편).

시편 84편은 고라 자손의 문지기(대상 9:19, 26:1)가 성전에서 보고 느낀 것에 대하여 성전을 사모하는 열정을 담아 지은 노래로 추정됩니다(참고-시 84:10). '깃딧'(Gittith)은 '기쁜 곡조'라는 뜻으로, 하나님의 성전을 사모하는 시인의 넘치는 즐거움을 보여 줍니다. 시인은 성전을 가리켜 '주의 장막'(시 84:1), '여호와의 궁정'(시 84:2), '주의 집'(시 84:4), '주의 궁정'(시 84:10)이라고 다양하게 표현하고 있습니다. 성전 처마 밑에 둥지를 틀고 자유롭게 날아다니는 일개 미물에 불과한 참새와 제비를 부러워하고 흠모할 정도로, 세상 그 무엇보다 성전에 대한 소망이 강렬했습니다(시 84:1, 3). 그 영혼이 사모하므로 쇠약할 지경이었습니다(시 84:2).

이토록 성전을 사모하는 이유가 무엇입니까? 성전은 하나님이 임재하는 곳이기 때문입니다. 성전에 거함으로 하나님으로부터 복을 얻고, 힘을 얻고, 시온의 대로를 찾을 수 있기 때문입니다(시 84:4-5). 힘들고 고달픈 일들이 많고 사단의 수없는 유혹이 있을지라도 그 모든 눈물 골짜기를 지나 믿음으로 승리하여 성전에 나아가야 합니다(시 84:6-7). 그때 비로소 하나님께서 샘의 축복과 이른 비의 축복을 주시며, 모든 인생이 그토록 찾아 헤매는 참복(福)을 주십니다(시 84:6, 12).

시인은 이러한 감격을 과거에 하나님의 전에서 문지기로 있던 때를 회상하면서 "주의 궁정에서 한 날이 다른 곳에서 천 날보다 나은즉 악인의 장막에 거함보다 내 하나님 문지기로 있는 것이 좋사오니"(시 84:10)라고 절규하듯 찬송을 토해 내었던 것입니다.

과연 그곳은 하나님께서 계시는 곳, 해같이 빛나는 생명과 방패

같이 든든한 구원과 신령한 은혜와 하늘의 영화가 가득한 곳입니다(시 84:11上). 하나님께서는 정직하게 행하는 자를 결코 외면치 않으시고 그에게 좋은 것을 아끼지 않으십니다(시 84:11下). 인생 나그넷길에 수많은 눈물 골짜기를 만날 때마다 더더욱 하나님 앞에 나아가야 합니다. 위로부터 임하시는 성령의 힘을 얻으면 능히 이기고 앞으로 나갈 수 있습니다. 모든 슬픔을 잊고 하나님과 함께 신령한 교제를 나누며 풍성한 삶을 누리게 됩니다(골 3:1-4, 계 7:17).

이상에서 레위인과 제사장 그리고 찬양대와 문지기의 24반열에 대하여 살펴보았습니다. '24'는 '12'가 두 번 더해진 숫자로, '대표성'을 나타냅니다. 24반열에 들어간 사람들은 이스라엘 백성을 대표하는 자들이라고 할 수 있습니다. '12'는 이스라엘 민족을 구성하는 지파를 표시할 때 쓰이고 있는데, '12지파'라고 하면 이스라엘 전체를 가리키는 뜻으로 통합니다. 이와 관련하여 역대상 6장 대제사장의 족보가 사독을 중심으로 위로 12대, 아래로 12대로 구성되어 있는 점도 흥미롭습니다.

이러한 개념은 신약시대에 더욱 발전하여 요한계시록에서는 '24'장로가 등장하고 있는데, 이들은 '24'보좌에 앉아 있습니다(계 4:4, 10, 5:8, 11:16, 19:4). 여기 '24' 역시 '대표성'을 나타내는 숫자로, '12'는 이스라엘 12지파로 대표되는 구약 교회를, 또 '12'는 예수님의 12사도(마 10:1, 막 3:14, 눅 6:13)로 대표되는 신약 교회를 의미하는 것입니다(참고-마 19:28, 계 21:12-14). 그러므로 '24'장로는 신구약 모든 교회를 대표하는 자들인 것입니다.

이 '24'장로의 배경이 되는 것은 역대상 24:7-19에 나오는 제사장 24반열입니다. 요한계시록 5:8을 볼 때, '24'장로가 성도들의 기도가 가득한 금 대접을 가지고 어린 양 앞에 엎드리는 역할을 하고, 보좌에 앉으신 이 앞에 엎드려 세세토록 사시는 이에게 경배하고(계 4:10), 또 새 노래를 노래하면서 경배하는 역할을 하는 것(계 5:9-10)은 구약 24반열의 모습을 떠올리게 합니다. 결국 하나님께서는 24반열을 통하여 오늘날 제사장의 사명을 감당해야 할 성도들이(벧전 2:9) 어떤 모습으로 신앙생활을 해야 하는가를 보여 주신 것입니다.

제 4 장

대제사장의 족보

The Genealogy of the High Priests

대제사장의 족보
The Genealogy of the High Priests

일반적으로 족보는 '한 종족(宗族)의 계통을 부계(父系) 중심으로 도표화하고 아울러 그 발자취의 대강을 알기 쉽게 설명한 책'으로, '동일 혈족(血族)의 원류를 밝힘으로써 그 혈통을 존중하며, 가통(家統)의 계승을 명예로 삼아 효(孝)의 근본을 이루기 위한 집안의 역사책'입니다. 이와 마찬가지로 성경의 족보 역시 구속사의 중대한 시기마다 기록되어, 구속사의 원동력인 언약의 흐름과 그 성취 과정을 일목요연하게 보여 줌으로써 거대한 구속사를 한눈에 조망하게 해 줍니다.

신구약성경에는 많은 종류의 족보가 끊임없이 등장하고 있습니다. 그 모든 족보의 밑뿌리에는 '언약'의 힘이 강하게 떠받치고 있으며, 성경은 족보를 통해 그 언약의 성취를 투명하게 밝혀 나갑니다. 언약의 핵심은 '아담 타락 이후 죄인들을 구원하기 위하여 이 세상에 구주를 보내시려는 하나님의 사랑'입니다. 이 언약은 위대한 구속 사역의 원동력입니다. 성경에 언약을 기반으로 하지 않는 족보는 없습니다. 성경의 족보는 언약과 구속사를 배우는 첫걸음이자 지름길입니다. 성경의 족보를 통해서 우리는 하나님의 언약 속에 담겨 흐르는 생명력 넘치는 구속사를 선명하게 깨닫고 체험할 수 있습니다.

I
대제사장의 족보
The Genealogy of the High Priests

구약성경을 여는 창세기는 열 개의 족보(톨도트)로 이루어져 있습니다. 특히 구약 역사를 마무리하는 역대기는 역대상 1장부터 9장까지와 23장부터 26장까지 많은 분량을 족보의 기록에 할애하고 있습니다. 역대기 족보의 중심은 그 구조와 분량과 내용면에서 볼 때 레위 지파에 집중되고, 그중에서도 특별히 제사장의 족보에 큰 무게를 두고 있습니다.

제사장은 구약시대에 하나님과 이스라엘 백성 사이에서 중보자 역할을 담당한 거룩한 직분입니다. 하나님의 말씀을 대변하는 선지자들과 달리, 제사장은 백성을 위하여 짐승의 피를 흘려 속죄제를 드림으로써 죄 사함을 받도록 하는 사람들입니다. 대제사장은 1년에 하루 속죄일에 지성소에 들어가 온 백성의 죄를 속하는 일을 했습니다(레 16:1-34, 히 9:7).

대제사장의 족보를 기록하고 있는 역대상 6:3-15에는 아론으로부터 주전 586년 예루살렘 성전이 파괴되고 바벨론으로 끌려간 스라야와 그의 아들 여호사닥에 이르기까지 23명의 제사장이 기록되어 있습니다.[20] 그리고 느헤미야 12:10-11에는 바벨론에서 귀환한 이후 예수아(여호수아)부터 바사 시대의 얏두아까지 **6명**의 제사장이 추가적으로 기록되어 있습니다. 성경에는 이렇게 아론부터 한 혈통으로 이어지는 29명의 제사장이 기록되어 있습니다. 이 족보는 중간에 생략된 부분이 있어 혈통적으로 완벽하게 기록된 족보가 아니며, 기록된 29명이 모두 성전 제사의 우두머리인 대제사장을 맡았는지도 불확실합니다.

1. 대제사장의 원어적 의미
The meaning of "high priest" in the original language

'대제사장'을 가리키는 히브리어로는 '코헨 가돌'(כֹּהֵן גָּדוֹל)과 '코헨 로쉬'(כֹּהֵן רֹאשׁ)가 있습니다.

(1) 코헨 가돌(כֹּהֵן גָּדוֹל)

'코헨 가돌'은 '제사장'을 뜻하는 '코헨'(כֹּהֵן)과 '큰, 존귀한, 위대한, 고상한'을 뜻하는 '가돌'(גָּדוֹל)의 합성어로, 역사적으로 남 유다 제8대 왕 요아스 시대의 대제사장 여호야다(왕하 12:10, 참고-왕하 12:7)와 약 200년 후 제16대 왕 요시야 시대의 대제사장 힐기야(왕하 22:4, 8, 23:4), 그리고 바벨론 포로에서 귀환한 후 느헤미야 시대의 대제사장 엘리아십(느 3:1)에게 사용되었습니다.

특히 열왕기하 12:7에서 여호야다를 가리키는 "대제사장"은 히브리어 '하코헨'(הַכֹּהֵן)입니다. 번역하면 '그 제사장'이란 뜻이지만, 같은 구절의 다른 제사장들을 뜻하는 '하코하님'(הַכֹּהֲנִים, 복수)과 구별하기 위해 "대제사장"이라고 번역하였습니다. 느헤미야 3:1에 "대제사장 엘리아십과 그 형제 제사장들"로 번역된 것도 열왕기하 12:7과 비슷한 경우입니다. 또 열왕기하 12:7과 관련 구절인 역대하 24:6에는 '대제사장' '하코헨'(הַכֹּהֵן) 대신에 '그 우두머리'라는 뜻의 '하로쉬'(הָרֹאשׁ)로 기록하여, 여호야다가 일반 제사장들의 우두머리인 대제사장이었음을 분명히 밝히고 있습니다.

(2) 코헨 로쉬(כֹּהֵן רֹאשׁ)

'코헨 로쉬'는 '제사장'을 뜻하는 '코헨'(כֹּהֵן)과 '머리, 정상, 지도자'를 뜻하는 '로쉬'(רֹאשׁ)가 합성된 것입니다. 이것이 역사적으로 쓰인 경우는 다음과 같습니다.

대제사장 아론(스 7:5), 여호사밧 시대의 대제사장 아마랴(대하 19:11), 요아스 시대의 대제사장 여호야다(대하 24:6), 웃시야 시대의 대제사장 아사랴(대하 26:20), 히스기야 시대의 대제사장 아사랴(대하 31:10), 남 유다가 망할 때인 시드기야 시대의 대제사장 스라야(왕하 25:18, 렘 52:24)를 가리킬 때 쓰였으며, 다윗의 시위대장이자 세 용사 중 하나인 브나야의 부친 여호야다(대상 27:5, 참고-삼하 8:18, 대상 12:27 '아론의 집 족장')에게도 사용되었습니다.

참고로, 역대하 35:8에서는 대제사장 힐기야를 포함한 최고 지도자에게 히브리어 '나기드'(נָגִיד)를 사용하여 하나님의 전을 "주장하는 자(나기드)"라고 기록하고 있습니다. 원래 '나기드'는 한 국가의 왕을 나타내는 단어로, 다윗, 솔로몬, 히스기야 같은 왕들에게 사용되었습니다(삼하 5:2, 6:21, 7:8, 왕상 1:35, 왕하 20:5, 단 11:22). 또한, 나기드는 역대상 9:11에는 하나님의 전을 "맡은 자", 역대하 31:13에는 하나님의 전을 "관리하는 자"로 사용되었습니다.

*유구한 역사 속에서 세계 최초로 성경적 체계화 정리
2. 아론부터 주후 70년까지의 대제사장 77대
Seventy-seven generations of high priests from the time of Aaron to AD 70

역대상 6:1-14에 기록된 레위 자손의 족보를 보면 레위의 아들 고핫으로 시작하여 마지막에는 여호사닥이 나옵니다. 그 가운데 다윗과 솔로몬 시대에 직무를 감당한 사독(대상 6:8)을 중심으로 사독 전에 12명(고핫-아히둡), 사독 후에 12명(아히마아스-여호사닥)이 기록된 것을 볼 때, 사독을 중심으로 X자형 구조를 이루고 있음을 알 수 있습니다. 역대상 6:1-14의 족보는 아론의 아들 엘르아살과 그 후손인 사독 계열의 족보로, 혈통으로도 한 계통인 것이 분명합니다.

대제사장의 역사는 성전의 역사와 함께합니다. 성전 없이는 대제사장도 무의미하기 때문입니다. 남 유다가 바벨론의 느부갓네살의 침공을 받아 예루살렘 성전이 불태워졌을 때, 대제사장 스라야와 부제사장 스바냐가 하맛 땅 립나에서 느부갓네살에게 쳐 죽임을 당한 일이 이를 잘 입증해 줍니다(왕하 25:9, 18-21).

최초의 대제사장 아론부터 아히둡까지 10명의 대제사장은 주전 1445년 시내 광야에서부터 시작된 장막 성전(출 40:1-38)에서 봉사하였고, 사독부터 주전 586년 남 유다가 멸망할 때 대제사장이었던 스라야(그 아들 여호사닥)까지는 솔로몬 통치 제4년부터 짓기 시작하여 6년 6개월[21] 만에 필역된 솔로몬 성전(왕상 6:37-38, 대하 3:1-2)에서 봉사하였습니다. 그리고 대제사장 여호수아부터 얏두아까지는 바사 왕 다리오 제2년 6월 24일부터 짓기 시작하여 다리오 제

6년 아달월(12월) 3일까지 약 4년 5개월 만에 완공된 스룹바벨 성전(학 1:15, 스 6:15-22)에서 봉사하였습니다. 헤롯 대왕(주전 37-4년)에 의해 주전 20(19)년부터 주후 63(64)년까지 약 83년간(요 2:20) 지어진 헤롯 성전에서는 가야바(Joseph Caiaphas)를 비롯한 17명의 대제사장이 봉사하였습니다.

구약시대가 끝난 후에도 대제사장의 역사는 계속되는데, 신구약 중간기와 예수 그리스도의 33년 생애를 거쳐, 주후 70년에 로마의 디도(Titus) 장군(로마 황제 베스파시안의 아들)에 의해 성전이 완전히 파괴될 때까지입니다. 구약성경에 기록된 마지막 대제사장 '얏두아' 후 48대의 대제사장들의 사역과 그들이 섬겼던 기간은 유대 역사가 요세푸스가 기록한 「유대고대사」, 「유대전쟁사」와, 주전 2~1세기의 유대 역사서 「마카비 1서」, 「마카비 2서」 그리고 신약성경에 자세히 기록되어 있습니다.

주전 1445년에 아론부터 시작된 대제사장의 역사는 예루살렘이 멸망한 주후 70년까지 약 1,500년간 이어졌는데, 대제사장은 74명이었으며 대수로는 77대입니다. 이들은 세 부류로 분류할 수 있습니다.

첫째, 구약성경에 기록된 아론부터 얏두아까지 29대입니다. 이들은 장막 성전, 솔로몬 성전, 스룹바벨 성전 등 그들이 섬긴 성전별로 구분하였습니다.

둘째, 오니아스 1세부터 안티고누스까지 19대(18명)입니다. 이들은 바사 멸망 후 헬라의 프톨레미 왕조와 셀류쿠스 왕조의 지배 시대를 지나 유대 독립 시대까지 활동하였으며, 각 시대별로 구분하였습니다.

셋째, 헤롯 대왕이 임명한 대제사장 아나넬부터 주후 70년 예루살렘 멸망 때까지 29대입니다. 이 시기의 대제사장들은 그들을 임명한 자들에 따라 구분하였습니다.

성전별 구분 29대	모세 장막 성전	주전 1445-959년 / 10대
	솔로몬 성전	주전 959-586년 / 13대
	스룹바벨 성전	주전 515-320년 / 6대
시대별 구분 19대	프톨레미, 셀류쿠스 지배 시대	주전 320-175년 / 7대
	셀류쿠스 지배 시대(극악한 대제사장)	주전 175-159년 / 3대
	대제사장 공백기	주전 159-152년
	유대 독립 시대(하스몬 왕가)	주전 152-37년 / 9대
임명자별 구분 29대	헤롯 대왕 임명	주전 37-4년 / 7대
	헤롯 아켈라오 임명	주전 4-주후 6년 / 3대
	수리아 총독 구레뇨(퀴리니우스) 임명	주후 6-9년 / 1대
	유대 총독 그라투스 임명	주후 15-26년 / 4대
	수리아 총독 비텔리우스 임명	주후 35-39년 / 2대
	헤롯 아그립바 1세 임명	주후 41-44년 / 3대
	칼키스의 헤롯 임명	주후 44-49년 / 2대
	헤롯 아그립바 2세 임명	주후 50-66년 / 6대
	유대 열심당에 의한 제비뽑기	주후 67년 / 1대
총 77대 / 주전 1445년 - 주후 70년		

위의 표에 따른 77대 대제사장의 명단은 다음과 같습니다.

1. 성전별 구분
The High Priests Classified by Temples

(1) 모세 장막 성전 / 주전 1445-959년 / 10대
Tabernacle of Moses / BC 1445-959 / 10 Generations

1	**아론** / Aaron	대상 6:3, 50, 스 7:5
2	**엘르아살** / Eleazar	대상 6:3-4, 50, 스 7:5
3	**비느하스** / Phinehas	대상 6:4, 50, 스 7:5

4	아비수아 / Abishua	대상 6:4-5, 50, 스 7:5	
5	북기 / Bukki	대상 6:5, 51, 스 7:4	
6	웃시(웃시엘) / Uzzi (Uzziel)	대상 6:5-6, 51, 스 7:4	
7	스라히야 / Zerahiah	대상 6:6, 51, 스 7:4	
8	므라욧 / Meraioth	대상 6:6-7, 52, 스 7:3	
9	아마랴 / Amariah	대상 6:7, 52	
10	아히둡 / Ahitub	대상 6:7-8, 52	
(2) 솔로몬 성전 / 주전 959-586년 / 13대 Temple of Solomon / 959-586 BC / 13 Generations			
1	사독 / Zadok	대상 6:8, 53	다윗왕, 솔로몬왕 삼하 8:17, 15:35, 대상 29:22
2	아히마아스 / Ahimaaz	대상 6:8-9, 53	사독의 아들 삼하 15:27
3	아사랴 / Azariah	대상 6:9	
4	요하난 / Johanan	대상 6:9-10	
5	아사랴(아사리아) / Azariah	대상 6:10-11, 왕상 4:2	
6	아마랴 / Amariah	대상 6:11	남 유다 제4대 왕 여호사밧 주전 871-847년
7	아히둡 / Ahitub	대상 6:11-12, 스 7:2	
8	사독 / Zadok	대상 6:12, 스 7:2	
9	살룸 / Shallum	대상 6:12-13, 스 7:2	
10	힐기야 / Hilkiah	대상 6:13, 스 7:1	남 유다 제16대 왕 요시야 주전 640-609ᵇ년
11	아사랴 / Azariah	대상 6:13-14, 스 7:1	
12	스라야 / Seraiah	대상 6:14, 스 7:1	남 유다 멸망 직전 주전 586년
13	여호사닥(요사닥) / Jehozadak (Jozadak)	대상 6:14-15, 스 3:2, 8, 5:2	바벨론 유수 시기

(3) 스룹바벨 성전(바사 멸망까지) / 주전 515-320년 / 6대
Temple of Zerubbabel (until the fall of Persia) / 515-320 BC / 6 Generations

1	여호수아(예수아) / Joshua (Jeshua)	느 12:10, 학 1:1, 12, 14, 2:2, 4, 슥 6:11, 스 2:2	주전 515-490 / 25년
2	요야김 / Joiakim	느 12:10, 12, 26	주전 490-470 / 20년
3	엘리아십 / Eliashib	느 3:1, 20-21, 12:10, 22-23, 13:4-9, 28	주전 470-433 / 37년
4	요야다 / Joiada	느 12:10-11, 22, 13:28	주전 433-410 / 23년
5	요하난(요나단) / Johanan (Jonathan)	느 12:11, 22-23	주전 410-371 / 39년
6	얏두아 / Jaddua	느 12:11, 22	주전 371-320 / 51년

2. 시대별 구분
The High Priests Classified by Time Period

(1) 프톨레미, 셀류쿠스 지배 / 주전 320-175년 / 7대
Ptolemaic and Seleucid Reigns / 320-175 BC / 7 Generations

1	오니아스 1세 / Onias I	얏두아의 아들 / son of Jaddua	주전 320-280 / 40년
2	시몬 1세 / Simon I	오니아스 1세의 아들 / son of Onias I	주전 280-260 / 20년
3	엘르아살 / Eleazar	시몬 1세의 형제 / brother of Simon I	주전 260-245 / 15년
4	므낫세 / Manasseh	오니아스 1세의 형제 / brother of Onias I	주전 245-240 / 5년
5	오니아스 2세 / Onias II	시몬 1세의 아들 / son of Simon I	주전 240-218 / 22년
6	시몬 2세 / Simon II	오니아스 2세의 아들 / son of Onias II	주전 218-185 / 33년
7	오니아스 3세 / Onias III	시몬 2세의 아들 / son of Simon II	주전 185-175 / 10년

(2) 셀류쿠스 지배(극악한 대제사장) / 주전 175-159년 / 3대
Seleucid Reign (extremely wicked high priests) / 175-159 BC / 3 Generations

1	야손 / Jason	오니아스 3세의 동생 / younger brother of Onias III	주전 175-172 / 3년
2	메네라우스 / Menelaus	오니아스 3세의 동생, 또는 시몬(성전 총책임자)의 형제 / younger brother of Onias III or brother of Simon / governor of the temple	주전 172-162 / 10년
3	알키무스(야킴) / Alcimus (Jakim)	아론의 후예 / a descendant of Aaron	주전 162-159 / 3년

(3) 대제사장 공백기 / 주전 159-152년
Interlude in the High Priesthood / 159-152 BC

(4) 유대 독립 시대(하스몬 왕가) / 주전 152-37년 / 9대
Period of Judean Independence (Hasmonean Era) / 152-37 BC / 9 Generations

1	요나단 아푸스 / Jonathan Apphus	맛다디아의 막내아들 / youngest son of Mattathias	주전 152-142 / 10년
2	시몬 (3세) 타시 / Simon (III) Thassi	요나단의 형 / older brother of Jonathan	주전 142-134 / 8년
3	요한 힐카누스 1세 / John Hyrcanus I	시몬 3세의 아들 / son of Simon III	주전 134-104 / 30년
4	아리스토불루스 1세 / Aristobulus I	힐카누스 1세의 장자 / first son of Hyrcanus I	주전 104-103 / 1년
5	알렉산더 얀나 / Alexander Jannaeus	아리스토불루스 1세의 동생 / younger brother of Aristobulus I	주전 103-76 / 27년
6	힐카누스 2세 / Hyrcanus II	알렉산더 얀나의 장자 / first son of Alexander Jannaeus	주전 76-67 / 9년
7	아리스토불루스 2세 / Aristobulus II	알렉산더 얀나의 차자 / second son of Alexander Jannaeus	주전 67-63 / 3년 3개월 또는 3년 6개월
8	힐카누스 2세 / Hyrcanus II	알렉산더 얀나의 장자 / first son of Alexander Jannaeus	주전 63-40 / 23년
9	안티고누스 / Antigonus	아리스토불루스 2세의 아들 / son of Aristobulus II	주전 40-37 / 3년

3. 임명자별 구분
The High Priests Classified According to Appointer

(1) 헤롯 대왕 임명 / 주전 37-4년 / 7대
Appointed by Herod the Great / 37-4 BC / 7 Generations

1	아나넬 / Ananel	바벨론 출신 / from Babylon	주전 37-35 / 2년
2	아리스토불루스 3세 / Aristobulus III	아리스토불루스 2세 손자 / grandson of Aristobulus II	주전 35 -34 / 1년
3	아나넬 / Ananel	바벨론 출신 / from Babylon	주전 34-30 / 4년
4	예수 / Jesus	파비의 아들 / son of Phabi	주전 30-24 / 6년
5	시몬 / Simon	보에두스의 아들 / son of Boethus	주전 24-5 / 19년
6	맛디아 / Matthias	데오빌루스의 아들 / son of Theophilus	주전 5-4 / 1년
7	요아살 / Joasar	보에두스의 아들 / son of Boethus	주전 4 / 1년

(2) 헤롯 아켈라오 임명 / 주전 4-주후 6년 / 3대
Appointed by Herod Archelaus / 4 BC-AD 6 / 3 Generations

1	엘르아살 / Eleazar	보에두스의 아들 / son of Boethus	주전 4 / 1년
2	예수 / Jesus	시에의 아들 / son of Sie	주전 4-주후 6 / 10년
3	요아살 / Joasar	보에두스의 아들 / son of Boethus	주후 6 / 1년

(3) 수리아 총독 구레뇨(퀴리니우스) 임명 / 주후 6-9년 / 1대
Appointed by Quirinius, Governor of Syria / AD 6-9 / 1 Generation

1	안나스 / Annas	셋의 아들 / son of Seth	주후 6-15 / 9년

(4) 유대 총독 그라투스 임명 / 주후 15-26년 / 4대
Appointed by Gratus, Governor of Judea / AD 15-26 / 4 Generations

1	이스마엘 / Ishmael	파비의 아들 / son of Phabi	주후 15-16 / 1년
2	엘르아살 / Eleazar	안나스의 아들 / son of Annas	주후 16-17 / 1년
3	시몬 / Simon	카밋의 아들 / son of Camith	주후 17-18 / 1년
4	요셉 가야바 / Joseph Caiaphas	안나스의 사위 / son-in-law of Annas	주후 18-36 / 18년

(5) 수리아 총독 비텔리우스 임명 / 주후 35-39년 / 2대
Appointed by Vitellius, Governor of Syria / AD 35-39 / 2 Generations

1	요나단 / Jonathan	안나스의 아들 / son of Annas	주후 36-37 / 1년
2	데오빌루스 / Theophilus	안나스의 아들 / son of Annas	주후 37-41 / 4년

(6) 헤롯 아그립바 1세 임명 / 주후 41-44년 / 3대
Appointed by Herod Agrippa I / AD 41-44 / 3 Generations

1	시몬 칸데라스 / Simon Cantheras	보에두스의 아들 / son of Boethus	주후 41-42 / 1년
2	맛디아 / Matthias	안나스의 아들 / son of Annas	주후 42-43 / 1년
3	엘리오네우스 / Elioneus	칸데라스의 아들 / son of Cantheras	주후 43-45 / 2년

(7) 칼키스의 헤롯 임명 / 주후 44-49년 / 2대
Appointed by Herod of Chalcis / AD 44-49 / 2 Generations

1	요세푸스 / Josephus	카미의 아들 / son of Camei	주후 45-48 / 3년
2	아나니아 / Ananias	네데바이우스의 아들 / son of Nedebaius	주후 48-59 / 11년

(8) 헤롯 아그립바 2세 임명 / 주후 50-66년 / 6대
Appointed by Herod Agrippa II / AD 50-66 / 6 Generations

1	이스마엘 / Ishmael	파비의 아들 / son of Phabi	주후 59-61 / 2년
2	요셉 카비 / Joseph Cabi	시몬의 아들 / son of Simon	주후 61-62 / 1년
3	안나스 2세 / Annas II	안나스의 아들 / son of Annas	주후 62 / 3개월
4	예수 / Jesus	담누스의 아들 / son of Damneus	주후 62-63 / 1년
5	예수 / Jesus	가말리엘의 아들 / son of Gamaliel	주후 63-64 / 1년
6	맛디아 / Matthias	데오빌루스의 아들 / son of Theophilus	주후 64-66 / 2년

(9) 유대 열심당에 의한 제비뽑기 / 주후 67년 / 1대
Chosen by the Zealots by Casting Lots / AD 67 / 1 Generation

1	파니아스 / Phannias	사무엘의 아들 / son of Samuel	주후 67-70 / 3년

성경에 기록이 없는 대제사장들의 재임 기간은 다음 문헌들을 참고하여 정리하였습니다.

- Josephus, Flavius and William Whiston. *The Works of Josephus: Complete and Unabridged*. Peabody: Hendrickson, 1996.
- VanderKam, James C. *From Joshua to Caiaphas: High Priests after the Exile*. Minneapolis: Fortress Press, 2004.
- Lightfoot, John. *The Whole Works of the Rev. John Lightfoot, D.D.* Edited by John Rogers Pitman. London: J. F. Dove, 1823.
- *The Apocrypha: King James Version*. Bellingham: Logos Research Systems, 1995.
- 원용국, 「오경의 기독론(개정증보판)」 (한국기독교교육연구원, 1999), 93-95.

II
성전별로 구분한 대제사장의 역사
THE HISTORY OF HIGH PRIESTS CLASSIFIED BY TEMPLES

1. 모세의 장막 성전 The Tabernacle of Moses
주전 1445-959년 사이 10대 대제사장
Ten generations of high priests between 1445-959 BC

장막 성전은 모세가 시내산에서 하나님께 그 식양을 받아 처음 만들었습니다(출 25:9). 출애굽 1년 만인 주전 1445년 1월 1일에 성막이 완성되었는데, 구름이 회막에 덮이고 여호와의 영광이 성막에 충만했습니다(출 40:2, 17, 34). 그때부터 장막 성전은 주전 959년에 솔로몬 성전이 완성될 때까지 이동식 성소로, 이스라엘 백성은 그곳에서 하나님께 제사를 드렸습니다. 장막 성전은 하나님께서 자기 백성과 함께하시고 그들을 통치하심을 나타내시는 통로였습니다(출 25:8). 제사장과 레위 사람들은 광야에서 진이 옮겨질 때마다 장막 성전을 옮기는 수고를 통해 하나님께 헌신하였습니다(민 4:5-33, 10:17, 21).

역대상 6장에 기록된 대제사장들 중에서 아론부터 아히둡까지 10대의 대제사장들은, 고정 성전인 솔로몬 성전이 지어지기 전에 장막 성전에서 대제사장직을 수행하였습니다. 당시 대제사장은 종신직이었으므로, 이 10대의 대제사장들은 혈통으로 대를 이어 그 직분을 계승했을 것입니다(민 20:26).

아론은 주전 1530년에 태어나서 주전 1445년부터 대제사장 직무를 수행하였습니다. 아론이 대제사장 직무를 시작한 때부터 솔로몬 성전이 완성된 주전 959년까지 약 486년이 흘렀습니다. 그런데 그 사이에 대제사장이 10대밖에 되지 않는다는 것은, 대제사장들이 종신직이었다고 해도 보통 1세대를 25-30년으로 볼 때 적절치 않습니다. 그러므로 이 10대의 대제사장들 사이에는 정확한 시기는 알 수 없지만 분명히 생략된 대수가 있습니다.

역대상 6장에 기록된 제사장 사무엘의 족보가 이 사실을 뒷받침해 줍니다. 아론의 후손들 가운데 10대 아히둡은 사무엘과 동시대에 산 대제사장으로 볼 수 있습니다. 왜냐하면 아히둡은 다윗 시대 제사장이었던 사독의 아버지이기 때문입니다(삼하 8:17, 대상 6:8). 또한, 사무엘의 조상 가운데 고라는 아론과 동시대에 산 사람입니다. 왜냐하면 아론은 아므람의 아들이고, 고라는 아므람의 형제인 이스할의 아들이기 때문입니다(민 16:1, 대상 6:38).

고라부터 사무엘 사이에는 15대의 인물이 있는데(대상 6:22-27, 33-38, 삼상 1:1), 아론부터 아히둡 사이에는 8대의 인물밖에 없는 것을 볼 때, 이 시기의 대제사장의 족보는 사무엘의 족보에 비해 약 7대 정도가 생략되었음을 알 수 있습니다.

고핫(그핫) Kohath / 대상 6:2, 18, 38, 23:12			
대상 6:3	**아므람** / Amram	**이스할** / Izhar	대상 6:38
대상 6:3	**아론** / Aaron	**고라** / Korah	대상 6:38
8대 인물 기록(8 generations)		15대 인물 기록(15 generations)	
대상 6:7-8	**아히둡** / Ahitub	**사무엘** / Samuel	대상 6:33-34

| 1대 | ① 아론 | אַהֲרוֹן / Aaron / 고상 |

아론은 광야 생활 40년 동안의 세 지도자(모세, 아론, 미리암) 가운데 하나로, 거룩한 대제사장 계보의 시조입니다(대상 6:3, 출 28:1, 31:10, 35:19, 레 6:20-22, 스 7:5). 아론은 미리암의 동생이며 모세의 형으로, 83세에 부름 받았고(출 7:7), 모세가 여호와 앞에서 말이 능숙하지 못하다는 변명을 했을 때 여호와의 명령으로 모세의 대변자가 되었습니다(출 4:10-16, 7:1-2).

암미나답의 딸이고 유다 지파 방백 나손의 누이(출 6:23, 대상 2:10)인 엘리세바와 결혼하여 네 아들(나답, 아비후, 엘르아살, 이다말)을 낳았습니다(출 6:23, 대상 6:3). 그중 나답과 아비후는 여호와 앞에 다른 불로 분향하다가 불이 여호와 앞에서 나와 그들을 삼켜 버렸고 여호와 앞에서 죽어 무자하였으므로 엘르아살과 이다말이 제사장의 직분을 행하였고(레 10:1-2, 민 3:4, 26:60-61), 엘르아살이 아론을 이어 대제사장이 되었습니다(민 20:25-28, 신 10:6).

아론은 가나안 입성 직전(주전 1407년)에 123세로 죽었으므로(민 33:38-39), 그의 출생 연도는 주전 1530년입니다. 83세에 동생 모세와 함께 하나님의 부르심을 받고(출 7:7), 주전 1446년에 이스라엘 백성을 이끌고 출애굽 하였으며, 시내 광야에서 성막이 완성된 주전 1445년부터 주전 1407년까지 39년간 대제사장직을 수행하였습니다.

출애굽 후 시내 광야에 이르는 노정에서 벌어진 아말렉과의 전투에서, 아론은 훌과 함께 모세의 손을 받들어 줌으로써 이스라엘이 승리하는 데 기여하였습니다(출 17:8-13). 그리고 성막이 세워지자 아론은 백성 앞에서 하나님의 권위를 대행하는 자로서 대제사장의 직분을 수행하였고, 그 직분이 그의 자손들에게 이어졌습니다. 그래서 제사장을 가리켜 '아론의 자손'(대하 13:10), '아론의 집'(대상 12:27), '아론의 반차를 좇는 자'(히 7:11)라고 불렀습니다.

아론은 모세가 율법을 받기 위해 40일간 시내산에 올라가 있을 때 금송아지 우상숭배 사건을 선동하였습니다(출 32:1-25). 이에 하나님께서는 레위 자손의 손으로 그 형제를, 그 친구를, 그 이웃을 3천 명 가량이나 도륙하게 하셨습니다(출 32:26-28). 아론과 이스라엘 백성의 불신과 범죄는 3천 명이라는 생명을 비참하게 죽게 하는 결과를 초래했던 것입니다(출 32:28). 이튿날 모세는 백성의 죄를 속하기 위하여 차라리 자신의 이름을 생명책에서 지워 달라고 기도했습니다(출 32:30-33). 하나님께서는 수많은 백성을 죽음으로 내몬 아론을 당장에 죽이려 하셨으나, 모세의 중보기도로 그는 겨우 죽음을 면했습니다(신 9:20).

또 아론은 하세롯에 진쳤을 때, 모세가 구스 여인을 취한 일로 미리암과 함께 모세를 비방하였습니다(민 12:1-16). 하나님께서 급히 개입하셔서 그들의 불순한 의도를 드러내시고 책망하심으로써, 아론은 동생 모세의 권위를 다시 한 번 철저하게 인정하게 되었습니다(민 12:11). 그러나 가데스의 므리바 반석 사건에서 하나님의 말씀을 불신하고 거역하여 하나님의 거룩함을 나타내지 않았기 때문에, 결국 가나안 땅에 들어가지 못하고 죽게 됩니다(민 20:7-13, 22-29, 33:38-39, 신 10:6, 32:50).

모세는 여호와의 명대로 아론과 그의 아들 엘르아살과 함께 호르산에 올라, 아론에게서 거룩한 대제사장의 예복(에봇)을 벗기고 그것을 엘르아살에게 입혔습니다(민 20:25-28). 아론은 그 옷을 스스로 벗은 것이 아니라 벗김을 당한 것입니다. 아론은 하나님의 뜻에 따라 대제사장으로 위임받아 예복을 입게 되었으나, 불신의 결과로 대제사장의 직분을 박탈당하고 그 옷을 벗어야 했던 것입니다.

이때는 출애굽 제40년 5월 1일, 가나안 입성 약 8개월 전이었습니다. 아론은 83세에 부름 받아 123세까지 약 40년간 모세와 함께 광야 여정에서 많은 일을 했으나, 끝내 가나안 땅에 들어가지 못하고 광야에서 그 생을 마치고 말았습니다(민 33:38-39).

아론의 죽음은 자연사가 아니라, 하나님의 뜻을 거역한 대가로 받은 하나님의 징벌이었습니다. 아론이 죽자, 온 회중은 그를 위하여 30일간 애곡하였습니다(민 20:29). 길고 험난한 광야 40년 동안 온 백성이 추앙하고 받든 대제사장 아론이었지만, 불신과 불순종의 결과로 하나님의 말씀대로 죽었습니다. 그의 죽음은 이스라엘 온 백성이 하나님을 크게 두려워하는 계기가 되었을 것입니다.

2대 ② 엘르아살 אֶלְעָזָר / Eleazar / 하나님께서 도우셨다

아론과 엘리세바의 셋째 아들(출 6:23)이며, 형제로는 나답, 아비후, 이다말(민 3:2, 26:60, 대상 6:3, 24:1)이 있고, 부디엘의 딸과 결혼하여 비느하스를 낳았습니다(출 6:25). 대제사장의 족보에서 아론의 뒤를 이은 제2대 대제사장으로(대상 6:3-4, 50, 스 7:5), 사독과 에스라의 조상입니다(대상 6:3-15, 스 7:1-5). 엘르아살은 히브리어로 '엘아자르'(אֶלְעָזָר)인데, '엘'(אֵל: 하나님)과 '아자르'(עָזַר: 돕다, 원조하다, 지원하다)가 합성된 단어이며, '하나님께서 도우셨다'라는 뜻입니다.

엘르아살의 주된 활동 시기는, 광야에서 여호와 신앙 공동체를 형성하던 때(주전 1445-1406년)부터 가나안 땅을 정복하고 정착한 때까지(주전 1406-1390년경)입니다. 엘르아살은 이스라엘 민족이 출애굽 하여 시내산에 도착한 후, 하나님께서 주신 율법에 따라 아론과 형제들과 함께 기름 부음을 받고 거룩하게 구별되어 제사장 직분을 위임받았습니다(출 28:1, 40-41, 29:9, 30:30, 40:12-15, 민 3:2-3).

그런데 그의 형들인 나답과 아비후가 여호와께서 명하시지 않은 다른 불을 담아 분향하다가 죽었습니다(레 10:1-2). 하나님께서는 모세를 통해 아론과 그 남은 아들 엘르아살과 이다말에게 머리를 풀거나 옷을 찢어 그들의 죽음을 애통해 하지 말고, 다만 여호와의 치신 불로 인하여 슬퍼하라고 이르셨습니다(레 10:5-6). 율법에는, "여호와의 관유"(출 29:6-9, 레 10:6-7)를 부어 전적으로 여호와만 섬기도록 구별된 대제사장은 부모가 죽어도 머리를 풀거나 옷을 찢지 못하게 되어 있습니다(레 10:7, 21:10-11). 그래서 아론의 작은아버지 웃시엘의 아들 미사엘과 엘사반을 불러, 죽은 나답과 아비후를 제사장 옷을 입은 그대로 진 밖으로 메어 내게 했습니다(레 10:4-5). 형들이 죽었으므로 아론의 셋째 아들 엘르아살과 넷째 아들 이다말이 제사장 직분을 행하였습니다(민 3:4).

엘르아살은 대제사장 아론이 죽은 주전 1407년 5월 1일, 가나안 입성 8개월 전에, 아론을 대신하여 대제사장으로 임명받았습니다(민 20:25-28). 군대 계수를 받은 603,550명의 광야 제1세대 중에서 여호수아와 갈렙을 제외한 603,548명이 모두 세렛 시내를 건너기 전에 이미 다 죽고(신 2:13-16), 제2세대를 통한 가나안 정복을 앞두고 있을 때에, 대제사장직이 아론에게서 엘르아살에게로 계승된 것입니다(민 20:25-28).

　이스라엘 자손이 모압 평지에 진쳤을 때 바알브올 사건으로 염병이 일어난 다음에 제2차 인구조사를 실시하였는데, 하나님께서는 그 일을 모세와 대제사장 아론의 아들 엘르아살에게 명하셨습니다(민 26:1-4).

　그리고 모세를 이을 후계자로 여호수아를 세울 때, 하나님께서는 모세로 하여금 여호수아에게 안수하게 하고, 대제사장 엘르아살과 온 회중 앞에 여호수아를 세우고 그들의 목전에서 그에게 지도자로서의 권한을 위임하라고 말씀하셨습니다(민 27:18-20). 그리고 여호수아를 대제사장 엘르아살 앞에 서게 하여, 엘르아살이 우림의 판결법으로 여호와의 뜻을 묻게 하고, 여호수아와 온 이스라엘 회중은 엘르아살의 말을 좇아서 나가며 들어올 것이라고 말씀하셨습니다(민 27:21). '우림'은 중요한 문제에 대한 의사 결정을 하기 전에 하나님의 뜻을 파악하기 위하여 사용하던 제비뽑기 도구로서(출 28:29-30, 삼상 14:36-42), 대제사장 예복의 판결 흉패 사이에 넣고 다니던 것입니다(출 28:15-30). 모세 시대보다 대제사장의 권한이 한층 강화되었음을 보여 주는 것입니다.

　이 후 엘르아살은 여호수아와 함께 광야 제2세대를 가나안으로 이끌고 들어갔으며, 지파별로 기업의 땅을 분배하는 일을 도왔습니다(민 34:17, 수 14:1, 19:51).

　그리고 여호수아가 110세로 죽어 딤낫 세라에 장사된 뒤(수 24:29-30) 엘르아살도 죽었으며, 무리가 그를 그 아들 비느하스가 에브라임 산지에서 유업으로 받은 산에 장사하였습니다(수 24:33).

| 3대 | ③ 비느하스 | פִּינְחָס / Phinehas / 신탁, 계시 |

비느하스는 대제사장 아론의 손자이며 엘르아살의 아들(출 6:25, 대상 6:4, 50, 9:20)입니다. 대제사장의 족보에서 엘르아살의 뒤를 이은 제3대 대제사장입니다. 역대상 6:4에서 "엘르아살은 비느하스를 낳았고 비느하스는 아비수아를 낳았고"라고 말씀하고 있습니다(대상 6:50, 스 7:5). 비느하스는 히브리어 '피네하스'(פִּינְחָס)로, '신탁, 계시'라는 뜻입니다.

첫째, 하나님의 진노를 돌이켰습니다.

모압 평지에서 이스라엘 백성이 음행하여 하나님의 진노를 사서 염병으로 죽은 자가 24,000명이나 되었습니다(민 25:1-3, 9). 그런 와중에 시므온 지파 족장 시므리가 미디안 여인 고스비를 데리고 그의 장막으로 들어가 간음죄를 지을 때, 비느하스가 창을 들고 가서 두 사람의 배를 꿰뚫어 죽였으며, 그때 염병이 그쳤습니다(민 25:6-9). 하나님께서는 "비느하스가 나의 질투심으로 질투하여 이스라엘 자손 중에서 나의 노를 돌이켜서 나의 질투심으로 그들을 진멸하지 않게 하였도다"라고 말씀하셨습니다(민 25:11).

이를 계기로 하나님께서는 비느하스에게 하나님의 평화의 언약을 주셨고, 그와 그 후손에게 영원한 제사장의 직분을 약속하셨습니다(민 25:12-13). 시편 106:30-31에서는 "때에 비느하스가 일어나 처벌하니 이에 재앙이 그쳤도다 이 일을 저에게 의로 정하였으니 대대로 무궁하리로다"라고 말씀하고 있습니다.

죄가 해결되고 하나님의 진노가 사라질 때, 그곳에 평화와 의가 임하게 됩니다. 예수님께서 십자가에서 우리의 죄를 해결하사 하나님의 진노를 대신 당하심으로써, 우리에게 영원한 평화와 의를 선물로 주셨습니다.

둘째, 미디안과의 전쟁에서 승리하게 하였습니다.

미디안은 그두라가 낳은 아브라함의 후손입니다(창 25:1-2). 이들은 가나안 동편에서 모압과 결탁하여 이스라엘의 음행과 우상숭배를 조장하였습니다(민 22:7, 25:6). 이에 하나님께서는 가나안에 입성하기 전에 먼저 "미디안인들을 박해하며 그들을 치라"라고 명령하셨습니다(민 25:17). 그 이유에 대하여 "이는 그들이 궤계로 너희를 박해하되 브올의 일과 미디안 족장의 딸 곧 브올의 일로 염병이 일어난 날에 죽임을 당한 그들의 자매 고스비의 사건으로 너희를 유혹하였음이니라"라고 말씀하셨습니다(민 25:18).

미디안 족속과의 전쟁에서 모세는 매 지파에 일천 명씩 뽑았으며, 비느하스에게 성소의 기구와 신호 나팔을 들려서 그들과 함께 싸움에 내보냈습니다(민 31:3-6). 신호 나팔을 가지고 간 것은 민수기 10:9에 "또 너희 땅에서 너희가 자기를 압박하는 대적을 치러 나갈 때에는 나팔을 울려 불지니 그리하면 너희 하나님 여호와가 너희를 기억하고 너희를 너희 대적에게서 구원하리라"라는 말씀에 근거한 것입니다. 이때 비느하스와 군사들은 미디안을 쳐서 그 남자들과 다섯 왕(에위, 레겜, 수르, 후르, 레바)을 죽였으며, 이스라엘을 범죄케 한 꾀를 낸 브올의 아들 발람도 죽였습니다(민 31:7-11, 16, 수 13:22).

셋째, 요단강변의 제단 설치 문제를 해결하였습니다.

가나안 정복 전쟁에 참여하였던 요단 동편 지파의 군사들은 마침내 약 6년간의 가나안 주요 거점 정복 전쟁과 지파별 영토 분배를 마치고 자신들의 기업으로 돌아가게 되었습니다. 그들은 그 동안 보호해 주신 하나님의 은혜를 기념하며, 자신들도 요단강 서편 지파와 동일한 언약 백성임을 증거하기 위하여 요단강 서편 언덕에 큰 단을 쌓았습니다(수 22:10-11, 24-29).

이 소식을 듣고, 요단강 서편 지파들이 동편 지파들과 싸우려고 실로에 모였습니다. 큰 단을 쌓은 것을 우상숭배하려는 것으로 오해했기 때문입니다(수 22:12, 15-20). 이에 이스라엘 자손은 그 실상을 알아보기 위해 비느하스와 열 명의 두령을 뽑아서 동편 지파에게 보냈습니다(수 22:13-14).

비느하스와 두령들은 요단강 동편 지파들이 단을 쌓은 목적이 우상을 숭배하기 위한 것이 아님을 알고, 그 내용을 요단강 서편 지파들에게 잘 전하여 화해하게 하였습니다(수 22:21-34). 비느하스는 그들을 화해시켜 공동체의 분열을 방지한 현명한 중재자였습니다.

넷째, **베냐민 지파와의 전쟁 때 예배를 인도했습니다.**

사사 시대에 에브라임 산지에 사는 한 레위인이 첩을 데리고 살았는데, 그 첩이 행음하고 친정으로 돌아가자 그 레위인은 첩을 데리러 처가에 갔습니다(삿 19:1-3). 그런데 그들이 돌아오던 중, 레위인의 첩이 베냐민 지파에 속한 기브아의 비류에게 밤새도록 욕을 당하다가 새벽 미명에 놓였으나 죽고 말았습니다. 이에 레위인은 시체를 나귀에 싣고 자기 집으로 돌아가서, 그 시체를 열두 덩이로 잘라서 이스라엘 각 지파에게 보냈습니다(삿 19:22-29).

이에 분노한 이스라엘 연합군은 40만의 병력으로 베냐민 지파 26,700명과 싸웠으나 1차 싸움에서 22,000명이 죽고, 2차 싸움에서 18,000명이 죽는 패배를 당하고 말았습니다(삿 20:15, 17, 21, 25). 이에 온 이스라엘 자손 모든 백성이 올라가서 벧엘에 이르러 울며 거기서 여호와 앞에 앉고 그날이 저물도록 금식하고 번제와 화목제를 여호와 앞에 드리고 하나님께 물었습니다. 이때 예배를 인도한 사람이 바로 비느하스였습니다(삿 20:26-28). 예배 후에 이스라엘 연합군은 큰 승리를 거두었고, 베냐민 지파는 겨우 600명만 살아남게 되었습니다(삿 20:47).

성막 문을 지키는 자들의 우두머리이기도 했던 비느하스는(대상 9:19-20), 항상 이스라엘 백성과 하나님과의 관계 그리고 이스라엘 백성 상호 간의 관계를 회복시킴으로써, 이스라엘을 안정시키는 중재자의 사명을 충성되게 수행하였습니다. 성경에 비느하스의 죽음에 대한 기록은 없습니다.

아비수아(Abishua)부터 아히둡(Ahitub)까지

역대상 6장에는 비느하스 다음부터 아히둡까지 대제사장들의 계보가 기록되어 있습니다(대상 6:4-8, 50-53, 스 7:2-5). 그러나 이들의 사역에 대하여는 성경에 특별히 기록되어 있지 않습니다. 또한, 레위 자손의 또 다른 계열인 사무엘의 족보와 비교해 볼 때, 이들 사이에는 확실히 생략된 대수가 있습니다.

이들 이름의 뜻을 히브리어로 살펴보겠습니다.

| 4대 | ① 아비수아 | אֲבִישׁוּעַ / Abishua / 나의 아버지는 부유하다 |

아비수아는 비느하스의 '자손'(בֵּן, 벤)입니다(대상 6:4-5, 50, 스 7:5).

아비수아는 히브리어 '아비슈아'(אֲבִישׁוּעַ)로, '나의 아버지는 부유하다'라는 뜻입니다.

| 5대 | ② 북기 | בֻּקִּי / Bukki / 여호와로 말미암아 입증된 자 |

북기는 아비수아의 '자손'(בֵּן, 벤)입니다(대상 6:5, 51, 스 7:4). 북기는 히브리어 '북키'(בֻּקִּי)로, 북기야(בֻּקִּיָּה)의 단축형이며, '여호와로 말미암아 입증된 자'라는 뜻입니다.

| 6대 | ③ 웃시
또는 웃시엘 | עֻזִּי (עֻזִּיאֵל) / Uzzi (Uzziel)
/ 강함(하나님은 강하심) |

웃시는 북기의 '자손'(בֵּן, 벤)입니다(대상 6:5-6, 51, 스 7:4). 웃시는 히브리어 '웃지'(עֻזִּי)로, '아자즈'(עָזַז: 강하다)에서 유래하여, '강함'이라는 뜻입니다.

요세푸스는 「유대 고대사」에서 대제사장직의 계승이 웃시 후에 아론의 셋째 아들 엘르아살 계열에서 넷째 아들 이다말 계열의 엘리에게로 넘어갔다고 다음과 같이 기록하였습니다. "엘르아살의 가문이 대제사장직을 맨 처음 장악하여 대를 물렸다. 엘르아살은 대제사장직을 비느하스에게 넘겼으며, 비느하스는 아비수아에게, 아비수아는 북기에게, 북기는 다시 웃시에게 대를 물려 가며 인계하였다. 웃시의 뒤를 이어 대제사장에 오른 사람은 엘리였는데, 그의 후손은 솔로몬 때까지 대제사장직을 이어 갔다."라고 설명하고 있습니다(*Ant.* 5.361).

7대 ④ 스라히야　זְרַחְיָה / Zerahiah / 여호와께서 일어나셨다

스라히야는 웃시의 '자손'(בֵּן, 벤)입니다(대상 6:6, 51, 스 7:4). 스라히야는 히브리어 '제라흐야'(זְרַחְיָה)로, '자라흐'(זָרַח: 일어나다)와 '야흐'(יָה: 여호와의 단축형)가 합성된 단어이며, '여호와께서 일어나셨다'라는 뜻입니다.

8대 ⑤ 므라욧　מְרָיוֹת / Meraioth / 반역

므라욧은 스라히야의 '자손'(בֵּן, 벤)입니다(대상 6:6-7, 52, 스 7:3). 므라욧은 히브리어 '메라요트'(מְרָיוֹת)로, '메라야'(מְרָיָה: 반역)에서 유래하여, '반역'이라는 뜻입니다.

9대 ⑥ 아마랴　אֲמַרְיָה / Amariah / 여호와께서 말씀하셨다

아마랴는 므라욧의 '자손'(בֵּן, 벤)입니다(대상 6:7, 52). 아마랴는 히브리어 '아마르야'(אֲמַרְיָה)로, '아마르'(אָמַר: 말하다)와 '야'(יָה: 여호와)가 합성된 단어이며, '여호와께서 말씀하셨다'라는 뜻입니다.

10대 ⑦ 아히둡　אֲחִיטוּב / Ahitub / 나의 형제는 선하다

아히둡은 아마랴의 '자손'(בֵּן, 벤)이며(대상 6:7-8, 52), 사무엘하 8:17에는 사독의 아버지로 기록되어 있습니다. 아히둡은 히브리어 '아히투브'(אֲחִיטוּב)로, '아흐'(אָח: 형제)와 '투브'(טוּב: 좋은 것, 선함)가 합성된 단어이며, '나의 형제는 선하다'라는 뜻입니다.

LIFE OF SAMUEL: A PRIEST AND PROPHET
제사장 겸 선지자였던 **사무엘의 생애**

사무엘은 이스라엘이 사사 시대에서 왕정 시대로 넘어가는 과도기에 백성을 지도하고 나라를 지킨 위대한 선지자입니다. 사무엘은 히브리어 '쉐무엘'(שְׁמוּאֵל)로, '하나님께 구함'이라는 뜻이며, 아이를 낳지 못하던 그의 어머니 한나가 하나님께 간구해서 얻은 아들이었습니다(삼상 1:20). 사무엘은 제사장이요, 선지자요, 사사로서, 그의 이름은 후대에까지 크게 칭송을 받았습니다. 또한, 기도의 사람(시 99:6), 모세에 필적할 만한 위대한 지도자(렘 15:1), 예수 그리스도께서 오실 것을 예언한 선지자로 평가 받았습니다(행 3:24).

1. 출생 배경
Background of Samuel's birth

이스라엘에 각종 죄악이 만연하고 정치, 경제, 사회, 종교가 극도로 혼란하였던 사사 시대에 출생하였습니다. 사무엘의 아버지 엘가나는 레위 지파 고핫의 자손으로(대상 6:33-38), 에브라임 산지 라마다임소빔 출신이었으며(삼상 1:1), 어머니는 한나였습니다(삼상 1:19-20). 엘가나에게는 한나 외에 브닌나라는 아내가 있었는데, 한나는 무자하였고 브닌나는 자식이 있었습니다(삼상 1:2).

브닌나가 자식이 없는 한나를 심히 격동하여 번민케 하므로(삼상 1:6-7), 한나는 마음이 괴로워서 여호와의 집에 올라가 통곡하며 하나님께 서원하고 기도하였습니다. 사무엘상 1:11에서 "만군의 여호와여 만일 주의 여종의 고통을 돌아보시고 나를 생각하시고 주의 여종을 잊지 아니하사 아들을 주시면 내가 그의 평생에 그를 여호와께 드리고 삭도를 그 머리에 대지 아니하겠나이다"라고 기도하였습니다.

하나님께서는 그 기도를 들으시고 한나를 생각하사 한나에게 사무엘을 주셨습니다(삼상 1:19-20).

2. 사무엘의 족보
Samuel's genealogy

사무엘의 족보를 살펴볼 때, 그는 레위 지파 고핫 자손이며 고핫의 아들 중에 이스할(암미나답, 대상 6:22)의 후손이었습니다(출 6:18, 대상 6:22-28, 34-38). 성경에 사무엘이 레위 지파의 자손인 것이 확실히 기록되어 있는데, 자유주의 신학자 중에 사무엘이 에브라임 지파라고 주장하는 사람이 있습니다. 올브라이트(Albright)는 '사무엘은 에브라임 지파 출신임에도 불구하고 나실인으로서 성막에 소속되었으며, 사실상 자동적으로 레위적 전승에 의해 레위 지파에 속한 가계로 접붙임 받았다. 그것은 역대기의 족보가 에브라임 사람 사무엘을 레위 족보에 연결시키려 한 비역사적 시도이다'라고 설명하였습니다.[22]

그러나 사무엘상 1:1에서 사무엘의 아버지 엘가나를 에브라임 사람이라고 표현하고 있는 것은, 엘가나가 에브라임 자손이기 때문이 아니라 에브라임 산지에 거주했기 때문입니다. 레위인들은 다른 지파와는 달리 전국에 흩어져 살면서 종교적 직무를 담당했는데, 레

위 지파였던 엘가나의 조상들도 이 지역에 들어와 살게 되었을 것입니다.[23]

역대상 6장은 2절부터 28절까지 사무엘의 족보를 기술한 다음에 다시 34절부터 38절까지 반복하여 기술함으로써, 두 가지 이름으로 불린 자들이 누구인지를 알려 주고, 나아가 사무엘 계보의 중요성을 암시하고 있습니다. 그 이유는 사무엘은 사울과 다윗에게 기름을 부어 왕으로 세운 특별한 인물이기 때문입니다(삼상 11:14-15, 16:1, 13).

	대상 6:34-38	대상 6:22-28	삼상 1:1
1	레위		
2	그핫	그핫	
3	이스할	암미나답	
4	고라	고라	
5	에비아삽	앗실, 엘가나, 아비아삽(출 6:24)	
6	앗실	앗실	
7	다핫	다핫	
8	스바냐	우리엘	
	뜻: 강력하신 하나님	뜻: 빛의 하나님	
9	아사랴	웃시야	
	뜻: 여호와께서 도우셨다	뜻: 여호와는 나의 힘이시다	
10	요엘	사울	
	뜻: 여호와는 하나님	뜻: 희망, 크다	
11	엘가나	엘가나	
12	아마새	아마새, 아히못	
13	마핫		
14	엘가나	엘가나	
15	숩	소배	숩
	뜻: 꿀벌집	뜻: 포로, 경비병	뜻: 꿀벌집

16	도아	나핫	도후
	뜻: 겸손함, 아이	뜻: 휴식, 고요	뜻: 쇠약함
17	엘리엘	엘리압	엘리후
	뜻: 하나님은 하나님	뜻: 하나님께서 아버지 되심	뜻: 나의 하나님
18	여로함	여로함	여로함
19	엘가나	엘가나	엘가나
20	사무엘	사무엘	사무엘

사무엘의 족보에 나타난 특징을 살펴보면 다음과 같습니다.

첫째, 역대상 6:34-38의 족보와 역대상 6:22-28의 족보를 볼 때, 이명동인(異名同人)이 여러 번 등장합니다.

이스할(38절)은 암미나답(22절)으로, 스바냐(37절)는 우리엘(24절)로, 아사랴(36절)는 웃시야(24절)로, 요엘(36절)은 사울(24절)로, 숩(35절)은 소배(26절)로 기록되어 있습니다. 특별히 도아(35절)는 나핫(26절)과 도후(삼상 1:1)로 기록되어 있으며, 엘리엘(34절)은 엘리압(27절)과 엘리후(삼상 1:1)로 기록되어 있습니다.

남 유다 제10대 왕 웃시야(대하 26:1-4)가 아사랴(왕하 14:21, 15:1, 대상 3:12)라는 다른 이름을 가지고 있었음을 볼 때, 사무엘의 조상 가운데 등장하는 웃시야와 아사랴 역시 동일 인물로 추정됩니다. 웃시야와 아사랴가 이명동인(異名同人)이라면, 족보의 순서를 볼 때 다른 인물들도 이명동인으로 보는 것이 합당할 것입니다.

둘째, 고라의 아들을 자세히 기록하고 있습니다.

역대상 6:22-23에 "… 그 아들은 고라요 그 아들은 앗실이요 그 아들은 엘가나요 그 아들은 에비아삽이요 그 아들은 앗실이요"라고 기록하고 있어서 '고라 - 앗실 - 엘가나 - 에비아삽 - 앗실'의 순서로 내려오는 계보인 것처럼 보입니다.

그러나 역대상 6:37에는 "앗실은 에비아삽의 아들이요 에비아삽은 고라의 아들이요"라고 말씀하고 있습니다. 역대상 6:22-23에는 역대상 6:37에 나오지 않는, '앗실과 엘가나'가 추가되어 있습니다.

이 문제를 해결하는 열쇠는 출애굽기 6:24의 "고라의 아들은 앗실과 엘가나와 아비아삽이니 이들은 고라 사람의 족장이요"라는 말씀입니다. 이 말씀에 근거하여 볼 때, '앗실과 엘가나'는 에비아삽(아비아삽)과 형제인 것입니다. 그러므로 역대상 6:37의 족보는 실제 혈통 계승의 순서가 기록된 족보이며, 역대상 6:22-23에는 에비아삽의 형제인 앗실과 엘가나까지 추가하여 기록한 것임을 알 수 있습니다.

3. 엘리 제사장과의 관계
Samuel's relationship with Eli the priest

엘리 제사장은 사무엘이 태어날 당시의 대제사장이었습니다. 사무엘의 어머니 한나는 사무엘이 젖을 떼자마자 실로로 데려다가 대제사장 엘리에게 맡겨서 여호와의 집에서 양육 받도록 하였습니다(삼상 1:24-28). 엘리 제사장은 사무엘의 보호자요, 스승이었습니다(삼상 2:18-20, 3:8-9).

참고로 엘리의 가문을 살펴보면, 엘리는 아론의 아들 가운데 엘르아살 계통의 제사장이 아니라 이다말 계통의 제사장이었습니다

(참고-대상 24:3-6). 그의 아들 홉니와 비느하스는 불량자였으며 여호와를 알지 못했고 하나님의 제사를 멸시하였습니다(삼상 1:3, 2:12, 17, 34, 4:4, 11, 17). 이에 두 아들은 블레셋과의 전투에서 전사하였고, 이 소식을 들은 엘리도 자기 의자에서 자빠져 목이 부러져 죽었습니다(삼상 4:18). 이때 비느하스의 아내도 아들을 낳다가 죽어 가면서 아들 이름을 이가봇(אִיכָבוֹד: 영광이 없다)이라고 하였습니다(삼상 4:19-21). 사무엘상 14:3과 22:11을 보면, 이가봇에게 형 아히둡이 있었고, 아히둡의 아들은 아히야와 아히멜렉이었다고 기록되어 있습니다.

아히멜렉에게는 아비아달이라는 아들이 있었는데, 그는 다윗 시대에 사독과 함께 대표적인 제사장이었으며(삼하 8:17), 압살롬의 반역 때 다윗을 도왔습니다(삼하 15:24-26). 그러나 아도니야의 반역에 동참한 일로 솔로몬왕 때 대제사장직을 박탈당합니다(왕상 1:7, 2:35). 이때부터 대제사장직은 엘르아살 계열 사독의 후손들이 독점하였습니다.

4. 사무엘의 사역
Samuel's ministry

엘리 제사장이 98세로 죽자, 사무엘은 그의 뒤를 이어 선지자로서 사명을 감당하였습니다. 이때 사무엘의 나이는 성소에서 봉사 직무를 시작할 수 있었던 나이인 30세로 보입니다(주전 1102년-삼상 3:19-20, 참고-민 4:3, 삼하 5:4-5, 겔 1:1, 눅 3:23). 그 후 사무엘의 사역은 다음과 같습니다.

첫째, 미스바에서 블레셋과의 전쟁에서 승리하였습니다.

이때는 대략 주전 1082년, 사무엘 나이 50세였습니다(참고-삼상 7:1-2). 사무엘은 이스라엘의 신앙 각성 운동을 일으켜 백성을 미스바로 모이게 하였으며(삼상 7:3-5), 백성은 물을 길어 여호와 앞에 붓고 금식하며 회개하였습니다(삼상 7:6). 이때 블레셋 군대가 공격해 오자, 사무엘은 온전한 번제를 여호와께 드리고 부르짖으며 기도했습니다(삼상 7:7-9). 이 간절한 기도를 들으신 하나님께서는 큰 우레를 발하여 블레셋 군대를 어지럽게 하심으로써 이스라엘이 승리하게 하셨습니다(삼상 7:10).

사무엘은 이 승리를 기념하여 돌을 취하고 미스바와 센 사이에 세워 "여호와께서 여기까지 우리를 도우셨다"라고 하면서 '에벤에셀'(도움의 돌)이라 하였습니다(삼상 7:12).

둘째, 평생 이스라엘을 다스렸습니다.

사무엘상 7:15-17에서 "사무엘이 사는 날 동안에 이스라엘을 다스렸으되 해마다 벧엘과 길갈과 미스바로 순회하여 그 모든 곳에서 이스라엘을 다스렸고 라마로 돌아왔으니 이는 거기 자기 집이 있음이라 거기서도 이스라엘을 다스렸으며 또 거기 여호와를 위하여 단을 쌓았더라"라고 말씀하고 있습니다.

사무엘은 노년에 자기 아들 요엘과 아비야(삼상 8:1-2)를 이스라엘의 사사로 세웠으나, 그 아들들이 사무엘의 신앙의 길을 따르지 않고 뇌물을 취하고 판결을 굽게 하였습니다(삼상 8:3). 사무엘의 아들들의 범죄는 사무엘 생애에서 지우고 싶은 오점이었습니다.

셋째, 사울왕과 다윗왕에게 기름을 부었습니다.

사무엘의 아들들이 아버지의 행위를 따르지 않자, 이스라엘 모든 장로가 사무엘에게 나아와 '왕'을 요구하였습니다(삼상 8:4-5). 사무엘은 왕을 세우는 것이 곧 하나님의 통치를 거부하는 것이므로 반대했으나, 백성의 완고함 때문에 결국에는 하나님께서 사울을 택하여 기름을 붓고 왕으로 세우도록 하셨습니다(삼상 8:7, 10-22, 10:1, 11:15).

사울이 왕이 된 후에 하나님의 말씀에 불순종하자, 하나님께서는 사무엘을 통해 "왕이 여호와의 말씀을 버렸으므로 여호와께서도 왕을 버려 이스라엘 왕이 되지 못하게 하셨나이다"라고 선포하게 하셨습니다(삼상 15:22-23, 26).

그 후에 사무엘은 하나님의 지시에 따라 다윗에게 기름을 부어 사울을 대신하여 왕이 되도록 준비시켰습니다(삼상 16:1, 13).

넷째, 양심적인 지도자로, 죄에 대하여 강력하게 대처했습니다.

사무엘은 양심적인 지도자였습니다. 사울이 왕이 된 후, 사무엘은 그동안 자신의 삶이 양심에 따라 청렴결백하였음을 증거하였고(삼상 12:3, 5), 백성도 "당신이 우리를 속이지 아니하였고 압제하지 아니하였고 뉘 손에서 아무것도 취한 것이 없나이다"라고 사무엘의 증거를 인정하였습니다(삼상 12:4, 5下). 사무엘은 스스로 자신의 청렴결백을 증거할 정도로 양심적인 지도자였으며(참고-고후 4:2), 그것을 백성에게 인정받는 지도자였습니다.

사무엘은 왕을 구하는 이스라엘 백성의 죄를 강력하게 책망하였으며, 이 후로는 철저하게 하나님의 말씀에 순종하며 살 것을 촉구했습니다(삼상 12:13-15). 그리고 이스라엘이 왕을 구한 죄악을 깨닫게 하려고 비가 오지 않는 시기인 밀 베는 때에 사무엘이 기도하자, 하나님께서 우레와 비를 보내시는 것을 보고, 백성이 여호와와 사무엘을 크게 두려워하게 되었습니다(삼상 12:16-18).

또한, 사무엘은 범죄한 사울을 책망하였습니다. 사울은 "지금 가서 아말렉을 쳐서 그들의 모든 소유를 남기지 말고 진멸하되 남녀와 소아와 젖 먹는 아이와 우양과 약대와 나귀를 죽이라"(삼상 15:3)라고 하신 하나님의 말씀에 불순종하였으며, 사무엘은 이러한 사울의 죄를 지적하고, '하나님께서 사울을 버려 왕이 되지 못하게 하실 것'이라는 강력한 심판의 말씀을 전하였습니다(삼상 15:17-26).

'믿음의 장'으로 불리는 히브리서 11장에는 사무엘의 이름도 기록되어 있습니다(히 11:32). 그의 믿음은 쉬지 않는 기도와 말씀 사역에 근거하고 있습니다. 그는 사무엘상 12:23에서 "나는 너희를 위하여 기도하기를 쉬는 죄를 여호와 앞에 결단코 범치 아니하고 선하고 의로운 도로 너희를 가르칠 것인즉"이라고 고백하였습니다.

사심 없이 오직 하나님의 말씀대로 움직이며 깨끗한 양심으로 충성되이 사명을 감당한 사무엘 선지자는, 불의와 부정부패가 만연한 오늘 우리 사회에 모범적인 지도자상을 제시해 주고 있습니다.

2. 솔로몬 성전 The Temple of Solomon
주전 959-586년 사이 13대의 대제사장
Thirteen generations of high priests between 959-586 BC

다윗은 성전 건축을 사모했지만, 전쟁터에서 피를 많이 흘렸기 때문에 성전을 직접 건축하지 못했습니다. 그러나 다윗은 성전 건축에 필요한 모든 것을 준비하였습니다(대상 28:2-3, 11-19). 솔로몬은 통치 제4년 시브월(2월)에 성전 건축을 시작하여 제11년 불월(8월)에 마침으로, 약 6년 6개월 만에 성전을 완공하였습니다(왕상 6:1, 37-38). 솔로몬 성전은 이스라엘 역사상 최초의 고정 성전으로(삼하 7:5-7), 아브라함이 이삭을 제물로 바친 모리아의 한 산(창 22:2), 다윗이 하나님께 번제와 화목제를 드린 오르난의 타작마당에 세워졌습니다(대하 3:1). 솔로몬 성전이 완성되므로, 제사장과 레위 지파는 장막 성전과 그 안에 있는 기구를 옮기는 수고를 덜게 되었습니다(대상 23:25-26). 이 성전은 주전 586년에 바벨론의 느부갓네살에 의하여 파괴될 때까지(왕하 25:13-17, 렘 52:13) 약 373년(주전 959-586년) 동안 하나님의 임재의 처소요, 하나님의 거룩한 통치의 구심점이 되었습니다(왕상 9:3, 대하 7:15-16).

| 11대 | ① 사독 | צָדוֹק / Zadok / 의로움 |

사독은 아히둡의 '자손'(בֶּן, 벤)이며(삼하 8:17, 대상 6:8, 52-53, 18:16), 아히마아스의 아버지입니다(대상 6:8). 사독은 히브리어 '차도크'(צָדוֹק)로, '의로운'이란 뜻입니다. 그는 다윗 통치 때부터 솔로몬 통치 초기까지 활동하였습니다.

첫째, 다윗이 도망 다닐 때 다윗 편에 서서 일하였습니다.

다윗이 압살롬의 반란으로 도피할 때, 사독은 모든 레위 사람과 아비아달과 함께 하나님의 언약궤를 메고 다윗을 좇으려고 했습니다(삼하 15:24). 그러나 다윗은 압살롬의 반역이 자기가 우리야의 아내 밧세바를 범한 죄에 대한 하나님의 징계임을 철저하게 인정하고 있었기 때문에(삼하 12:9-12), 사독을 하나님의 언약궤와 함께 예루살렘으로 돌려보내었습니다(삼하 15:25上). 이것은 다윗의 신앙에서 비롯한 행동이었습니다. 범죄하여 도피의 길을 떠나게 된 자신과 하나님의 임재의 상징인 법궤가 함께 유리하는 것을 원치 않았던 것입니다. 앞으로 하나님께서 은혜를 베푸시면 그 궤와 그 계신 데를 볼 수 있겠지만, 혹시 결정적인 순간에 하나님께서 자신을 포기하신다 할지라도 "… 종이 여기 있사오니 선히 여기시는 대로 내게 행하시옵소서"라고 하며, 하나님의 뜻에 온전히 맡기고 그 뜻대로 순종하겠다고 고백하였습니다(삼하 15:25-26). 그러나 다윗은 최악의 상황에서도 자포자기하지 않고 자기가 할 수 있는 최선을 다 했는데, 사독에게 예루살렘의 정황을 자신에게 알려 달라고 부탁하였습니다(삼하 15:27-29). 이에 사독과 아비아달은 다윗의 지시를 좇아 언약궤를 예루살렘으로 도로 메어다 놓고 거기 거하였으며, 다윗의 친구 후새의 모략을 통해 압살롬 편에 선 아히도벨의 모략을 파하는 데 결정적인 역할을 하였습니다(삼하 17:15-23).

둘째, 다윗이 환궁할 때 적극적으로 다윗을 도왔습니다.

압살롬이 죽자, 이스라엘 각 지파는 다윗을 예루살렘으로 환궁시키려 하였습니다(삼하 19:9-10). 이 소식을 들은 다윗은 사독과 아비아달을 보내 유다 지파가 환궁에 앞장서 줄 것을 당부하였습니다

(삼하 19:11-12). 그 결과로 유다 사람들의 마음이 일제히 움직였고 다윗은 무사히 돌아올 수 있었습니다(삼하 19:14-15). 사독이 유다 지파의 마음을 움직이는 데 큰 역할을 했던 것입니다.

셋째, 솔로몬을 왕으로 세웠습니다.

다윗의 아들 아도니야가 솔로몬 대신 왕위를 차지하려고 하였을 때, 제사장 아비아달은 아도니야의 편에 섰고, 사독은 끝까지 다윗과 솔로몬 편에 섰습니다(왕상 1:7-8). 사독은 나단 선지자와 함께 다윗의 명령대로 솔로몬에게 기름을 부어 그를 왕으로 세웠습니다(왕상 1:32-39). 열왕기상 1:39에서 "제사장 사독이 성막 가운데서 기름 뿔을 가져다가 솔로몬에게 기름을 부으니 이에 양각을 불고 모든 백성이 솔로몬왕 만세를 부르니라"라고 말씀하고 있습니다.

넷째, 대대로 대제사장 가문을 이루었습니다.

이제까지는 엘르아살 계열과 이다말 계열, 두 계열에서 대제사장직을 함께 담당하였습니다(대상 24:1-5). 솔로몬이 성전을 건축하기 전까지 성막은 기브온에(왕상 3:2-4, 대상 21:29, 대하 1:3, 13), 언약궤는 다윗성에(삼하 6:17, 대상 15:1, 16:1, 대하 8:11) 있었고, 두 처소에서 모두 하나님께 제사가 드려졌으므로, 두 처소에 각각 제사장들이 있었습니다(대상 16:37-39, 대하 1:3-6).

솔로몬이 왕이 되었을 때, 엘르아살 계열의 대제사장은 사독이었고 이다말 계열의 대제사장은 아비아달이었습니다. 그러나 아비아달이 반역자 아도니야의 편에 섰기 때문에, 그는 대제사장직에서 파면을 당하고 말았습니다. 열왕기상 2:26-27에서 "왕이 제사장 아비아달에게 이르되 네 고향 아나돗으로 가라 너는 마땅히 죽을 자로되 네가 내 부친 다윗 앞에서 주 여호와의 궤를 메었고 또 내 부친이 모든 환난을 받을 때에 너도 환난을 받았은즉 내가 오늘날 너를 죽이지 아니하노라 하고 아비아달을 쫓아내어 여호와의 제사장 직분을 파면하니 여호와께서 실로에서 엘리의 집에 대하여 하신 말씀을 응하게 함이더라"라고 말씀하고 있습니다.

그렇다면 엘리의 집에 대하여 하신 말씀이 응하게 되었다는 것은 무슨 뜻입니까? 하나님께서는 엘리 제사장과 그 아들들의 죄로 인하여 그의 가문이 제사장직을 영원히 상실하게 될 것을 예언하셨습니다. 사무엘상 2:30에서 "그러므로 이스라엘의 하나님 나 여호와가 말하노라 내가 전에 네 집과 네 조상의 집이 내 앞에 영영히 행하리라 하였으나 이제 나 여호와가 말하노니 결단코 그렇게 아니하리라"라고 말씀하셨습니다. 이 예언대로 이다말 계열인 엘리의 두 아들 홉니와 비느하스는 한날에 죽임을 당했고(삼상 2:34, 4:17), 마지막 대제사장이었던 아비아달 후로는 대제사장직 계승이 실질적으로 끊어지고 말았습니다. 이때부터 엘르아살 계열 사독의 자손들이 독점적으로 대제사장직을 수행하게 되었습니다.

후에 바벨론 포로 시대에 에스겔 선지자는 그가 환상 중에 본 새 성전에서 사독 계열이 제사장직을 수행할 것이라고 예언하였습니다(겔 40:46, 43:19). 에스겔 44:15에서 "이스라엘 족속이 그릇하여 나를 떠날 때에 사독의 자손 레위 사람 제사장들은 내 성소의 직분을 지켰은즉 그들은 내게 가까이 나아와 수종을 들되 내 앞에 서서 기름과 피를 내게 드릴지니라 나 주 여호와의 말이니라"라고 말씀하고 있습니다.

사독은 충실하게 다윗과 솔로몬을 보필하면서 자신의 사명을 잘 감당하였습니다. 하나님께서는 엘리 가문은 제사장의 계보에서 끊어지게 할 것이며, "내가 나를 위하여 충실한 제사장을 일으키리니"(삼상 2:35)라고 말씀하셨습니다. 여기 '충실한 제사장'은 일차적으로 사무엘을 가리킬 뿐만 아니라, 더 나아가 역사적으로 사독을 가리킵니다. 여기 '충실한'은 히브리어 '아만'(אָמַן)으로, '믿다, 확실하게 하다, 신뢰하다'라는 뜻입니다. 사독은 하나님께서 믿을 만한 사람으로 자신에게 주어진 사명을 확실하게 감당하였던 것입니다.

에스겔 48:11에서는 사독 자손이 받을 분깃에 대하여 "이 땅으로 사독의 자손 중 거룩히 구별한 제사장에게 돌릴지어다 그들은 직분을 지키고 이스라엘 족속이 그릇할 때에 레위 사람의 그릇한 것처럼 그릇하지 아니하였느니라"라고 말씀하고 있습니다.

그렇다면 사독이 이렇게 충실하게 사명을 감당할 수 있었던 이유는 무엇입니까? 그것은 사독이 '선견자'였기 때문입니다. 사무엘하 15:27에서 "왕이 또 제사장 사독에게 이르되 네가 선견자가 아니냐"라고 말씀하고 있습니다. '선견자'는 히브리어로 '보는 자'라는 뜻의 '로에'(רֹאֶה)인데, 하나님의 뜻을 미리 알고 그것을 전하는 자를 가리킵니다. 이처럼 사독은 항상 하나님께서 원하시는 대로 의롭게 판단하고 그것을 이루기 위해 최선을 다해 충실하게 사명을 감당하였던 것입니다.

12대 ② 아히마아스　אֲחִימַעַץ / Ahimaaz / 나의 형제가 분노하다

아히마아스는 사독의 아들이며(삼하 15:27, 36, 18:19-30, 대상 6:8, 53), 아사랴의 아버지입니다(대상 6:9). 아히마아스는 히브리어 '아히마아츠'(אֲחִימַעַץ)로, '아흐'(אָח: 형제)와 '마아츠'(מַעַץ: 분노)가 합성된 단어이며, '나의 형제가 분노하다'라는 뜻입니다.

첫째, **다윗에게 압살롬의 계략을 알려 주었습니다.**

　사독의 아들 아히마아스와 아비아달의 아들 요나단은, 압살롬의 반란 때에 다윗에게 예루살렘 궁정의 소식을 전하는 일을 하였습니다(삼하 15:36). 다윗이 압살롬을 피해 도망갈 때, 아히도벨은 당장 다윗을 치자고 압살롬에게 건의하였고(삼하 17:1-3), 다윗의 친구 후새는 사람들을 많이 모은 다음에 천천히 다윗을 칠 것을 제안하였는데(삼하 17:11-14), 압살롬은 후새의 모략을 받아들였습니다. 아히도벨은 자신의 모략이 압살롬에 의해 거부당하자, 다윗을 제거하려는 모반에 가담한 죄로 비참하게 죽을 것을 예견하고 자기 고향으로 돌아가 집을 정리하고 스스로 목매어 죽었습니다(삼하 17:23).

　후새가 몹시 위급한 상황에서 사독과 아비아달 두 제사장에게, 다윗왕이 하루라도 빨리 피하여 요단강을 건너야 한다는 첩보를 제공해 주었습니다(삼하 17:15-16). 사독의 아들 아히마아스와 아비아달의 아들 요나단은 사람이 볼까 두려워하여 감히 성에 들어가지 못하고, 에느로겔(עֵין רֹגֵל, 엔 로겔: 정탐꾼의 샘) 가에 머물렀습니다. 에느로겔 가에 있는 동안 두 제사장의 연락책이었던 어떤 계집종을 만나 제사장 사독과 아비아달이 전해 온 첩보를 들었습니다(삼하 17:17). 이때 아히마아스와 요나단은 압살롬의 첩자에게 발각되었으나, 둘은 빨리 달려서 바후림에 있는 어떤 사람의 집에 들어가 그 집 우물에 몸을 숨겨 위기를 모면하고, 천신만고 끝에 다윗에게 전갈을 보내는 데 성공하게 됩니다(삼하 17:18-20). 제사장 아히마아스는 자신의 목숨을 걸고 다윗왕을 도왔던 것입니다.

둘째, 다윗에게 승리의 소식을 전하였습니다.

압살롬이 죽자, 아히마아스는 그 소식을 빨리 다윗에게 전하고 싶어서 군대 장관 요압에게 자신을 보내 달라고 요청하였습니다(삼하 18:19). 그런데 요압이 구스 사람을 보내자, 아히마아스는 다시 요압에게 요청하여 그의 뒤를 따라 소식을 전하려고 떠났습니다. 아히마아스는 구스 사람보다 늦게 출발했지만 다윗을 향한 뜨거운 충성심으로, 들길로 달음질하여 구스 사람을 앞질러 다윗에게 전쟁에서 승리하였음을 보고하였습니다. 그러나 그는 차마 압살롬이 죽었다는 말은 하지 못했습니다(삼하 18:23, 28-29).

아히마아스는 그의 이름의 뜻처럼 거룩한 분노가 가득 찬 사람이었습니다. 그래서 죽음을 무릅쓰고 다윗에게 후새의 모략을 전하였으며, 제일 먼저 승전 소식을 전하였던 것입니다. 우리도 하나님의 일이라면 거룩한 분노로 충만하여 앞장서서 일하는 아히마아스와 같은 자세가 필요합니다(고후 7:11).

| 13대 | ③ 아사랴 | עֲזַרְיָה / Azariah / 여호와께서 도우셨다 |

아사랴는 아히마아스의 아들이요, 요하난의 아버지입니다(대상 6:9). 아사랴는 히브리어 '아자르야'(עֲזַרְיָה)로, '아자르'(עָזַר: 돕다)와 '야흐'(יָהּ: 여호와의 단축형)가 합성된 단어이며, '여호와께서 도우셨다'는 뜻입니다.

아사랴의 사역에 대한 특별한 기록은 없습니다.

| 14대 | ④ 요하난 | יוֹחָנָן / Johanan / 여호와께서 은혜로우시다 |

요하난은 아사랴의 아들이요, 다른 아사랴의 아버지입니다(대상 6:9-10). 요하난은 히브리어 '여호와'(יְהוָֹה)와 '하난'(חָנַן: 은혜롭다)의 합성어로, '여호와께서 은혜로우시다'라는 뜻입니다.

요하난의 사역에 대한 특별한 기록은 없습니다.

'아마랴-아히둡-사독-아히마아스-아사랴-요하난'에 이르는 6명의 대제사장은 에스라의 족보(스 7:1-5)에서 생략되어 있습니다.

| 15대 | ⑤ 아사랴 | עֲזַרְיָה / Azariah / 여호와께서 도우셨다 |

아사랴는 요하난의 아들이요, 아마랴의 아버지입니다(대상 6:10-11, 스 7:3, 왕상 4:2). 아사랴는 히브리어 '아자르야'(עֲזַרְיָה)로, '아자르'(עֲזַר: 돕다)와 '야흐'(יָה: 여호와의 단축형)가 합성된 단어이며 '여호와께서 도우셨다'라는 뜻입니다.

아사랴에 대해 역대상 6:10에서 "요하난은 아사랴를 낳았으니 이 아사랴는 솔로몬이 예루살렘에 세운 전에서 제사장의 직분을 행한 자며"라고 말씀하고 있습니다. 대제사장이 예루살렘에 있는 성전에서 직분을 행하는 것이 당연함에도 불구하고, 이처럼 강조하여 기록하고 있는 것은 아사랴가 그 직분을 충실히 이행하였음을 나타내는 듯합니다. 여기서 '제사장의 직분을 행한 자며'라는 단어는 히브리어 '카한'(כָּהַן: 제사장직을 수행하다)의 피엘(강조)형으로, 그가 그 직분을 매우 충성스럽게 행하였음을 나타냅니다.

| 16대 | ⑥ 아마랴 | אֲמַרְיָה / Amariah / 여호와께서 말씀하셨다 |

아마랴는 아사랴의 아들이요, 아히둡의 아버지입니다(대상 6:11). 아마랴는 히브리어 '아마르야'(אֲמַרְיָה)로, '아마르'(אָמַר: 말하다)와 '야흐'(יָה: 여호와의 단축형)가 합성된 단어이며, '여호와께서 말씀하셨다'라는 뜻입니다.

남 유다 제4대 왕 여호사밧(주전 871-847년)은 예루살렘에 중앙재판소를 설치하고, 종교적인 문제에 대해 율법에 능통한 대제사장 아마랴가 재판하게 하였습니다. 그래서 역대하 19:11에서 "여호와께 속한 모든 일에는 대제사장 아마랴가 너희를 다스리고"라고 말씀하고 있습니다. 여호사밧은 신앙에 근거한 재판 제도를 확립하였고, 아마랴는 이 일을 맡을 만큼 인정받는 대제사장이었던 것입니다.

| 17대 | ⑦ 아히둡 | אֲחִיטוּב / Ahitub / 나의 형제는 선하다 |

아히둡은 아마랴의 아들입니다(대상 6:11-12, 스 7:2). 아히둡은 히브리어 '아히투브'(אֲחִיטוּב)로, '아흐'(אָח: 형제)와 '투브'(טוּב: 좋은 것, 선함)가 합성된 단어이며, '나의 형제는 선하다'라는 뜻입니다.

아히둡의 사역에 대한 특별한 기록은 없으나, 남 유다 열왕과 대제사장들의 활동 시대를 통해 유추해 볼 때, 이 아히둡은 남 유다 제8대 왕 요아스 시대의 대제사장 여호야다와 동일 인물로 추정할 수 있습니다. 그 이유는 다음과 같습니다.

아히둡의 아버지 아마랴는 제4대 왕 여호사밧 시대(주전 871-847년)의 대제사장이었고(대하 19:11), 제10대 왕 웃시야(아사랴) 시대(주전 791-739년)의 대제사장은 아사랴였습니다(대하 26:16-20). 여호사밧이 죽은 후 웃시야가 왕이 될 때까지의 기간은 약 56년인데, 이는 대략 두 명 정도의 대제사장이 활동할 수 있는 기간입니다.

이 기간 즉 여호사밧 시대의 대제사장 아마랴와 웃시야 시대의 대제사장 아사랴 사이에 직분을 감당한 대제사장들에 대한 기록을 찾아보면, 제8대 왕 요아스 시대(주전 835-796년)의 대제사장 여호야다와 그 아들 스가랴가 나옵니다(왕하 12:2-15, 대하 24:2-14, 20). 이 여호야다는 남 유다에서 다윗 왕가의 씨를 진멸하려 했던 아달랴로부터 왕자 요아스를 숨겨 낸 여호사브앗의 남편으로(대하 22:10-11), 마침내 아달랴를 처단하고 당시 일곱 살이었던 요아스를 왕으로 세워 다윗 혈통의 왕권을 이어 가는 데 크게 공헌한 인물입니다(왕하 11:4-21, 대하 23:1-21).

그런데 역대상 9:11과 느헤미야 11:11에서는 바벨론 포로에서 돌아와 예루살렘에 정착한 제사장들의 족보를 기록하면서, 아히둡의 아들이 '므라욧'이라고 하였습니다.

역대상 9:11 "하나님의 전을 맡은 자 아사랴니 저는 힐기야의 아들이요 므술람의 손자요 사독의 증손이요 므라욧의 현손이요 아히둡의 오대손이며"

느헤미야 11:11 "또 하나님의 전을 맡은 자 스라야니 저는 힐기야의 아들이요 므술람의 손자요 사독의 증손이요 므라욧의 현손이요 아히둡의 오대손이며"

이 본문의 히브리어 원문을 보면, "하나님의 전을 맡은 자"라는 표현이 '아사랴(스라야)'가 아니라 '아히둡'을 수식하고 있습니다. 표준새번역 성경에는 "아사랴가 살았는데, 아사랴는 힐기야의 아들이요, 므술람의 손자요, 사독의 증손이요, 므라욧의 현손이요, 하나님의 성전 관리를 책임진 아히둡의 오대 손이다"라고 번역하고 있습니다. '하나님의 전을 맡은 자'(대상 9:11)에서 '맡은 자'에 해당하는 히브리어 '네기드'는 '지도자'(삼상 9:16), '주권자'(삼하 5:2)라는 의미를 가진 명사 '나기드'(נָגִיד)의 연계형으로, 하나님의 전을 맡은 대제사장을 가리키는 것으로 볼 수도 있습니다. 아사랴는 예루살렘이 멸망할 때 바벨론으로 잡혀간 여호사닥의 할아버지 이름과 동일한데(대상 6:14-15), 아사랴 가문이었으나 이는 그 사람의 이름을 딴 다른 후손을 가리킬 가능성도 있습니다.

'하나님의 전을 맡은 자'는 대제사장을 의미하는데, 이 표현이 아히둡을 가리키는 말로 쓰인 것을 볼 때, 아히둡이 다른 어떤 대제사장보다도 그 임무를 충실히 수행한 것을 강조한 듯합니다. 이는 해당 기간 동안의 대제사장 중에서 그 임무를 가장 잘 수행한 여호야다(יְהוֹיָדָע: 여호와께서 알고 계신다)가 아히둡과 같은 사람일 가능성을 높여 줍니다.

여호야다가 나이 많고 늙어서 130세에 죽었다고 성경은 기록하고 있는데(대하 24:15), 이는 여호야다가 여호사밧 시대에 활동한 부친 아마랴의 뒤를 이어 상당한 기간 사역을 감당하였음을 짐작케 합니다. 이에 대해 라이트풋은 아히둡을 여호야다와 동일 인물로, 므라욧을 여호야다의 아들 스가랴로 추정하였습니다.[24]

아마랴(대상 6:11, 대하 19:11)	아마랴
아히둡(대상 6:11)	여호야다(또는 바라갸, 마 23:35)
므라욧(대상 9:11, 느 11:11)	스가랴
아사랴(대하 26:16-20)	아사랴

므라욧은 히브리어로 '메라요트'(מְרָיוֹת)로, '메라야'(מְרָיָה: 반역)에서 유래하여, '반역'이라는 뜻입니다. 거룩한 대제사장의 계열에서 자식의 이름을 부정적으로 짓지 않는 것이 일반적인데 이렇게 '반역'이란 뜻의 이름이 등장하게 된 것은 스가랴의 시대, 즉 하나님의 말씀을 선포하는 제사장을 돌로 쳐 죽일 정도로 악했던 요아스 왕 통치 말기의 상태를 고발하기 위하여, 후대 사람들이 스가랴를 가리켜 '므라욧'으로 부른 것으로 추정됩니다. 예수님께서도 서기관과 바리새인들의 패역함을 지적하시면서 이때의 일을 언급하셨습니다(마 23:35).

만약 여호야다가 아히둡이요 스가랴가 므라욧이라면, 이들은 요아스가 죽기 1년 전에 죽은 것이 됩니다. 요아스는 대제사장 여호야다가 죽자 우상을 숭배하기 시작했고, 이를 책망한 여호야다의 아들 스가랴까지 죽인 후 1년 만인 주전 796년에 죽게 됩니다. 따라서 스가랴가 순교한 해는 주전 797년이 됩니다(대하 24:20-25).

18대 ⑧ 사독   צָדוֹק / Zadok / 의로움

사독은 아히둡 다음에 기록된 대제사장입니다(대상 6:12, 스 7:2). 사독은 히브리어 '차도크'(צָדוֹק)로, '의로운'이란 뜻입니다.

사독의 사역에 대한 특별한 기록은 없습니다.

19대 ⑨ 살룸   שַׁלּוּם / Shallum / 보상, 평화

살룸은 사독 다음에 기록된 대제사장입니다(대상 6:12-13, 스 7:2). 살룸은 히브리어 '샬람'(שָׁלַם)에서 유래하였으며, '보상, 평화'라는 뜻입니다.

살룸의 사역에 대한 특별한 기록은 없습니다.

20대 ⑩ 힐기야   חִלְקִיָּה / Hilkiah / 여호와의 분깃

힐기야는 살룸 다음에 기록된 대제사장입니다(대상 6:13, 스 7:1). 힐기야는 히브리어 '힐키야'(חִלְקִיָּה)로, '헬레크'(חֵלֶק: 분깃)와 '야흐'(יָהּ: 여호와의 단축형)가 합성된 단어이며, '여호와의 분깃'이라는 뜻입니다.

남 유다 제16대 왕 요시야의 시대(주전 640-609b년)에 대제사장이었던 힐기야는, 왕의 명대로 성전 수리를 위해 연보한 돈을 꺼내던 중 여호와의 율법책을 발견하고 서기관 사반을 통해 왕에게 전달하였습니다(왕하 22:3-10, 대하 34:8-18). 요시야왕은 율법책의 말씀을 듣자 곧 그 옷을 찢고 회개하였고, 남 유다 전역뿐 아니라 북 이스라엘에 속했던 지역까지 대대적으로 종교개혁을 단행하였습니다(왕하 22:11-23:20, 대하 34:19-33). 대제사장 힐기야가 발견한 율법책이 요시야의 종교 개혁의 단초(端初)가 되었고, 그는 앞장서서 신실하게 종교개혁의 사명을 감당하였습니다(왕하 23:4-7).

21대 ⑪ 아사랴   עֲזַרְיָה / Azariah / 여호와께서 도우셨다

아사랴는 힐기야 다음에 기록된 대제사장입니다(대상 6:13-14, 스 7:1). 아사랴는 히브리어 '아자르야'(עֲזַרְיָה)로, '아자르'(עָזַר: 돕다)와 '야흐'(יָהּ: 여호와의 단축형)가 합성된 단어이며, '여호와께서 도우셨다'라는 뜻입니다.

아사랴의 사역에 대한 특별한 기록은 없습니다.

| 22대 | ⑫ 스라야 | שְׂרָיָה / Seraiah / 여호와께서 통치하신다 |

    스라야는 아사랴 다음에 기록된 대제사장입니다(대상 6:14, 스 7:1). 스라야는 히브리어 '세라야'(שְׂרָיָה)로, '사라'(שָׂרָה: 힘을 가지다)와 '야흐'(יָה: 여호와의 단축형)가 합성된 단어이며, '여호와께서 통치하신다'라는 뜻입니다.

    스라야는 남 유다 마지막 왕 시드기야 시대(주전 597-586년)의 대제사장이었습니다. 그는 바벨론 왕 느부갓네살에 의해 남 유다가 패망할 때 바벨론 왕의 시위대 장관 느부사라단에게 사로잡혀 느부갓네살 앞에 끌려가서, 이스라엘 동북부 수리아와의 경계 지역인 하맛 땅 립나에서 살해되었습니다(왕하 25:18-21, 렘 52:24-27).

| 23대 | ⑬ 여호사닥 또는 요사닥 | יְהוֹצָדָק (יוֹצָדָק) / Jehozadak (Jozadak) / 여호와께서 공의로우시다 |

    여호사닥은 스라야 다음에 기록된 대제사장입니다(대상 6:14-15). 여호사닥은 히브리어 '예호차다크'(יְהוֹצָדָק)로, '예호바'(יְהוָה)와 '체데크'(צֶדֶק: 공의)가 합성된 단어이며, '여호와께서 공의로우시다'라는 뜻입니다. 여호사닥을 '요사닥'(יוֹצָדָק: 여호와께서는 의로우시다)으로 기록한 경우도 있습니다(스 3:2, 8, 5:2, 느 12:26).

    역대상 6:15에서는 "여호와께서 느부갓네살의 손으로 유다와 예루살렘 백성을 옮기실 때에 여호사닥도 갔었더라"라고 말씀하고 있습니다. 여기 '옮기실 때에'는 히브리어 '갈라'(גָּלָה: 발가벗기다, 추방하다)의 히필(사역)형이 쓰였습니다. 이것은 하나님께서 남 유다 백성을 발가벗겨 추방하셨다는 의미로, 남 유다가 바벨론에 포로로 끌려간 것이 하나님의 심판임을 보여 주신 것입니다. 성경에는 바벨론으로 끌려간 것 외에는 여호사닥이 대제사장으로서 활동한 내용에 대한 기록이 없으며, 역사가 요세푸스는 여호사닥을 대제사장으로 기록하고 있습니다(Ant. 10.153, 20.231).

여호사닥(요사닥)의 아들 여호수아(예수아)는 스룹바벨과 함께 예루살렘으로 귀환하여 성전 건축에 참여한 대제사장입니다(스 3:2, 8-9).

아히둡(17대)과 사독(18대) 사이에 생략된 대제사장

역대상 6장 대제사장 족보에서 아히둡과 사독 사이에는 실제 역사적으로 있었던 대제사장의 이름이 생략되어 있습니다.

첫째는 여호야다의 아들 스가랴와 동일 인물로 추정되는 므라욧(대상 9:11, 느 11:11)으로, 앞서 17대 아히둡에서 다루었고, 둘째는 아사랴(대하 26:16-20), 셋째는 우리야(왕하 16:10-16), 넷째는 아사랴(대하 31:10, 13) 등 네 명입니다.

아사랴   עֲזַרְיָה / Azariah / 여호와께서 도우셨다

아사랴는 므라욧 다음에 등장하는 대제사장입니다. 아사랴는 히브리어 '아자르야'(עֲזַרְיָה)로, '아자르'(עֶזֶר: 돕다)와 '야흐'(יָה: 여호와의 단축형)가 합성된 단어이며, '여호와께서 도우셨다'라는 뜻입니다.

아사랴는 남 유다 제10대 왕 웃시야 시대의 대제사장입니다(대하 26:17, 20). 웃시야왕은 주전 750년경 문둥병에 걸려 별궁에 홀로 거하게 되었고, 그 아들 요담이 섭정하였습니다(왕하 15:5, 대하 26:21). 이렇게 된 원인은, 웃시야가 강성하여지자 마음이 교만해져서 악을 행하여 하나님께 범죄하였는데, 곧 여호와의 전에 들어가서 직접 향단에 분향하려고 했기 때문입니다. 이때 대제사장 아사랴가 제사장 중 용맹한 자 80인을 데리고 들어가서 웃시야왕을 막고, 오직 분향은 아론의 자손 제사장만 할 수 있으니 성소에서 나가라고 했습니다. 그러나 웃시야왕은 그 말을 듣지 않고 제사장에게 노를 발하였는데, 그때 그의 이마에 문둥병이 발하였습니다(대하 26:16-20).

이로 볼 때, 아사랴는 주전 750년까지 계속 대제사장직을 수행하고 있었습니다. 만약 스가랴가 순교한 주전 797년부터 곧이어 대제사장직을 수행했다면 47년 동안 대제사장으로 있었던 것이고, 그렇지 않았다면 스가랴와 아사랴 사이에 또 한 사람의 대제사장이 있었을 것입니다.

우리야　אוּרִיָּה / Urijah / 여호와의 불꽃

우리야는 아사랴 다음으로 등장하는 대제사장입니다. 우리야(אוּרִיָּה)는 히브리어 '우르'(אוּר: 불꽃)와 '야흐'(יָּה: 여호와의 단축형)가 합성된 단어로, '여호와의 불꽃'이라는 뜻입니다.

우리야는 남 유다 제12대 왕 아하스 시대(주전 731-715년)의 대제사장입니다. 아하스는 앗수르의 다메섹에서 본 우상 제단의 식양을 그대로 본떠 제단을 만들어서 여호와의 전에 두고 그 위에 제사를 드리게 하였으며, 성전의 식양들을 함부로 바꾸었는데, 우리야는 그러한 아하스의 지시를 순순히 따랐습니다(왕하 16:10-18). 우리야가 왕의 지시를 직접 받는 위치에 있었던 것으로 보아, 그는 대제사장이었을 것으로 추정됩니다.

| 아사랴 | עֲזַרְיָה / Azariah / 여호와께서 도우셨다 |

　아사랴는 우리야 다음에 등장하는 대제사장입니다. 아사랴는 히브리어 '아자르야'(עֲזַרְיָה)로 '아자르'(עָזַר: 돕다)와 '야흐'(יָה: 여호와의 단축형)가 합성된 단어이며, '여호와께서 도우셨다'라는 뜻입니다. 아사랴는 제13대 왕 히스기야 시대(주전 729ᵇ-686년 / 공식 통치 29년: 주전 715-686년)의 대제사장입니다(대하 31:10, 13). 히스기야가 종교개혁을 시행하는 과정에서 예루살렘에 거하는 백성에게 제사장들과 레위 사람들의 응식(應食)을 주어 율법에 힘쓰게 하라고 명하였는데, 이에 백성이 모든 십일조를 풍성히 가져와 더미를 이루도록 쌓게 되었습니다(대하 31:4-8). 이때 아사랴는 사독 계열 대제사장으로서, 히스기야에게 "백성이 예물을 여호와의 전에 드리기 시작함으로부터 우리가 족하게 먹었으나 남은 것이 많으니 이는 여호와께서 그 백성에게 복을 주셨음이라 그 남은 것이 이렇게 많이 쌓였나이다"라고 보고하였습니다(대하 31:10). 역대하 31:13에 나오는 "하나님의 전을 관리하는 아사랴"라는 표현도, 아사랴가 대제사장직을 수행하였음을 나타내는 것입니다.

3. 스룹바벨 성전 The Temple of Zerubbabel
주전 515-320년 사이 6대의 대제사장
　　Six generations of high priests between 515-320 BC

　주전 586년에 남 유다가 바벨론에 패망하면서, 약 370년간 이스라엘 민족의 구심점이 되었던 솔로몬 성전은 파괴되고 말았습니다(왕하 25:8-17, 대하 36:17-19, 렘 52:12-23). 그 후 주전 537년 제1차로 바벨론 포로에서 귀환한 이스라엘 백성은 주전 536년에 성전 재건을 시작하였지만, 곧 대적들의 방해로 중단하였다가 주전 516년에 마침내 완성하였습니다(스 3:8, 4:1-5, 6:15, 학 1:14-15).

이러한 성전 재건이 바벨론 1차 포로 귀환의 지도자 스룹바벨의 주도하에 이루어졌기 때문에(슥 4:9), 그 성전을 '스룹바벨 성전'이라고 부르게 되었습니다. 스룹바벨 성전은 솔로몬 성전과 비교할 때 무척 초라할 수밖에 없었지만, 바벨론에서 귀환한 이스라엘 백성의 신앙생활의 중심 역할을 하기에 충분했습니다.

| 24대 | ① 여호수아 또는 예수아 | יְהוֹשֻׁעַ (יֵשׁוּעַ) / Joshua (Jeshua) / 여호와께서는 구원이시다 |

바벨론 포로로 끌려갔던 대제사장 여호사닥의 아들입니다(학 1:1). 여호수아는 히브리어 '예호수아'(יְהוֹשֻׁעַ)로, '예호바'(יְהוָה: 여호와)와 '야샤'(יָשַׁע: 구원하다)가 합성된 단어이며, '여호와께서는 구원이시다'라는 뜻입니다. 여호수아를 '예수아'(יֵשׁוּעַ)로 부르기도 합니다(스 3:2, 8, 5:2, 10:18, 느 12:1).

여호수아는 성경에 여러 번 '대제사장'이라고 확실히 기록되어 있습니다(학 1:1, 12, 14, 2:2, 4, 슥 3:1, 8, 6:11). 그는 그의 부친 여호사닥이 바벨론에 끌려갔을 때 낳았을 가능성이 큽니다. 프랭크 크로스(Frank M. Cross)는 여호수아가 대략 주전 570년에 태어났다고 보고 있습니다. 그렇다면 주전 537년 제1차 귀환 때 여호수아는 약 33세였고, 성전 재건이 시작된 주전 520년에는 50세, 성전이 완공되었을 주전 516년에는 54세 즈음입니다. 성전이 완공된 후 주전 515년부터 대속죄일을 비롯한 공식적인 대제사장 활동을 시작하여 주전

490년에 마쳤으므로, 그는 대략 80세 이상까지 살았던 것으로 추정됩니다.[25]

첫째, 유대인들이 바벨론에서 제1차로 귀환했을 때의 첫 번째 대제사장입니다.

주전 586년에 예루살렘이 멸망하면서 바벨론 포로로 끌려갔던 유대인들은 주전 537년에 제1차로 바벨론 포로에서 귀환하였으며, 총독 스룹바벨과 대제사장 여호수아가 그들을 이끌었습니다. 바사왕 고레스 원년(주전 538년)에 귀환 조서가 발표되고, 마침내 주전 537년에 총 49,897명이 유대 땅으로 귀환했습니다(스 2:1-65, 참고-느 7:66-67, 49,942명).

둘째, 성전 재건을 위해 앞장서서 일한 지도자였습니다.

여호수아는 스룹바벨과 함께 바벨론 포로에서 귀환하여(스 2:2, 느 7:7, 12:1), 먼저 여호와의 단을 만들고 번제를 드리도록 하였으며(스 3:2-6) 성전 재건을 시작하였습니다. 에스라 3:8에 "예루살렘 하나님의 전에 이른 지 이년 이월에 스알디엘의 아들 스룹바벨과 요사닥의 아들 예수아와 다른 형제 제사장들과 레위 사람들과 무릇 사로잡혔다가 예루살렘에 돌아온 자들이 역사를 시작하고 이십 세 이상의 레위 사람들을 세워 여호와의 전 역사를 감독하게 하매"라고 말씀하고 있습니다.

주전 537년에 바벨론에서 귀환한 이스라엘 백성은, 주전 536년 2월에 성전 지대를 놓고 성전 건축 역사를 시작하였습니다(스 3:8-13). 그러나 대적들의 방해로 성전 건축은 약 16년 동안이나 중단되었다가, 주전 520년에야 비로소 다시 시작되었습니다.

공사 재개의 과정을 살펴보면 다음과 같습니다.

첫째, 다리오왕 제2년 6월 1일에 선지자 학개로 말미암아, 스룹바벨과 대제사장 여호수아에게 임한 말씀을 통해서(학 1:1), 스룹바벨과 여호수아와 백성은 성전 건축을 중단된 상태로 황폐하게 내버려 둔 자신들의 죄를 깨닫게 되었습니다(학 1:2-11).

둘째, 다리오왕 제2년 6월 24일에, 여호와께서 스룹바벨과 여호수아의 마음과 모든 백성의 마음을 흥분시키시매 그들이 하나님의 전 역사를 다시 시작하였습니다(학 1:14-15). 여기 '흥분시키시매'에 쓰인 단어는 히브리어 '우르'(עוּר: 눈뜨다, 깨다)의 히필(사역)형으로, 하나님께서 그들의 영(רוּחַ: 마음)을 깨워 주셨다는 뜻입니다. 하나님께서 깨워 주시지 않으면 우리는 하나님의 일을 할 수 없습니다.

셋째, 다리오왕 제2년 7월 21일에 하나님의 말씀이 학개를 통해 임하였는데(학 2:1), 비록 이 성전이 과거의 성전에 비해 보잘것없지만 스스로 굳세게 하여 일하라고 격려하셨습니다(학 2:3-5). 장차 만국의 보배(예수 그리스도)가 이를 것이며 이 성전의 나중 영광이 이전 영광보다 클 것이라고 말씀하셨습니다(학 2:7, 9).

이렇게 진행된 성전 재건의 역사는, 다리오왕의 적극적인 지원 속에(스 6:1-12) 주전 516년 다리오왕 제6년 아달월(12월) 3일에 마침내 완성되었습니다(스 6:14-15). 이것은 주전 586년 예루살렘 성전이 파괴된 이래 무려 70년 만에 이루어진 대역사였습니다. 이 모두가 스룹바벨과 여호수아에게 주어진 하나님의 강력한 말씀의 힘 때문이었습니다(슥 4:6-10).

25대 ② 요야김   יוֹיָקִים / Joiakim / 여호와께서 일으키신다

요야김은 대제사장 여호수아의 아들이며, 바벨론 귀환 후 두 번째 대제사장입니다. 느헤미야 12:10에서 "예수아는 요야김을 낳았고"라고 말씀하고 있으며, 느헤미야 12:26에서 "이상 모든 사람은 요사닥의 손자 예수아의 아들 요야김과 방백 느헤미야와 제사장 겸 서기관 에스라 때에 있었느니라"라고 말씀하고 있습니다.

요야김(יוֹיָקִים)은 '예호야킴'(יְהוֹיָקִים)의 단축형으로, '예호바'(יְהוָה: 여호와)와 '쿰'(קוּם: 일어나다, 일으키다)의 합성어이며, '여호와께서 일으키신다'라는 뜻입니다.

첫째, 요야김은 대제사장으로, 제1차 바벨론 포로 귀환 때 돌아온 것으로 추정됩니다.

느헤미야 12:26에는 "이상 모든 사람은 요사닥의 손자 예수아의 아들 요야김과 방백 느헤미야와 제사장 겸 서기관 에스라 때에 있었느니라"라고 말씀하고 있는데, 여기 에스라는 제2차 바벨론 포로 귀환의 지도자였으며, 느헤미야는 제3차 바벨론 포로 귀환의 지도자였습니다. 그런데 요야김의 이름이 이들의 이름과 함께 기록된 것을 통해 요야김이 바벨론 포로에서 귀환한 후에 대제사장으로 활동했음을 알 수 있습니다. 요야김은 제1차 귀환(주전 537년)할 때 지도자인 예수아와 함께 돌아와서 제2차 귀환(주전 458년)이 이루어지기 전에 대제사장이 되었던 것입니다. 느헤미야 12:12, 26에서 족보의 명단을 밝히면서 그 시대 구분을 명확히 하고 있습니다.

둘째, 스룹바벨 성전 재건을 도와주었을 것입니다.

에스라 3:9에 "이에 예수아와 그 아들들과 그 형제들과 갓미엘과 그 아들들과 유다 자손과 헤나닷 자손과 그 형제 레위 사람들이 일제히 일어나 하나님의 전 공장을 감독하니라"라고 말씀하고 있습니다. 여기 '예수아와 그 아들들' 중에는 요야김도 포함되었을 것입니다. 요야김은 부친 여호수아와 함께 귀환하여 성전 재건을 위해 힘쓰고, 제2차 귀환(주전 458년)이 있기 전에 여호수아의 뒤를 이어 대제사장으로 임명된 것으로 보입니다.

26대 ③ 엘리아십   אֶלְיָשִׁיב / Eliashib / 하나님께서 회복하신다

엘리아십은 요야김의 아들이며, 바벨론 포로 귀환 후 세 번째 대제사장입니다. 느헤미야 12:10에서 "요야김은 엘리아십을 낳았고"라고 말씀하고 있습니다. 엘리아십은 히브리어 '엘야쉬브'(אֶלְיָשִׁיב)로, '엘'(אֵל: 하나님)과 '슈브'(שׁוּב: 회복하다)가 합성된 단어이며, '하나님께서 회복하신다'라는 뜻입니다.

첫째, 예루살렘 북쪽 성벽을 중건하는 데 앞장섰습니다.

제3차 바벨론 포로 귀환 시에는 느헤미야에 의해 예루살렘 성벽 재건이 이루어졌는데, 함메아 망대나 하나넬 망대가 속한 곳은 북쪽 성벽으로, 적들의 공격 가능성이 높은 가장 위험한 지역이었습니다. 그런데 이 북쪽 성벽의 재건에 엘리아십이 가장 먼저 앞장섰습니다. 느헤미야 3:1에서 "때에 대제사장 엘리아십이 그 형제 제사장들과 함께 일어나 양문을 건축하여 성별하고 문짝을 달고 또 성벽을 건축하여 함메아 망대에서부터 하나넬 망대까지 성별하였고"

라고 말씀하고 있습니다. 엘리아십은 대제사장으로서 성벽 중건에 솔선수범하여 백성을 독려하였습니다.

느헤미야 3:14-19은 성 굽이 모퉁이에 있는 군기고 맞은편까지 이르는 예루살렘성 남동쪽 재건 공사의 주요 공로자들의 명단이며, 20-32절은 성 굽이에서 양문까지 이르는 예루살렘성 동쪽 성벽 재건 공로자들의 주요 명단을 기록하고 있습니다. 동쪽 성벽 재건 공로자 명단에 가장 많은 사람이 소개되어 있는 것은 이 구간이 650m 정도로 가장 길었기 때문일 것입니다. 이 부분 성벽 공사는 삽배의 아들 바룩이 힘써 담당하였는데(느 3:20), 삽배는 이방인과 결혼했다가 회개한 자이며(스 10:28), 바룩은 제사장이었습니다(느 10:6, 8). 바룩은 대제사장 엘리아십과 더불어 북쪽 성벽을 구성하는 양문 건축에 참여한 바 있습니다(느 3:1). 바룩은 양문을 건축하였을 뿐 아니라 성 굽이에서부터 대제사장 엘리아십의 집까지도 중수하였습니다.

느헤미야 3:21의 '므레못'이 담당한 곳은 당시 대제사장이었던 엘리아십의 집 문에서부터 엘리아십의 집 모퉁이까지였습니다. 이는 대제사장의 집이 매우 컸다는 사실과 그곳에 많은 부분이 파손되었으므로 일손이 많이 필요했음을 보여 주기도 합니다.

둘째, 도비야를 위하여 성전에 큰 방을 내어 주었습니다.

느헤미야는 약 12년(주전 444-433년) 동안 유대 총독으로 있다가 바사 제국으로 돌아간 후 약 1년 만인 주전 432년에 다시 돌아왔습니다. 느헤미야가 없는 동안 대제사장 엘리아십은 성벽 건축을 끈질기게 방해했던 암몬 사람 도비야(느 2:10, 19, 4:3, 7-8, 6:1, 12-14, 17-19)와 친분을 맺고 그를 위하여 성전에 큰 방 하나를 내주었습니다(느 13:4-7). 이 사실을 안 느헤미야는 도비야의 세간을 방 밖으로 다 내던지고 그 방을 정결케 하고 하나님의 전의 기명과 소제물과 유향을 다시 그리로 들여놓았습니다(느 13:8-9). 이러한 느헤미야의 거룩한 분노는 성전에서 장사하는 자들을 내어쫓으신 예수님의 모습을 생각나게 합니다(마 21:12-13, 막 11:15-17, 눅 19:45-46, 요 2:13-17).

셋째, 손자를 산발랏의 사위가 되게 하였습니다.

느헤미야 13:28에는 "대제사장 엘리아십의 손자 요야다의 아들 하나가 호론 사람 산발랏의 사위가 되었으므로 내가 쫓아내어 나를 떠나게 하였느니라"라고 말씀하고 있습니다. 이스라엘 백성은 바벨론 포로에서 귀환한 후 이방인들과 통혼하지 않겠다고 맹세한 바 있습니다(느 10:29-30, 참고-스 9:1-10:44, 느 13:23-27). 그런데 대제사장의 집안에서 이를 어기고, 더구나 예루살렘 성벽 중건을 방해했던 원수 산발랏(느 2:10, 19, 4:1-2, 7-8, 6:1-9, 12-14)의 집안과 통혼한 것은 너무나 큰 범죄였던 것입니다(레 21:14-15).

이처럼 엘리아십은 처음에는 백성의 본이 되어 예루살렘 성벽 중건에 앞장섰지만, 나중에는 이방 원수의 집안과 연혼(連婚)하므로 하나님께 큰 죄를 짓고 말았습니다.

| 27대 | ④ 요야다 | יְהוֹיָדָע (יְהוֹיָדָע) / Joiada / 여호와께서 알고 계시다 |

요야다는 엘리아십의 아들이며, 바벨론 포로 귀환 후 네 번째 대제사장입니다. 느헤미야 12:10에서 "엘리아십은 요야다를 낳았고"

라고 말씀하고 있습니다. 느헤미야 12:22에서도 "엘리아십과 요야다와 요하난과 얏두아 때"라고 하면서 대제사장의 계보를 순서적으로 기록하고 있습니다. 대제사장 엘리아십이 죽었을 때 요야다가 그의 직분을 물려받았습니다(Ant. 11.297).

요야다는 히브리어 '예호야다'(יְהוֹיָדָע)와 동일하며, '예호바'(יְהוָה: 여호와)와 '야다'(יָדַע: 알다)의 합성어로, '여호와께서 알고 계신다'라는 뜻입니다.

요야다의 아들 중 호론 사람 산발랏의 사위 된 자가 하나 있었는데, 이는 제사장의 직분을 더럽히고 언약을 어긴 행위였습니다(느 13:28-29).

느헤미야는 산발랏의 딸과 결혼한 요야다의 아들을 쫓아냈습니다. 느헤미야 13:28에 "대제사장 엘리아십의 손자 요야다의 아들 하나가 호론 사람 산발랏의 사위가 되었으므로 내가 쫓아내어 나를 떠나게 하였느니라"라고 말씀하고 있습니다. 여기 '쫓아내어 떠나게 하였느니라'는 히브리어 '바라흐'(בָּרַח)의 히필(사역)형 와우계속법으로, 느헤미야가 즉시 내쫓았음을 나타냅니다. 그리고 여기서 쫓겨난 사람은 당시 대제사장이었던 요야다가 아니라 그의 아들이었습니다. 죄악을 추방하는 일은 즉시 시행해야만 공동체의 거룩성을 지킬 수 있습니다.

이렇게 죄에 대하여 결단력 있게 행한 느헤미야의 마지막 기도는 "내 하나님이여 나를 기억하사 복을 주옵소서"였습니다(느 13:31). 이는 선민 공동체의 성결을 지켜 낸 자만이 드릴 수 있는 담대한 기도입니다.

28대	⑤ 요하난 또는 요나단	יוֹחָנָן / Johanan / 여호와께서 은혜로우시다 יוֹנָתָן / Jonathan / 여호와께서 주셨다

　요하난은 요야다의 아들이며, 바벨론 포로 귀환 후 다섯 번째 대제사장입니다(느 12:22). 느헤미야 12:22에서 "엘리아십과 요야다와 요하난과 얏두아"가 계보대로 기록되어 있습니다. 또 느헤미야 12:23에는 "레위 자손의 족장들은 엘리아십의 아들 요하난 때까지 역대지략에 기록되었으며"라고 말씀하고 있습니다. 요하난은 히브리어 '예호하난'(יְהוֹחָנָן)이며, '여호와께서 은혜로우시다'라는 뜻입니다. 요하난은 느헤미야 12:11에는 '요나단'(יוֹנָתָן: 여호와께서 주셨다)으로 기록되어 있고, 요세푸스에는 요한(Joannes)으로도 기록되었습니다(Ant. 11.297-302).

　그는 아닥사스다 2세(주전 404-359년) 통치기에 활동하였습니다. 이집트의 한 섬 엘레판틴에서 발견된 문서로, 주전 5세기경 이집트에 거주하던 유대인들의 생활상과 그들의 성전 건축 요청 내용 등이 기록되어 있는 엘레판틴 파피루스(Elephantine Papyri)에는, 당시 엘레판틴에 살던 유대인들이 요하난에게 편지를 보낸 일이 기록되어 있습니다.[26] 그 내용 중 일부를 보면 "우리는 다리오왕(다리오 2세, 주전 423-404년) 제14년(주전 410년) 담무스월(4월)부터 오늘까지 베옷 입고 금식하고 기도하며⋯ 올해 다리오왕 제17년(주전 407년)까지 각종 제사와 향료를 드리지 못하고 있다⋯ 저희도 이런 악행에 대해 듣고 대제사장 요하난 각하와 그의 동료 제사장들에게 편지를 보냈습니다."라는 기록이 있습니다. 이 시기는 요하난이 대제사장으로 섬긴 기간(주전 410-371년)과 일치합니다.

요하난은 성전 안에서 동생 예수와 다투다가 그를 죽이고 대제사장이 된 매우 불경건한 자였습니다. 요세푸스의 기록에 의하면, 요하난의 동생 예수와 친한 사이였던 아닥사스다의 군대 장관 바고세스(Bagoses)가, 요하난으로부터 대제사장직을 빼앗아 예수에게 주겠다고 약속하였는데, 이에 분노한 요하난이 예수를 죽이고 대제사장이 되었습니다(*Ant*. 11.298-299). 성전 안에서 벌어진 제사장들 간의 다툼과 살인은 매우 충격적인 일이 아닐 수 없습니다. 바고세스는 그런 원시적인 죄(제사장으로서 자기 동생을 성전 안에서 살해한 것)를 본 적이 없는 고로 충격을 받아 '성전에서 어떻게 살인을 하는가?'라고 하면서, 요하난이 예수를 살인한 사건을 빌미로 성전을 더럽히고 공물을 부과하는 등 유대인들을 7년 동안이나 괴롭혔습니다(*Ant*. 11.300-301).

29대 ⑥ 얏두아　יַדּוּעַ / Jaddua / 알고 계심

얏두아는 요하난의 아들이며, 바벨론 포로 귀환 후 여섯 번째 대제사장입니다. 느헤미야 12:22에서 "엘리아십과 요야다와 요하난과 얏두아"가 계보대로 기록되어 있으며, 느헤미야 12:11에서 "요나단은 얏두아를 낳았느니라"라고 말씀하고 있습니다. 얏두아(יַדּוּעַ)는 히브리어 '야다'(יָדַע: 알다)에서 유래하였으며, '알고 계심'이라는 뜻입니다. 요세푸스에도 요나단이 세상을 떠나자 그의 아들 얏두아가 대제사장직에 올랐다고 기록하고 있습니다(*Ant*. 11.302).

그는 바사의 마지막 왕이었던 다리오 3세(주전 336/335-331년)와 헬라의 알렉산더 대왕(주전 336-323년) 시대에 활동한, 구약성경에 기록된 마지막 대제사장입니다.

성경에는 얏두아의 사역에 대한 기록이 없으나, 요세푸스의 저서에 몇 가지 역사적 사건이 기록되어 있습니다.

역사가 요세푸스는, 얏두아에게 므낫세라는 동생이 있었는데 그가 사마리아 총독 산발랏의 딸 니카소와 결혼하였다고 기록하고 있습니다(*Ant*. 11.302-303, 참고-느 13:28). 예루살렘의 장로들은 또다시 이방 여자와 결혼하는 풍토가 일어날 것을 우려하여, 이방 여자와 결혼한 므낫세가 얏두아와 함께 성전에서 제사장 역할을 하는 것을 반대하고 일어났습니다. 그들은 이혼을 하든지 제단에 가까이 가지 말라고 경고하였고, 얏두아도 므낫세에게 분노하여 그를 제단에서 쫓아냈습니다. 이에 므낫세는 장인 산발랏에게 니카소와 이혼하겠다고 전하였는데, 산발랏은 자기 딸과 계속 같이 사는 조건으로 그의 제사장직을 유지해 주고 사마리아의 총독으로 임명하겠다고 약속하면서, 사마리아의 제일 높은 그리심산에 성전을 지어 주겠다는 약속까지 더했습니다. 이에 므낫세는 산발랏과 더욱 가까이하였고, 그 결과로 많은 제사장과 백성이 이방인과 결혼하여 유다 백성이 크게 혼잡되는 결과를 초래하였습니다(*Ant*. 11.310-311).[27]

바사 시대 말기에 대제사장은 종교뿐 아니라 정치와 군사의 우두머리로 제국의 중앙정부와 교통하는 최고 통치자 같은 역할을 하였습니다. 알렉산더는 잇수스 전쟁(Issus: 주전 333년 바사의 다리오 3세와 헬라의 알렉산더와의 전쟁)에서 다리오를 물리친 후 두로를 치러 올라갈 때, 대제사장 얏두아에게 지원을 요청하였습니다. 알렉산더가 군사와 물자 지원을 대제사장에게 요청했던 것을 보면, 그 당시 유대에 상당한 군사력이 있었다는 증거이고, 대제사장은 그 군사들의 통수권까지 갖고 있었던 것으로 보입니다.

얏두아는 이를 거절하였으나, 기회를 엿보던 산발랏은 다리오왕을 배반하고 군사 8천 명을 데리고 알렉산더에게 협조하였고, 대신 사마리아에 성전을 지어 줄 것을 요청하였습니다. 알렉산더는 '사마리아에 성전을 하나 더 지으면 유대인들을 분열시켜 통제하기 훨씬 쉬워질 것'이라는 산발랏의 말을 그대로 믿고 성전 건축을 허락하였습니다. 결국 사마리아의 그리심산에 별도의 성전을 짓게 되었고, 므낫세는 사마리아 성전의 초대 대제사장이 되었습니다. 이 후에 유대인과 사마리아인들의 갈등의 골은 갈수록 깊어져, 급기야 서로 상종조차 하지 않는 상태가 오랜 세월 지속되었습니다(요 4:9). 이 후 약 200년이 지난 주전 128년에 요한 힐카누스 1세가 사마리아 지역에 쳐들어가 그리심산에 세워진 이 성전을 파괴하였습니다 (*Ant.* 13.254-256).

한편, 알렉산더의 요청을 거절한 후 두려움에 사로잡혀 있던 얏두아는, 꿈을 통해 뜻밖에도 알렉산더 편에 서라는 하나님의 응답을 받게 되었습니다. 이에 모든 유대인이 예루살렘으로 오는 알렉산더를 환영하자 알렉산더 역시 그것을 흔쾌히 받아들였습니다. 다니엘 선지자가 '헬라인이 바사 제국을 멸망시킬 것'이라고 예언한 내용(단 8:21, 11:3)이 알렉산더 자신을 가리킨 것이며, 하나님께서 자기를 도우신다고 믿게 되었기 때문입니다. 이에 알렉산더는 유대인의 율법과 고유한 풍습을 지키며 살 수 있게 해 달라는 얏두아의 요청을 기꺼이 수락하였습니다(*Ant.* 11.326-339).

4. 헤롯 성전

The Temple of Herod the Great

스룹바벨 성전에서 섬기던 대제사장 가운데 성경에 나오는 마지막 인물은 얏두아입니다. 그러나 주전 63년 스룹바벨 성전이 로마에 의해 유린당할 때까지 대제사장들은 계속 배출되었습니다. 즉 하스몬 왕가에서 배출된 대제사장들이 대부분 스룹바벨 성전에서 봉사하였습니다.

로마 지배 시대에 지어진 헤롯 성전은 사실상 처음부터 정치적 목적으로 건축된 것이었습니다. 이방 이두매(에돔) 출신이었던 헤롯 대왕은, 유대인들의 반감을 누그러뜨리고 그들의 환심을 얻어 로마 황제에게 유능한 통치자로 인정받기 위해 헤롯 성전을 지었습니다. 그리하여 헤롯 성전은 헤롯 왕가가 임명한 자들, 곧 헤롯 왕가의 통치를 지지했던 대제사장들만이 주관하였습니다. 그 결과로 제사가 의식적이고 형식적으로 드려졌으며, 종교 지도자들의 타락이 극심하였으므로 성전 본래의 기능이 많이 퇴색된 상태였습니다. 이에 구약시대 후의 대제사장은 성전별로 구분하지 않았습니다. 얏두아 후부터 헤롯 대왕 시대 전까지는 시대별로, 헤롯 대왕 이후는 대제사장을 임명한 사람에 따라 구분하여 살펴보겠습니다.

헤롯 성전에 관하여 개략적으로 살펴보면 다음과 같습니다.

주전 63년에 로마의 폼페이우스 장군에 의해 점령당한 스룹바벨 성전은, 헤롯 대왕이 주전 20년부터 재건 공사를 시작하였고(참고-요 2:20), 약 84년 만인 주후 64년경에야 비로소 완공되었습니다. 헤롯 성전은 이스라엘 역사상 세 번째로 건축된 마지막 성전입니다. 헤롯 성전을 제2의 성전[28]이라고 부르기도 하나, 그것은 유대인들의 소원을 반영하는 것이며, 실제로는 세 번째 성전입니다. 폼페이우스가 주전 63년에 예루살렘을 점령했을 때 자신의 권위를 주장하기 위해서 성전에 들어갔지만 성전을 존중하여 약탈은 하지 않았습니다. 헤롯이 주전 37년에 로마의 도움으로 예루살렘을 차지했을 때부터 스룹바벨 성전을 큰 손상이 없도록 보존했지만, 주전 21년에 헤롯이 자신의 웅장한 성전을 짓기 위해 그 성전을 분해하므로 스룹바벨 성전의 역사는 끝났습니다.[29] 헤롯 성전은 그리스 로마식 건축 스타일로 지어졌기 때문에 스룹바벨 성전과는 구별되는 별개의 건축물로 보아야 합니다.[30]

헤롯 성전은 당시 이스라엘 종교 생활의 구심점이었을 뿐만 아니라 예수님의 공생애 사역의 주요 배경이었습니다. 공생애를 막 시작하신 예수님께서 예루살렘에 올라가셔서, 46년간 수많은 사람이 동원되어 건축했어도 아직 완성되지 못한 헤롯 성전을 헐어 버리라고 하시면서, 자신이 사흘 만에 세우겠다고 말씀하실 때, 유대인들은 아무도 그 뜻을 헤아리지 못하고 "이 성전은 사십육 년 동안에 지었거늘 네가 삼 일 동안에 일으키겠느뇨"라고 조롱하며 비난했습니다(요 2:19-20).

헤롯 성전은 그 아름다움과 위용이 얼마나 대단했던지, 헤롯 대왕의 치세 중 제일가는 공적으로 꼽힐 만큼 뛰어난 건물이었습니다. 성전은 대리석으로 지어졌는데, 대리석 하나의 높이가 12m에 달하는 것도 있고 무게가 100톤이 되는 것도 있었습니다. 또한, 지붕을 황금판으로 덮어서 아침부터 저녁까지 햇빛이 반사되어 휘황찬란하게 빛났기 때문에, 이 전을 보는 사람마다 감탄을 금치 못했습니다(마 24:1-2, 막 13:1-2, 눅 21:5-6).

한편, 유대 총독 플로루스(주후 64-66년)가 헤롯 성전 창고에서 보물 몇 개를 가져갔는데, 이것이 유대의 최종 멸망을 초래한 유대 전쟁의 도화선이 되었습니다. 그 위세가 영원할 것만 같았던 헤롯 성전은 준공된 지 불과 약 6년 만에, 예수님의 예언대로 주후 70년에 로마의 장군 디도(Titus)에 의해 완전히 파괴되었습니다. 그것은 확실히 대제사장을 비롯한 종교 지도자들이 예수님을 죽인 죗값이었습니다(마 27:24-26). 헤롯 성전이 훼파될 때, 성전의 돌과 돌 사이에 막대한 양의 금, 은이 들어 있다는 확인되지 않은 소문이 나돌아서, 로마 병사들은 그 금과 은을 찾아내기 위해 성전의 돌 하나하나를 다 무너뜨렸습니다. 이것은 "너희 보는 이것들이 날이 이르면 돌 하나도 돌 위에 남지 않고 다 무너뜨리우리라"(눅 21:6) 하신 예수님의 말씀이 응한 것입니다.

성전 자체가 완전히 붕괴되자(주후 70년) 대제사장의 기능은 사실상 유명무실해졌고, 그 권위가 완전히 땅에 떨어졌습니다. 이 후에 유대 사회는 제사장 중심에서 율법 연구를 중시하는 바리새파 중심으로 바뀌게 됩니다.

III
시대별로 구분한 대제사장의 역사
THE HISTORY OF HIGH PRIESTS CLASSIFIED BY TIME PERIOD

　구약성경은 마지막 책인 말라기를 끝으로 그 기록이 마쳐집니다. 구약성경에 기록된 마지막 대제사장 얏두아(느 12:11, 22) 후, 주전 320년부터 주후 70년까지의 기간에 봉직한 대제사장에 대한 기록은 극히 적은데, 그 중 일부(안나스, 가야바, 아나니아 등)만 신약성경에 기록되어 있을 뿐입니다. 얏두아 후의 대제사장의 역사는 유대 역사가인 요세푸스가 기록한 「유대고대사」와 「유대전쟁사」, 또 외경으로 분류된 책이지만 그 역사적 사실성을 인정받고 있는 「마카비서」를 통해 살펴볼 수가 있습니다.

　바사 지배 시대 후의 유대 역사를 알 수 있는 가장 오래되고 중요한 사료(史料)는 유대 역사가 요세푸스(Flavius Josephus: 주후 37-100년)[31]의 「유대고대사」(Antiquities of the Jews: 줄여서 *Ant.*)입니다. 유대인들은 네로 황제 통치 말엽인 주후 66년에서 70년까지 약 4년 동안 로마 세력을 유대 땅에서 몰아내고 독립을 쟁취하기 위해 무장 투쟁을 벌였는데, 유대인 항쟁의 중심에 있던 인물이 바로 제사장 집안 출신의 요세푸스였습니다. 요세푸스는 당시 로마 장군 베스파시안에게 포위되어 투항하였고, 이 후 옥에서 풀려나 로마에 살면서 「유대전쟁사」(7권), 「유대고대사」(20권), 「아피온 반박문」(2권) 등을 저술하였습니다. 현존하는 유대 역사서 중에 바사가 멸망할 때부터 그 후의 역사를 완전하게 다룬 저서들이므로, 당시 로마와 유대의 역사를 알기 위해서는 반드시 읽어야 할 필독서입니다.[32]

특히 요세푸스는 그의 책에 대제사장의 명단을 기록하고 있습니다. 요세푸스의 주장대로 그의 조상들은 그들의 기록을 보존하고 후손들에게 전수하는 데 열심이 있었으므로, 이름 있는 제사장 가문 출신의 제사장인 그의 기록은 신뢰할 만한 것입니다.[33] 그 증거로 아피온 반박문(Against Apion: 줄여서 Apion.)에서 "우리 선조들은 그들의 기록을 보존(그들의 대제사장과 선지자에게 이 사명을 맡겼음)하고 우리 시대까지 전수하는 데 내가 언급한 민족들(애굽과 바벨론)만큼 잘 감당해 왔다. 그리고 내가 감히 장담하는데 이 기록은 앞으로도 계속 정확하게 보존될 것이다"라고 기록하고 있습니다(Apion. 1.29). 그는 더 나아가 제사장 혈통을 순수하게 보존하는 것의 중요성과 그들의 족보 보존의 중요성을 언급하고(Apion. 1.30-35), 대제사장의 명단에 대하여 다음과 같이 결론을 내렸습니다. "이러한 족보의 관리가 엄정하게 되었다는 가장 확실한 증거는, 우리 유대 민족이 2,000년 동안이나 아버지에서 아들로 이어져 기록되어 온 대제사장의 명단들을 지니고 있다는 것입니다"(Apion. 1.36). 요세푸스는 두 군데(개별적인 부분 외)에서 대제사장의 명단을 언급했습니다(Ant. 10.152-153, Ant. 20.224-251). 요세푸스가 대제사장을 빠짐없이 기록한 것은 그들의 역사가 사실임을 증언하기 위한 의도였음이 분명합니다.[34]

바벨론 포로 귀환으로부터 예루살렘 멸망까지의 역사를 기록한 외경(Apocrypha) 중의 하나로 마카비서(마카비 1서와 2서를 줄여서 *1 Macc.*, *2 Macc.*)가 있습니다. 마카비서는 구약성경 후 마지막 역사서로서 그 역사적 사실성이 인정된 책입니다.[35] 레이몬드 설버그(Raymond F. Surburg)는 "마카비 1서와 2서는 중간사 기간의 역사를 위한 귀중한 두 권의 책으로 인정되고 있다. 마카비 1서는 역사서 평가의 기준으로 볼 때, 기록된 내용의 확실성에서 매우 높이 평가되어야 할 것이다. 이 책의 사료 편집은 직설적인 표현과 진실함이 특징을 이룬다."라고 하였습니다.[36]

마카비서에 대한 평가 가운데 주목할 만한 것은 다음과 같습니다.

"마카비서는 외경 중에서 가장 중요한 역사 문헌이다. 마카비서는 주전 180-134년 역사를 기록한 가장 주된 자료이다."[37]

"마카비서는 헬라 시대의 유대 역사에 대한 가장 중요한 두 가지 저서 중 하나이다. 셀류쿠스 시대, 마카비 혁명, 하스몬 왕가의 시작에 관하여 우리가 알고 있는 내용은 대부분 마카비서가 그 출처이다. 사건들이 일어난 직후에 기록되었다는 점에서 책의 가치가 높다."[38]

"대부분의 학자들은 마카비가 기록한 사건들이 대체적으로 정확하다는 데 의견을 같이하고 있다. 그의 간결하고 단순한 기록 방법은 신뢰를 갖게 하며, 주전 175-135년의 역사 자료로서 최고의 권위서라는 사실에는 의심의 여지가 없다. 셀류쿠스 왕조가 시작된 주전 312년 사건들의 날짜를 기록한 가장 오래된 유대 역사책이다."[39]

마카비서는 대제사장 오니아스 3세(주전 185-175년)의 통치부터 맛다디아와 그의 아들들에 의한 독립운동, 그리고 셀류쿠스의 패배와 하스몬 왕가의 기초가 놓일 때까지의 내용을 담고 있습니다. 대제사장에 관해서는 셀류쿠스의 지배하에 있던 악한 대제사장(야손, 메네라우스, 알키무스)과 하스몬 왕가의 대제사장의 역사가 기록되어 있습니다.

이처럼 마카비서와 요세푸스의 저서는 신구약 중간기의 역사를 이해하는 데 반드시 필요하며, 그 시대의 정치적 배경에 대하여 상세하게 알 수 있는 가장 중요한 자료이자 유일한 자료입니다.[40]

본 서는 구약시대 후에 나타난 대제사장의 역사를 다루면서 인용한 역사적 자료의 출처를 요세푸스의 「유대고대사」는 '*Ant.*', 「유대전쟁사」는 '*War.*', 「아피온 반박문」은 '*Apion.*', 「마카비서」는 '*Macc.*'으로 줄여 표기하였습니다.

1. 프톨레미, 셀류쿠스 지배 시대
The period of the Ptolemaic and Seleucid reigns
주전 320-175년 사이 7대의 대제사장
Seven generations of high priests between 320-175 BC

주전 4세기에 마케도니아의 알렉산더 대왕(주전 336-323년)이 등장하여 바사 전역과 애굽 등 당시의 주요 지배 세력들을 항복시키고, 새로운 헬라 대제국을 형성하게 됩니다. 그러나 얼마 못 되어 알렉산더 대왕이 사망한 후 헬라는 알렉산더의 네 장군(프톨레미, 셀류쿠스, 리시마쿠스, 카산더)에 의해 분열되었습니다. 유대는 그중 프톨레미 왕조(주전 323-30년)와 셀류쿠스 왕조(주전 312-64년)의 지배를 차례로 받았습니다. 주전 320년경부터 프톨레미 왕조의 지배하에 있던 유대는, 주전 198년에 북방의 셀류쿠스 왕 안티오쿠스 3세가 파내우스 전투에서 남방의 프톨레미 5세에게 승리한 이래 셀류쿠스 왕조의 통치를 받았습니다(단 11:15-16).

프톨레미 왕조는 피지배국으로부터 재정적 이익은 취하면서 내정에는 별로 간섭하지 않는 정책을 취했기 때문에, 이 시기에 유대인들은 종교 문화적 자유를 누리면서 그 중심 도시 알렉산드리아에서 구약성경을 헬라어로 번역하여 70인경(LXX, Septuagint)을 완성하였습니다.

유대 민족 최고 지도자인 대제사장은, 그들을 지배하던 헬라나 로마에게 인준을 받아야 했습니다. 솔로몬왕 때부터 이어진 사독 계열의 대제사장들은 셀류쿠스의 안티오쿠스 4세 직전까지 그 직무를 수행하였습니다. 그러나 안티오쿠스 4세 이후 세워진 대제사장 중에 야손, 메네라우스, 알키무스는 혈통적으로는 아론의 후손이었으나 극악한 자들이었습니다.

30대	① 오니아스 1세 얏두아의 아들	Onias I, son of Jaddua 주전 320-280년 / 40년

오니아스 1세는 구약성경에 마지막으로 기록된 대제사장 얏두아의 아들로, 헬라 지배 시대의 첫 대제사장입니다. 알렉산더 대왕이 죽은 후 대제사장 얏두아가 죽자, 그 아들 오니아스가 대제사장직을 이었습니다(*Ant.* 11.346-347). 오니아스는 '여호와는 은혜로우심'이라는 뜻이며, 주전 320년부터 280년까지 약 40년간 대제사장으로 활동하였습니다.

마카비서에 스파르타 왕 아리우스가 '유대인과 스파르타가 한 아브라함의 자손이다. 한 형제처럼 지내자'라는 내용으로 오니아스 1세에게 편지를 보낸 내용이 기록되어 있는데(*1 Macc.* 12:20-23), 아리우스 1세는 주전 309년부터 265년까지 통치하였으므로 오니아스 1세의 대제사장직 수행 기간을 확인할 수 있습니다.[41]

31대	② 시몬 1세 오니아스 1세의 아들	Simon I, son of Onias I 주전 280-260년 / 20년

오니아스 1세의 아들로, 주전 280년부터 260년까지 20년간 대제사장으로 활동하였습니다(*Ant.* 12.42). 시몬은 '하나님께서 들으셨다'라는 뜻입니다.

시몬은 프톨레미 1세 때 파괴된 성전 보수에 힘을 다했고, 많은 공적으로 백성의 추앙을 한 몸에 받았습니다. '시몬은 대사제로서 일생 동안 주님의 집을 수리하여, 자기 생애에 성전을 견고하게 만들었다'라는 기록이 있습니다(집회서 50:1). 그는 하나님 앞에서 경건한 사람이었고 백성에게도 자비로웠기 때문에(집회서 50:1-29)[42] '의인'으로 불렸습니다(*Ant.* 12.42). 토라의 미쉬나[43] (*m. Parah* 3:5)에는 암송아지를 잡아 '부정을 정결케 하는 잿물'(민 19:1-10)을 준비한 대제사장 7명의 명단 중에 '의로운 시몬'이 기록되어 있습니다.[44]

32대	③ 엘르아살 시몬 1세의 형제	Eleazar, brother of Simon I 주전 260-245년 / 15년

시몬 1세가 오니아스 2세라는 어린 아들을 남기고 죽자, 그의 동

생인 엘르아살이 대제사장 직분을 수행하였습니다(*Ant.* 12.43-44). 이는 민수기 27:9에 "딸도 없거든 그 기업을 그 형제에게 줄 것이요"라고 기록한 말씀에 근거한 것으로 보입니다.

엘르아살은 프톨레미 2세 필라델푸스(주전 285-246년) 재임 시에 대제사장으로 15년간 활동하였습니다. 이 시기에 특별한 하나님의 섭리로 프톨레미 2세의 지원을 받아, 히브리어로 된 구약성경을 당시 세계 공용어인 헬라어로 번역한 '70인경'(LXX, 실제로는 72명 번역)이 탄생하였습니다. 프톨레미 2세가 대제사장 엘르아살에게 쓴 편지인 'Letter of Aristas'라는 문서를 보면, 구약성경을 헬라어로 번역할 사람을 12지파에서 각 6명씩 총 72명을 선발하여 보내 달라는 내용이 담겨 있습니다(*Ant.* 12.44-50).

한 나라의 왕이 직접 유대 대제사장에게 편지를 보낸 사실은, 이방인까지도 대제사장을 유대의 최고 통치자로 인정하고 있었음을 말해 줍니다. 그리고 왕이 율법에 관해 질문한 것들을 대제사장 엘르아살이 답변해 준 내용을 볼 때, 엘르아살은 율법에 능통했음을 짐작할 수 있습니다. 또한, 엘르아살 외에 유대를 다스린 다른 통치자가 있었다는 기록이 없으므로 대제사장이 정치적 지도자 역할까지도 겸했을 가능성이 큽니다.[45]

33대	④ 므낫세 오니아스 1세의 형제	Manasseh, brother of Onias I 주전 245-240년 / 5년

엘르아살이 죽자 오니아스 1세의 형제 므낫세가 대제사장직을 계승하여, 주전 245년부터 주전 240년까지 약 5년간 활동하였습니다(*Ant.* 12.157). '의로운 시몬'의 아들 오니아스 2세가 대제사장직

에 오르지 못한 것은 아직도 그가 대제사장직을 맡기에는 너무 어렸거나, 또는 정치권의 영향을 받았기 때문으로 추측해 볼 수 있습니다.[46] 므낫세에 대해 언급한 사람은 고대 유대 역사가들 중 요세푸스뿐이며, 그의 업적이나 활동에 대해서는 자세한 기록이 없습니다.

34대	⑤ 오니아스 2세 시몬 1세의 아들	Onias II, son of Simon I 주전 240-218년 / 22년

시몬 1세의 아들이며, 주전 240년부터 주전 218년까지 22년간 대제사장으로 활동하였습니다(*Ant.* 12.157). 부친 시몬 1세가 죽었을 때 그는 아직 어렸으므로, 그가 실제로 직분을 맡을 때까지 그의 작은아버지 엘르아살, 그리고 그의 작은할아버지 므낫세가 대제사장의 직분을 맡아 수행하였습니다(*Ant.* 12.42-44, 157). 그의 이름은 당시 대제사장 가문에서 손자에게 할아버지의 이름을 물려주는 풍습(papponymy)에 따른 것으로 보입니다.

요세푸스에 의하면 그는 돈을 좋아하고 탐욕스런 사람이었습니다(*Ant.* 12.158-159). 프톨레미 왕조의 지배 아래서 대제사장의 가장 중요한 임무는 한 해의 세금을 거두어 조공을 바치는 것이었는데, 오니아스 2세가 납세 의무를 거부하자 프톨레미 왕은 도비야 가문에 이 일을 맡겼습니다(*Ant.* 12.160-161, 175-178).[47] 도비야는 느헤미야 시대에 호론 사람 산발랏과 함께 예루살렘 성벽 재건을 방해한 자로 암몬 사람이었습니다(느 2:10, 4:1-3, 6:1-19). 도비야의 후손들은 당시의 지배국 프톨레미의 치하에서 정치적, 경제적으로 큰 이익을 누리고 있었습니다.

| 35대 | ⑥ 시몬 2세
오니아스 2세의 아들 | Simon II, son of Onias II
주전 218-185년 / 33년 |

오니아스 2세의 아들이며 오니아스 3세와 야손의 아버지입니다 (*Ant.* 12.224). 시몬 2세는 유대 민족이 프톨레미 왕조의 지배를 받다가 셀류쿠스 왕조의 지배를 받게 되는 격변기(주전 198년, 파내우스 전투 이후)에 대제사장직을 맡고 있었습니다.

프톨레미 왕국과 셀류쿠스 왕국 간의 공방이 치열한 가운데, 프톨레미 4세(주전 221-203년)가 제4차 수리아 전쟁의 끝 무렵 라피아 전투(Battle of Raphia, 주전 217년)에서 셀류쿠스 왕조의 안티오쿠스 3세에게 승리하였습니다(단 11:11-12). 당시 유대에는 대제사장 외에 별도의 통치자가 없었으므로 대제사장이 유대 민족을 대표하여 프톨레미 4세를 맞이하였는데, 예루살렘으로 온 그는 성전에 들어가 제사를 드리고, 지성소에까지 들어가려 했습니다. 그때 시몬 2세가 그를 만류했으나, 끝까지 지성소에 들어가려고 고집하다가 기절하여 쓰러진 사건이 마카비서에 기록되어 있습니다 (*3 Macc.* 1:1-2:24).

| 36대 | ⑦ 오니아스 3세
시몬 2세의 아들 | Onias III, son of Simon II
주전 185-175년 / 10년 |

오니아스 3세는 시몬 2세의 아들이며(*Ant.* 12.225), 사독 가문의 마지막 합법적인 대제사장입니다. 오니아스 3세에 관한 기록은 다니엘과 마카비 2서, 에녹 1서에 언급되어 있으며, 그의 재임 기간은 주전 187-175년 사이의 어느 시점이었을 것입니다.[48]

오니아스 3세는 경건한 대제사장으로, 율법을 엄숙하게 지키는 자였습니다. 오니아스 3세 때 예루살렘은 평화를 누렸고, 셀류쿠스 4세는 자기 수입에서 성전 제사를 위한 비용을 지불하기도 하였습니다(2 Macc. 3:1-3). 그런데 당시 성전 경리 책임을 맡았던 시몬이란 사람이, 예루살렘 시장 관리권 문제로 오니아스 3세와 의견이 충돌하였습니다. 시몬은 코일레 수리아와 페니키아의 총독 아폴로니우스에게, 예루살렘 성전에 많은 돈이 가득 차 있는데 그것은 제사용이 아니므로 왕이 마음대로 가질 수 있다고 보고하였습니다(2 Macc. 3:4-6). 이에 셀류쿠스 4세가 즉시 그의 재무장관 헬리오도루스를 예루살렘으로 파견하여 돈을 몰수하도록 하였고, 헬리오도루스는 오니아스 3세를 협박하면서 금고 조사를 위해 성전에 들어가려고 했습니다(단 11:20). 이때 대제사장 오니아스 3세와 모든 백성이 근심하며 함께 기도하였는데, 성전에 가까이 가던 헬리오도루스가 갑자기 기절하는 바람에 결국 성전 금고를 지킬 수 있었습니다(2 Macc. 3:7-40).

얼마 후 셀류쿠스 4세가 죽고 안티오쿠스 4세(에피파네스)가 왕위를 계승하자, 오니아스 3세의 동생 야손은 왕에게 뇌물을 바쳐 형의 대제사장직을 빼앗았습니다(2 Macc. 4:7-10). 3년 후 오니아스 3세는, 야손을 쫓아내고 대제사장직에 앉았던 그의 또다른 형제 메네라우스의 교사(敎唆)에 의해 결국 살해당했습니다(2 Macc. 4:23-34). 유대인들은 오니아스 3세의 죽음을 포로기 이후의 역사에서 가장 큰 전환점으로 여기는데, 그의 죽음을 다니엘 9:26에 나타난 "기름부음을 받은 자가 끊어져 없어질 것이며"라는 말씀의 성취로 보기도 하고, 또 다니엘 11:22에 기록된 "동맹한 왕"을 오니아스 3세로 보기도 합니다.

2. 셀류쿠스 지배 시대의 극악한 대제사장
Extremely wicked high priests under the Seleucid reign

주전 175-159년 사이 3대의 대제사장
Three generations of high priests between 175-159 BC

셀류쿠스의 안티오쿠스 4세(주전 175-163년)는 할례, 안식일 준수, 율법 준수 등 모든 예배 생활을 금지하면서 유대교를 극심하게 탄압하였습니다. 심지어 하나님의 전에 제우스 신상을 세우고, 하나님의 전을 제우스 신전이라고 불렀습니다(Ant. 12.248-256, War. 1.34-35). 그리고 유대 지역 곳곳에 우상 제단들을 세우고 많은 율법책을 불태웠는데 이에 반항하는 자들은 가차없이 사형하였습니다. 유대교의 모든 것을 버리고 헬라화하지 않으면 다 불법으로 간주했고, 온갖 학대와 비인간적인 고문을 가하다가 끝내는 사형하였기 때문에 온 유대인이 무시무시한 공포 속에 휘말려들었습니다. 그런 중에도, 죽을지라도 여호와 하나님의 언약에 끝까지 충실했던 백성은 신앙을 지키고 순교의 길을 택했습니다(1 Macc. 1:62-64). 히브리서는 그들의 신앙에 대해 생생하게 전하고 있습니다(히 11:35-38).

주전 167년 12월 25일에서 주전 164년 12월 25일까지 3년간 성전 안에 있던 제우스 신상 곧 '멸망의 가증한 것'(단 11:31, 마 24:15, 막 13:14)을, 마카비 혁명을 주도한 제사장 가문의 맛다디아의 아들 유다 마카비가 일어나 정결케 하였습니다(1 Macc. 4:36-39). 주전 164년 기슬래월(태양력 12월) 25일 마침내 예루살렘을 회복하였고(1 Macc. 4:52), 성전을 정화한 뒤 8일간의 봉헌 축제를 열었는데, 이것이 바로 '하누카'(⾒-봉헌) 또는 '수전절'(요 10:22)이라고 하는 히브리인들의 '빛의 축제'의 시초가 되었습니다(Ant. 12.285, 316-325).

이 시기에 셀류쿠스 왕조의 지배자들은 자신들에게 많은 재정적 도움을 주면서 그 정책에 동조하는 야손과 메네라우스, 알키무스(야킴)와 같은 악한 자들을 차례로 대제사장에 임명하였습니다.

성전을 거룩하게 지키고 나라 전체를 걸머지고 오로지 백성을 위하여 하나님께 온전한 제사를 드리기에 힘써야 할 대제사장들이, 자신의 부와 명예와 권력을 위해 하나님의 이름과 성전과 나라를 팔아먹고 백성의 혈세까지 빨아먹는 강도 같은 파렴치한으로 철저히 타락한 것입니다.

37대	① 야손 오니아스 3세의 동생	Jason, younger brother of Onias III 주전 175-172년 / 3년

야손은 시몬 2세의 아들이며, 오니아스 3세의 동생으로, 3년간(주전 175-172년) 대제사장의 자리에 있었습니다(2 Macc. 4:7). 이때 오니아스 3세의 아들 오니아스 4세는 젖먹이로, 대제사장이 될 수가 없었습니다(Ant. 12.237). 그는 '예수'라는 원래의 이름을 헬라식 이름 '야손'으로 바꾸어 버림으로써(Ant. 12.239), 대제사장 계열에서 셈족어(語) 계통의 이름이 아니라 헬라식 이름을 사용한 첫 번째 사람이 되었습니다. 이때는 셀류쿠스 4세가 "그는 분노함이나 싸움이 없이 몇 날이 못 되어 망할 것이요"(단 11:20下)라는 예언대로, 부하 헬리오도루스에게 죽임을 당하고, 안티오쿠스 4세(에피파네스)가 왕이 된 때입니다(주전 175년, 참고-단 11:21). 야손은 안티오쿠스 4세에게 거액의 뇌물을 주고, 그의 친형 오니아스 3세 대신 자기를 대제사장에 임명하면 유대의 헬라화 정책에 전심전력하겠다고 서약함으로써 대제사장직을 손에 넣었습니다(2 Macc. 4:7-9).

그는 유대 율법에 상반되는 생활 양식을 적극적으로 도입하여 이국의 풍습이 물밀듯 쏟아져 들어오게 만들었습니다(2 Macc. 4:10-17). 조상 때부터 내려온 율법과 제사를 가장 영광스러워하던 많은 유대인이 헬라 문화를 크게 동경하게 되었고, 할례 받은 흔적을 감추기까지 하면서 헬라인들과 어울렸습니다(Ant. 12.241, 1 Macc. 1:15). 결국 야손은 하나님의 대제사장의 직임을 완전히 버리고 셀류쿠스 왕조의 하수인 역할을 함으로써, 이때부터 대제사장은 정치 권력을 행사하는 자로 크게 변질되고 말았습니다. 다니엘서는 이렇게 헬라화에 앞장서며 변절한 유대인들을 "패역한 자들"(단 8:23)이라고 표현하였습니다.

한편, 야손은 자신의 대제사장직을 메네라우스에게 빼앗기고 암몬 땅에 머물고 있을 때(2 Macc. 4:26), 안티오쿠스 4세가 2차 애굽 원정(주전 170-168년)에서 죽었다는 헛소문을 듣고 천 명이 넘는 군대를 이끌고 예루살렘을 기습하여 자기 동포를 마구 학살하였습니다(2 Macc. 5:5-6).

후에 그는 동생 메네라우스에게 쫓겨 암몬에 피신해 있다가, 조국과 동족을 박해한 자로 미움을 받아 여러 도시를 전전하게 되었는데, 끝내는 애굽으로 쫓겨갔습니다. 많은 사람을 추방하였던 그가 이제는 타국으로 추방되어 암몬에서 애굽으로, 그리고 다시 배를 타고 스파르타까지 도망치는 신세가 되었고, 결국 타향에서 죽고 말았습니다. 야손은 슬퍼하는 사람 하나 없이 장례식도 치르지 못하였고, 선조들의 무덤에 함께 묻히지도 못했습니다(2 Macc. 5:7-10).

| 38대 | ② 메네라우스
오니아스 3세의 동생 또는
시몬(성전 총책임자)의 형제 | Menelaus, younger brother of Onias III or
the brother of Simon (governor of the temple)
주전 172-162년 / 10년 |

메네라우스는 오니아스 3세와 야손의 형제로(*Ant.* 12.238), 오니아스 4세의 삼촌입니다(*Ant.* 12.387). 또 다른 기록에는 빌가 가문 출신의 '성전을 맡은 자'(governor of the temple: 성전 총책임자) 시몬의 형제로 기록되어 있습니다(2 *Macc.* 3:4, 4:23). 빌가(Bilgah)는 다윗이 세운 제사장 24반열에서 15번째 반열이었습니다(대상 24:14, 느 12:5, 18). 메네라우스는 주전 172년부터 162년까지 10년간 대제사장직을 맡았습니다(*Ant.* 12.385).

메네라우스는 형 야손보다 은 300달란트를 더 바치겠다는 거짓말로 안티오쿠스 4세를 현혹하여 대제사장직을 차지했습니다(2 *Macc.* 4:24-27). 안티오쿠스 4세는 사람이 임의로 세우거나 폐할 수 없는 대제사장직을(히 5:4) 자기 마음대로 교체함으로써, 하나님의 거룩한 언약을 거스렸습니다(단 11:28). 메네라우스는 결코 대제사장직을 맡을 만한 위인이 못 되는, 잔인한 폭군의 기질과 야수같이 포악한 성격을 지닌 자였습니다(2 *Macc.* 4:25).

메네라우스는 안티오쿠스 4세가 길리기아에 가 있는 틈을 타서 안드로니쿠스를 시켜 이방 신전에 숨어 있는 오니아스 3세를 죽였습니다.

또한, 안티오쿠스 4세를 부추겨 성전을 모독하게 하고, 자기 백성의 살육을 충동질하였습니다. 심지어 안티오쿠스 4세는 지성소에 들어가 약탈을 자행하였는데, 이때 왕을 인도한 자가 바로 대제사장 메네라우스였습니다(2 *Macc.* 5:15-16, *Ant.* 12.246). 안티오쿠스 4세가 성전에서 훔쳐 간 성전 기물은 1,800달란트 상당의 금품이었습니다(*2 Macc.* 5:11-21).

주전 162년, 안티오쿠스 5세의 후견인이자 재상이었던 루시아스는 왕에게, '메네라우스가 부친(안티오쿠스 4세, 주전 175-163년)을 충동질하여 유대인들로 하여금 조상들의 종교를 포기하게 하고 분쟁을 일으킨 장본인'이라며, 그를 죽여야 유대인의 민란을 막을 수 있을 것이라고 말했습니다(*Ant.* 12.384). 하나님의 백성을 괴롭히고 성전을 직접 더럽힌 자는 안티오쿠스 4세였지만, 그것은 메네라우스가 10년이라는 긴 시간 동안 대제사장 자리에 있으면서 안티오쿠스 4세의 악행을 더욱 부추긴 결과였습니다. 이 기막힌 사실이 이방 국가 셀류쿠스의 총사령관이었던 루시아스의 입을 통해 분명하게 증거된 것입니다.

메네라우스가 대제사장으로 있는 동안, 자기를 희생하고 백성을 중보하는 사명자로서의 모습은 그에게 전혀 없었습니다. 오로지 권력을 장악하기 위해 나라를 팔아먹은 매국노요, 하나님의 율법과 성전을 더럽힌 사악하고 부정한 사람이었습니다. 안티오쿠스 5세는 메네라우스를 수리아의 베레아(Berea)로 보내 사형에 처했는데(*Ant.* 12.385), 이는 그가 10년간 나라를 어지럽히고 온갖 매국적 행위를 일삼은 것에 대한 하나님의 엄중한 심판이었습니다.

39대	③ 알키무스(야킴) 아론의 후예	Alcimus (Jakim), a descendant of Aaron 주전 162-159년 / 3년

메네라우스가 죽고 새로 임명받은 알키무스는 아론의 후예로 알려져 있습니다(*1 Macc.* 7:5, 9, 14, *Ant.* 12.385-387, 20.235). 그의 히브리

식 이름은 '하나님께서 일어나실 것이다'라는 뜻의 '야킴'이며, '알키무스'는 헬라식 이름으로 '용맹스런, 씩씩한, 영웅적인' 등의 뜻입니다.

안티오쿠스 4세가 주전 163년 봄 혹은 여름에 죽은 후(*1 Macc.* 6:16, *2 Macc.* 9:3-28, *Ant.* 12.356-357, *War.* 1.40), 총사령관이었던 루시아스는 안티오쿠스 4세의 아들 안티오쿠스 5세를 왕으로 선포했습니다(*Ant.* 12.360-361, *1 Macc.* 6:17). 왕은 유대를 공격하기 위해서 진군했다가 자기 나라에서 빌립(안티오쿠스 4세에 의해 왕으로 인준되었던 그의 친구)이 득세하고 있다는 소식을 듣고, 그 힘을 견제하기 위하여 유대인들을 이용하려고 유대인들에게 갑자기 화평을 제의하면서 율법대로 살게 해 주겠다고 약속했습니다(*1 Macc.* 6:55-59, *Ant.* 12.379-381). 그러나 그는 예루살렘 성전이 매우 견고한 요새임을 보고 유대인들과의 약속을 어기고 성전 벽을 무너뜨린 후, 대제사장 메네라우스를 포로로 잡아갔습니다(*1 Macc.* 6:62, *Ant.* 12.383, 385). 그리고 메네라우스를 사형한 안티오쿠스 5세는 알키무스를 대제사장으로 임명하였습니다(*Ant.* 12.385).

한편, 사독계의 마지막 대제사장 오니아스 3세의 아들 오니아스 4세는 대제사장 정통 가문이 아닌 알키무스가 대제사장직에 오르자 프톨레미 왕에게 피신하여 그곳에 예루살렘 성전과 비슷한 성전을 짓고 제사를 드렸습니다(*Ant.* 12.387-388).

알키무스는 자기 권력을 강화하기 위해 백성을 유혹하여 많은 추종자들을 얻었는데, 그에게 모여든 대부분의 사람은 불경건하고 율법을 버린 변절자들이었습니다(*Ant.* 12.398-399). 저들은 알키무스의 권력을 이용하여 유대 백성에게 온갖 악행을 저질렀는

데, 그들이 끼친 해는 이방 사람들과 비교가 안 될 만큼 극심했습니다(*1 Macc.* 7:21-25). 그리고 알키무스는 대제사장직을 유지하기 위해 속임수로 경건한 하시딤 60명을 죽이는 데 앞장섰습니다(*Ant.* 12.394-396, *1 Macc.* 7:10, 13-16).

주전 164년에 유다 마카비 가문이 성전을 깨끗하게 회복하였으므로, 유다를 따르던 '군인과 그 백성'(라오스: 자기들의 이익을 위해 정부 등에 압력을 행사하는 단체와 구별되어 소외된 무리)이 유다 마카비를 대제사장으로 모시고 있었을 것으로 추정됩니다(*Ant.* 12.414). 왕의 신하 니카노르가 유다 마카비를 죽이라는 데메트리우스 1세의 명을 받고 유대에 왔을 때 성전에서 제사를 집행하는 제사장들 중에서 유다 마카비를 찾았던 점으로 미루어(*2 Macc.* 14:31-33), 유다가 대제사장으로 활동하고 있었던 것으로 보입니다. 그가 정식으로 임명받은 것은 아니지만 백성 중에서는 비공식적인 제사장 역할을 맡았던 것으로 추정됩니다.[49]

알키무스는 유다 마카비의 지지자가 발견되면 모두 사형에 처하였고, 선량하고 신앙심 깊은 유대인들을 학살하였습니다(*Ant.* 12.399-400). 그리고 '유다 마카비가 살아 있는 한 우리 나라에 평화가 깃들 수 없다'라고 왕의 분노를 자극하기 위해 거짓말을 하였습니다(*2 Macc.* 14:10). 이에 데메트리우스 1세는 유다 마카비의 세력이 강해지면 자신도 위험할 것으로 생각하고, 군 사령관 니카노르를 유대 총독으로 임명한 후, '유다 마카비를 죽이고 그의 부하를 해산시키는 것은 물론 유대 민족을 아예 없애 버리고, 알키무스를 대제사장으로 삼으라'라는 제2차 침입 명령을 내렸습니다(*1 Macc.* 7:26, *Ant.* 12.402). 그런데 니카노르는 유다 마카비와 교전하다가 주전

160년 아달월 13일에 죽고 말았습니다(*1 Macc.* 7:43, *Ant.* 12.409). 이렇게 민족의 배반자 대제사장 알키무스의 고발로 이방 나라 셀류쿠스의 왕에게 성전이 짓밟힐 뻔했다가 기적적으로 보호를 받은 것입니다(*Ant.* 12.401, 412, *1 Macc.* 7:43-49).

곧이어 주전 160년 봄, 데메트리우스 1세는 다시 바키데스를 3차로 보내어 유다 마카비와 교전하였으며, 이때 유다 마카비가 패하고 전사하였습니다(*1 Macc.* 9:3, 17-18, *Ant.* 12.430). 이 후 마카비 가문은 극심한 박해를 받았습니다.

극악한 대제사장 알키무스의 최후는 비참했습니다. 그는 예언자의 업적을 없애기 위해서 성소 내전의 벽(성전 안쪽 뜰의 벽)을 헐다가 하나님의 징벌을 받아 죽었습니다. 주전 159년 5월, 알키무스가 유대인과 이방인을 구분하는 성소 안뜰과 이방인들의 뜰 사이 난간을 제거하려고 벽을 헐기 시작했을 때, 갑자기 졸도하여 작업이 중단되었습니다. 그는 갑자기 입이 마비되고 혀가 굳어서 여러 날 동안 심한 고통을 겪다가 죽었습니다(*1 Macc.* 9:54-56, *Ant.* 12.413). 알키무스의 죽음 이후 2년 동안 유대 땅은 평온하였습니다(*1 Macc.* 9:57, *Ant.* 13.22).

3. 대제사장 공백기 7년
Seven-year interlude in the high priesthood
주전 159-152년 (159-152 BC)

주전 162년에 대제사장으로 임명받은 알키무스가 3년 만에 하나님의 징계를 받아 죽고(주전 159년), 그의 사망과 함께 대제사장의 자리는 주전 152년까지 약 7년간 공백 상태가 되었습니다(*Ant.* 20.237). 스룹바벨 성전 시대 이래 대제사장의 공백 기간이 생긴 것은 처음입니다. 공백 기간 후 대제사장이 된 맛다디아의 다섯째 아들 요나단은 셀류쿠스식 달력으로 '160년 7월 초막절'에 대제사장으로 임명되었는데(*1 Macc.* 10:21, *Ant.* 13.46), 여기 '160년'은 주전 152년에 해당합니다.

매년 드리는 대속죄일 제사는 대제사장이 없이는 드릴 수 없습니다(출 30:10, 레 16:29-34, 히 9:7). 당시 대제사장을 할 만한 사람이 없었으므로, 대제사장 자리를 공석으로 남겨 놓고 부제사장[50]이 대제사장의 대리로 제사를 드렸을 가능성도 있습니다.

4. 유대 독립 시대(하스몬 왕가)
Period of Judean Independence (Hasmonean Dynasty)
주전 152-37년 사이 9대의 대제사장
Nine generations of high priests between 152-37 BC

셀류쿠스 왕조 지배 시대에 대제사장으로서의 정통성을 인정받기 어려운 야손, 메네라우스, 알키무스 같은 악한 자들의 횡포가 자행된 후, 대제사장직은 주전 159년부터 152년까지 약 7년간 공석으로 있었습니다. 그러다가 유대 독립 혁명을 주도했던 마카비가의 아들들로부터 시작된 하스몬 왕가가, 유대 민족의 지도 계층으로 부상하여 그들이 대제사장직을 계승하였습니다.

유다 마카비가 죽고 그의 막내 동생 요나단 아푸스가 뒤를 이을 때, 셀류쿠스 왕국은 안티오쿠스 4세의 아들 알렉산더 발라스와 셀류쿠스 4세의 아들 데메트리우스 1세 사이의 왕위 쟁탈전으로 내분이 일어났는데, 이때를 기회 삼아 요나단은 대제사장과 왕이 될 수 있었습니다. 이것이 마카비 가문이 일어나게 된 첫걸음이 되었습니다(*1 Macc.* 10:1-21, *Ant.* 13.35-46).

요나단의 뒤를 이어 그의 형 시몬이 유대인의 정치, 종교 지도자가 됨으로써 유대는 실질적인 독립을 얻게 됩니다. 이어 주전 135년에 시몬이 살해되고 그 아들 요한 힐카누스 1세가 왕과 대제사장을 겸직하게 되면서 하스몬 왕가에 의한 유대 독립이 완성되었습니다.

이 시기에 유대 사회는 헬라화에 동조하는 제사장 계층인 사두개파와 그에 반발한 바리새파로 나뉘어, 이 후 양측 간에 왕권을 둘러싼 내분이 극심했습니다. 주전 67년에는 하스몬 왕가의 두 아들 힐카누스 2세와 아리스토불루스 2세가 심각하게 왕권 쟁탈전을 벌였는데, 여기에 로마를 개입시켜서 결국 주전 63년에 로마의 폼페이우스 장군에게 예루살렘이 점령당하고 말았습니다.

한편, 구약시대에 '유다'라고 불렸던 이스라엘은 바벨론 포로기 이후 '유대'로 불리기 시작했습니다(참고―스 5:8). 바사 시대에 '유대'는 작은 지역만을 일컫는 말이었는데, 하스몬 왕가 시대에 유대는 잠시 독립국가로서의 지위를 어느 정도 유지할 수 있었습니다. 주전 63년 로마에 점령 당한 이래 유대는 이스라엘 전체를 호칭하는 말로 사용되어, 헤롯이 '유대'의 왕이라는 공식적인 칭호를 처음 사용하였습니다(눅 1:5). 그리고 로마 시대에는 유대, 사마리아, 갈릴리 등을 통틀어 '팔레스타인'이라고 불렀습니다.

| 40대 | ① 요나단 아푸스
맛다디아의 막내아들 | Jonathan Apphus, youngest son of
Mattathias / 주전 152-142년 / 10년 |

요나단은 예루살렘 북서쪽에 있는 모데인(Modein)이라는 마을에 살고 있던 맛다디아의 막내아들입니다. 맛다디아(Mattathias)는 셀류쿠스 왕조의 안티오쿠스 4세(에피파네스) 때에 마카비 혁명을 일으킨 사람(*1 Macc.* 2:1-5)으로, 제사장 24반열의 첫 번째 반열인 여호야립(요야립) 가문(대상 9:10, 24:7, *1 Macc.* 2:1)의 아사모나이오스(Asamonaios)[랍비 문헌에 의하면 하스모나이(Hasmonai)]의 후손이며, 예루살렘의 토박이었습니다(*Ant.* 12.265). 요세푸스는 마카비 가문에 의한 '유대 독립 시대'를 '하스몬 왕가의 시대'라고 부르는 이유를 맛다디아의 증조부가 아사모나이오스 곧 하스몬(Hasmon)이기 때문이라고 말합니다(*Ant.* 12.265, 16.187, 17.162, *War.* 서문.19).

다윗 시대에 제사장들을 24반열로 조직하기 위해 제비를 뽑을 때 엘르아살 계열에서 16개, 이다말 계열에서 8개를 차지하도록 하였는데(대상 24:1-5), 이때 첫 번째로 뽑힌 여호야립 반열은 엘르아살 계열로 추정되며, 특히 맛다디아가 비느하스를 '우리 조상'으로 언급한 것은(*1 Macc.* 2:26, 54), 하스몬 가문에서 나온 대제사장들이 아론의 후손 중 사독 계열에 속함을 나타냅니다.

주전 160년에 유다 마카비가 죽은 뒤 율법을 저버린 자들이 머리를 들기 시작하였고(*1 Macc.* 9:23), 셀류쿠스의 장군 바키데스는 유다 마카비 편이었던 사람들과 그를 동조하던 사람들을 고문하고 학대하여 죽였습니다. 그것은 유대인들이 바벨론에서 귀환한 이래 가장 지독했던 환란이었습니다(*1 Macc.* 9:27, *Ant.* 13.5). 이때 요나단이 백성의 요청에 의해 지도자가 되었습니다.

그가 비록 셀류쿠스 왕에 의해 임명되기는 하였지만, 당시 하나님을 경외하지 않는 모든 불경건한 사람과 율법을 거부하는 배반자들이 일어나 각 방면에서 악영향을 끼치며 유대 민족을 해롭게 하였으므로, 유대인들은 유다 마카비의 동생인 요나단에게 지도자가 되어 줄 것을 요구했습니다. 이에 요나단 자신도 나라를 위해 죽을 각오로 백성의 추대를 받아들였던 것입니다(Ant. 13.5-6).

유다 마카비가 죽은 뒤에 요나단은 7년 가량(주전 160-153년) 비교적 평화롭게 통치하였으며(Ant. 13.34), 주전 152년부터 주전 142년까지 10년 동안은 대제사장까지 겸직하였습니다(Ant. 13.212, 20.239). 요나단은 '주께서 주심'이라는 뜻이며, 그의 별명 아푸스(Apphus)는 '시치미떼다', '외교관'이라는 뜻으로, 자신의 진짜 의도를 숨기고 상대방으로부터 이득을 취하는 외교술에 뛰어난 요나단을 잘 나타냅니다.

주전 152년경 셀류쿠스는 당시 왕이었던 데메트리우스 1세와 안티오쿠스 4세의 아들 알렉산더 발라스 사이에 왕위 쟁탈전이 벌어졌는데, 주전 150년 데메트리우스 1세가 알렉산더 발라스와의 전쟁에 패하여 죽으므로 그의 11년간의 셀류쿠스 통치가 끝났습니다(Ant. 13.61). 알렉산더 발라스는 요나단을 가장 친한 친구 중의 하나로 삼아 그 지방의 행정 책임자로 세웠습니다(1 Macc. 10:57, 65). 이로써 요나단은 대제사장직과 정치 지도자로서의 지위를 한꺼번에 차지하게 됩니다. 이때부터 공식적으로 유대 통치자는 종교 중심의 대제사장에서 정치 중심의 왕과 군대 중심의 장군으로 그 성격이 바뀌었습니다.[51]

주전 145년경 데메트리우스 2세가 왕이 되었을 때, 유대 사람들이 요나단을 모함하였는데, 요나단은 뛰어난 외교술로 오히려 데메트리우스 2세의 마음을 사서 조공을 면제 받고, 대제사장직을 더욱 확고하게 했습니다(*1 Macc.* 11:19-29, *Ant.* 13.120-126).

그러나 주전 142년(참고-*1 Macc.* 13:41)에, 알렉산더 발라스의 군대 장관이었던 트리포(Trypho, *Ant.* 13.131)가 요나단의 군대를 전멸시키고 유대 땅을 침공하려 하다가 뜻대로 되지 않자, 요나단을 게네사렛 바다 동북쪽에 있는 바스카마(Baskama)에서 사형하였습니다(*1 Macc.* 13:12-24). 시몬 3세는 그의 동생 요나단의 시신을 가져다가 그의 출생지인 고향 모데인에 장사지냈습니다(*Ant.* 13.210, *1 Macc.* 13:25).

41대	② 시몬 (3세) 타시 요나단의 형	Simon (III) Thassi, older brother of Jonathan 주전 142-134년 / 8년

시몬 3세는 대제사장 요나단의 형으로 맛다디아 가문의 마지막 생존자였습니다(*1 Macc.* 13:4). 원래 대제사장직은 아버지에게서 아들로 계승되며(민 3:2-4), 자식이 없으면 그 형제에게 물려주는데(참고-민 27:9), 요나단의 아들이 있었는데도 그의 형 시몬 3세가 요나단의 뒤를 이었습니다. 요나단의 아들이 죽었는지는 알 수 없으나, 트리포가 속임수로 요나단을 살려 주겠다고 인질을 요구했을 때 시몬 3세는 동생 요나단의 두 아들을 인질로 보냈으며(*1 Macc.* 13:16-19, *Ant.* 13.204, 206), 결국 트리포는 자기 계획대로 요나단을 죽였습니다(주전 142년).

요나단이 인질로 잡혀 있고, 트리포가 대군을 소집하여 예루살렘을 공격하려는 급박한 위기 상황에서, 시몬은 공포에 떨고 있는 백성을 성전에 모이게 하여 신앙으로 격려했습니다(*1 Macc.* 13:2-3). 여기서 힘을 얻은 백성이 시몬에게 '우리의 지도자가 되어 전쟁에서 싸워 달라'(*1 Macc.* 13:7-9)라고 요청하며 그를 지도자로 세우기에 이릅니다(*Ant.* 13.201).

시몬 3세는 주전 142년부터 주전 134년까지 8년간 대제사장직을 맡았습니다(*Ant.* 13.228). "백 칠십이년 즉 대사제 시몬의 제삼 년 엘룰월 십팔일"(*1 Macc.* 14:27)이라는 기록에서 셀류쿠스 달력으로 172년은 주전 140년이며, 이때가 시몬 대제사장 제3년이므로 시몬이 즉위한 해는 주전 142년입니다. 그리고 시몬은 셀류쿠스 달력으로 '177년 세바트월 즉 1월'(주전 134년 2-3월)에 죽었습니다(*1 Macc.* 16:14).

시몬은 대제사장직에 오른 첫해에 셀류쿠스의 지배로부터 유대를 독립시켜(*1 Macc.* 13:36-41, *Ant.* 13.213), 이 후 새로운 시대를 맞이하게 되었습니다. 이스라엘 민족은 더 이상 셀류쿠스 달력을 쓰지 않고, 모든 공문서와 계약서에 "유다인의 대사제이며 사령관이며 지도자인 시몬 제1년"이라고 쓰기 시작하였습니다(*1 Macc.* 13:42, *Ant.* 13.213-214). 그리고 예루살렘 주변 적들의 전진 기지가 되고 있던 예루살렘에 세워진 대적의 요새를, 시몬의 설득으로 백성이 3년간 밤낮으로 일하여 평지로 만들었으며, 다시 예전처럼 성전이 가장 높은 곳에 위치하게 되었습니다(*Ant.* 13.217). 셀류쿠스 지배의 상징이기도 했던 요새를 무너뜨린 것은 예루살렘의 독립선언과도 같은 것이었습니다. 셀류쿠스 달력으로 171년 제2월 23일(주전 141년 7월 초), 유대인들은 종려나무 가지를 흔들며 소리 높여 환호하였고 비파와 거문고, 꽹과리 소리에 맞추어 찬미하면서 요새 안으로 들어왔으며, 이날을 매년 기념하였습니다(*1 Macc.* 13:51). 그의 통치 기간에 국제적으로도 평화로웠고 유대는 최고의 번영과 평안을 누렸는데, 그는 율법을 지키고 성전을 가꾸었으며 백성은 그를 존경하였습니다(*1 Macc.* 14:4-15, *Ant.* 13.214).

한편, 시몬 3세가 대제사장이 된 지 3년 엘룰월(6월) 18일, 그는 온 백성과 제사장들과 백성의 지도자들과 원로들이 모인 앞에서 대제사장으로 공포되었습니다. 백성과 제사장들은 "진정한 예언자(faithful prophet, KJV: 신뢰할 만한 선지자)가 나타날 때까지 우리는 시몬을 영구적인 영도자, 대사제로 삼는다. … 유다 국민과 사제들의 통치자이며 수령으로서 최고의 권한을 가지고 만백성을 다스릴 것에 동의하였다"라고 하는 내용의 비문을 놋쇠판에 새겼습니다(*1 Macc.* 14:25-49). 이때 셀류쿠스 왕 데메트리우스 2세가 시몬을 대제사장으로 인준하였습니다(*1 Macc.* 14:38). 이를 계기로 대제사장직이 오니아스 가문에서 하스몬 가문으로 옮겨지게 되었습니다.[52]

시몬의 부친 맛다디아가 운명 직전에 그의 아들들에게 '너희 형 시몬은 슬기로운 사람이다. 항상 그의 말을 잘 들어라. 시몬은 너희에게 아버지 구실을 할 것이다'(*1 Macc.* 2:65)라고 유언한 대로, 그는 슬기롭게 행하여 형제들에게 아버지와 같은 존재였으며, 나라에 독립과 평화를 가져온 지도자였습니다.

| 42대 | ③ 요한 힐카누스 1세
시몬 3세의 아들 | John Hyrcanus I, son of Simon III
주전 134-104년 / 30년 |

　힐카누스 1세는 하스몬 왕가의 세 번째 대제사장으로, 시몬 3세의 아들입니다. 하스몬 왕조를 연 시몬 3세가 주전 134년에 사위의 배반으로 죽임을 당한 후, 그의 아들 힐카누스 1세가 왕이 되었습니다(1 Macc. 16:12-24). 그의 재임 기간은 30년으로, 하스몬 왕가 중에 가장 길었습니다(Ant. 13.299).

　힐카누스 1세는 할례를 장려하고 율법 준수를 고수하였으며, 다윗 왕국 회복을 목표로 삼아 솔로몬왕 이후 가장 넓은 영토를 확보하였습니다. 그는 그리심산에 있던 건축된 지 200년 된 사마리아 성전(주전 330년경 건축)을 파괴하였습니다(Ant. 13.254-256). 그리고 셀류쿠스의 안티오쿠스 7세가 파르티아(아르사케스왕)와의 전쟁에서 죽은 후(주전 129년), 왕이 없는 틈을 타서 이두매인들의 도시 아도라와 마리사를 점령하였습니다. 이때 힐카누스는 이두매인들에게 할례를 행하고 율법과 유대인들의 풍습을 지키면 그 땅에 남을 수 있도록 해 주겠다고 약속하였습니다. 이두매인들은 그것을 감수하였고, 그때부터 유대인화하였습니다(Ant. 13.257-258).

　그러나 힐카누스 1세는 지배 영역이 확장되고 권력이 강해질수록 점점 부패하여 자녀들의 이름을 헬라식으로 바꾸고, 왕실 문화도 헬라식으로 변질시켰습니다. 그리고 그가 이두매인들에게 행했던 정책은 훗날 유대에 치명적 결과를 가져왔습니다. 이두매 출신의 헤롯 가문이 하스몬 왕가를 모조리 처형하고 이 후 100여 년간 유대를 지배하게 되어, 유대 백성은 극심한 괴로움에 시달리다가 끝내 주후 70년에 로마에 멸망하는 비극적 최후를 맞게 된 것입니다.

| 43대 | ④ 아리스토불루스 1세
힐카누스 1세의 장자 | Aristobulus I, first son of Hyrcanus I
주전 104-103년 / 1년 |

　아리스토불루스 1세는 하스몬 가문에서 가장 짧게 약 1년간 통치하였습니다. 그의 히브리식 이름은 '유다'이고, 힐카누스 1세의 다섯 아들 중 장자입니다(*Ant.* 20.240).

　힐카누스 1세는 나라를 아내에게 맡기고, 장남 아리스토불루스 1세에게는 대제사장직을 맡겼습니다. 그러나 아리스토불루스 1세는 왕권에 욕심을 내어 통치 형태를 '정부'(government)에서 '왕국'(kingdom)으로 바꾸고, 바벨론 포로 이래 처음으로 머리에 왕관을 썼습니다(*Ant.* 13.301). 그는 왕과 대제사장 직위를 동시에 가졌던 최초의 사람이었습니다(*Ant.* 20.241). 그는 이에 만족하지 않고 자기 모친을 옥에 가두어 굶겨 죽였고, 자기 형제들도 옥에 가두었으며, 가장 사랑하던 동생 안티고누스마저 자기의 왕권을 노리는 것으로 오해하고 잔악하게 죽였습니다(*Ant.* 13.302-309). 영원히 권력을 누릴 것처럼 가족들조차 서슴없이 살육하던 그는 겨우 1년밖에 통치하지 못하고, 지나온 일을 후회하면서 심한 정신적 고통에 시달리다가, 몹쓸 병에 걸려 비참하게 죽었습니다(*Ant.* 13.316-317).

| 44대 | ⑤ 알렉산더 얀나
아리스토불루스 1세의 동생 | Alexander Jannaeus,
younger brother of Aristobulus I
주전 103-76년 / 27년 |

　알렉산더 얀나는 하스몬 왕가의 다섯 번째 대제사장으로, 아리스토불루스 1세의 동생이며, 아리스토불루스 1세의 부인 살로메 알렉산드라와 결혼하였습니다. 알렉산드라는 아리스토불루스 1세가 감

옥에 가두었던 형제들을 풀어 주고, 그중 알렉산더 얀나를 왕으로 세웠습니다(Ant. 13.320). 알렉산더 얀나는 왕이 되자마자 왕위를 노리던 형제 하나를 처형하고, 왕권에 대한 야심이 없는 형제들은 살려 두었습니다(Ant. 13.323).

알렉산더 얀나는 많은 전쟁을 치르면서 유대의 영토를 통일 왕국 시대만큼 넓혔습니다. 그러나 그 뒤에서 인적 물적 자원을 충당해야 했던 백성의 불평이 커지면서, 알렉산더 얀나에게 '제사장 자격이 없는 포로의 자식'이라고 조롱하기까지 했습니다. 이에 알렉산더 얀나는 6천 명을 무작위로 죽였습니다(Ant. 13.372-373). 그리고 자기 동족과 벌인 5-6차례의 전투에서 6년 동안 무려 유대인 50,000명 이상을 살육하였습니다(War. 1.91).

알렉산더 얀나에게 등을 돌린 백성은 셀류쿠스의 데메트리우스 3세에게 도움을 요청하였는데(Ant. 13.376), 6천 명의 유대인들이 알렉산더 얀나가 산으로 도망하게 된 것을 불쌍히 여겨 갑자기 그의 편으로 돌아서 버렸고, 이에 데메트리우스는 놀라서 철수하였습니다(War. 1.96). 이 후 알렉산더 얀나는 베도마 시를 점령하여 그곳 사람들을 자기 수중에 넣은 후에, 예루살렘으로 돌아와 자신의 첩들과 함께 연회를 베풀고는 유대인들 800명을 십자가에 매달도록 명령했으며, 그 부인과 자식들을 그들이 보는 앞에서 베어 버렸습니다(Ant. 13.380). 유대인들이 외국 군대(데메트리우스 3세)를 불러다가 자기를 곤경에 빠뜨렸다는 것이 학살의 이유였습니다(Ant. 13.375-381).

알렉산더 얀나는 죽기 직전에 아내 알렉산드라에게 유언할 때, 전에 자신이 십자가에 매달아 보복 처형하였던 바리새파 800명을 염두에 두고, 바리새파에게 요직을 주도록 당부하고 바리새파에 사과의 뜻을 표함으로써, 부인 알렉산드라가 그들의 지지를 받도록 만들어 주었습니다.

알렉산더 얀나는 27년(주전 103-76년)을 통치하였으며 아내에게 왕권을 넘긴 후 49세에 죽었습니다(*Ant.* 13.398-404).

45대	⑥ 힐카누스 2세 알렉산더 얀나의 장자	Hyrcanus II, first son of Alexander Jannaeus 주전 76-67년 / 9년

힐카누스 2세는 하스몬 왕가의 여섯 번째 대제사장으로, 알렉산더 얀나와 살로메 알렉산드라 사이에 태어난 장남입니다.

알렉산더 얀나는 두 아들 힐카누스 2세와 아리스토불루스 2세가 있었음에도 불구하고, 힐카누스 2세가 무능하다는 이유로 자신의 아내 살로메 알렉산드라에게 왕권을 물려주었습니다(*Ant.* 13.407). 알렉산드라는 여성이었으므로 큰아들 힐카누스 2세를 대제사장으로 임명하였으며, 그녀는 9년을 통치하고 73세에 죽었습니다(*Ant.* 13.408, 430). 알렉산드라는 남편의 유언을 따라 바리새파와 화해했고, 이때부터 바리새인들이 산헤드린의 회원이 되었습니다. 한편, 반대편에 있던 사두개인들은 둘째 아들 아리스토불루스 2세와 접촉하였습니다.

후에 힐카누스 2세는 헤롯 대왕에게 죽임을 당하게 됩니다(*Ant.* 15.173).

| 46대 | ⑦ 아리스토불루스 2세
알렉산더 얀나의 차자 | Aristobulus II, second son of Alexander Jannaeus
주전 67-63년
/ 3년 3개월 또는 3년 6개월 |

아리스토불루스 2세는 알렉산더 얀나와 살로메 알렉산드라 사이에 태어난 차남으로, 하스몬 왕가의 일곱 번째 대제사장입니다. 주전 67년부터 63년까지 약 3년 3개월(또는 3년 6개월)간 대제사장으로 활동하였습니다(*Ant.* 14.97, 20.244).

그는 알렉산드라가 죽자, 형인 힐카누스 2세와 협정 후 왕권과 대제사장권을 획득하였습니다(*Ant.* 14.4-6). 당시 유대인들은 제사장의 후손인 두 지도자의 싸움에 대하여 로마 폼페이우스에게 비난의 글을 보냈고(*Ant.* 14.41), 아리스토불루스 2세가 다스린 지 3년 3개월(또는 3년 6개월) 만인 주전 63년에 마침내 폼페이우스가 예루살렘을 점령하였습니다. 폼페이우스는 아리스토불루스 2세의 대제사장직을 힐카누스 2세에게 돌려주고 나라의 통치권도 주었으나, 왕관은 쓰지 못하게 했습니다(*Ant.* 20.244). 폼페이우스가 이두매인 안티파터(헤롯 대왕의 부친)를 이미 유대의 총독으로 세웠기 때문입니다.

주전 63년에 폼페이우스가 수리아를 로마의 속주로 만들면서 셀류쿠스 왕조는 역사에서 사라지게 됩니다.

| 47대
〈재임〉 | ⑧ 힐카누스 2세
알렉산더 얀나의 장자 | Hyrcanus II, first son of Alexander Jannaeus
주전 63-40년 / 23년 |

힐카누스 2세는 로마의 폼페이우스에 의해 다시 대제사장으로

임명되어, 하스몬 왕가의 여덟 번째 대제사장으로 주전 63년부터 40년까지 약 23년간 대제사장직을 맡았습니다.

주전 63년에 폼페이우스가 예루살렘을 정복한 후, 로마가 유대를 지배하기 시작했습니다. 폼페이우스는 헤롯의 아버지 안티파터를 유대의 총독으로 세우고 힐카누스 2세를 대제사장으로 세웠는데, 외형적으로는 유대의 독립을 인정한다는 뜻이었습니다. 그러나 그들은 로마에 세금을 바치면서 엄격한 제재를 받아야 했기 때문에 힐카누스 2세는 영향력을 거의 발휘할 수 없었습니다.

힐카누스 2세는 로마의 폼페이우스와 율리우스 가이사가 권력 다툼을 할 때 가이사 쪽을 지지해 준 결과로, 주전 47년에 율리우스 가이사에 의해 유대의 총통치자로 공식 선포되었습니다. 그러나 실제로는 유대 집정관 자리에 오른 이두매 출신 안티파터가 모든 실권을 장악하였습니다(Ant. 14.143, War. 1.199-203).

주전 48-47년 겨울, 가이사는 프톨레미 군대의 포위 공격에 맞서고 있었는데, 이때 안티파터가 가이사를 도와 무사히 빠져나올 수 있었습니다. 가이사는 안티파터의 충성스러운 행위를 기억하고 뒤에 유대 사람들에게 특정한 권리를 부여하였습니다.

48대	⑨ 안티고누스 아리스토불루스 2세의 아들	Antigonus, son of Aristobulus II 주전 40-37년 / 3년

안티고누스는 아리스토불루스 2세의 아들로(Ant. 20.245), 하스몬 왕가의 아홉 번째 대제사장입니다. 그는 파르티아의 도움으로 유대에 복귀해 큰아버지인 힐카누스 2세의 귀를 잘라 버림으로써 그가 더 이상 제사장이 될 수 없게 만들었습니다(Ant. 14.365-366, 레 21:17-24).

한편, 주전 40년에 안티고누스가 유대를 장악했을 때, 헤롯은 로마에 가서 도움을 요청하여 로마 원로원은 그를 왕으로 임명하였습니다(주전 40년 7월: *Ant*. 14.381-389). 안티고누스 통치 3년 3개월에 로마의 장군 소시우스와 헤롯이 그를 포위하여 사로잡아 로마로 끌고 간 때는, 주전 37년 3월 금식일 즈음이었습니다(*Ant*. 14.389, 487-488). 안티고누스가 쇠사슬에 묶인 채로 안디옥으로 압송되었고, 헤롯의 요청대로 안토니우스에 의해 참수됨으로써 126년간 지속된 하스몬 왕가에 종지부가 찍혔습니다(*Ant*. 14.490, 20.246). 하스몬 왕가의 존재 가치는 그들이 아론의 후손으로 제사장 직분을 맡아 온 가문이라는 데 있었습니다. 그러나 내분으로 인해 그들의 왕권은 평민 출신인 안티파터의 아들 헤롯에게 넘어가고 말았습니다(*Ant*. 14.491).

IV
헤롯 대왕 이후 임명자별로 구분한 대제사장의 역사
The History of High Priests after Herod the Great Classified By Appointer

 헤롯 시대부터 주후 70년 로마의 디도 장군이 예루살렘을 함락시킬 때까지의 기간에는 28명의 대제사장이 있었습니다(*Ant.* 20.250). 요세푸스가 기록한 28명은, 맛디아를 대신하여 속죄일 하루만 대제사장직을 맡았던 '엘리무스의 아들 요셉'(Joseph the son of Ellemus)을 포함하고, 두 번 재임한 아나넬과 요아살을 한 번씩만 계산한 것이어서 실제 대수는 30대입니다.

1. 헤롯 대왕 Herod the Great
주전 37-4년 사이에 7대의 대제사장 임명
Appointed seven high priests between 37-4 BC

 헤롯 대왕은 주전 73년경에 에서(에돔)의 후손인 이두매 사람 안티파터의 둘째 아들로 태어나 주전 37년에 유대의 왕이 된 자로, 그 이름의 뜻은 '영웅의 아들'입니다. 유대가 로마의 내정 간섭을 받고 있던 주전 40년경에 파르티아가 수리아를 점령하자, 아리스토불루스 2세의 아들 안티고누스는 파르티아에게 뇌물을 주고 대제사장 겸 왕이 되었습니다. 이에 헤롯은 로마로 도망쳐 로마 원로원에서 왕으로 임명받고, 주전 37년에 로마의 안토니우스에게 군대를 지원받아 안티고누스를 물리치고 유대의 왕으로 군림하게 되었습니다.

헤롯이 아내 도리스와 이혼하고 힐카누스 2세의 손녀 마리암네 1세와 결혼함으로써, 힐카누스 2세와 그의 친구 안티파터(주전 47년 유대 집정관, 헤롯 대왕의 아버지)는 사돈 관계가 되었습니다. 이는 평민 출신인 헤롯 대왕이 제사장 가문과 결합함으로써 자기 왕권의 정통성을 확보하려 했던 것입니다(*War*. 1.241, *Ant*. 20.248).

헤롯 대왕은 전(全) 팔레스타인과 요단 동편의 상당 부분을 다스렸는데, 가이사랴 빌립보를 비롯하여 여러 곳에 대규모의 건축 사업을 일으키는 등 뛰어난 지도력을 발휘하였습니다. 그러나 왕위를 빼앗길까 봐 늘 불안해 하였고, 자신의 왕권을 위협하는 자는 아내, 아들, 장모, 대제사장을 지낸 장모의 부친, 처남 할 것 없이 모조리 숙청했습니다(*War*. 1.431-444). 유대인의 왕으로 태어나신 예수 그리스도를 죽이려고 베들레헴의 2세 이하 사내아이를 몰살한 것(마 2:1-16)만 보아도, 그의 병적 불안감과 잔학성을 알 수 있습니다. 그래서 성경은 예수 그리스도가 나신 때를 한마디로 "헤롯왕 때에"(마 2:1)라고 기록하고 있습니다. 그의 치세 동안 10명의 아내와 그 가족들 간의 음모와 고소로 분쟁이 끊이지 않았고, 헤롯은 말년(末年)에 지병이 악화하여 매우 난폭해진 가운데 70세를 일기로 죄악된 일생을 마쳤습니다(*War*. 1.665, *Ant*. 17.191).

헤롯 대왕 이후로 유대 민족은 주후 70년까지 약 100년 이상 헤롯 왕가의 지배를 받았고, 당시 대제사장들은 대부분 헤롯 왕가에

IV. 헤롯 대왕 이후 임명자별로 구분한 대제사장의 역사 | 313

서 임명한 자들이었습니다. 헤롯 대왕은 약 34년간(주전 37-4년) 왕위에 있으면서 7명의 대제사장을 임명했습니다. 헤롯 왕가의 임명을 받은 대제사장들은 정치 권력의 비호 속에서 극도로 타락했습니다. 대제사장으로서 독자적인 직분 수행이 불가능했고, 더구나 종교 지도자로서의 순수함과 경건성은 전혀 찾아볼 수 없었습니다.

연대 Year	로마 황제 Roman Emperor	유대 총독 Governors of Judea	유대 대제사장 High Priests of Judea	대제사장 임명 High Priests Appointed by
		주전 63년 폼페이우스 장군이 예루살렘 점령 General Pompey captures Jerusalem, 63 BC		
48	폼페이우스의 죽음 / 가이사의 독주		힐카누스 2세 Hyrcanus II 63-40 BC	율리우스 가이사 Julius Caesar 63-59 BC 법무관 59-58 BC 집정관 58-49 BC 갈리아 총독 48-44 BC 독재관
44	가이사의 죽음			
40				
(43)-31	제2차 삼두 정치 (안토니우스, 옥타비아누스, 레피두스)		안티고누스 Antigonus 40-37 BC	안티고누스의 반란 40-37 BC
37			1 아나넬 Ananel 37-35 BC	헤롯 대왕 Herod the Great 37-4 BC
35			2 아리스토불루스 3세 Aristobulus III / 35-34 BC	
31	악티움 해전 / 옥타비아누스의 승리		3 아나넬 *재임 Ananel / 34-30 BC	
27	옥타비아누스에게 '아우구스투스'(아구스도)라는 영예 칭호 (로마 황제 시대 개막) 27 BC - AD 14		파비의 아들 son of Phabi 4 예수 / Jesus / 30-24 BC	
24			보에두스의 아들 son of Boethus 5 시몬 / Simon / 24-5 BC	
5			데오빌루스의 아들 son of Theophilus 6 맛디아 / Matthias / 5-4 BC	
4			엘르무스의 아들 son of Ellemus 요셉 / Joseph *1일 직무대리	헤롯 아켈라오 Herod Archelaus
			보에두스의 아들 son of Boethus 7 요아살 / Joasar / 4 BC	
			보에두스의 아들 son of Boethus 8 엘르아살 / Eleazar / 4 BC	

제4장 대제사장의 족보

연대 Year	로마 황제 Roman Emperor	유대 총독 Governors of Judea	유대 대제사장 High Priests of Judea	대제사장 임명 High Priests Appointed by
6	아우구스투스 Augustus 27 BC-AD 14	코포니우스 Coponius AD 6-9	시에의 아들 son of Sie 9 예수 / Jesus / 4 BC-AD 6	헤롯 아켈라오 Herod Archelaus 4 BC-AD 6 유대 분봉왕
9		마르크스 암비불루스 Marcus Ambivulus AD 9-12	보에두스의 아들 son of Boethus 10 요아살 / Joasar / AD 6 *재임	
12			셋의 아들 son of Seth 11 안나스 / Annas / AD 6-15	수리아 총독 구레뇨 Quirinius / AD 6-9
14		아니우스 루푸스 Annius Rufus AD 12-15		
15				
26	티베리우스 (디베료) Tiberius AD 14-37	발레리우스 그라투스 Valerius Gratus AD 15-26	파비의 아들 son of Phabi 12 이스마엘 / Ishmael / AD 15-16	유대 총독 그라투스 Gratus AD 15-26
			안나스의 아들 son of Annas 13 엘르아살 / Eleazar / AD 16-17	
			카밋의 아들 son of Camith 14 시몬 / Simon / AD 17-18	
34		본디오 빌라도 Pontius Pilate AD 26-36	안나스의 사위 son-in-law of Annas 15 요셉 가야바 / Joseph Caiaphas / AD 18-36	
36				수리아 총독 비텔리우스 Vitellius AD 35-39
37		마르셀루스 Marcellus / AD 36-37	안나스의 아들 son of Annas 16 요나단 / Jonathan / AD 36-37	
39	칼리굴라 Caligula AD 37-41	마룰루스 Marullus AD 37-41	안나스의 아들 son of Annas 17 데오빌루스 / Theophilus / AD 37-41	
41			보에두스의 아들 son of Boethus 18 시몬 칸데라스 / Simon Cantheras / AD 41-42	헤롯 아그립바 1세 Herod Agrippa I AD 37-44
42		공백기 Interregnum AD 41-44	안나스의 아들 son of Annas 19 맛디아 / Matthias / AD 42-43	
44			칸데라스의 아들 son of Cantheras 20 엘리오네우스 / Elioneus / AD 43-45	
46	글라우디오 Claudius AD 41-54	쿠스피우스 파두스 Cuspius Fadus AD 44-46	카미의 아들 son of Camei 21 요세푸스 / Josephus / AD 45-48	칼키스의 헤롯 Herod of Chalcis AD 41-49
48		티베리우스 알렉산더 Tiberius Julius Alexander / AD 46-48		
52		벤티디우스 쿠마누스 Ventidius Cumanus AD 48-52	네데바이우스의 아들 son of Nedebaius 22 아나니아 / Ananias / AD 48-59	

IV. 헤롯 대왕 이후 임명자별로 구분한 대제사장의 역사 | 315

54	네로 Nero AD 54-68	안토니우스 벨릭스 Antonius Felix AD 52-60	파비의 아들 son of Phabi 23 이스마엘 / Ishmael / AD 59-61	헤롯 아그립바 2세 Herod Agrippa II AD 50-100
60				
62		보르기오 베스도 Porcius Festus AD 60-62	전 대제사장 시몬의 아들 son of Simon a former high priest 24 요셉 카비 / Joseph Cabi / AD 61-62	
			안나스의 아들 son of Annas 25 안나스 2세 / Annas II / AD 62	
64		루시우스 알비누스 Lucceius Albinus AD 62-64	담누스의 아들 son of Damneus 26 예수 / Jesus / AD 62-63	
			가말리엘의 아들 son of Gamaliel 27 예수 / Jesus / AD 63-64	
66		게시우스 플로루스 Gessius Florus AD 64-66	데오빌루스의 아들 son of Theophilus 28 맛디아 / Matthias / AD 64-66	
67				
69	갈바 / 오토 / 비텔리우스 Galba / Otho / Vitellius / AD 69		사무엘의 아들 son of Samuel 29 파니아스 / Phannias / AD 67-70	유대 반란 (AD 66) 후 백성의 제비뽑기 Chosen by casting lots
70	베스파시안 Vespasian AD 69-79			

주후 70년 4-8월, 베스파시안 황제의 아들 디도 장군에 의해 예루살렘 함락
Jerusalem falls at the hands of General Titus, son of Emperor Vespasian, April - August AD 70

49대 ① 아나넬 바벨론 출신 Ananel, from Babylon 주전 37-35년 / 2년

　아나넬은 헤롯 시대에 처음 임명된 대제사장입니다. 헤롯왕은 안티고누스가 죽은 후 하스몬 가문에 대제사장 직분을 맡을 사람(알렉산더 2세의 아들 아리스토불루스 3세, *Ant.* 15.23-24)이 있었지만, 그간에 하스몬 가문이 왕과 대제사장을 겸하여 그 권한이 상당했음을 알고, 그 권한을 축소하였습니다. 그리고 대제사장을 자기 수하에 두려고 유명하지 않은 자를 찾다가, 바벨론에서 그의 절친한 친구

인 '아나넬'을 불러다가 대제사장으로 임명했습니다(*Ant.* 15.22, 39, 20.247).

50대	② 아리스토불루스 3세 아리스토불루스 2세의 손자	Aristobulus III, grandson of Aristobulus II 주전 35-34년 / 1년

아리스토불루스 3세는 하스몬 왕가의 마지막 인물로, 헤롯 대왕이 임명한 두 번째 대제사장입니다(*Ant.* 15.41). 아리스토불루스 3세는 힐카누스 2세의 딸 알렉산드라와 아리스토불루스 2세의 아들 알렉산더 2세의 사이에서 태어났으며, 헤롯 대왕의 아내 마리암네 1세의 남동생입니다. 주전 35년에, 17세의 어린 나이에 헤롯 대왕에 의해 대제사장이 되어, 약 1년 만인 주전 34년에 18세로 죽었습니다(*Ant.* 15.50-51, 56).

주전 35년에, 헤롯의 장모요 힐카누스 2세의 딸인 알렉산드라는, 아나넬을 대제사장으로 임명한 것은 하스몬 가문에 대한 굴욕적 처사라며 헤롯 대왕에게 이의를 제기했습니다. 그녀는 프톨레미 왕조 클레오파트라 7세와의 개인적 친분 관계를 이용하여, 헤롯이 아나넬을 대제사장직에서 쫓아내고 자기 아들 아리스토불루스 3세를 대제사장으로 임명하게 하였습니다(*Ant.* 15.23-24).

헤롯이 그를 대제사장으로 임명한 또 다른 이유는, 아리스토불루스 3세가 당시 로마에서 막강한 권세를 가진 안토니우스의 호감을 사고 있어, 그가 해외로 나가는 것을 막기 위해 성전 직무로 묶어 두려 했던 것입니다(*Ant.* 15.28-31).

주전 35년 장막절에 17세의 아리스토불루스 3세가 율법에 따라 대제사장 복장을 하고 제단에 제사를 드리러 올라갔는데, 그의 모습이 너무 수려하고 그의 용모에서 귀족 집안 출신임이 확연히 드러났습니다. 이에 사람들은 그의 조부 아리스토불루스 2세에 대한 기억을 떠올렸고 백성의 호감은 하늘에 닿을 듯했습니다(*Ant.* 15.50-52). 예루살렘으로 올라온 사람들이 아리스토불루스 3세를 극찬하자, 헤롯은 그를 죽이기로 작정하고는, 여리고에 있던 하스몬 왕가의 궁전 근처 연못에서 아리스토불루스 3세가 수영하고 있을 때, 신하를 시켜 그를 익사시켰습니다. 이때 아리스토불루스 3세의 나이 18세였습니다(*Ant.* 15.50-56). 이 후 헤롯은 하스몬 왕가의 후손들을 다시는 대제사장직에 임명하지 않았습니다(*Ant.* 20.249).

51대 <재임>	③ 아나넬 바벨론 출신	Ananel, from Babylon 주전 34-30년 / 4년

아나넬은 헤롯 시대에 처음 임명되었던 대제사장으로, 아리스토불루스 3세가 죽은 다음에 대제사장으로 재임용되었습니다(*Ant.* 15.22, 56).

52대	④ 예수 파비의 아들(애굽 출신)	Jesus, the son of Phabi (from Egypt) 주전 30-24년 / 6년

헤롯 대왕은 아나넬을 파직하고 파비의 아들 예수를 대제사장으로 임명하였습니다(*Ant.* 15.322). 파비(Phabi)라는 성이 애굽의 레온토폴리스(Leontopolis)에 있는 묘석에서 발견되었는데, 이는 파비가 애굽에서 온 가문임을 추정케 합니다.[53] 헤롯은 바벨론에 있는 유대인들에게 지지를 얻고자 아나넬을 임명했던 것처럼, 애굽에 있는

유대인 출신의 제사장을 임명하여 그들로부터 정치적 지지를 얻으려 했을 것입니다. 이를 계기로, 더 이상 대제사장을 혈통직과 평생직으로 여기지 않게 되었으며, 대제사장직은 그 본래의 힘과 지위가 상실되었습니다.

헤롯 대왕 이후 주후 70년 로마에 멸망하기까지 28명(30대)의 대제사장 가운데 '파비'(Phabi) 가문은 세 사람입니다.

· 예수(Jesus, 주전 30-24년 / 6년)
· 이스마엘(Ishmael, 주후 15-16년 / 1년)
· 이스마엘(Ishmael, 주후 59-61년 / 2년)

53대	⑤ 시몬 보에두스의 아들(애굽 알렉산드리아 출신)	Simon, son of Boethus (from Alexandria, Egypt) 주전 24-5년 / 19년

헤롯 대왕은 당시 예루살렘에 살던 제사장 시몬의 딸 마리암네 2세[54]의 미모에 반해, 그녀와 결혼하기 위해 시몬을 대제사장으로 임명하였습니다. 결혼에 앞서 처가의 지위를 격상시키고자 대제사장 예수를 급히 파직하고, 자신의 장인이 될 시몬을 대제사장으로 임명한 것입니다(Ant. 15.320-322). 이처럼 헤롯 대왕은 단지 자기 개인의 사리사욕을 위해 멋대로 대제사장을 파직, 임명했습니다.

시몬은 주전 24년에 임명되어 약 19년간 대제사장으로 활동하여, 헤롯 가문의 지배 기간 중 가장 오랫동안 대제사장직에 있었습니다. 그의 재임 기간 중에 헤롯이 성전 건축을 시작했습니다. 주전 5년경 마리암네 2세는, 헤롯의 전처 도리스(Doris)가 그 아들 안티파터와 헤롯의 형제 페로라스(Pheroras)와 공모하여 헤롯 대왕을 죽이려는 살인 음모를 묵인했는데, 그것이 발각되어 헤롯 대왕에게 이혼 당했습니다. 이때(주전 5년 경) 마리암네 2세의 부친 시몬도 대제사장에서 파직되었습니다(*Ant.* 17.68-78).

대제사장 시몬의 부친 '보에두스'는 당시 유대인들이 많이 살았던 이집트 지역의 알렉산드리아 출신이었습니다(*Ant.* 15.320). 주전 24년 헤롯 통치 13년에 사상 유례없는 가뭄 재앙이 상당 기간 지속되었을 때(*Ant.* 15.299-300), 이집트 총독 페트로니우스(주전 24-21년)로부터 곡물 지원을 받게 되는데, 바로 그해에 헤롯과 마리암네 2세가 결혼하였고 시몬이 대제사장직을 맡은 것입니다. 시몬 후에도 보에두스의 가문에서 대제사장이 여러 명 나오는데, 헤롯 대왕 이후 주후 70년 로마에 멸망하기까지 '보에두스'(Boethus) 가문 출신은 네 명(5대)입니다.

- 시몬(Simon, 주전 24-5년 / 19년)
- 요아살(Joazar, 주전 4, 주후 6년(재임) / 총 2년)
- 엘르아살(Eleazar, 주전 4년 / 1년)
- 시몬 칸데라스(Simon Cantheras, 주후 41-42년 / 1년)

참고로, 가말리엘의 아들 예수(Jesus the son of Gamaliel, 주후 63-64년 / 1년)는 그의 아내가 보에두스의 가문 사람이었습니다.

54대	⑥ 맛디아 데오빌루스의 아들	Matthias, son of Theophilus 주전 5-4년 / 1년

맛디아는 예루살렘 출신 '데오빌루스의 아들'로 기록되어 있습니다(*Ant.* 17.78). 주전 5년에 헤롯 대왕이 다섯 번째로 임명한 대제사장으로, 주전 4년 3월에 해임되었습니다(*Ant.* 17.164).

맛디아는 예수 그리스도가 탄생하실 때의 대제사장으로 추정됩니다. 헤롯 대왕과 온 예루살렘은 주전 4년[55] 동방박사들로부터 예수님의 탄생 소식을 듣고 소동하였습니다. 헤롯이 모든 대제사장과 백성의 서기관들을 모아 "그리스도가 어디서 나겠느뇨"라고 묻자, 그들은 미가 5:2에 예언된 대로 "유대 베들레헴"이라고 대답했습니다(마 2:3-6).

요세푸스에 의하면, 헤롯이 맛디아를 파직한 날 밤에 월식이 있었습니다(주전 4년 3월 12일 밤부터 13일 새벽, *Ant*. 17.167).[56] 월식 후에 헤롯은 자기 아들 안티파터를 죽이고, 5일 후에 자신도 죽었습니다(*Ant*. 17.187, 191).

맛디아는 대속죄일 전날 어떤 여인과 동침하는 꿈을 꾸어 자신이 부정하게 되자, 자신의 친척인 '요셉'(엘리무스의 아들, Joseph the son of Ellemus)으로 하여금 속죄일 하루 동안만 대제사장직을 대행하게 하였습니다(*Ant*. 17.165-167, 참고-레 22:2-3).

이 후 헤롯이 심히 병들어 있을 때, 유대의 저명한 율법학자 두 명이 백성을 선동하여 헤롯이 성전에 세운 황금 독수리 형상을 헐어 버린 사건이 있었습니다. 헤롯은 이 일에 대한 책임을 물어 맛디아를 파직하였습니다(*Ant*. 17.149-164, 167).

55대	⑦ 요아살 보에두스의 아들(애굽 알렉산드리아 출신)	Joasar, son of Boethus (from Alexandria, Egypt) 주전 4년 / 1년

요아살은 헤롯의 처남, 즉 장인 시몬의 아들로, 보에두스 가문의 두 번째 대제사장이며 헤롯이 마지막으로 임명한 자입니다(*Ant*. 17.164).

주전 4년 초에 헤롯 대왕은 맛디아를 해임하고 대신 요아살을 임명한 후, 그해 유월절 직전에 죽었습니다. 헤롯의 왕위를 이어받은 아들 헤롯 아켈라오(주전 4-주후 6년)가 부친을 위해 7일간 애곡하였으며, 얼마 후 유월절 축제가 열렸습니다(*Ant.* 17.200, 213). 이때 모인 군중 가운데 소요가 일어나, 아켈라오의 군인들이 일반 백성 3,000명을 사살한 일이 있었습니다(*Ant.* 17.213-218).

요아살은 즉위한 지 얼마 못 되어 헤롯 아켈라오에게 해임되었으나, 주후 6년에 다시 그에 의해 임명되었습니다.

한편, 헤롯의 아들들인 아켈라오와 안티파스가 권력 다툼을 하고 있을 때, 로마 황제 가이사는 팔레스타인 지역을 셋으로 나누어 아켈라오, 안티파스, 빌립 2세가 각각 분할 통치하도록 하였습니다(마 2:22, 14:1, 눅 3:1). 아켈라오는 로마에 다녀오자마자 대제사장 요아살이 로마의 직접 통치를 지지하는 것으로 의심하여 그를 파직하고, 요아살의 형제 엘르아살을 대신 임명하였습니다(*Ant.* 17.339).

2. 헤롯 아켈라오 Herod Archelaus
주전 4년-주후 6년 사이에 3대의 대제사장 임명
Appointed three high priests between 4 BC-AD 6

헤롯 아켈라오는 헤롯 대왕과 말데이스(사마리아인) 사이에서 태어난 아들로, 헤롯 대왕이 죽기 전에 그를 첫 번째 상속자로 지명했습니다. 주전 4년부터 주후 6년까지 약 10년간 유대, 사마리아, 에돔 등 헤롯이 통치하던 지역의 절반을 통치하였고, 대제사장 세 명을 임명했습니다.

그러나 즉위한 첫 해(주전 4년) 유월절에 반란의 기미를 보이는 유대 군중 약 3,000명을 무차별 살육한 일과 폭도들을 지지했다는 구실로 대제사장을 파면한 일, 아내와 이혼하고 불의하게 재혼한 일 등으로 유대인의 원성을 샀습니다. 결국 유대인들이 아켈라오를 로마 황제에게 고소하여, 그는 당시 골(Gaul) 지방의 한 도시인 비엔나로 추방당합니다(*War*. 2.111). 이 후에는 로마에서 파견된 총독이 유대 지방을 치리하였습니다.

성경에는 예수님의 부모 요셉과 마리아가, 헤롯 대왕의 아들 헤롯 아켈라오가 그 뒤를 이어 유대의 임금이 되었다 함을 듣고 두려워하여 유대로 가지 않고 갈릴리 지방으로 떠나가 나사렛 동네에서 살았다고 기록하고 있습니다(마 2:22-23).

56대	① 엘르아살 보에두스의 아들(애굽 알렉산드리아 출신)	Eleazar, son of Boethus (from Alexandria, Egypt) 주전 4년 / 1년

보에두스 가문의 세 번째 대제사장이며, 주전 4년 아켈라오가 임명한 첫 번째 대제사장입니다(*Ant*. 17.339).

당시 유대인들은 로마 황제 가이사 아구스도에게 사절단을 보내서, 자신들의 율법에 따라 살 수 있는 자유를 달라고 청원하였습니다. 그 자리에서 헤롯 아켈라오의 부정을 고발하면서, 유대를 수리아에 병합시켜 왕정이나 그와 유사한 정치 체제를 피하고, 로마 파견 수리아 총독의 관할을 받게 해 달라고 하였습니다(*Ant*. 17.300-314). 아켈라오는 대제사장 요아살이 그들을 도와주었다고 비난하면서 그를 해임한 후, 그의 동생 엘르아살을 대신 임명했습니다(*Ant.* 17.339).

아켈라오는 조상들의 율법을 어기고 그의 형인 알렉산더의 아내이자 갑바도기아 왕 아켈라우스의 딸인 글라피라(Glaphyra)와 결혼하여 세 명의 자녀를 두었으며(*Ant.* 17.340-341, *War.* 2.114 참고-레 18:16, 20:21), 유대인들은 이 일로 그를 더욱 증오하였습니다.

엘르아살은 대제사장직에서 1년도 못 되어 해임되고, 시에(Sie)의 아들 예수가 대제사장이 되었습니다(*Ant.* 17.341).

57대	② 예수 시에의 아들	Jesus, son of Sie 주전 4년-주후 6년 / 10년

예수는 '시에의 아들'로 기록되어 있습니다(*Ant.* 17.341). 헤롯 대왕 이후에 등장한 대제사장 중에 '예수'란 이름을 가진 자는 네 명입니다.

- 파비의 아들 예수(주전 30-24년 / 6년)
- 시에의 아들 예수(주전 4년-주후 6년 / 10년)
- 담누스의 아들 예수(주후 62-63년 / 1년)
- 가말리엘의 아들 예수(주후 63-64년 / 1년)

58대 〈재임〉	③ 요아살 보에두스의 아들	Joasar, son of Boethus 주후 6년 / 1년

요아살은 보에두스 가문의 네 번째 대제사장입니다. 주전 4년에 약 1년간 대제사장을 지낸 적이 있으며, 주후 6년에 아켈라오에 의해 재임명된 것으로 보입니다(*Ant.* 18.3). 그러나 아켈라오가 추방된

후 수리아 총독 구레뇨(퀴리니우스)는 요아살이 권력을 남용하였다는 이유로 해임했습니다(*Ant.* 18.26).

로마 황제 가이사 아구스도는 유대인들의 재산에 세금을 부과하려는 목적으로 '호적하라'는 명을 자주 내렸는데, 당시 수리아 총독 구레뇨가 이를 시행하였습니다(*Ant.* 18.2, 참고-행 5:37). 당시는 요아살이 해임되기 얼마 전이었는데, 그는 세금 징수에 거세게 반발하는 유대인들을 설득하여 잠잠하게 하였습니다(*Ant.* 18.3). 요세푸스는 호적이 다 이루어졌을 때가 '가이사 아구스도가 악티움 해전(주전 31년)에서 안토니우스를 이긴 지 37년째 되는 해' 곧 주후 6년이라고 기록하고 있습니다(*Ant.* 18.26).

3. 수리아 총독 구레뇨
Quirinius, the Governor of Syria

주후 6-9년 사이에 1대의 대제사장 임명
Appointed one high priest between AD 6-9

구레뇨의 본명은 '푸블리우스 술피키우스 퀴리니우스'(Publius Sulpicius Quirinius)로, 주전 12년에 로마의 집정관이 된 후, 갈라디아 근처에 사는 아시아의 소수 민족 토벌에 성공함으로써 명성을 얻었습니다(*Ant.* 18.1). 주후 6년에 헤롯 아켈라오가 추방된 후 유대, 사마리아, 이두매 지방이 수리아 지역에 병합되면서, 수리아 총독으로 파견되어 주후 9년까지 통치했습니다. 그는 유대인들에게 세금을 부과하고 헤롯 아켈라오의 재산을 매각했으며, 유대 대제사장으로 안나스를 임명했습니다. 이때 그와 함께 온 기마단의 한 사람이었던 코포니우스가 첫 번째 유대 총독으로 부임하였습니다.

| 59대 | ① 안나스
셋의 아들 | Annas, son of Seth
주후 6-15년 / 9년 |

안나스는 '셋의 아들'로, 주후 6년에 수리아의 총독 구레뇨에 의해 임명되었습니다(*Ant.* 18.26, 참고-눅 3:2, 요 18:13-24, 행 4:6).

수리아의 총독이 임명한 첫 대제사장은 안나스이며, 이 안나스는 신약성경과 랍비 문서에도 여러 차례 언급된 인물입니다. 티베리우스(디베료) 황제 통치 15년째에는 안나스와 가야바가 대제사장으로 있었으며(눅 3:1-2), 가야바는 '안나스의 사위'입니다(요 18:13). 본래 대제사장은 한 명이어야 하는데, 신약성경에서 안나스와 가야바를 둘 다 대제사장으로 언급하고 있는 것(요 18:24, 행 4:6)은 당시 유대 지역에서 이들이 가장 영향력 있는 인물이었음을 보여 줍니다. 안나스의 임기는 주후 15년에 끝나지만, 그 후로도 계속 그의 아들들을 대제사장으로 세워 크게 영향을 미쳤습니다.

주후 29년경에 예수님이 잡히신 후 안나스에게 제일 먼저 심문을 받으셨는데(요 18:12-13, 19-24), 이때도 안나스는 대제사장으로 호칭되었습니다. 사도행전 4:1-6에도 여전히 "대제사장의 문중"[57]에 '안나스'가 기록되어 있습니다. 안나스는 9년간 재임하였고, 그의 아들 5명과 그 사위까지 모두 대제사장을 역임하였습니다. 안나스의 다섯 아들 엘르아살(61대/1년), 요나단(64대/1년), 데오빌루스(65대/4년), 맛디아(67대/1년), 안나스 2세(73대/1년)가 모두 대제사장을 지냈으며, 그의 사위 가야바(63대/18년)는 가장 오래 재임하였습니다.

유대 총독 그라투스는 주후 15년에 안나스를 해임하였지만, 후임으로 안나스 집안 사람을 배제하지는 않았습니다.

4. 유대 총독 그라투스
Gratus, the Governor of Judea
주후 15-26년 사이에 4대의 대제사장 임명
Appointed four high priests between AD 15-26

헤롯 아켈라오가 가이사 아구스도에 의해 추방된 후에, 그가 통치하던 유대와 사마리아는 로마의 직접적인 통치를 받게 되었습니다. 로마 총독은 대개 법률과 치안, 그리고 세금 징수 문제만 관장했으며, 나머지는 유대 자치 행정 기구인 산헤드린에 맡겼습니다. 총독은 세금 징수를 위해 많은 세리를 고용했으며, 납세를 위한 대규모 인구조사를 실시하여 유대인들의 큰 반발을 사기도 했습니다(행 5:37). 또한, 유대 통치를 효과적으로 하기 위해 유대 최고 지도자인 대제사장 임명권을 갖기도 했습니다.

발레리우스 그라투스(Valerius Gratus)는 주후 15년에 디베료(티베리우스) 황제에 의해 루푸스(Annius Rufus)의 후임으로 유대 총독직에 올랐으며, 그가 재임한 11년 동안 4명의 대제사장을 임명하였습니다. 그가 마지막으로 임명한 대제사장이 바로 예수님을 십자가에 못 박도록 내어준 안나스의 사위 '요셉 가야바'입니다(요 18:13-14).

그라투스의 후임 총독은 본디오 빌라도(Pontius Pilate, 주후 26-36년)였으며, 빌라도는 예수님께서 무죄하신 줄 알면서도 로마 총독의 권한으로 십자가에 못 박히게 넘겨주었습니다(요 19:1-16).

| 60대 | ① 이스마엘
파비의 아들 | Ishmael, son of Phabi
주후 15-16년 / 1년 |

이스마엘은 파비 가문의 두 번째 대제사장입니다. 유대 총독 그라투스가 최초로 임명한 대제사장으로, 임명받은 지 얼마 못 되어 해임되었습니다(*Ant.* 18.34).

토라의 미쉬나(*m. Parah* 3:5)에는 암송아지를 잡아 '부정을 정결케 하는 잿물'을 준비했던 대제사장(참고-민 19:1-10) 명단으로 에스라 후대의 사람 '모세, 에스라, 의로운 시몬, 대제사장 요하난, 에료에네, 아나넬, 파비의 아들 이스마엘' 7명이 기록되어 있는데, 여기에 기록된 사람으로 추정됩니다.[58]

| 61대 | ② 엘르아살
안나스의 아들 | Eleazar, son of Annas
주후 16-17년 / 1년 |

엘르아살은 안나스의 다섯 아들 중 처음으로 대제사장이 되었습니다. 주후 16년에 유대 총독 그라투스가 임명하였으며, 주후 17년까지 약 1년 정도 재임하였습니다(*Ant.* 18.34).

| 62대 | ③ 시몬
카밋의 아들 | Simon, son of Camith
주후 17-18년 / 1년 |

카밋의 아들 시몬은 주후 17년에 유대 총독 그라투스가 임명하였으며, 주후 18년까지 약 1년 정도 재임하였습니다(*Ant.* 18.34).

탈무드에 '속죄일 전날 밤에, 대제사장 시몬이 이방 아랍의 왕에게로 나아가 말씀드렸는데, 그때 이방 왕의 침이 그의 예복에 떨어져서 부정케 되므로 그의 형제인 유다가 대신하여 속죄일에 성소에 들어가 직무를 수행하였다.'라는 기록이 있습니다(*t. Yoma* 3:20, *m. Yoma* 7:4). 그는 1년에 단 한 번뿐인 속죄일에 가장 중요한 대제사장으로서의 역할을 수행해 보지도 못하고 해임되었습니다. 이 사건은 그들이 대제사장의 예복을 얼마나 신성시했는지를 말해 줍니다.

63대	④ 요셉 가야바 안나스의 사위	Joseph Caiaphas, son-in-law of Annas 주후 18-36년 / 18년

요셉 가야바는 안나스의 사위로, 안나스 집안의 세 번째 대제사장입니다(마 26:3, 57, 눅 3:2, 요 11:49, 18:13-14, 24, 28, 행 4:6). 주후 18년에 본디오 빌라도의 전임 총독 발레리우스 그라투스에 의해 대제사장으로 임명되었으나, 수리아의 총독 비텔리우스에 의해 면직되었습니다. 그라투스가 떠나고 본디오 빌라도(주후 26-36년)가 새 총독으로 온 후에도 여전히 파직되지 않고 주후 18-36년까지 약 18년간 대제사장으로 활동하였습니다(*Ant.* 18.35). 그는 유대의 최고 종교 지도자였고 정치가와 외교가로서도 탁월한 능력을 발휘했던 인물입니다.

누가복음 3:1-2에는 빌라도가 총독이 되었을 때에 가야바가 대제사장으로 있었다고 기록하고 있습니다. 요한복음 11:47-53을 보면, 대제사장들과 바리새인들이 공회를 모으고 예수를 처리할 방도를 찾고 있을 때 가야바가 등장합니다. 성경에는 또 가야바에 관하여 "그때에 대제사장들과 백성의 장로들이 가야바라 하는 대제사장의 아문에 모여"(마 26:3)라고 기록하고 있습니다. 마태복음 26:59에는 "대제사장들과 온 공회가 예수를 죽이려고 그를 칠 거짓 증거를 찾으매"라고 말씀하고 있는데, 여기 '온 공회'는 산헤드린을 뜻하며, 당시 가야바는 대제사장으로서 산헤드린의 최고 의장이었습니다. 예수 그리스도의 사형 판결은 대제사장 중심의 산헤드린의 결정에 따른 것이었습니다.

5. 수리아 총독 비텔리우스
Vitellius, the governor of Syria
주후 35-39년 사이에 2대의 대제사장 임명
Appointed two high priests between AD 35-39

루시우스 비텔리우스(Lucius Vitellius)는 디베료(티베리우스) 황제에 의해 주후 34년에 로마 집정관, 주후 35년에 수리아 총독에 임명되어, 주후 39년까지 4년 재임 중에 대제사장 두 명을 임명 및 해임했습니다.

주후 35년에 그는 빌라도에게 로마로 돌아갈 것을 명령하고, 유월절에 예루살렘에 올라와서 백성의 세금을 탕감해 주고, 로마인들이 관리하던 제사장 예복을 대제사장이 관리할 수 있도록 재가해 주는 등 환심을 산 후, 가야바를 파직하고 안나스의 아들 요나단을 대제사장으로 임명하였습니다(*Ant.* 18.95, 참고- *Ant.* 18.90).

헤롯 안티파스가 본처 아레타스의 딸을 버리고 이복 동생 헤롯 빌립의 아내 헤로디아를 취한 것이 빌미가 되어, 주후 36년에 나바

테아의 왕 아레타스와 헤롯 안티파스 사이에 전쟁이 벌어졌고, 이때 아레타스가 승리했습니다(*Ant.* 18.109-114). 이 소식을 들은 티베리우스(디베료) 황제는 비텔리우스에게 아레타스를 공격하라고 명령했고(*Ant.* 18.115), 이에 비텔리우스가 유대 땅을 통과하려 했습니다. 그러나 유대 고위층이 그들의 군기에 유대 율법이 허용치 않는 형상이 그려 있다는 이유로 그들의 땅을 통과하는 것을 용인할 수 없다고 했습니다. 비텔리우스 일행은 그것을 받아들였습니다(*Ant.* 18.121-122).

그때 비텔리우스는 유대인들의 전통적 명절을 맞아 분봉왕 헤롯과 또 그의 친구들과 함께 하나님께 제사 드리기 위해 예루살렘으로 갔습니다. 그는 유대 군중들로부터 특별한 환영을 받았습니다(*Ant.* 18.122). 거기서 3일을 유하면서 요나단을 해임하고 그의 형제 데오빌루스를 대제사장에 임명했습니다(*Ant.* 18.123). 4일째 되는 날, 그는 티베리우스(디베료) 황제의 죽음을 알리는 전갈을 받고(주후 37년 3월 15일) 군대를 해산하여 각자 고향으로 돌아가도록 명령하였습니다(*Ant.* 18.124).

64대	① 요나단 안나스의 아들	Jonathan, son of Annas 주후 36-37년 / 1년

요나단은 안나스의 아들로 안나스 가문의 네 번째 대제사장입니다. 수리아의 총독 비텔리우스에 의해 임명 및 해임되었습니다.

비텔리우스가 유대 예루살렘을 방문한 시기에 본디오 빌라도 총독은 로마로 돌아가고, 마르셀루스(Marcellus)가 총독으로 부임하였습니다(주후 36년).

그리고 주후 36년에 기독교인들에 대한 첫 박해와 스데반의 순교 사건이 발생했습니다(행 7장, 8:1).[59] 스데반은 자기 생명이 다하기까지 예수 그리스도의 복음을 증거한 진정한 순교자입니다(행 6:8-7:60). 여러 명의 적대자들이 지혜와 성령으로 말하는 스데반 하나를 당해 내지 못하였습니다(행 6:10). 그 무리들은 거짓 증인을 세우고 스데반을 모함하여 산헤드린 공회에 넘겼습니다(행 6:11-15). 사람들의 거짓 고소를 들은 산헤드린 공회 의장 대제사장이 스데반에게 "이것이 사실이냐"(행 7:1)라고 물었습니다. 여기 대제사장은 예수님을 죽이는 데 앞장선 안나스의 아들 요나단입니다.

스데반은 대제사장과 자신을 고소한 대적자들 앞에서 예수 그리스도의 메시아 되심을 증거하였습니다(행 7:2-53). 스데반은 그 설교의 결론에서 자기를 고소한 자들을 향하여, "목이 곧고 마음과 귀에 할례를 받지 못한 사람들아 너희가 항상 성령을 거스려 너희 조상과 같이 너희도 하는도다 너희 조상들은 선지자 중에 누구를 핍박지 아니하였느냐 의인이 오시리라 예고한 자들을 저희가 죽였고 이제 너희는 그 의인을 잡아 준 자요 살인한 자가 되나니 너희가 천사의 전한 율법을 받고도 지키지 아니하였도다"라고 말씀하였습니다(행 7:51-53). 하나님의 구원 역사에서 유대인들의 악행의 절정은 바로 '예수 그리스도를 거부하고 살인한 것'입니다(행 7:52).

스데반의 죽음은 폭도들이 대제사장 요나단의 사주를 받아 불법적으로 자행한 일이었습니다. 스데반은 총독이 아닌 산헤드린의 재판을 받았으며(행 6:8-8:1), 아무 죄도 없었으나 성 밖으로 끌려가 돌에 맞아 처형되었습니다(행 7:58, 참고-레 24:14).

후에 비텔리우스가 나바테아의 왕 아레타스와 싸우기 위해 출정하여 예루살렘에 머물 때, 요나단을 해임하고 그의 형제 데오빌루스를 임명하였습니다(Ant. 18.123). 요나단은 대제사장직에서 파직당한 후에도 계속해서 상당한 영향력을 가졌습니다. 헤롯 아그립바 1세 때 대제사장 시몬 칸데라스(Cantheras, 주후 41-42년 재임)를 해임하고 요나단을 재임명하려 했으나, 요나단이 이를 거절했습니다(Ant. 19.313-316).

훗날 요나단의 지지로 유대 총독이 된 폭군 벨릭스(Felix, 주후 52-60년)는, 네로(Nero, 주후 54-68년)가 로마의 황제가 된 후에 유대인들의 반란이 잦아지고 점점 조직화하자 그들을 가혹하게 진압하였고, 요나단을 반란의 배후 조종자로 보고, 요나단의 가장 신뢰하는 친구(도라스)를 이용하여 그를 강도 떼에게 죽게 하였습니다(Ant. 20.162-164).

65대	② 데오빌루스 안나스의 아들	Theophilus, son of Annas 주후 37-41년 / 4년

데오빌루스는 안나스의 아들이며, 안나스 가문의 다섯 번째 대제사장입니다. 잘 알려지지 않은 이 '데오빌루스'라는 이름이 그의 손녀 '여호하나'(Yehohanah)의 납골당에 있는 비문에서 발견되었는데, 그 비문에는 '대제사장 데오빌루스의 아들 여호하난의 딸 여호하나'라고 기록되어 있습니다. 요세푸스의 대제사장 명단에 주후 1세기에는 '여호하난'이란 대제사장이 없으므로, 비문에 기록된 대제사장은 분명히 데오빌루스를 가리킵니다.[60]

수리아의 총독 비텔리우스에 의해 임명되었으며, 주후 37년 티베리우스 황제가 죽던 해부터 주후 41년 헤롯 아그립바 1세가 분봉왕이 될 때까지 대제사장으로 활동하였습니다. 헤롯 아그립바 1세는 주후 41년에 분봉왕이 된 후 데오빌루스를 파직하고, 시몬 칸데라스를 대제사장으로 임명하였습니다(*Ant.* 18.123-124, 19.297).

6. 헤롯 아그립바 1세 Herod Agrippa I
주후 41-44년 사이에 3대의 대제사장 임명
Appointed three high priests between AD 41-44

헤롯 아그립바 1세는 헤롯 대왕과 하스몬 왕가의 마리암네 1세 사이에 태어난 아리스토불루스가 낳은 아들 즉 헤롯 대왕의 손자입니다. 그 형제는 아리스토불루스, 헤로디아(마 14:3-11, 막 6:17-28, 눅 3:19), 칼키스의 헤롯 등입니다. 그는 칼리굴라 황제와의 두터운 친분으로 주후 37년에 헤롯 빌립의 영토를 받았고, 주후 41년에 황제로 즉위한 글라우디오(행 11:28, 18:2)가 유대와 사마리아까지 그에게 하사했기 때문에, 그 영토가 헤롯 대왕 당시의 영토에 버금갈 정도로 확장되었습니다.

그 후 3년(주후 41-44년) 동안 아그립바 1세는 대제사장 3명을 임명 및 해임하였습니다. 그는 또 유대인의 신임을 얻기 위해 세베대의 아들 사도 야고보를 처형하고, 사도 베드로를 체포하는 등, 기독교를 핍박했습니다(행 12:1-5).

주후 44년에는 백성에게 신으로 추앙받고 교만히 행하다가 갑작스럽게 충(蟲)이 먹어 죽었습니다(행 12:21-23). 사도행전 12:23에서 "헤롯이 영광을 하나님께로 돌리지 아니하는 고로 주의 사자가 곧 치니 충이 먹어 죽으니라"라고 말씀하고 있습니다. 첫째는 자신을 신으로 간주했던 교만한 죄이고, 두 번째는 교회를 핍박하고 사도를 죽인 죄입니다(행 12:1-2, ^{참고}말 2:2, 고전 10:31).

그의 딸들인 버니게와 드루실라가 사도행전 25:13 이하와 24:24에 각각 언급되고 있습니다.

66대	① 시몬 칸데라스 보에두스의 아들	Simon Cantheras, son of Boethus 주후 41-42년 / 1년

시몬 칸데라스는 헤롯 대왕이 임명한 시몬(주전 24-5년), 요아살(주전 4년), 엘르아살(주전 4년)에 이어 보에두스 가문의 네 번째 인물이고, 다섯 번째 대제사장입니다. 주후 41년에 글라우디오가 로마 황제가 되면서 헤롯 아그립바 1세에게 유대와 사마리아에 대한 통치권을 부여했습니다. 그때 아그립바 1세는 데오빌루스를 파직하고 보에두스의 아들 시몬 칸데라스를 대제사장으로 임명했습니다(*Ant.* 19.297). 그러나 약 1년 후 그를 해임하였습니다(*Ant.* 19.313).

67대	② 맛디아 안나스의 아들	Matthias, son of Annas 주후 42-43년 / 1년

맛디아는 안나스의 아들이며, 안나스 가문의 여섯 번째 대제사장입니다. 아그립바 1세에 의해 시몬 칸데라스가 해임된 후 맛디아가 임명되었으며(*Ant.* 19.313, 316), 주후 42년부터 43년까지 약 1년간 대제사장으로 활동하였습니다. 맛디아가 형 요나단(64대 대제사장)의 추천으로 발탁된 것으로 보아, 당시 요나단은 꽤나 영향력이 있

었던 것으로 보입니다.

| 68대 | ③ 엘리오네우스
칸데라스의 아들 | Elioneus, son of Cantheras
주후 43-45년 / 2년 |

주후 43년에 아그립바 1세가 맛디아를 해임하고 '칸데라스의 아들' 엘리오네우스를 대제사장으로 임명하였습니다. 주후 44년에 헤롯 아그립바 1세가 죽자, 그 후 엘리오네우스는 1년 정도 대제사장직을 더 유지하다가 주후 45년에 칼키스(현재 레바논)의 헤롯에게 해임되었습니다(*Ant*. 19.342).

헤롯 아그립바 1세의 죽음 후에 파견된 유대 총독 쿠스피우스 파두스(Cuspius Fadus, 주후 44-46년)는 대제사장의 옷을 '안토니아' 성에 두고 로마 관원들로 하여금 지키게 하였습니다. 이에 유대인 지도자들은 주후 45년에 로마 황제 글라우디오에게 탄원하였고, 이때 헤롯 아그립바 1세의 아들 헤롯 아그립바 2세가 황제를 설득하여 유대인들이 대제사장의 옷을 관리할 수 있게 하였습니다(*Ant*. 20.6-10).

7. 칼키스의 왕 헤롯
Herod, the King of Chalcis
주후 44-49년 사이에 2대의 대제사장 임명
Appointed two high priests between AD 44-49

칼키스(현재 레바논)의 왕 헤롯은 헤롯 대왕의 손자이자 헤롯 아그립바 1세의 동생으로, 헤롯 아그립바 1세의 딸인 조카 버니게(행 25:13, 23, 26:30)와 결혼하였습니다. 그는 레바논 산맥 서쪽 경사면의 작은 영토인 '칼키스의 왕'으로 불렸으며, 헤롯 아그립바 1세가 죽은 후 글라우디오 황제에게 성전 통치권과 헌금 관리권과 대제사장 임명권을 요청하여 얻어냈습니다. 주후 44년부터 49년까지 두 명의 대제사장을 임명 및 해임했습니다(*Ant.* 20.15).

칼키스의 헤롯이 죽은(주후 49년) 후에, 아그립바 2세(주후 50-100년)가 황제 글라우디오의 명령으로 칼키스를 다스렸습니다(*Ant.* 20.104). 아그립바 2세는 직접 유대를 통치하지는 않았지만, 유대 반란이 일어난 주후 66년까지 대제사장의 임면권, 그리고 성전 창고와 제사장의 예복을 관리하는 권한을 행사했습니다. 또한, 로마에게 망한 주후 70년 이후 주후 100년까지 유대 사회 내에서 막강한 영향력을 행사하였습니다.

이처럼 유대인들의 대제사장 임면권은, 주전 37년 헤롯 대왕이 즉위한 때부터 주후 66년 유대 반란이 일어난 때까지 약 100년간 헤롯 가문이 영향을 미쳤습니다.

69대	① 요세푸스 카미의 아들	Josephus, son of Camei 주후 45-48년 / 3년

카미의 아들 요세푸스는 칼키스의 헤롯에 의해 임명 및 해임되었습니다(*Ant.* 20.16, 103). 주후 49년 글라우디오 통치 8년째에 칼키스의 헤롯이 죽기 바로 직전에 요세푸스를 파직하였으므로(*Ant.* 20.103), 그는 주후 48년까지 대제사장직을 수행한 것으로 보입니다.

| 70대 | ② 아나니아
네데바이우스의 아들 | Ananias, son of Nedebaius
주후 48-59년 / 11년 |

주후 48년, 칼키스의 헤롯은 그가 죽기 직전(주후 49년)에 카미의 아들 요세푸스의 대제사장직을 박탈하고, 그의 후임으로 '네데바이우스의 아들' 아나니아를 임명하였습니다. 아나니아는 주후 59년까지 11년간 대제사장으로 활동했으며, 아그립바 2세에 의해 파직되었습니다(*Ant.* 20.103, 203).

사도행전 24:2-21은 변사[61] 더둘로가 사도 바울을 고소하는 내용인데, 사도행전 24:27에서 "이태를 지내서 보르기오 베스도가 벨릭스의 소임을 대신하니 벨릭스가 유대인의 마음을 얻고자 하여 바울을 구류하여 두니라"라고 기록하고 있습니다. 여기 벨릭스가 총독을 마친 때는 주후 60년이므로, 그로부터 2년 전에 산헤드린이 바울을 고소한 것(행 24:1)은 주후 58년입니다. 또한, 벨릭스의 총독 임기 끝 무렵에 헤롯 아그립바 2세가 파비의 아들 이스마엘을 대제사장으로 임명하였으므로(*Ant.* 20.179), 아나니아는 주후 59년까지 대제사장직에 있었을 것입니다. 그는 보에두스의 아들 시몬(19년 재임)과 요셉 가야바(18년 재임) 다음으로 오래 대제사장을 지냈습니다(11년 재임).

요세푸스에 의하면, 아나니아는 일반 제사장들로부터 십분의 일 세를 받아 개인 재산으로 착복하고, 로마 고관들에게는 아낌없이 뇌물을 바치는 등 매우 잔인하고 포악한 인물이었습니다(*Ant.* 20.206-207). 심지어 그의 종들까지도 사악하여, 제사장에게 돌아가기로 되어 있는 타작 곡식의 십분의 일을 폭력으로 탈취하였고, 이에 응하지 않는 자를 마구 구타했으며, 이들의 무법한 행실을 누구도 막을 수가 없었습니다(*Ant.* 20.206). 제사장들조차 그 종들을 따라 악을 행했기 때문에, 백성에게 십분의 일을 받아야 살 수 있었던 나이 든 제사장들의 일부가 굶어 죽을 정도였습니다(*Ant.* 20.207).

아나니아는 성경에서 사도 바울의 사역 기간에 등장하는 대제사장입니다(참고-행 23:1-5, 24:1). 아나니아는 대제사장의 권력을 이용하여 사도 바울이 증거하는 복음을 폭력으로 막으려 했습니다.

대제사장 아나니아가 바울의 말을 듣다가 그 입을 치라고 하였을 때(행 23:2), 사도 바울은 그에게 "회칠한 담이여 하나님이 너를 치시리로다 네가 나를 율법대로 판단한다고 앉아서 율법을 어기고 나를 치라 하느냐"라고 책망하였습니다(행 23:3). 아나니아를 "회칠한 담"이라고 한 것은, 그가 거룩한 대제사장직의 영광은 차지하고 있으면서 정작 그 자신은 극히 악하고 불의했기 때문입니다. 율법대로 공의롭게 지도해야 할 자가 도리어 무죄한 바울을 "치라" 하였으니 참으로 한심한 행동입니다. 당시 유대 사회에서 대제사장은 백성의 대표로서 하나님을 섬기는 대단한 권위를 갖고 있었는데, 감히 사도 바울이 그에게 회칠한 담이라고 욕을 한 것이어서, 곁에 선 사람들이 "하나님의 대제사장을 네가 욕하느냐"라고 책망하자, 사도 바울은 "나는 그가 대제사장인 줄 알지 못하였노라"라고 해명하였습니다(행 23:4-5).

사도행전 24:3에 대제사장 아나니아가 데리고 온 더둘로라는 변사(辯士)는 "벨릭스 각하여 우리가 당신을 힘입어 태평을 누리고 또 이 민족이 당신의 선견을 인하여 여러 가지로 개량된 것을 우리가 어느 모양으로나 어느 곳에서나 감사무지하옵나이다"라고 그를 칭송하였습니다. 이는 총독 벨릭스의 기분을 좋게 해서 사도 바울에 대한 참소를 곧이듣게 하려는 간교한 아첨이었습니다. 그 변사는 사도 바울을 가리켜 "우리가 보니 이 사람은 염병이라 천하에 퍼진 유대인을 다 소요케 하는 자요 나사렛 이단의 괴수라"(행 24:5)라고 하는 말로, 평화를 중시하는 로마 정부를 자극하였습니다. 또 사도 바울이 성전을 더럽게 하려 했다고 고소하여(행 24:6), 그에게 사형 선고가 내려지도록 로마의 인준을 받으려 했습니다. 그러나 사도 바울은 "무리를 모으거나 소요도 없이 성전에서 결례를 행하고, 단지 죽은 자의 부활에 대해 말했을 뿐"이라고 자신을 변론했습니다(행 24:10-21). 벨릭스는 사도 바울이 무죄한 것을 알면서도 유대인의 마음을 얻고자 하여, 퇴임하기까지 2년 동안 바울을 감금해 두었습니다(행 24:27).

아나니아는 대제사장으로서의 경건함이나 자비로움은 전혀 찾아볼 수 없는 자였고, 잔인하고 술수에 능하며 로마에 빌붙은 자였습니다. 주후 66년에 로마와의 전쟁이 시작되자, 유대 열심당원이 대제사장 아나니아의 집과 아그립바 베로니케의 궁전을 불질렀습니다. 대제사장 아나니아와 지도층 사람들은 도망쳤는데, 아나니아는 헤롯 대왕의 궁전 뜰에 있는 수로에 숨어 있다가 발각되어 형과 함께 죽임을 당했습니다(*War*. 2.441).

8. 헤롯 아그립바 2세 Herod Agrippa II
주후 50-66년 사이에 6대의 대제사장 임명
Appointed six high priests between AD 50-66

헤롯 아그립바 1세의 아들로, 로마 황제 글라우디오 밑에서 양육을 받았습니다. 부친 아그립바 1세가 죽었을 때(주후 44년) 17세의 어린 나이였으므로, 유대는 다시 로마 총독이 다스렸습니다. 이때부터 유대 분봉왕이 존재하지 않는 상황에서 로마 총독이 유대 지역에 대한 전권(全權)을 행사하였으며, 주후 44년부터 주후 66년 유대 반란이 있기 전까지 7명의 총독이 파송되었습니다. 차례대로 파두스(44-46년), 알렉산더(46-48년), 쿠마누스(48-52년), 벨릭스(52-60년), 베스도(60-62년), 알비누스(62-64년), 플로루스(64-66년) 순입니다.

아그립바 2세는 주후 50년경에 숙부 헤롯이 통치하던 칼키스의 왕이 되었습니다. 이때부터 유대 반란이 일어난 주후 66년까지, 아그립바 2세는 대제사장의 임면권을 행사하며 대제사장 6대를 임명 및 해임했습니다.

그는 글라우디오 황제로부터 헤롯 빌립의 영토를 받았고, 주후 54년에 황제가 된 네로는 그에게 갈릴리 주변 지역까지 주었습니다. 주후 60년에 유대 총독이 된 베스도에게 문안하러 갈 때 친여동생 버니게를 동반했습니다(행 25:13). 아그립바 2세는 계속 로마 황제에게 충성하여 영토를 보전하였으며, 특히 주후 70년에 예루살렘이 파괴될 때에도 로마의 행정관으로 로마 편에 섰습니다. 주후 100년경에 자식 없이 죽었으며, 그의 죽음과 함께 헤롯 왕조가 막을 내렸습니다.

71대	① 이스마엘 파비의 아들	Ishmael, son of Phabi 주후 59-61년 / 2년

이스마엘은 파비의 가문에서 등장한 세 번째 대제사장입니다. 이스마엘은 주후 59년에 아그립바 2세가 처음으로 임명한 대제사장

이며(*Ant.* 20.179), 베스도(주후 60-62년)가 유대 총독일 때 대제사장으로 있었습니다. 동일한 가문과 동일한 이름으로 주후 15-16년에 대제사장이었던 자가 있었습니다.

당시 예루살렘의 대제사장들과 제사장들을 포함한 지도자들 사이에 일어난 파벌 싸움이 폭력 사태로 번졌습니다. 이로 인해 나라는 무정부 상태와 같은 극한 혼란에 빠져, 정의와 공의가 완전히 짓밟히고 말았습니다(*Ant.* 20.180). 극도로 타락한 대제사장들은 타작마당에 노예들을 보내, 제사장들이 받아야 할 십일조를 중간에서 무력으로 가로채기도 하였습니다(*Ant.* 20.180-181).

이스마엘은 주후 60년에 베스도가 총독으로 부임했을 때 사도 바울을 고소한 대제사장입니다(행 25:1-2).

2년간(주후 58-60년) 유대 총독 벨릭스에게 구금되었던 사도 바울에 대한 선고가 유예된 채, 네로 황제(주후 54-68년)에 의해 벨릭스의 후임으로 베스도가 유대 총독으로 임명되었습니다(행 24:27, 25:1). 베스도가 부임하여 예루살렘으로 올라갔을 때 대제사장들과 유대인 중 높은 사람들이 사도 바울을 고소하였는데(행 25:1-2), 여기 대제사장들은 바로 이스마엘과 전임 대제사장 아나니아(행 24:1) 등 산헤드린 공회원들을 가리킵니다.

총독 베스도는 사도 바울에게 특별한 죄목이 없음을 확인하였으나(행 25:24-25), 유대인의 환심을 사기 위해, 사도 바울에게 예루살렘으로 올라가 유대인의 산헤드린 법정에 서겠느냐고 물었습니다(행 25:9). 그러나 사도 바울은 자기가 로마 시민권자이므로 가이사 앞에서 심문을 받겠노라 하였고, 베스도는 그것을 승낙했습니다(행 25:10-12). 수일 후에 갈릴리 북부를 다스리던 헤롯 아그립바 2세가 여동생 버니게와 함께 베스도를 문안하러 왔고, 베스도는 바울의 소송 문제를 아그립바 2세에게 부탁하였습니다(행 25:13-27). 바울의 변론을 들은 베스도는 큰 소리로 "바울아 네가 미쳤도다 네 많은 학문이 너를 미치게 한다"라고 하였고(행 26:24), 아그립바 2세는 "네가 적은 말로 나를 권하여 그리스도인이 되게 하려 하는도다"라고 하였을 뿐(행 26:28), 바울에게서 죄를 찾지 못했습니다. 결국 왕과 총독과 버니게와 함께 앉은 사람들이 다 입을 모아 바울의 무죄를 인정하였습니다(행 26:30-32).

사도 바울은 유대인을 상대로(행 22:1-21), 산헤드린 공회 앞에서(행 23:1-6), 벨릭스 앞에서(행 24:10-21), 베스도 앞에서(행 25:8, 10-11), 그리고 아그립바 2세 앞에서도 자신의 무죄뿐만 아니라 예수 그리스도의 복음을 담대히 증거했습니다(행 26:1-23). 또 복음을 증거할 기회를 얻기 위해 로마의 황제에게 상소하였습니다(행 25:11, 참고-행 23:11). 아무 죄도 없는 사도 바울은 왕과 총독 그리고 고관들 앞에서 온갖 누명을 뒤집어쓰고 억울한 재판을 받았으나, 조금도 흐트러짐 없이 오히려 하나님의 말씀을 담대하게 증거하는 기회를 삼았습니다. 우리도 때를 얻든지 못 얻든지 복음에 빚진 자로서 하나님의 말씀을 담대히 증거해야 합니다(롬 1:14-15, 고전 9:16, 딤후 4:2).

한편, 아그립바 2세는 성전보다 높은 곳에 건물을 짓고, 그곳에서 성전에서 일어나는 일을 다 내려다보았습니다. 예루살렘에 사는 지도층들은 이 일을 불쾌하게 여겨 높은 벽을 쌓았고, 베스도는 그 벽을 헐라고 명령하였습니다. 이에 대해 네로 황제에게 묻고자 유대인 열 명이 내려갔는데, 파비의 아들 이스마엘도 그 중 한 사람이었습니다. 네로는 유대인들의 청원대로 성벽을 보존하도록 해 주었습니다. 그런데 이때 이스마엘이 인질로 잡혔으며, 이에 아그립바 2세는 요셉 카비를 대제사장으로 임명하였습니다(*Ant.* 20.195-196).

72대	② 요셉 카비 시몬의 아들	Joseph Cabi, son of Simon 주후 61-62년 / 1년

요셉 카비의 아버지 시몬은 시몬 칸데라스라고 하기도 하지만, '카비'라는 이름으로 보아 카밋의 아들 시몬일 가능성이 큽니다.[62] 주후 61년에 아그립바 2세에게 임명받았으며, 베스도가 죽고 알비누스가 유대 총독으로 임명된 주후 62년에 해임되었습니다(*Ant.* 20.196-197).

73대	③ 안나스 2세 안나스의 아들	Annas II, son of Annas 주후 62년 / 3개월

안나스(주후 6-15년 재임)의 아들로, 안나스 가문의 마지막 일곱 번째 대제사장입니다. 주후 62년에 아그립바 2세에게 임명받았으며(*Ant.* 20.197 각주), 3개월 만에 해임되었습니다(*Ant.* 20.203). 가이사는 베스도 총독(주후 60-62년)이 죽었다는 소식을 듣고, 알비누스(주후 62-64년)를 유대 총독으로 임명하였습니다(*Ant.* 20. 197).

안나스 2세는 거만하고 매우 무자비하였습니다. 그는 범죄자들을 매우 엄격하게 심판하는 사두개파의 일원이었습니다(*Ant.*

20.199). 그는 총독이 바뀌는 틈을 타서 산헤드린 공회를 열고 예수 그리스도의 형제 야고보와 그 외의 몇 명을 재판해서, 율법을 어긴 자로 정죄하여 돌로 쳐 죽였습니다(*Ant.* 20.200). 예수께서는 십자가에 달리시기 전에, 군대와 천부장과 유대인의 하속들에게 결박당한 채 가장 먼저 그의 부친 안나스(가야바의 장인) 앞에 끌려가 심문을 받고, 그 하속에게 모독을 당하셨습니다(요 18:12-14, 19-24). 그런데 예수님의 동생 야고보는 3개월의 짧은 기간 재임한 안나스의 아들 안나스 2세에게 죽임을 당한 것입니다.

이때 유대인 중 몇 명이 유대 총독 알비누스(주후 62-64년)와 아그립바 2세에게 각각 찾아가서 이 일을 호소했습니다. 결국 안나스 2세는 3개월간 악한 짓만 일삼다가 아그립바 2세에게 해임되었고(*Ant.* 20.203), 주후 66년에 유대 반란을 일으킨 열심당원들과 합세한 이두매인들에게 살해당했습니다(*War.* 4.314-325).

74대	④ 예수 담누스의 아들	Jesus, son of Damneus 주후 62-63년 / 1년

아그립바 2세는 담누스의 아들 예수를 대제사장으로 임명했습니다(*Ant.* 20.203). 그는 알비누스(주후 62-64년)가 유대 총독으로 있을 때의 대제사장입니다. 이 기간 동안에도 전에 대제사장이었던 아나니아(네데바이우스의 아들, 주후 48-59년 재임)가 상당한 영향력을 행사하고 있었습니다(*Ant.* 20.204-207).

얼마 후 아그립바 2세가 담누스의 아들 예수를 파직하고 가말리엘의 아들 예수를 임명하였는데, 대제사장직을 두고 전임과 후임 대제사장 사이에 큰 싸움이 일어났습니다. 아그립바 2세의 명령이 무시된 채 대제사장들끼리 싸움을 벌인 것은, 아마도 아그립바 2세가 백성의 재산을 탈취하여 유대 외곽 도시들을 꾸미는 일로 인하여 유대인들의 미움을 샀기 때문으로 보입니다(*Ant.* 20.211-214).

75대	⑤ 예수 가말리엘의 아들	Jesus, son of Gamaliel 주후 63-64년 / 1년

예수는 '가말리엘의 아들'입니다(*Ant.* 20.213). 사도행전 5:34에서 "바리새인 가말리엘은 교법사로 모든 백성에게 존경을 받는 자"라고 기록하고 있는데, 그와 동일 인물인지는 불확실합니다. 주후 63년에 아그립바 2세에 의해 임명되었으며, 헤롯 성전이 완성된지 얼마 안 된 주후 64년에, 약 1년 만에 파직되었습니다(*Ant.* 20.213, 223).

가말리엘의 아들 예수는 대제사장직에서 해임된 후에, 안나스 2세(안나스의 아들)와 함께 주후 66년에 열심당이 일으킨 반란 때 이 두매인들에게 처참하게 살해됐습니다(*War.* 4.314-325).

76대	⑥ 맛디아 데오빌루스의 아들	Matthias, son of Theophilus 주후 64-66년 / 2년

맛디아의 부친 데오빌루스는 주후 37-41년에 대제사장이었던 데오빌루스와 같은 인물일 수도 있습니다. 그렇다면 데오빌루스는 주후 1세기, 유대 지역에서 영향력 있는 안나스 가문이었을 것입니다.[63)]

데오빌루스는 '하나님께 사랑 받는 자, 하나님의 친구'라는 뜻입니다. 로마에 의해 성전이 완전히 훼파되기 전에 정상적으로 임명된 마지막 대제사장입니다. 아그립바 2세는 예수를 파직하고 데오빌루스의 아들 맛디아를 임명하였으며, 맛디아가 대제사장으로 있는 동안 유대와 로마 간에 전쟁이 발발하였습니다(*Ant.* 20.223).

9. 반란자들(열심당)의 제비뽑기로 선출
Chosen by the rebels (Zealots) by casting lots
주후 67년, 마지막 대제사장 1대
The last high priest, AD 67

로마에서 파견된 총독의 통치를 받는 동안 유대 사회에는 반란이 자주 일어났습니다. 대부분은 열심당원들에 의해 주도된 것이며, 로마 정부의 주요 인사를 죽이려는 '자객'도 많이 일어났습니다(행 21:38). 마지막 총독인 플로루스(주후 64-66년)가 예루살렘 성전 창고에서 보물 몇 개를 훔쳐 가자(*War.* 2.293), 유대인들은 이를 신성 모독으로 여기고 로마의 지배에서 벗어나기 위한 대규모 반란을 일으켰습니다.

베스파시안 장군에 의해 유대 반란은 어느 정도 진압되었으나, 주후 69년에 베스파시안이 로마 황제가 되자, 그 아들 디도(Titus)가 예루살렘 정복에 나서게 되었습니다. 디도는 주후 70년에 유월절이 지켜지던 3월부터 예루살렘성을 5개월간 포위한 끝에 함락시켰습니다. 이때 요세푸스 기록에 의하면, 100만 명이 넘는 유대인이 살해당하였고, 7만 명이 포로로 잡혀 갔습니다. 성전은 한 로마 병사의 방화로 완전히 전소되었습니다. 주후 63년에 헤롯 성전이 완공된 지 불과 7년 만의 일입니다.

대규모의 유대 반란이 시작되어 열심당원들이 주도권을 잡고 있던 초기의 혼란한 때에, 그들에 의해 제비로 뽑힌 자가 바로 마지막 대제사장 파니아스였습니다.

| 77대 | 파니아스
사무엘의 아들 | Phannias, son of Samuel
주후 67-70년 / 3년 |

파니아스는 유대의 마지막 대제사장으로, 사무엘의 아들입니다. 그는 대제사장 가문이 아니며, 열심당의 대표가 제비로 뽑은 인물입니다(*Ant.* 20.227). 저들은 다윗이 24반열을 제비 뽑은 것(대상 24장)을 교묘하게 이용하여, 자기들이 대제사장을 임명할 권한을 갖고자 했던 것입니다. 이는 당시 유대인들의 극심한 타락상을 보여 줍니다. 그들은 자신들의 행위에 대제사장도 공범이 되게 하려고, 율법의 전통을 깨고 마음대로 제사장을 선출했던 것입니다(*War.* 4.147-150). 그들은 이니아킴(Eniachim)이라는 제사장 가문에서 제비 뽑기를 하여 대제사장을 정하려고 하였으나, 아프티아(Aphthia) 출신 사무엘의 아들 파니아스가 뽑혔습니다(*War.* 4.155).

이는 대제사장의 그 길고 긴 타락의 종국이 얼마나 우습게 끝나 버렸는가를 적나라하게 보여 주고 있습니다. 백성이 고집하여 제비 뽑기로 세운 대제사장 파니아스는, 상식적으로 절대 대제사장이 될 수 없는 사람이었고, 대제사장이 무엇인지도 전혀 알지 못하는 사람이었습니다. 백성은 광대를 무대에 세울 때 분장을 시키듯이 파니아스에게 대제사장 옷을 입혀 놓고, 제사가 진행되는 상황을 일일이 설명해 주면서 제사를 마치 광대놀이처럼 즐겼습니다. 제사장의 존엄성이 완전히 무너지고, 제사가 구경거리와 농담거리로 전락해 버린 것입니다. 몇몇 제사장들은 파니아스가 제사를 집례하는 동안 멀리 서서, 지켜보면서 흐르는 눈물을 그칠 수가 없었고, 거룩한 제사 의식과 그 절차가 농락당하는 것을 보면서 애통해 했습니다(*War*. 4.156-157).

유대 역사가 요세푸스는 '아론의 혈통이 아니면 비록 왕이라 해도 대제사장을 할 수 없다'라고 기록하면서, 파니아스에 관한 내용을 거의 다루지 않았습니다(*Ant*. 20.226). 파니아스가 대제사장으로 재임하는 동안 유대 전쟁이 있었고(*Ant*. 20.227), 그는 주후 70년에 로마의 황제 베스파시안의 아들 디도 장군에 의해 예루살렘이 멸망할 때까지 대제사장으로 재임하였습니다. 당시 반란을 일으킨 사람들이 성전의 지성소를 그들의 본부로 사용할 정도로, 하나님의 성전의 거룩성은 철저하게 무시되고 짓밟혀 버렸습니다.

결언: 제사장은 구속사의 등불
Concluding remarks: the priest is the lamp of redemptive history.

대제사장은 하나님 앞에서 이스라엘 백성을 대표하는 자로, 백성을 하나님의 말씀으로 올바르게 인도할 사명이 있었습니다. 그런데 지금까지 77대 대제사장의 계보를 살펴볼 때, 초반에는 하나님의 언약을 따라 아론 가문에서 승계되었으나, 후대로 넘어가면서 그 언약은 지켜지지 않았습니다. 대부분의 제사장들이 하나님의 말씀을 듣지 않고 직분을 악용하고 극심하게 타락함으로써 제사장 언약을 파기한 결과였습니다(느 9:34-35, 말 2:8).

세월이 지나면서 아론 가문으로 대제사장직을 계승한 자들 중에도 돈과 권력을 탐하고 백성을 괴롭히는 극악한 대제사장이 많이 있었고, 대제사장 아나넬(49대)부터는 아론 가문과는 상관없이 정치 권력에 의해 임명되어서 모든 제사장이 그 직임의 본질을 잃고 타락하는 모습을 볼 수 있습니다. 그들은 대제사장으로서의 사명을 감당하지 못했을 뿐만 아니라, 마침내 참대제사장이시요 영원한 대제사장이신 예수 그리스도를 십자가의 죽음으로 내모는 패역을 저질렀습니다. 특히 안나스 집안의 경우에는, 그의 다섯 아들과 사위 가야바까지 포함하여 7명의 대제사장이 약 35년이라는 긴 시간 동안 대제사장직을 담당하였습니다. 그 가운데 가야바와 안나스를 비롯한 악한 대제사장의 무리들이 똘똘 뭉쳐서, 예수님을 잡아 죽이는 데 앞장섰습니다.

예수님께서는 십자가 고난을 당하시기 전에, 대제사장들에게 고난 받으실 것을 제자들에게 미리 알려 주셨습니다. 마태복음 16:21을 보면, "이때로부터 예수 그리스도께서 자기가 예루살렘에 올라가 장로들과 대제사장들과 서기관들에게 많은 고난을 받고 죽임을 당하고 제 삼일에 살아나야 할 것을 제자들에게 비로소 가르치시니"라고 말씀하고 있습니다.

예수님께서는 죄 없이, 당시 극도로 타락한 제사장들과 대제사장들의 시기로 고소를 당하셨습니다(마 26:57-68, 27:12, 18, 막 14:53-65, 15:3, 10-11, 눅 22:66-71, 요 18:19-24). 총독 빌라도가 그것을 알고, 죄수 하나를 놓아주는 명절 전례를 따라 예수님을 살려 주려 했으나, 또다시 대제사장들이 무리를 충동하여 큰 소리로 예수님을 십자가에 못 박으라고 외치게 했습니다. 결국 민란을 일으킨 바라바는 놓아주고, 예수님을 십자가에 넘겨주게 하였습니다(막 15:6-15, 눅 23:13-25, 요 18:35, 38-40, 19:6). 빌라도는 무죄한 예수님을 놓아주려고 무척 애썼으나, 대제사장들이 소리 질러 "가이사 외에는 우리에게 왕이 없나이다(요 19:15)"라고 하자, 빌라도는 무리에게 만족을 주고자(막 15:15), 대제사장들의 구하는 대로(눅 23:24), 대제사장들의 뜻대로 하게 넘겨주었습니다(마 27:26, 눅 23:25, 요 19:12-16).

대제사장 안나스에게 심문받으실 때에는 하속 하나가 손으로 예수님을 쳤으며(요 18:22), 사형 확정 후에 대제사장 가야바의 뜰에서 얼굴에 침 뱉고, 예수님의 얼굴을 수건으로 가리고 주먹으로 치면서 "선지자 노릇 하라 너를 친 자가 누구냐"라고 하면서 희롱했고, 하속들까지 덩달아 손바닥으로 예수님을 쳤습니다(마 26:66-68, 막 14:64-65).

사형수로서 말할 수 없는 수모와 고통을 받으신 후에, 총독 관저인 브라이도리온 뜰(막 15:16) 안으로 끌려가 온 군대 앞에서 온갖 희롱을 당하셨습니다(마 27:26-30, 막 15:15-20, 요 19:1).

대제사장들은 예수님께서 채찍에 온 몸이 찢기고 멍들고 피가 철철 흐르는 참담한 모습으로 십자가에 달려 계신 그때에도, "지금 십자가에서 내려올지어다 그러면 우리가 믿겠노라"라고 하면서 희롱하였습니다(마 27:41-43, 막 15:31).

또한, 예수께서 평소 예언하신 대로 부활하실 것을 염려한 저들은, 빌라도에게 허락받아 예수님의 무덤의 돌을 인봉하고, 파수꾼을 두어 사흘까지 굳게 지키게 하였습니다(마 27:62-66).

이 같은 대제사장의 타락은 언약을 잊어버리고 시대의 등불로서의 사명을 감당하지 못한 결과였습니다. 참대제사장 예수님을 알아

보지 못하고 십자가로 내몰았던 것입니다.

시편 132:17에서 "내가 거기서 다윗에게 뿔이 나게 할 것이라 내가 내 기름 부은 자를 위하여 등을 예비하였도다"라고 말씀하고 있습니다. 여기 '내 기름 부은 자'는 다윗을 대신하여 왕위에 오를 자손(왕상 11:36, 15:4)을 뜻하며, 궁극적으로 메시아(그리스도: 기름 부음을 받은 자)를 뜻합니다.

'예비하였도다'는 히브리어로 '정렬하다, 한 줄로 세우다'라는 뜻의 '아라크'(עָרַךְ)의 완료형입니다. 이것은 하나의 등이 꺼지려는 순간 미리 준비한 다른 등을 배치하여, 그 등이 전혀 꺼질 새 없이 계속 켜 있도록 준비한다는 뜻입니다. 이것은 메시아가 오시기까지 다윗의 후손을 통해 계속적으로 왕을 이어 가시겠다는 약속입니다.

이처럼 등불이 꺼지지 않도록 예비하는 사람이 바로 제사장들입니다. 제사장들은 성전의 등불을 간검(看檢)하여 밤새도록 꺼지지 않도록 해야 하는데, 이것은 영원한 규례입니다. 레위기 24:3-4에서 "아론은 회막 안 증거궤 장 밖에서 저녁부터 아침까지 여호와 앞에 항상 등잔불을 정리할지니 너희 대대로 지킬 영원한 규례라 그가 여호와 앞에서 순결한 등대 위의 등잔들을 끊이지 않고 정리할지니라"라고 말씀하고 있으며, 출애굽기 27:21에서 "아론과 그 아들들로 회막 안 증거궤 앞 휘장 밖에서 저녁부터 아침까지 항상 여호와 앞에 그 등불을 간검하게 하라 이는 이스라엘 자손의 대대로 영원한 규례니라"라고 말씀하고 있습니다.

이런 의미에서 대제사장과 제사장은 나라의 등불입니다. 제사장이 성전의 등불을 꺼뜨릴 때 그것은 나라의 등불이 꺼지는 것과 마찬가지였습니다. 과거 이스라엘의 역사를 볼 때, 하나님의 말씀에 순종하는 제사장은 그 시대를 살리는 등불이었지만, 하나님의 말씀에 불순종하는 제사장은 언제나 그 시대를 죄와 사망으로 몰고 가는 꺼진 등불이었습니다.

사무엘상 3:3에서 "하나님의 등불은 아직 꺼지지 아니하였으며 사무엘은 하나님의 궤 있는 여호와의 전 안에 누웠더니"라고 말씀하고 있습니다. 실제로 성전의 등불은 24시간 켜져 있어야 했습니다(출 27:20-21, 30:7-8, 레 24:3-4). 그러므로 이 말씀은 일차적으로, 사무엘이 날이 밝기 전 깊은 야경에 하나님의 부르심을 받았다는 것을 의미합니다. 그리고 상징적으로는, 엘리 제사장의 눈은 점점 어두워져 잘 보지 못하며, 그의 아들들은 죄를 지으므로 영적으로 캄캄해지는 상황 속에서(삼상 2:12-17, 3:2), 이제 사무엘을 통해서 다시 나라의 등불이 환하게 밝혀질 것을 강하게 예시하고 있습니다.

역사적으로 볼 때, 신구약 중간 시대 이후 외세의 지배를 받으면서부터, 대제사장은 이스라엘을 지배하는 통치자들에 의해 임명되었습니다. 특히 주전 37년에 헤롯 대왕이 임명한 대제사장 아나넬 이후, 사독 계열의 대제사장직이 끊어지고, 하나님의 언약과 전혀 상관없는 자들이 대제사장직을 계승하였습니다. 하나님께서는 레위 계통의 제사장을 세우시면서 모세를 통해서 "여호와의 부탁을 지키라 그리하면 사망을 면하리라 내가 이같이 명령을 받았느니라(레 8:35)"라고 말씀하셨습니다. 이 영원한 규례를 어기면 사망이 찾아오듯이, 헤롯 대왕에 의해 거짓된 대제사장들이 임명되기 시작하면서 이스라엘은 영적인 암흑 천지로 변하고 말았습니다.

성도는 택하신 족속이요, 왕 같은 제사장(벧전 2:9)으로서, 캄캄하고 어두운 세상을 비추는 신령한 등불이 되어야 합니다. 잠언 6:23에서 "대저 명령은 등불이요 법은 빛이요 훈계의 책망은 곧 생명의 길이라"라고 말씀하고 있습니다. 그러므로 말씀의 등불을 환히 밝히고 있는 왕 같은 제사장들이 바로 세상을 살리는 빛의 사명자입니다.

마태복음 5:14-15에서 "너희는 세상의 빛이라 산 위에 있는 동네가 숨기우지 못할 것이요 사람이 등불을 켜서 말 아래 두지 아니하고 등경 위에 두나니 이러므로 집안 모든 사람에게 비취느니라"라고 말씀하고 있습니다. 주변을 더 환하게 하기 위해서는 등불을 높은 곳에 두어야 합니다. 오늘도 언약의 등불을 높이 쳐들고 '저 높은 곳을 향하여' 날마다 나아가시기 바랍니다. 세속을 향하여 내려가는 교회는 등불을 밝히는 제사장의 사명을 감당할 수 없습니다. 날마다 하나님을 향하여 높이 올라가는 교회, 날마다 영의 생각으로 높이 올라가는 교회, 날마다 하늘의 생명 양식으로 높이 올라가는 교회가 되어, 전 우주에 말씀의 등불을 밝히는 진정한 제사장들이 다 되시기를 바랍니다.

*유구한 역사 속에서 세계 최초로 체계적 정리 발표

THE FAMILY TREE OF THE HASMONEAN DYNASTY (HIGH PRIESTS) AND
THE HERODIAN CLAN (RULERS OF JUDEA)

대제사장 하스몬 왕가와 유대 통치자 헤롯 가문의 가계도

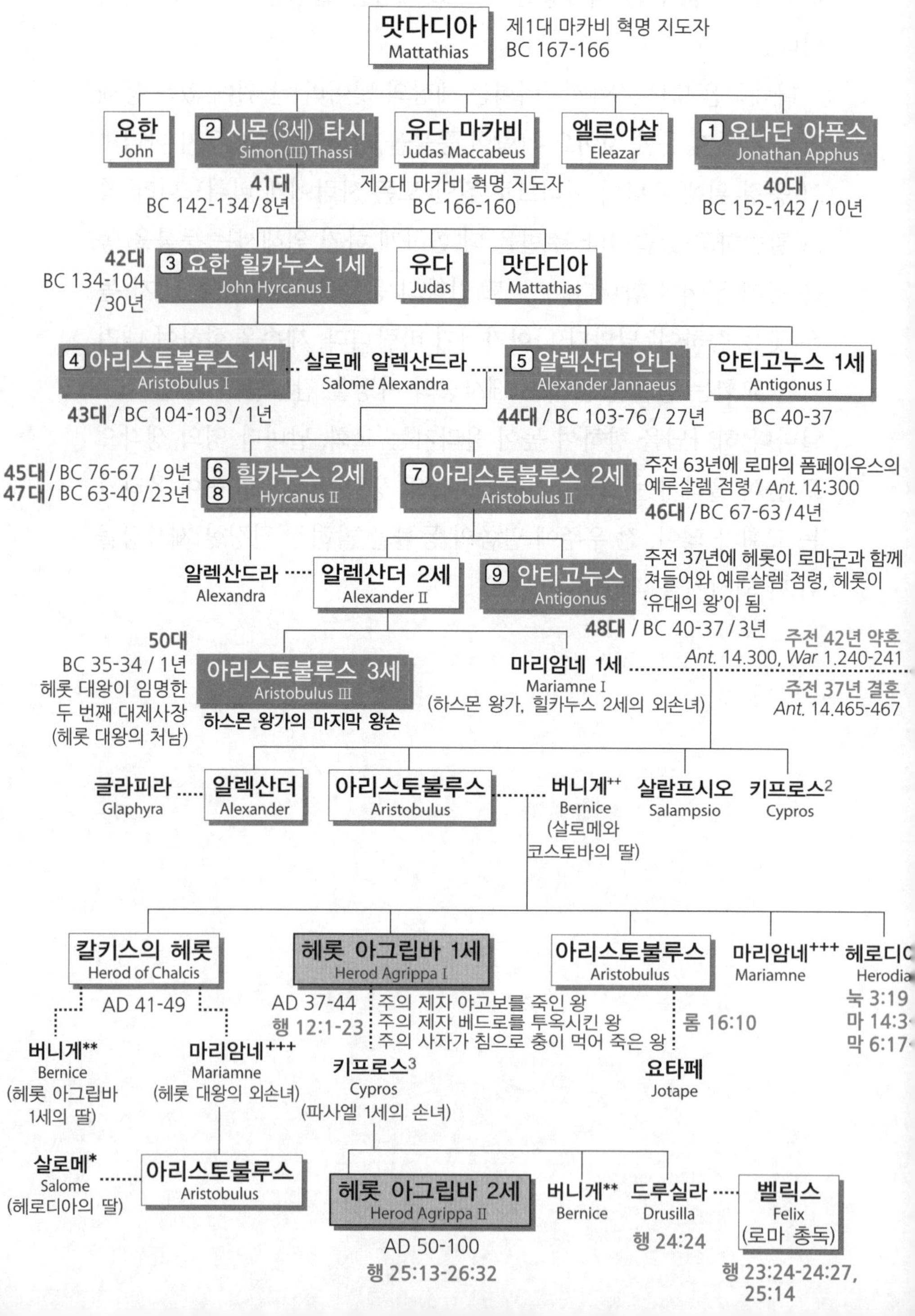

- **맛다디아 (Mattathias)** — 제1대 마카비 혁명 지도자 / BC 167-166
  - **요한 (John)**
  - **② 시몬(III) 타시 (Simon(III) Thassi)** — 41대 / BC 142-134 / 8년
  - **유다 마카비 (Judas Maccabeus)** — 제2대 마카비 혁명 지도자 / BC 166-160
  - **엘르아살 (Eleazar)**
  - **① 요나단 아푸스 (Jonathan Apphus)** — 40대 / BC 152-142 / 10년

- **42대 / BC 134-104 / 30년**
  - **③ 요한 힐카누스 1세 (John Hyrcanus I)**
  - **유다 (Judas)**
  - **맛다디아 (Mattathias)**

- **④ 아리스토불루스 1세 (Aristobulus I)** — 43대 / BC 104-103 / 1년
- **살로메 알렉산드라 (Salome Alexandra)**
- **⑤ 알렉산더 얀나 (Alexander Jannaeus)** — 44대 / BC 103-76 / 27년
- **안티고누스 1세 (Antigonus I)** — BC 40-37

- 45대 / BC 76-67 / 9년
- 47대 / BC 63-40 / 23년
- **⑥⑧ 힐카누스 2세 (Hyrcanus II)**
- **⑦ 아리스토불루스 2세 (Aristobulus II)** — 46대 / BC 67-63 / 4년
  - 주전 63년에 로마의 폼페이우스의 예루살렘 점령 / *Ant.* 14:300

- **알렉산드라 (Alexandra)** ···· **알렉산더 2세 (Alexander II)**
- **⑨ 안티고누스 (Antigonus)** — 48대 / BC 40-37 / 3년
  - 주전 37년에 헤롯이 로마군과 함께 쳐들어와 예루살렘 점령, 헤롯이 '유대의 왕'이 됨.

- 50대 / BC 35-34 / 1년
  헤롯 대왕이 임명한 두 번째 대제사장 (헤롯 대왕의 처남)
- **아리스토불루스 3세 (Aristobulus III)** — 하스몬 왕가의 마지막 왕손
- **마리암네 1세 (Mariamne I)** (하스몬 왕가, 힐카누스 2세의 외손녀)
  - 주전 42년 약혼 *Ant.* 14.300, *War* 1.240-241
  - 주전 37년 결혼 *Ant.* 14.465-467

- **글라피라 (Glaphyra)** ···· **알렉산더 (Alexander)**
- **아리스토불루스 (Aristobulus)** ···· **버니게++ (Bernice)** (살로메와 코스토바의 딸)
- **살람프시오 (Salampsio)**
- **키프로스² (Cypros)**

- **칼키스의 헤롯 (Herod of Chalcis)** — AD 41-49
- **헤롯 아그립바 1세 (Herod Agrippa I)** — AD 37-44
  - 주의 제자 야고보를 죽인 왕
  - 주의 제자 베드로를 투옥시킨 왕
  - 주의 사자가 침으로 충이 먹어 죽은 왕
  - 행 12:1-23
- **아리스토불루스 (Aristobulus)** — 롬 16:10
- **마리암네+++ (Mariamne)**
- **헤로디아 (Herodias)** — 눅 3:19, 마 14:3, 막 6:17

- **버니게** (헤롯 아그립바 1세의 딸)
- **마리암네+++ (Mariamne)** (헤롯 대왕의 외손녀)
- **키프로스³ (Cypros)** (파사엘 1세의 손녀)
- **요타페 (Jotape)**

- **살로메*** (헤로디아의 딸)
- **아리스토불루스 (Aristobulus)**
- **헤롯 아그립바 2세 (Herod Agrippa II)** — AD 50-100 / 행 25:13-26:32
- **버니게** (Bernice) — 행 24:24
- **드루실라 (Drusilla)**
- **벨릭스 (Felix)** (로마 총독) — 행 23:24-24:27, 25:14

주전 63년에 로마는 예루살렘을 점령한 후에, 힐카누스 2세를 대제사장으로, 이두매인 안티파터를 유대 총독으로 임명하였다(*Ant*. 14.137-139). 안티파터는 다소 무능한 힐카누스 2세를 교묘히 이용해, 결국 로마로부터 주전 55년에 유대 총독을 거쳐, 주전 47년에 유대 집정관직의 인준을 받아 냈으며, 두 아들 헤롯과 파사엘을 각각 갈릴리 총독과 예루살렘 총독 자리에 앉히므로, 이때부터 헤롯 왕가는 유대 지역의 실질적인 통치권을 행사하기 시작하였다.

주전 40년에 안티고누스(아리스토불루스 2세의 아들)가 파르티아인의 도움으로 대제사장과 왕으로 약 3년간 다스렸으나, 로마군과 함께 쳐들어온 헤롯에 의해 예루살렘은 다시 점령을 당하였고, 주전 37년에 헤롯은 '유대의 왕'이 되었다. 이때 안티고누스의 죽음으로 약 126년간 유지되던 하스몬 왕가의 역사가 막을 내렸다. 한편, 평민 출신인 헤롯 대왕은 하스몬 왕가와의 친교를 위해 마지막 왕녀 마리암네 1세와 주전 42년에 약혼(*Ant*. 14.300, *War*. 1.240-241), 주전 37년에 결혼하였으나(*Ant*. 14.465-467), 자기의 왕위를 위협한다는 이유로, 마지막 왕선인 처남 아리스토불루스 3세와 자기 부인 마리암네 1세를 포함하여 하스몬 왕족을 모조리 처형하였다(*War*. 1.435-437, 443).

하스몬 왕가의 알렉산더 얀나와 그 부인 알렉산드라가 안티파스를 이두매 전 지역의 분봉왕으로 세우면서 시작된(*Ant*. 14.10) 하스몬 왕가와 헤롯 가문의 친분은, 헤롯 대왕과 마리암네 1세와의 결혼으로 이어졌다. 이로써, 전에 요한 힐카누스 1세(BC 135-104)의 지배하에서 강제적인 유대화 정책을 따라야 했던 이두매(Idumea: 에돔)인들이 역으로 유대를 지배하고, 유대 백성은 그들 치하에서 괴롭힘을 당하다가 끝내 주후 70년에 로마에 의해 멸망하고 말았다.

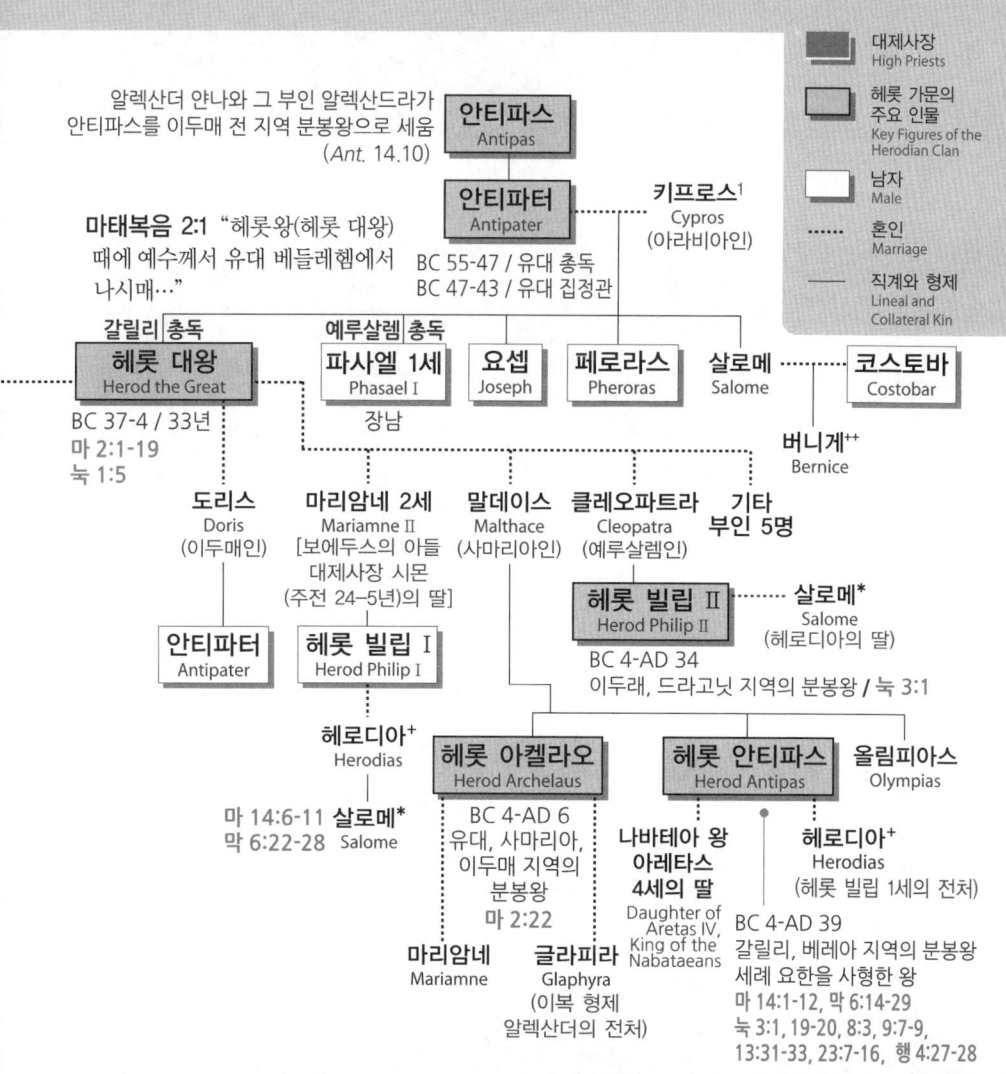

제 5 장

대제사장의 예복과 직무

The Garments and Duties of the High Priest

대제사장의 예복과 직무
The Garments and Duties of the High Priest

레위 지파 중에서도 아론과 그의 직계 후손들은 대제사장이라는 특별한 신분을 부여 받았습니다(출 28:1). 대제사장은 "예물과 제사 드림을 위하여" 세움을 받았습니다(히 8:3). 대제사장의 특별한 신분을 외적으로 드러내 보여 주는 것이 바로 대제사장의 예복이었습니다. 여러 색상의 실과 금실, 그리고 희귀한 보석으로 아름답게 조화된 대제사장의 예복은 값지고도 아름다웠습니다. 본래 옷은 그것을 입은 사람의 인격과 신분과 직임을 나타냅니다. 하나님께서는 특별히 선택된 대제사장에게 거룩하고 영화롭고 아름다운 옷을 입혀서 다른 무리와 구별하셨습니다. 출애굽기 28:2에서는 "네 형 아론을 위하여 거룩한 옷을 지어서 영화롭고 아름답게 할지니"라고 말씀하고 있습니다.

대제사장은 불완전한 존재이지만, 하나님께서는 그에게 아름다운 옷을 지어 입히심으로 그의 일거수일투족을 통해서 오직 하나님의 영화로움을 드러내도록 하셨습니다. 실로 대제사장은 하나님의 영광을 드러내는 지상 최대의 사명자요, 지상 최고로 존귀한 자입니다. 대제사장에게는 특별한 성별과 특별한 직무가 요청되었으며, 그에게는 영원한 대제사장으로 오실 예수 그리스도의 모습이 담겨 있습니다.

I
대제사장의 예복
The Garments of the High Priest

하나님께서는 대제사장직의 영광과 거룩함과 아름다움 그리고 구속 사역을 나타내시기 위하여, 대제사장에게 특별한 옷을 입도록 명령하셨습니다. 대제사장이 입는 예복은 '흉패, 에봇, 겉옷, 반포 속옷, 관, 띠' 등입니다. 하나님은 출애굽기 28:4에서 "그들의 지을 옷은 이러하니 곧 흉패와 에봇과 겉옷과 반포 속옷과 관과 띠라 그들이 네 형 아론과 그 아들들을 위하여 거룩한 옷을 지어 아론으로 내게 제사장 직분을 행하게 할지며"라고 말씀하고 있습니다. 그리고 '고의(속바지)'(출 28:42)가 있습니다. '반포 속옷', '띠', '관', '고의'는 일반 제사장과 대제사장이 공통으로 입는 옷이지만, 특별 제작된 '에봇', '에봇 띠', '겉옷', '흉패'는 오직 대제사장만 입을 수 있었습니다.

우리는 제사장과 대제사장의 아름답고 찬란한 옷에 대하여 듣고 읽을 때마다, 나의 신앙의 삶이 거룩하고 아름답게 되기를 소원하시는 하나님의 마음을 깊이 헤아리고, 우리의 대제사장이신 예수 그리스도의 구속 경륜을 깊이 깨달아야 합니다.

1. 제사장과 대제사장이 공통으로 입는 옷
Garments that priests and high priests both wear

구약성경에는 제사장의 예복에 관한 내용이 세 군데 언급되고 있습니다. 첫째, 출애굽기 28장은 하나님께서 모세에게 제사장의 예복을 만드는 법을 명하신 것으로, 모든 말씀이 '너는 …하라, … 할지며, …할지니라'라는 명령형입니다. 둘째, 출애굽기 39장은 제사장의 예복에 대하여 모세가 '하나님께서 명하신 대로 준행'한 내용입니다. 그래서 여기에는 '여호와께서 모세에게 명하신 대로 하였더라'라는 말씀이 7회 나옵니다(1, 5, 7, 21, 26, 29, 31절). 출애굽기 39:41-43에서 "성소에서 섬기기 위한 정교한 옷 곧 제사 직분을 행할 때에 입는 제사장 아론의 거룩한 옷과 그 아들들의 옷이라 여호와께서 모세에게 명하신 대로 이스라엘 자손이 모든 역사를 필하매 모세가 그 필한 모든 것을 본즉 여호와께서 명하신 대로 되었으므로 그들에게 축복하였더라"라고 말씀하고 있습니다. 셋째, 레위기 8:6-9은 아론과 그 아들들이 제사장 위임식을 거행하기 위해 실제로 제사장 예복을 입는 내용입니다.

(1) 제사장이 입어야 할 옷

> **속옷** / כְּתֹנֶת / 케토네트 / tunic
> 출 28:39-40, 29:5, 8, 39:27, 레 6:10, 8:7, 13

① 특징

'반포 속옷'(출 28:39)은 '속옷'(출 39:27, 레 8:7) 혹은 '세마포 긴 옷'(레 6:10)으로도 기록되어 있습니다. 속옷은 겉옷 안에 살에 닿게 입는, 통으로 된 옷으로, 소매는 손목까지 내려오며 길이는 발뒤꿈

치까지 내려옵니다.

제사장의 속옷뿐만 아니라 일반적인 속옷 역시 통옷이었습니다. 로마 군병들이 예수님을 십자가에 못 박은 후, 예수님의 겉옷은 네 깃으로 나누어 각각 한 깃씩 나누어 가졌으나, 예수님의 속옷은 호지 아니하고 위로부터 통으로 짠 것이므로 찢지 않고 제비를 뽑아 한 사람이 가졌습니다(마 27:35, 요 19:23-24, 참고-시 22:18).

② 재료

속옷의 재료는 '가는 베실'이었습니다. 출애굽기 28:39에 "너는 가는 베실로 반포 속옷을 짜고 가는 베실로 관을 만들고 띠를 수놓아 만들지니라"라고 말씀하고 있습니다. 여기서 주목해야 할 것은 '가는 베실'이란 표현으로, 제사장의 속옷이 매우 가늘게 뽑은 베실로 곱게 짠 최상품 세마포로 만든 것임을 보여 줍니다. 특히 '짜고'에 해당하는 히브리어는 '바둑판 무늬로 엮어 짜다'라는 뜻을 가진 '샤바츠'(שָׁבַץ)의 피엘(강조) 완료형입니다. 그러므로 '반포(斑布: 얼룩질 반, 베 포)'라는 표현은 베의 색깔보다는 베의 짜임새를 강조하는 말입니다.

③ 구속사적 의미

속옷은 히브리어 '케토네트'(כְּתֹנֶת)로, '가리다'라는 뜻인데 오늘날 사용하지 않는 말의 어근에서 유래하였습니다. 이 옷은 모세 시대만 아니라 아담과 하와에게도 입혀진 옷입니다. 에덴동산에서 하나님의 영광을 입고 수치를 몰랐던 아담과 하와는 범죄한 후에 벌거벗은 수치를 느꼈을 때 그것을 가려 보려고 무화과 잎을 엮어 치마를 하였습니다(창 2:25, 3:7). 이때 하나님께서 무화과 잎으로 엮어 만든 치마 대신에 가죽옷을 지어 입히셨습니다(창 3:21). 무화과나무 잎으로 엮은 '치마'(창 3:7)는 히브리어 '하고르'(חֲגוֹר) 이며, 겨우 엉덩이 둘레만을 가리는 옷입니다. 그러나 창세기 3:21에 나오는 가죽옷의 '옷'이란 단어와 창세기 37:3의 '채색옷'(현대인의성경: 화려하게 장식한 긴 겉옷)에서 '옷'이란 단어는 제사장의 속옷과 똑같이 히브리어 '케토네트'(כְּתֹנֶת)이며, 이것은 어깨에서 발까지 내려오는 긴 옷을 가리킵니다. 인간 스스로 만든 옷은 범죄한 수치를 절대로 가릴 수가 없습니다. 하나님께서는 범죄한 인간에게 '케토네트'를 지어 입히기 위해 짐승의 피를 흘리셨습니다. 이는 장차 예수 그리스도께서 대제사장으로 고귀한 피를 흘려 속죄제를 드리심으로써, 타락한 사람의 죄와 허물을 완전히 가려 주시고, 의의 옷을 입혀 주실 것을 예표합니다(사 53:4-6, 마 20:28, 막 10:45, 롬 13:14, 갈 3:27).

예수님께서는 십자가에 달리시기 전에 세 번 옷을 벗기우셨습니다. 처음에 군병들이 예수님의 옷을 벗기고 홍포(자색 옷)를 입힌 후, 가시 면류관을 씌우고, 갈대를 손에 들려 놓고 "유대인의 왕이여 평안할지어다"라고 희롱하였습니다(마 27:28-29). 희롱을 다한 후에는 다시 홍포를 벗기고 입고 계시던 옷을 도로 입혀, 십자가에 못 박으려고 끌고 나갔습니다(마 27:31). 십자가에 달리실 때 다시 그 옷을 벗긴 후(마 27:35), 그 겉옷은 네 깃으로 나눠서 가지고, 속옷은 한 사람이 차지하였습니다(요 19:23-24). 이는 시편 22:18의 "내 겉옷을 나누며 속옷을 제비 뽑나이다"라는 예언의 성취였습니다.

예수님께서는 우리 죄인들에게 의의 옷을 입히시기 위해서 우리 대신 벌거벗김을 당하시고, 온갖 수치와 형벌을 받으셨습니다(사 53:11, 렘 23:6, 롬 3:21-26, 5:6-9). 예수님의 온몸은 밭고랑처럼 깊이 패인 상처투성이요(시 129:3), 범벅이 된 붉은 피를 마치 옷처럼 입으셨습니다. 우리의 허물과 죄를 위하여 당하신 대속의 고난과 죽음이었습니다(사 53장).

(속옷) 띠 / אַבְנֵט / 아브네트 / sash   출 28:39, 39:29, 레 8:7, 13

① 특징

대제사장의 속옷은 위에서 아래까지 통으로 짜여져 매우 헐렁하기 때문에, 제사장 직무를 수행하는 데 불편이 없도록 띠를 띠게 되어 있었습니다(*Ant.* 3.154). 띠는 가슴에서 한 바퀴 돌려서 묶고 발목까지 길게 늘어지게 했습니다(*Ant.* 3.155). 레위기 8:7에 "아론에게 속옷을 입히며 띠를 띠우고…"라고 기록하고 있습니다. 여기 '띠우고'는 히브리어 '하가르'(חָגַר)로, '허리띠를 매다(묶다)'라는 뜻입니다.

② 재료

'속옷에 매는 띠'는 가는 베실과 청색, 자색, 홍색 실로 수놓아 만들었습니다(출 39:29, 참고-출 28:39). 여기 사색(四色) 실 중 눈길을 끄는 것은 가늘게 꼰 베실입니다. 속옷을 만드는 재료도 '가는 베실'이었으며(출 28:39), 성막을 덮는 덮개에 수를 놓을 때에도 "청색 자색 홍색 실과 가늘게 꼰 베실로 수놓아" 짰습니다(출 26:36, 27:16, 36:37, 38:18).

띠를 만드는 재료인 '가는 베실'(출 39:29)은 히브리어 '쉐쉬 모쉬자르'(שֵׁשׁ מָשְׁזָר)로, '가늘게 꼰 베실'(fine twisted linen)과 같은 단어를 사용하고 있습니다. 가늘게 꼰 베실은 많은 공을 들여 만든 실입니다. 적기에 수확한 삼대를 푹 삶아 찌고, 말리고, 다시 물에 담가 불려서, 그 껍질을 한 올 한 올 정성을 들여 가늘게 찢어서 만들어야 했습니다. 그것을 일일이 다 이어서 길다란 실을 만들고, 가는 실이 뜯어지지 않도록 꼬았습니다. 거친 삼대의 색을 순백색으로 만들기 위해, 양잿물에 이틀 밤을 꼬박 담갔다가 헹구어 볕에 말려야 합니다. 들판에서 자란 삼대가 가늘게 꼰 하얀 베실이 되기까지 그 만들어지는 과정 속에서, 죄인인 우리를 보배로운 존재로 변화시켜 가시는 하나님의 세밀한 손길을 보는 듯합니다. 순백색은 의의 상징입니다. 부름 받은 성도는 하나님의 빈틈없는 간섭 속에 옳은 행실로 신앙이 여물어 가고, 다함이 없는 은혜로 빛나고 깨끗한 세마포로 준비되어 갑니다(계 19:8).

③ 구속사적 의미

허리를 묶는 끈은 사명자의 자세를 보여 줍니다(왕하 4:29, 벧전 5:5). 베드로전서 1:13에서는 "마음의 허리를 동이고 근신하여"라고 말씀하고 있습니다. 그리고 특별한 사명을 수행하는 사람에게 "허리를 동이고"(왕하 9:1)라고 명령하였습니다. 마치 출정하는 군인처럼 만반의 준비를 갖추어 재빨리 시행하라는 뜻으로 "허리에 띠를 띠고"(출 12:11)라고 말씀하였습니다. 예수님께서도 "허리에 띠를 띠고"(눅 12:35), '문을 열어 주려고 기다리고 있는 사람들과 같이 깨어 있으라'(눅 12:36)라고 말씀하셨습니다. 사명자는 늘 자기 허리를 동여야 합니다. 예레미야도(렘 1:17), 세례 요한도 그렇게 허리를 동이고 사명을 따라 살았습니다(마 3:4). 사명의 띠를 띠지 않고는 제사장의 사명을 감당할 수 없습니다(엡 4:3, 6:14).

> **관(冠)** / מִגְבָּעָה / 미그바아 / cap   출 28:40, 29:9, 39:28, 레 8:13

① 특징

제사장의 관은 출애굽기 39:28에서 "빛난 관"으로 불리고 있습니다. 여기 '빛난'은 히브리어로 '미그바아'(מִגְבָּעָה)이며, '산, 언덕'이라는 뜻의 '기브아'(גִּבְעָה)에서 유래한 말입니다. 그러므로 '빛난 관'은 산처럼 위쪽이 불룩하게 솟아 있는 모양의 관으로, 대제사장의 관과는 다릅니다. 출애굽기 39:28의 맨 처음에 나오는 "두건"은 대제사장의 관으로, 이는 터번(turban) 형태로 빙빙 돌려 가며 짜서 꿰맨 두건 모양이었으며(출 28:39), 제사장의 관과는 달라서 그 직분을 구별하였습니다.

② 재료

제사장의 관은 세마포로 만들어졌습니다. 출애굽기 39:28에 "세마포로 빛난 관을 만들고"라고 말씀하고 있습니다. 그러므로 제사장의 관은 정금으로 만든 세상 군왕들의 면류관과는 다른 것이었습니다.

③ 구속사적 의미

제사장의 관은 영광과 아름다움을 나타냅니다. 출애굽기 28:40에서 "너는 아론의 아들들을 위하여 속옷을 만들며 그들을 위하여 띠를 만들며 그들을 위하여 관을 만들어서 영화롭고 아름답게 하되"라고 말씀하고 있습니다. 세마포로 된 제사장의 관은 하얀 색으로 인간적인 눈으로는 단순해 보일 뿐이었습니다. 그럼에도 불구하고 그것을 '영화롭고 아름다운 것'이라고 말씀한 것은, 세마포가 뜻하는 하나님의 의가 하나님 앞에서 가장 영화롭고 아름다운 것임을 나타냅니다.

> **고의** / מִכְנָס / 미크나스 / linen breeches
> 출 28:42, 39:28, 레 6:10, 16:4

① 특징

고의는 제사장의 예복 중에 살에 가장 가까운 데 입는 옷으로, 대제사장의 하체(혹은 살)를 가리기 위해 입는 세마포로 된 속바지(현대인의 성경)입니다. 현대어로는 '팬츠'이고, 옛말로는 '고쟁이'입니다. 길이는 허리에서부터 넓적다리까지 이르게 하였습니다. 출애굽기 28:42에서 "베로 고의를 만들어 허리에서부터 넓적다리까지 이르게 하여 하체를 가리게 하라"라고 말씀하고 있으며, 레위기 6:10에서는 "제사장은 세마포 긴 옷을 입고 세마포 고의로 하체를 가리고"라고 말씀하고 있습니다.

② 재료

고의는 가는 베실로 짠 세마포로 만들어졌습니다. 출애굽기 39:28에서 "가는 베실로 짜서 세마포 고의들을 만들고"라고 말씀하고 있습니다. 성경에서는 그리스도의 의(고전 1:30, 벧후 1:1)를 덧입고, 믿음으로 의롭게 살아가는 성도들의 옳은 행실을 세마포에 비유하였습니다(계 19:8). 이사야 선지자의 말씀대로 "우리의 의는 다 더러운 옷"과 같습니다(사 64:6). 그러나 우리는 십자가의 대속으로 값없이 예수 그리스도의 의를 옷 입게 되었습니다(롬 3:24, 엡 1:7, 2:8).

③ 구속사적 의미

구약에서 '하체를 드러낸다'는 '음행을 행한다'라는 의미로 사용되기도 하였습니다. 에스겔 23:18에서는 예루살렘을 나타내는 '오홀리바'가 이방 민족과 동맹을 맺으며 하나님을 배신하는 행위를 "그 음행을 나타내며 그 하체를 드러내므로"라고 말씀하고 있습니다.

그러므로 고의를 입어 하체를 가리는 것은, 제사장이 음행을 범하지 않고 육체적으로 순결한 삶을 살아야 함을 나타내는 것입니다. 제사장의 순결한 삶은 오직 세마포가 상징하는 예수 그리스도의 의를 입어야만 가능합니다(계 19:8, 롬 13:14, 갈 3:27).

(2) 제사장이 입어야 할 영적인 옷

구약시대에는 넓은 의미에서 이스라엘 전체가 제사장 나라였습니다. 출애굽기 19:6에서 "너희가 내게 대하여 제사장 나라가 되며 거룩한 백성이 되리라 너는 이 말을 이스라엘 자손에게 고할지니라"라고 말씀하고 있습니다.

실제 제사장은 12지파 가운데 레위 지파 중 아론의 아들들이었습니다. 출애굽기 28:1에서 "너는 이스라엘 자손 중 네 형 아론과 그 아들들 곧 나답과 아비후와 엘르아살과 이다말을 그와 함께 네게로 나아오게 하여 나를 섬기는 제사장 직분을 행하게 하되"라고 말씀하고 있습니다. 아론의 네 아들은 "기름을 발리우고 거룩히 구별되어 제사장 직분을 위임받은 제사장들이라"(민 3:3)라고 말씀하였습니다.

그러나 이제는 예수 그리스도의 십자가의 피로 속죄함을 받은 성도들이 제사장으로 인정받게 됩니다. 그들은 땅에서 예수 그리스도의 보혈의 공로로 하나님께 나아가서 예배드리며, 장차 하나님의 나라에서 그리스도로 더불어 왕 노릇 할 자들입니다(계 20:6). 베드로전서 2:9에서 "오직 너희는 택하신 족속이요 왕 같은 제사장들이요 거룩한 나라요 그의 소유 된 백성이니…"라고 말씀하였고, 요한계시록 5:10에서 "저희로 우리 하나님 앞에서 나라와 제사장을 삼으셨으니 저희가 땅에서 왕 노릇 하리로다"라고 말씀하였으며, 요한계시록 1:6에서도 "우리를 나라와 제사장으로 삼으신 그에게 영광과 능력이 세세토록 있기를 원하노라"라고 말씀하고 있습니다.

이사야 선지자는 장차 새 시대에 새로운 제사장과 새로운 레위인을 세우리라고 예언하였습니다(사 66:21). 이사야 61:6에서 "오직 너희는 여호와의 제사장이라 일컬음을 얻을 것이라 사람들이 너희를 우리 하나님의 봉사자라 할 것이며 너희가 열방의 재물을 먹으며 그들의 영광을 얻어 자랑할 것이며"라고 말씀하고 있습니다.

그렇다면 오늘날 예수 그리스도의 복음의 제사장으로 부름 받은 우리는 어떤 옷을 입어야 합니까?

구약시대에 제사장들은 반포 속옷과 띠와 관과 고의를 입었습니다. 오늘날 예수 그리스도의 성도들이 구약시대의 제사장들과 똑같은 옷을 입을 필요는 없습니다. 그러나 우리는 제사장의 예복을 통해서 그것이 근본적으로 그리스도의 구속 사역을 어떻게 예표하고 있으며, 동시에 주 안에서 부름 받은 성도들이 입어야 할 영적 예복이 무엇인가를 깨달아야 합니다. 그러므로 오늘날 성도들이 외형적인 제사장의 옷은 입지 않더라도, 그에 해당하는 영적인 옷은 입어야 합니다.

그렇다면 예수 그리스도 안에서 왕 같은 제사장이 된 성도가 필히 입어야 할 영적 옷은 무엇입니까?

① 제사장은 '의'(義)의 옷을 입어야 합니다.

시편 132:9에서 "주의 제사장들은 의를 입고 주의 성도들은 즐거이 외칠지어다"라고 말씀하고 있습니다. 시편 132편은 솔로몬이 성전을 건축하게 된 것을 감사하는 내용으로, 역대하 6:41-42에서 성전 봉헌식 때 솔로몬이 기도한 내용과 일치하는데(시 132:8-10), 솔로몬이 성전을 완공한 후 성전 지성소에 언약궤를 안치할 때의 감격을 고백한 내용입니다.

제사장이 그 직분을 수행하기 위하여 먼저 할 일이 있다면, 그 직분에 맞는 옷으로 갈아입는 일입니다. 제사장들은 지정된 옷을 입고 제사를 집전(執典)해야 했습니다. 오늘날 제사장으로 부름 받은 성도들은 하나님을 섬기고 백성을 중보하는 사명자로서, 그 사명에 합당한 의(義)의 옷을 반드시 입어야 합니다. 한 가정의 제사장이었던 욥도 극심한 환난 중에 "내가 의로 옷을 삼아 입었으며 나의 공의는 도포와 면류관 같았었느니라"(욥 29:14)라고 고백하였습니다. 이사야 선지자도 "공의로 그 허리띠를 삼으며"(사 11:5)라고 말씀하였고, '의의 겉옷으로 내게 더하여 달라'라고 간구하였습니다(사 61:10).

'의'는 성도가 입어야 할 가장 좋은 예복입니다. 성도는 의(義)를 입어야만 참다운 제사장이 될 수 있습니다. 의(義)가 성도의 몸에 배어 자신의 습관, 사상, 인격이 되어야 합니다. 의가 무너진 성도는 주님과의 관계가 단절되고 맙니다. 그는 더 이상 "주의 제사장"(대하 6:41, 시 132:9)이 아니며, 영적 생명력을 잃어버린 죽은 제사장이요, 자기 영혼조차 지킬 수 없는 등불 꺼진 제사장에 불과합니다(말 2:7-9).

성도가 입어야 할 '의의 옷'은 바로 예수 그리스도의 십자가 피로 씻음 받은 대속의 은혜입니다(롬 3:24, 4:6-8, 13:14, 갈 3:27).

어린양이신 예수 그리스도의 피에 옷을 씻을 때 희게 됩니다(계 7:14). 어린양의 아내가 입어야 할 옷은 "빛나고 깨끗한 세마포"이며, 이 세마포는 "성도들의 옳은 행실"입니다(계 19:8). 이 '옳은 행실'은 헬라어 '디카이오마'(δικαίωμα)이며 '의(義)로운 행실'을 가리킵니다. 요한계시록 19장에는 백마와 탄 자, 그리고 그를 따르는 하늘의 군대가 등장합니다. 이 하늘의 군대 역시 "희고 깨끗한 세마포"를 입고 백마 탄 자를 따릅니다(계 19:11-14). 희고 깨끗한 세마포 곧 의의 옷은 실로 세상 종말에 하나님의 제사장 된 성도들이 반드시 입어야 할 사명의 옷입니다(계 16:15).

② 제사장은 '구원'(救援)의 옷을 입어야 합니다.

제사장들은 구원의 옷을 입어야 합니다. 시편 132:16에서 "내가 그 제사장들에게 구원으로 입히리니"라고 말씀하고 있으며, 역대하 6:41에서도 "원컨대 주의 제사장으로 구원을 입게 하시고"라고 말씀하고 있습니다. 시편 132:9 "주의 제사장들은 의를 입고"라고 선포하고 있고, 시편 132:16에서는 그 제사장들에게 '구원'을 입혀 주시겠다고 약속하고 있습니다. 이처럼 구원의 옷은 의의 옷과 밀접하게 연관되어 있습니다.

의의 옷을 입은 자는 반드시 구원의 옷을 입게 됩니다. 이사야 61:10에서는 "구원의 옷으로 내게 입히시며 의의 겉옷으로 내게 더하심"이라고 말씀하고 있습니다. 시편 98:2에서는 '구원'과 '의'가 같은 의미로 사용되고 있습니다. 신약적 의미에서도 예수 그리스도의 의의 옷을 입는 사람은 구원의 옷을 입는 사람입니다. 로마서 5:9에서도 "그러면 이제 우리가 그 피를 인하여 의롭다 하심을 얻었은즉 더욱 그로 말미암아 진노하심에서 구원을 얻을 것이니"라고 함으로 '의'와 '구원'을 연결하여 말씀하였습니다(롬 10:10).

구원의 옷을 입은 제사장들은 이제 그 구원을 세상에 전하는 '구원의 전달자, 구원의 통로'가 되어야 합니다. 시편 71:15에서 "내가 측량할 수 없는 주의 의와 구원을 내 입으로 종일 전하리이다"라고 고백하고 있습니다. 측량할 수 없는 은혜를 받아 의와 구원의 옷을 입었으니 이제 자기 입으로 그 구원을 종일 전하겠다는 시편 기자의 다짐입니다. 여기 '종일'은 히브리어 '콜 하이욤'(כָּל־הַיּוֹם)으로, '모든 날'이라는 뜻입니다. 하루 종일이라는 뜻이기보다는 '일생 전체, 전 생애 동안'을 뜻합니다. 또한, '전하리이다'는 히브리어 '사파르'(סָפַר: 기록하다, 선포하다)의 피엘(강조) 미완료형입니다. 측량할 수 없는 주님의 의와 구원에 감격하여, 남은 평생 쉬지 않고 그것을 힘껏 선포하겠다는 굳은 의지의 표명입니다. 왕 같은 제사장이 된 우리 성도들은 "그의 기이한 빛에 들어가게 하신 자의 아름다운 덕을 선전"해야 합니다(벧전 2:9). 이러한 선포를 통하여 '구원의 옷'이 다른 사람에게 전달되며, 하나님의 구속 경륜이 날마다 성취되어 가는 것입니다.

③ 제사장은 '기쁨과 즐거움'의 옷을 입어야 합니다.

제사장들이 의의 옷과 구원의 옷을 입었으면 이제는 '기쁨과 즐거움'의 옷을 입어야 합니다. 시편 132:9에서는 "주의 제사장들은 의를 입고 주의 성도들은 즐거이 외칠지어다"라고 말씀하였고, 시편 132:16에서 "내가 그 제사장들에게 구원으로 입히리니 그 성도들은 즐거움으로 외치리로다"라고 말씀하고 있습니다. 여기 '성도들'은 히브리어 '하시드'(חָסִיד)이며, '경건한 자'(신 33:8)나 '거룩한 자'(삼상 2:9)를 의미합니다.

시편 132:9의 "즐거이 외칠지어다"는 '기쁨으로 소리 지르다'라는 뜻을 가진 히브리어 '라난'(רָנַן)의 미완료 강조형입니다. 그것은 '지극한 기쁨, 넘치는 기쁨, 터져 나오는 기쁨의 환성'이 끊임없이 지속된다는 것을 강조한 표현입니다(삼하 6:15, 대하 6:41). 의와 구원의 옷을 입은 자들은 그 입가에 웃음이 떠나지 않고 넘치는 기쁨과 즐거움이 끊이지 않습니다. 시편 기자의 고백처럼 위로부터 주시는 기쁨이 넘치면, 밤중에 침상에서도 기쁨에 겨워 손뼉을 치며 감사의 찬송을 부르게 됩니다(시 149:5, 참고-욥 35:10-11).

사도 바울은 이러한 기쁨과 즐거움이 넘쳐 났습니다. 옥에 갇혀 옷이 찢기고 매를 많이 맞아 온몸에 피가 흐르고 상처투성이였지만, 사도 바울은 그곳에서도 기도하고 하나님을 찬미하였습니다(행 16:22-25). 실로 그 어떤 고통도 바울의 심연에서 터져 나오는 구원의 기쁨과 즐거움을 막을 수 없었던 것입니다. 바울은 나아가 그 구원을 간수들에게 힘차게 전하였습니다. "주 예수를 믿으라 그리하면 너와 네 집이 구원을 얻으리라"라고 외쳤던 것입니다(행 16:31).

이러한 외침의 근원이 무엇입니까? 역대하 6:41에서 "여호와 하나님이여 원컨대 주의 제사장으로 구원을 입게 하시고 또 주의 성도로 은혜를 기뻐하게 하옵소서"라고 말씀하고 있습니다. 거룩하고 경건한 성도의 기쁨의 근원은 바로 '은혜'입니다. 여기 '은혜를'이란 단어는 히브리어 '바토브'(בְּטוֹב)로, '선(善) 안에서'라는 뜻입니다. 이 '선'은 바로 절대적 선 자체이신 하나님을 가리킵니다. 그러므로 성도는 어떤 상황에서도 하나님 안에서 기쁨과 즐거움을 외칠 수 있는 것입니다. 하박국 선지자는 "비록 무화과나무가 무성치 못하며 포도나무에 열매가 없으며 감람나무에 소출이 없으며 밭에 식물이 없으며 우리에 양이 없으며 외양간에 소가 없을지라도 나는 여호와를 인하여 즐거워하며 나의 구원의 하나님을 인하여 기뻐하리로다"(합 3:17-18)라고 고백하였습니다.

하나님께서 원하시는 제사장은 화려하고 특별한 예복을 차려입은 제사장이 아닙니다. 의의 옷을 입은 정직한 제사장, 구원의 옷을 입은 참제사장, 하나님 안에서 기쁨과 즐거움의 옷을 입은 거룩한 제사장입니다. 우리에게 참제사장이 있다면, 바로 영원한 대제사장이신 예수 그리스도 한 분뿐입니다. 그러므로 예수 그리스도를 마음속에 모시고 뜨겁게 사랑하는 자만이 이 땅에서 참제사장이 될 수 있습니다.

2. 대제사장만 입는 거룩한 옷
Holy garments worn solely by the high priest

(1) 대제사장의 예복 개요

하나님께서는 대제사장 아론에게 거룩한 옷을 지어 입히셨습니다(출 28:2). 거룩한 옷은 아론의 인간성과 죄를 가려 주고 덮어 주는 역할을 합니다. 죄인인 제사장이 거룩하신 하나님을 알현(謁見)하기 위해서는 죄를 덮는 거룩한 옷이 필요했습니다. 더구나 대제사장은 일반 제사장보다 더욱 성결하고 고결한 성품으로 단장해야 합니다. 거룩한 옷을 입지 않고서는 하나님의 존전인 지성소에 결코 들어갈 수 없습니다(참고-레 16:4).

대제사장이 입는 옷은 일반 제사장의 옷과 비할 수 없을 정도로 탁월했습니다. 대제사장은 제사장과는 달리 금패, 겉옷 받침, 에봇, 흉패를 더하여 입었으며, 대제사장의 화려한 의복이 대제사장의 영광을 더욱 돋보이게 했습니다. 대제사장의 옷은 최고의 품질, 최고의 기술, 최고의 정성, 최고의 지혜를 총동원하여 제작되었습니다.

이러한 대제사장의 의복은 "거룩하고 악이 없고 더러움이 없고 죄인에게서 떠나 계시고 하늘보다 높이 되신 자"(히 7:26) 예수 그리스도의 완전하고 성결한 성품을 예표합니다. 또한, 그리스도 예수 안에 있는 "지혜와 의로움과 거룩함과 구속함"(고전 1:30)을 예표합니다. 대제사장 아론은 그 직분에 어울리는 의복으로 외적 위엄을 갖추었습니다. 그러나 예수 그리스도는 영원 전부터 소유하고 계셨던 지혜와 의로움과 거룩함과 무궁한 사랑, 이러한 본질적 성품을 통해 영원한 대제사장에 합당한 만국의 영광과 위엄을 충만히 갖추셨습니다(계 15:3-4). 실로 예수 그리스도만이 우리의 완전한 대제사장이요, 영원한 대제사장이십니다.

① 대제사장 예복의 이름들

대제사장의 옷은 일반 제사장이 입는 옷과 구별되므로 "거룩한 옷"(출 28:2, 4), "아론의 옷"(출 28:3), "아론을 위한 거룩한 옷"(출

39:1), "아론의 거룩한 옷"(출 39:41)이라고 불렀습니다. 그 옷은 정교하게 지어졌으며(출 39:1), 첫째, 아름다움(출 28:2), 둘째, 영화로움(출 28:2), 셋째, 거룩함(출 28:2, 39:1)을 나타내었습니다.

평상시에 대제사장은 그 직분의 위엄과 영광을 나타내는 예복, 즉 화려하고 아름다운 옷을 입었습니다. 단, 대속죄일에 지성소에 들어갈 때에는 금실, 청색 자색 홍색 실, 가늘게 꼰 베실로 공교히 짠 에봇을 입지 않았고, 판결 흉패나 금패를 달지 않았습니다(레 16:3-4, 23-24). 제물의 피를 가지고 지성소 안으로 들어가 백성의 죄를 속함 받는 날이므로, 제사장의 화려한 옷을 벗고 성결을 상징하는 흰색 세마포 옷을 입고 겸허한 마음으로 나아가야 했기 때문입니다.

② 영원한 규례로 정하신 거룩한 옷

이 옷은 제사장 직분을 행할 때 반드시 입어야 하는 옷입니다(출 28:1-4, 41, 39:41). 하나님께서는 대제사장이 회막에 들어갈 때에나 제단에 가까이하여 거룩한 곳에서 섬길 때에 그것들을 입어야 죽지 않는다고 하시면서, "… 그와 그의 후손의 영원히 지킬 규례니라"라고 말씀하셨습니다(출 28:43).

이렇게 영원히 지킬 규례로 정하신 '거룩한 옷'은 어떠한 경우에도 찢지 말라고 명하셨습니다.

레위기 21:10 "자기 형제 중 관유로 부음을 받고 위임되어 예복을 입은 대제사장은 그 머리를 풀지 말며 그 옷을 찢지 말며"

그런데 예수님을 심문하던 대제사장 가야바는 예수님 앞에서 대제사장의 옷을 찢으면서 "저가 참람한 말을 하였으니"라고 흥분하였습니다(마 26:65, 막 14:63-64). 그가 "그 옷을 찢지 말라"고 말씀하신 율법을 범하였으니, 오히려 가야바야말로 하나님의 율법에 대해 참람한 행동을 한 것입니다.

③ 거룩한 옷을 짓는 자

하나님께서는 대제사장의 옷을 짓는 자들이 지혜로운 영으로 가득 채워진 자라야 한다고 말씀하셨습니다. 출애굽기 28:3에서 하나님께서는 모세에게 "무릇 마음에 지혜 있는 자 곧 내가 지혜로운 영으로 채운 자들에게 말하여 아론의 옷을 지어 그를 거룩하게 하여 내게 제사장 직분을 행하게 하라"라고 명하셨습니다. 그 옷을 짓는 자들을 하나님께서 지혜로운 영으로 인도하신 목적은, 아론을 거룩하게 하여 하나님께서 명하신 제사장의 사역을 온전히 수행하도록 하기 위함인 것입니다.

이 일을 위해 특별히 부름 받은 자 중 한 사람이 바로 오홀리압입니다. 하나님께서는 오홀리압(אָהֳלִיאָב: 아버지의 장막)을 감동시키셨습니다(출 35:34-35). 또 그에게 지혜를 주시고(출 31:6), 총명도 부어 주셨습니다(출 36:1). 모세는 마침내 "마음이 지혜로운 사람 곧 그 마음에 여호와께로 지혜를 얻고 와서 그 일을 하려고 마음에 원하는 모든 자"를 불러서 여호와의 무릇 명하신 대로 일하게 하였습니다 (출 36:2).

하나님께서 명하셔서 진행되고 뜻하신 대로 성취된 모든 일은 하나님께서 그 사명자에게 지혜와 능력과 총명을 주신 결과요, 일하고자 하는 마음까지도 하나님께서 흡족하게 부어 주신 결과입니다(빌 2:13). 그러므로 하나님의 일은 사람의 의지와 감정으로 할 수 없고, 오직 하나님께서 주시는 지혜로만 가능한 것입니다.

성경은, 대제사장이 입을 '거룩한 옷'을 짓는 자는 하나님이 부어 주시는 지혜로운 영으로 충만해야 할 것을 거듭 강조합니다. 하나님의 성령은 지혜를 불어넣으시는 영이요, 사람이 그 영으로 충만할 때 하나님의 뜻을 분별하고, 말씀하신 것을 하나도 빠짐없이 완벽하게 준행할 수 있습니다.

(2) 대제사장만 입는 예복

대제사장은 하나님께서 특별하게 세우신 사명자입니다. 대제사장의 특별한 신분에 대한 외적 표시가 바로 대제사장의 예복이며, 이 예복에는 하나님의 구속사적 경륜이 담겨 있습니다.

관(冠) / מִצְנֶפֶת / 미츠네페트 / turban
출 28:39-40, 29:6, 39:28, 레 8:9, 슥 3:5

---

① 특징

대제사장의 관은 몇 가지 특징을 가지고 있습니다.

첫째, 제사장의 관 모양과 달랐습니다.

출애굽기 28:39에서 "너는 가는 베실로 반포 속옷을 짜고 가는 베실로 관을 만들고 띠를 수놓아 만들지니라"라고 말씀하고 있습니다. 여기 '관'에 해당하는 히브리어 '미츠네페트'(מִצְנֶפֶת)는 '감다, 두르다, 말아서 싸다'라는 뜻의 '차나프'(צָנַף)에서 유래하였는데, 대제사장의 관은 터번(turban) 형태로 빙빙 돌려 가며 짜서 꿰맨 모자였던 것으로 추정됩니다. 탈무드에 의하면 관(冠)을 만들 때 8야드(약 7.3m)의 세마포가 사용되었다고 합니다.[64]

둘째, 관 전면에 금으로 만든 패를 붙였습니다(출 28:36-38, 29:6, 39:30-31).

이 패에는 "여호와께 성결"이라는 글이 새겨져 있었습니다(출 28:36, 39:30). 그리고 그것을 청색 끈으로 관 앞에 매도록 하였습니다(출 28:37, 39:31). 출애굽기 28:36-37에서는 "너는 또 정금으로 패를 만들어 인을 새기는 법으로 그 위에 새기되 「여호와께 성결」이라 하고 그 패를 청색 끈으로 관 위에 매되 곧 관 전면에 있게 하라"라고 말씀하고 있습니다. 여기 '패'는 히브리어 '치츠'(ציץ)이며, 이는 '꽃' 혹은 '빛나는 물체'를 뜻합니다(시 132:18). 출애굽기 39:30에서는 "거룩한 패"라고 말씀하고 있으며, "자기 몸을 구별하여 하나님께 드리는 표"와 관련이 있습니다(민 6:7).

② 재료

대제사장의 관(冠)은 가는 베실로 만들었습니다. 출애굽기 28:39에서 "가는 베실로 관(미츠네페트)을 만들고"라고 말씀하고 있습니다. 또한, 관 위에 매는 「여호와께 성결」이라 기록된 패는 정금으로 만들었습니다(출 28:36).

③ 구속사적 의미

첫째, 대제사장의 관은 거룩의 표시입니다.

레위기 8:9에서는 대제사장의 관을 "거룩한 관"이라고 말씀하고 있습니다. 스가랴 3:5에서 "… 정한 관을 그 머리에 씌우소서…"라고 말씀하고 있습니다. 이 말씀은 스가랴 선지자가 하나님께 대제사장 여호수아의 머리에 관을 씌워 달라고 요청하는 장면입니다. 여기 '정한'은 히브리어 '타호르'(טָהוֹר)이며 '순수한, 흠 없는'이라는 뜻으로, 전혀 흠이 없고 정결하며 순수한 거룩을 나타내는 것입니다.

대제사장 예수 그리스도께서는 영광과 존귀로 관을 쓰신 거룩한 분이셨습니다. 히브리서 2:9에서 "오직 우리가 천사들보다 잠깐 동안 못하게 하심을 입은 자 곧 죽음의 고난 받으심을 인하여 영광과 존귀로 관 쓰신 예수를 보니 이를 행하심은 하나님의 은혜로 말미암아 모든 사람을 위하여 죽음을 맛보려 하심이라"라고 말씀하고 있습니다. 예수님께서 십자가에 죽으실 때는 조롱과 수치와 고난의 가시 면류관을 쓰셨으나, 부활 승천하신 주님은 하나님 앞에서 영광과 존귀의 관을 쓰셨습니다(참고-사 62:1-3).

이사야 선지자는 우리의 대제사장 예수 그리스도께서 성도의 신랑으로서 사모(צְנִיף, 페에르: 화관, 제사장의 머리에 쓰는 관)를 쓰게 될 것이라고 예언하였습니다(참고-사 62:4-5, 고후 11:2, 엡 5:22-25).

이사야 61:10 "내가 여호와로 인하여 크게 기뻐하며 내 영혼이 나의 하나님으로 인하여 즐거워하리니 이는 그가 구원의 옷으로 내게 입히시며 의의 겉옷으로 내게 더하심이 신랑이 사모를 쓰며 신부가 자기 보물로 단장함 같게 하셨음이라"

대제사장 예수 그리스도에게 접붙임이 된 우리들도 장차 그리스도와 같이 거룩한 관을 쓰게 됩니다. 장차 주님의 재림 때 하나님의 보좌 앞에서, 하나님의 영광과 주의 이름을 위하여 충성한 자들에게 면류관을 주십니다(계 3:11). 그 면류관은 의의 면류관(딤후 4:8), 영광의 면류관(벧전 5:4), 썩지 않는 면류관(고전 9:25), 생명의 면류관(약 1:12, 계 2:10) 등이 있습니다. 24장로는 자기의 면류관을 벗어서 하나님의 보좌 앞에 던지며 하나님 앞에 영광을 돌려 드렸습니다(계 4:10-11).

한편, 대제사장이 하나님 앞에서 관을 써서 머리를 가리는 것은 자신의 생각과 뜻을 버리고 철저히 하나님께 순종하는 것을 의미합니다. 우리의 대제사장 예수님은 근본 하나님의 본체이시나 오히려 자기를 비우시고, 종의 형체를 취하여 사람이 되셨고, 하나님 아버지께 철저히 순종하시되 마침내 십자가에 죽기까지 온전히 순종하셨습니다(마 26:39, 빌 2:6-8). 진정한 신앙의 삶은 죽도록 충성하고 철저히 순종하되 모든 영광은 전적으로 하나님께만 돌려 드리는 것입니다.

둘째, 대제사장의 패는 성결의 표시입니다.

금패에는 "여호와께 성결"이라는 글이 새겨져 있었습니다(출 28:36, 39:30). 여기 '성결'은 히브리어 '코데쉬'(קֹדֶשׁ)로, '거룩'이란 뜻입니다. 하나님께서는 대제사장에게 성결의 패를 붙여 주셔서 그를 거룩하다고 말씀하셨습니다. 따라서 이 패가 아론의 이마에 항상 있어야만 그가 드리는 성물을 받으시겠다고 말씀하셨습니다. 출애굽기 28:38 하반절에, "… 그 패가 아론의 이마에 늘 있으므로 그 성물을 여호와께서 받으시게 되리라"라고 기록하고 있습니다. 이 패가 없으면 하나님께서 아무것도 받지 않으신다는 것입니다.

이마는 그 사람의 인격을 대표하므로, 대제사장은 하나님의 말씀과 기도로 늘 거룩한 삶을 살아야 하며(딤전 4:5), 거룩한 삶이 없이는 어떤 제사(예배)도 결코 하나님께 용납될 수 없다는 엄중한 교훈입니다.

스가랴 선지자는 대제사장의 금패에 있는 "여호와께 성결"이란 문구(출 28:36)가 말방울에까지 새겨질 것이라고 예언하였습니다(슥 14:20). 말방울은 '말의 목에 매다는 작은 방울'로, 고대 세계에서는 매우 흔한 물건 중 하나였습니다. 이처럼 매우 평범한 것에까지 '여호와께 성결'이라는 말씀이 새겨진다는 것은, 하나님께 대한 성결함이 온 세상을 뒤덮는 시대가 도래할 것을 나타냅니다. 이는 장차 예수 그리스도의 새 언약 안에서 신령과 진정으로 예배드리는 날이 올 것이며, 물이 바다를 덮음같이 여호와를 아는 지식이 세상에 가득하여, 온 세상이 하나님의 통치 속에서 거룩해진다는 말씀입니다(사 11:9, 렘 31:34, 합 2:14).

우리를 향하신 하나님의 뜻은 거룩(성결)입니다(레 11:44, 19:2, 벧전 1:16). 대제사장은 모든 더러운 것으로부터 성별되어 그 자신이 먼저 하나님께 드려져야 하고, 그 후에 하나님의 영광을 위해 온전히 헌신해야 합니다. 또한, 하나님의 성전에서 수종 드는 모든 사람도 '여호와 앞에 성결'을 그들의 몸과 마음과 사상 속에 각인시켜야만 합니다. 제사장이 성결을 잃어버리는 순간 하나님의 능력이 그에게서 떠나고, 모든 존귀가 순식간에 사라지며, 생명을 잃어버린 죽은 자와 다름없게 됩니다. 아간이 성결하지 못했을 때 이스라엘이 아이성 전투에서 패했고(수 7:1, 13), 천하무적 삼손도 나실인으로서의 성결을 잃었을 때 무력해졌습니다(삿 16:17, 19-20). 다윗이 밧세바를 취하여 그 성결을 상실했을 때 칼이 그의 집에서 영영히 떠나지 않았고, 백주에 그의 처들을 다른 사람이 취하며, 밧세바가 낳은 그의 아들이 죽게 된다는 크나큰 저주를 받았습니다(삼하 12:1-14).

하나님께서는 철저하게 성결한 사람이 드리는 예배만을 받으십니다. 그러므로 우리는 종말이 가까워 올수록 성별(거룩하게 구별됨)의 사람이 되어야 합니다. 히브리서 12:14에서 "모든 사람으로 더불어 화평함과 거룩함을 좇으라 이것이 없이는 아무도 주를 보지 못하리라"라고 말씀하고 있습니다.

에봇 / אֵפוֹד / 에포드 / ephod　　출 28:6-14, 29:5, 39:2-7, 레 8:7

---

① 특징

에봇(אֵפוֹד, ephod)은 대제사장이 그 직분을 행할 때 입는 '거룩한 옷' 중의 하나이며(출 28:2, 39:1, 레 8:7-9, 참고-삼상 2:28), 겉옷(에봇 받침) 위에 입는 옷으로, 소매가 없이 무릎까지 내려오는 앞치마 같은 모양의 옷입니다. 에봇의 특징은 다음과 같습니다.

첫째, 앞판과 뒷판이 견대로 강하게 연결되었습니다.

대제사장의 에봇에 대해 "… 에봇을 짓되 그것에 견대(멜빵: 바른성경) 둘을 달아 그 두 끝을 연하게 하고"(출 28:6-7)라고 말씀하고 있습니다(출 39:4). 여기 '연하게 하고'는 '결합하다, 묶다'라는 뜻을 가진 히브리어 '하바르'(חָבַר)의 강조 수동형(Pual형)에 접속사가 결합된 형태로서, '그래서 그것들이 강하게 결합되게 하라'(and so it shall be joined together: KJV)입니다. 이러한 에봇에 관한 성경의 설명을 참고해 본다면, 에봇이 앞판과 뒷판 두 부분으로 구성되어 있고 그 두 개가 어깨 위에서 연결되어 있었음을 알 수 있습니다. 에봇에 붙여 흉패 아래쪽에서 몸을 둘러 매도록 했던 에봇 띠도 에봇의 앞판과 뒷판을 몸에 꼭 붙여 늘어지지 않게 한 것을 보아, 에봇은 한 조각이 아니고 앞판, 뒷판이 견대로 연결된 간결한 복장이었을 것입니다.

둘째, 견대에 호마노 두 개가 붙어 있었습니다.

대제사장의 어깨에는 호마노 두 개를 깎아 금테에 물려, 각 보석에 이스라엘의 아들들의 이름을 연치(나이 순서)대로 6명씩 인을 새김같이 새겼으며(출 28:9-11, 39:6), 그 두 보석을 어깨 위 에봇 두 견대에 붙여 이스라엘 아들들의 기념 보석을 삼았습니다(출 28:12, 39:7). 이해도움 5 대제사장의 예복 참조

② 재료

대제사장의 에봇은 금실과 청색 자색 홍색 실과 가늘게 꼰 베실로 정교하게 짜서 만들었으므로(출 28:6, 39:2-3), 일반 제사장들이 입는 흰색의 세마포 에봇과는 달리 매우 아름답고 화려했습니다.

출애굽기 39:3에는 "금을 얇게 쳐서 오려서 실을 만들어…"라고 말씀하여, 금실을 어떻게 만드는가를 자세히 설명하고 있습니다. 금실을 재료의 일부로 짠 의복은 에봇(출 28:6, 39:2), 에봇 위에 매는 띠(출 28:8, 39:5), 흉패(출 28:15, 39:8)입니다. 에봇 위에 매는 띠와 흉패는 "에봇과 같은 모양으로"(에봇 짜는 법으로) 금실과 청색 자색 홍색 실과 가늘게 꼰 베실로 공교히 짜서 만들었습니다(출 28:8, 15, 39:5, 8). 그러나 속옷에 매는 띠를 만들 경우에는 금실이 사용되지 않았습니다(출 39:29).

제사장이 입는 에봇은 대제사장의 에봇과 구분하여 '세마포 에봇'이라고 하였습니다(삼상 22:18). 어린 사무엘이 '세마포 에봇'을 입었습니다(삼상 2:18). 다윗도 법궤를 성으로 들여올 때 '베 에봇'(삼하 6:14, 대상 15:27)을 입었습니다. 사무엘이 어린아이인데도 세마포 에봇을 입을 수 있었던 것은 그가 평생 하나님을 섬기도록 구별된 자였기 때문입니다(삼상 1:28). 또 다윗은 국가적인 잔치 분위기에서 하나님의 제사장 나라인 이스라엘의 왕으로서 제사장의 품격을 드러내기 위해 일시적으로 입었던 것으로 추정됩니다.

③ 구속사적 의미

'에봇을 입다'라는 말은 '제사장이 되다, 제사장 직무를 수행하다'라는 의미로 쓰였습니다. 사무엘상 22:18에서는 에돔 사람 도엑이 제사장을 쳐 죽인 일을 '에봇 입은 자'를 죽인 것으로 말씀하고 있습니다. 또 '에봇이 없다'라는 말이 '제사장이 없이 살다, 하나님과 무관하게 살다'라는 뜻으로 쓰인 것을 볼 때(호 3:4), 에봇은 대부분 제사장을 가리키는 표현으로 사용되었음을 알 수 있습니다.

다윗은 사울에게 쫓겨 도피 생활을 하던 중에, 그일라 사람들이 자기를 사울왕에게 넘겨줄 것인지 알고자 했을 때(삼상 23:9-12), 또 아말렉을 치러 가기 전에 승리할 것인지를 하나님께 물을 때 에봇을 사용하였습니다(삼상 30:7-8).

사사 시대에는 에봇이 타락한 인간의 사사로운 욕심을 채우는 용도로 쓰이기도 했습니다(삿 17:5, 18:14). 사사 기드온이 미디안 군사들에게서 탈취한 금으로 만든 에봇을 온 이스라엘이 음란하게 위하므로, 그것이 기드온과 그의 집에 올무가 되었습니다(삿 8:26-27). 기드온이 만든 에봇은 매우 값비싼 것이었습니다. 사사기 8:27에

'그것'(אוֹתוֹ: 오토)으로 만들었다고 했습니다. '그것'은 탈취한 모든 금 귀고리로, 중수가 1,700세겔이나 되었습니다(삿 8:24-26). 1,700세겔은 약 20㎏인데, 오늘날 금 시세(1㎏에 5천만 원)로 대략 10억 원 정도가 됩니다.

또한, 에브라임 사람 미가는 자신의 개인 신당에 그 어미가 은 이백을 주어 새긴 우상과 부어 만든 우상과 에봇과 드라빔을 만들고, 자기 아들 중 하나를 세워 제사장을 삼았습니다(삿 17:1-5).

사울왕이 금식 명령을 어긴 자를 하나님께 물어서 밝혀 낼 때에, 제사장 아히야에게 명하여 '하나님의 궤'를 가져오게 하였습니다(삼상 14:18). 그러나 당시 하나님의 궤는 기럇여아림에 있었으므로(삼상 7:1-2), 아히야가 가져온 것은 궤가 아니라 '에봇'이었을 것으로 추정됩니다. 사무엘상 14:3에 사울왕이 이스라엘 백성과 함께 블레셋 군대와 마주하고 진치고 있는 자리에 "아히야는 에봇을 입고 거기 있었으니"라는 기록이 있습니다. 여기 '입고'에 해당하는 히브리어는 '들어 올리다, 나르다'라는 뜻의 '나사'(נָשָׂא)가 쓰였습니다. 아히야가 블레셋과의 전쟁에 관하여 하나님의 뜻을 알아보기 위해 에봇을 들고 다녔음을 말해 줍니다. 한편, 북 이스라엘에서도 예배드릴 목적으로 에봇을 만들어 사용했던 것을 볼 수 있습니다(호 3:4). 기독교 대백과사전에는 "에봇은 궤와 동의어로서 그 자체가 축소된 성전이었다. 그리하여 에봇은 일종의 작은 성전이라고 여겨져 왔다. 에봇은 신탁을 듣는 데 쓰는 수단 즉 하나님의 지시를 얻는 데 제사장이 사용했던 휴대용 물건이었음이 명백하다(삼상 14:3, 18-19, 23:9)"라고 소개하였습니다.[65]

대제사장의 양 어깨에 이스라엘 열두 지파의 이름이 새겨진 호마노 보석이 있었으며, 대제사장은 이스라엘의 열두 지파의 모든 죄 문제를 양 어깨에 대신 걸머지고 하나님 앞에 나아가 중보하였습니다. 어깨는 책임지기에 넉넉한 힘과 능력을 상징합니다(신 33:12). 이러한 대제사장의 모습은 온 인류의 죄를 사하시기 위해 십자가를 어깨에 짊어지신 예수 그리스도를 연상시킵니다. 이사야 선지자는 장차 메시아로 오실 한 아기가 그 어깨에 정사를 메었다고 예언하였으며(사 9:6), 예수님께서는 100마리 양 가운데 잃은 양 한 마리를 찾도록 찾다가 마침내 찾으면 어깨에 메고 돌아올 것이라는 비유를 통해, 죄인을 영접하고 끝까지 책임져 주시는 주님의 모습을 설명해 주셨습니다(눅 15:3-5). 우리의 대제사장 예수 그리스도께서는 그 어깨에 우리의 이름을 새기시며, 거기에 새겨진 자들은 반드시 구원을 받게 됩니다.

> **에봇 띠** / חֵשֶׁב אֲפֻדָּה / 헤쉐브 아푸다
> / skillfully woven band of the ephod   출 28:8, 29:5, 39:5, 레 8:7

① 특징

"에봇 위에 매는 띠"(출 28:8)는 "에봇 위에 에봇을 매는 띠"(출 39:5)로도 기록되어 있는데, 이것은 허리에 감아 앞에서 묶게 되어 있습니다. 에봇 위에 매는 띠 외에도 속옷에 매는 띠가 따로 있습니다(출 28:39, 39:29, 레 16:4).

레위기 8:7에서 "아론에게 속옷을 입히며 '띠'를 띠우고 겉옷을 입히며 에봇을 더하고 에봇의 기묘하게 짠 '띠'를 띠워서 에봇을 몸에 매고"라고 말씀하고 있습니다. 특별히 이 에봇 띠는 아름답게 수

를 놓아 만들었습니다. 그래서 "기묘하게 짠 띠"(레 8:7), 혹은 "공교히 짠 에봇 띠"(출 28:27-28, 39:20-21)라고 불렸습니다.

② 재료

'에봇 위에 매는 띠'는 "에봇 짜는 법으로"(에봇과 같은 모양으로) 가는 베실, 금실, 청색 자색 홍색 실로 짜며(출 28:8, 39:5), 속옷에 매는 띠는 금실만을 제외하고 짭니다(출 39:29).

③ 구속사적 의미

제사장과 공통적으로 입는 속옷에 매는 띠에는 금실이 들어 있지 않습니다. 그러나 대제사장의 에봇 띠에는 금실이 들어 있습니다. 다니엘 10:5에서 다니엘이 힛데겔 강가에서 본 한 사람에 대하여 "세마포 옷을 입었고 허리에는 우바스 정금 띠를 띠었고"라고 말씀하고 있습니다(참고-계 1:13). 여기 '띠었고'라는 단어는 히브리어 '하가르'(חָגַר)로, '허리를 졸라 매다, (칼을) 차다, 행장을 갖추다'라는 뜻입니다. 그러므로 이것은 대제사장이신 예수님께서 구속사의 완성을 위하여 끊임없이 일하고 계심을 보여 주는 듯합니다(요 5:17).

에봇 받침 겉옷 / מְעִיל הָאֵפוֹד / 메일 하에포드
/ robe of the ephod   출 28:31-35, 29:5, 39:22-26, 레 8:7

① 특징

에봇 받침 겉옷의 특징은 다음과 같습니다.

첫째, 옷 전체가 청색입니다. 하얀 속옷 위에 입는 청색은 대제사장 직분의 위엄과 권위를 상징합니다. 청색은 휘장, 앙장, 성막문,

뜰 문에 사용되었고, 제사장 머리에 정금 패를 묶는 띠, 흉패와 에봇 띠를 연결하는 끈도 모두 청색이었습니다. 측량할 수 없이 높고 푸른 하늘을 바라볼 때마다 하나님의 크신 사랑과 은혜를 기억나게 하듯이, 대제사장의 청색 겉옷 역시 대제사장이신 예수 그리스도의 풍성한 은혜를 예표합니다(요 1:14, 16).

둘째, 겉옷은 두 어깨 사이에 머리 들어갈 구멍을 냈는데, 겉옷을 입고 벗을 때 해어지거나 찢어지지 않도록 하기 위해 상당한 주의를 기울여 만들었습니다. 출애굽기 28:32의 "… 주위에 갑옷 깃같이 깃을 짜서"라는 말씀은, '갑옷의 깃 모양같이 짜서 만든 것을 테두리에 둘러서'라는 의미입니다. 목이 들어가는 구멍 둘레를 깃 모양같이 짜서 겉옷을 입을 때 찢어지지 않게 하라고 특별히 당부하신 것입니다.

셋째, 옷의 가장자리에 청색 자색 홍색 실로 석류를 수놓고 정금으로 방울을 만들어, 수놓은 석류 사이사이에 금방울을 일정한 간격으로 달도록 한 것입니다(출 28:33-34, 39:24-26).

금방울과 석류의 정확한 개수는 성경에 나와있지 않고, 다양한 견해가 있지만,[66] 밖에서 금방울 소리를 들어야 되는 점을 고려할 때, 금방울 18개가 석류 18개 사이사이에 달려 있을 것으로 추정됩니다. 석류는 가나안의 7대 소산물 중 하나로, 열두 정탐꾼이 메고 왔던 열매 중 하나입니다(민 13:23). 생김새는 풍선처럼 부풀어 오른 껍질 안에 검붉은 색 과육에 싸인 씨가 빼곡하게 들어 있는 모양입니다. 열매 안에는 하얀 씨가 가득하며, 크기는 오렌지 정도이고, 석류즙의 맛은 달콤하고 새콤합니다. 그래서 석류는 고대로부터 풍성한 번성을 상징하였습니다. 우리 인생도 예수 그리스도 안에서만 풍성한 결실을 맺을 수 있습니다(요 15:7-8).

② 재료

"에봇 받침 겉옷"(출 28:31)은 "에봇 받침 긴 옷"(출 39:22)으로도 기록되어 있는데, 이 옷은 에봇 바로 안에 에봇을 받쳐 주는 겉옷으로, 무늬가 없는 순수한 청색입니다(출 28:31, 39:22). 에봇보다 길이가 길며, 위에서 아래까지 한 조각으로 짜인 통옷이었습니다(출 28:32, 39:23). 재료는 청색 실로 짜였습니다. 출애굽기 39:22에서 "그가 에봇 받침 긴 옷을 전부 청색으로 짜서 만들되"라고 말씀하고 있습니다. 영어성경 NASB에서는 "Then he made robe of the ephod of woven work, all of blue(그가 에봇 받침 겉옷을 전부 청색으로 된 실로 짜서)"라고 번역하고 있습니다. 현대인의성경에서는 "그들은 에봇 속에 받쳐 입는 겉옷을 전부 청색 실로 짜서 만들었다"고 번역하였습니다.

③ 구속사적 의미

성소 안에서 제사가 진행되는 동안 대제사장이 움직일 때마다 에봇 받침 밑에 달린 금방울 소리가 울리게 되는데, 성소 밖에 있는 사람들도 그 방울 소리에 귀 기울이면서 경건하고 엄숙한 마음 자세를 갖게 되었을 것입니다. 또한, 이 소리는 대제사장이 성소에 들어가 있는 동안 그가 살아 있음을 알려 주는 표시가 되었습니다(출 28:35). 수놓은 석류 열매 사이사이의 금방울의 감미로운 소리가 성소 안에 울려 퍼지게 되는 것입니다. 이 소리는 좋은 소식, 아름다운 소식, 복된 소식입니다(시 40:9, 사 40:9, 41:27, 52:7, 눅 1:19,

롬 10:15). 대제사장이신 예수님의 말씀의 소리는 구원의 복된 소식이며, 이 소식이 전해지는 곳마다 생명의 열매가 맺힙니다. 우리는 하나님의 일을 하는 가운데 끊이지 않고 아름다운 복음의 소리를 내는 금방울이 되어야 하겠습니다.

> **판결 흉패** / חֹשֶׁן מִשְׁפָּט / 호쉔 미쉬파트
> / breastpiece of judgment 출 28:15-30, 29:5, 39:8-21, 레 8:8

① 특징

흉패는 문자 그대로 에봇 위의 가슴 부분에 붙이는 큰 패를 가리키는데, 호화롭고 장엄하며 신비해 보여서 제일 먼저 눈에 띕니다.
흉패의 특징은 다음과 같습니다.

첫째, 밖으로 보이는 흉패의 한 겹에는 12지파를 상징하는 12개의 보석(출 28:17-21, 39:10-14)을 달고, 안쪽에 있는 다른 한 겹과의 사이에는 우림과 둠밈을 넣었습니다(출 28:29-30, 레 8:7-8).
우림과 둠밈은 국가의 중대한 사안을 결정할 때 하나님의 뜻을 묻기 위해 사용되었는데(삼상 23:9-12), 하나님께 모든 판결권을 맡기기 위한 도구이며, 우림과 둠밈을 흉패 주머니에 넣어 두었으므로 흉패를 "판결 흉패"(출 28:15)라고도 불렀습니다.
12개의 보석을 가진 흉패는 위쪽은 금사슬에 매어 대제사장의 어깨의 두 견대에 붙어 있는 호마노 금테에 고정하고, 아래쪽은 청색 끈으로 대제사장의 에봇 허리띠에 매어 에봇에서 떨어지지 않게 했습니다(출 28:22-28).

둘째, 네모반듯한 흉패 위에는 한 줄에 세 개씩 네 줄로 12보석이 달려 있습니다(출 28:16-20, 39:9-13).

각 보석은 금테에 물렸으며(출 39:13), 12보석에는 이스라엘 12지파의 이름이 각각 새겨져 있습니다(출 28:21, 39:14). 12지파의 이름이 12보석에 어떤 순서로 새겨졌는지는 기록되어 있지 않으나, 아마도 광야 행군 시에 하나님께서 각 지파에게 정해 주신 순서를 따랐을 것입니다(민 10:11-28). 민수기 10장에는 광야에서 행진할 때 12지파가 진을 편성한 순서가 기록되어 있습니다.

12보석 하나하나에 열두 지파의 이름들을 각각 인을 새기는 방법으로 새겼습니다(출 28:21, 39:14). 대제사장은 반드시 이렇게 새겨진 12보석을 가슴에 붙이고 성소에 들어가야 했습니다. 제사장의 사역은 결코 자신을 위한 사역이 아니라, 백성의 죄를 짊어지고 하나님 앞에 나아가는 중보적 사역이었습니다.

선한 것이 하나도 없이 죄만 가득한 인간은(시 14:1, 사 1:4, 롬 7:18, 딤전 6:4-5, 딤후 3:8) 예수 그리스도의 대속이 없이는 결코 하나님 앞에 나아갈 수 없는 연약한 존재이므로, 오직 예수 그리스도의 성결을 앞세우고 나아가야 의롭다 인정을 받을 수 있습니다.

셋째, 12개의 보석을 가진 흉패는 금고리에 매여 대제사장 양 어깨의 호마노가 붙어 있는 두 견대에 고정되어 있으며, 또 대제사장의 허리띠에 매여 있습니다.

대제사장의 의복에서 금고리는 총 여섯 개입니다. 네 개는 흉패의 사방(출 28:23, 26, 39:16, 19)에 있고 두 개는 에봇 띠의 양쪽(출 28:27, 39:20)에 있습니다. 흉패 사방의 금고리 가운데 위쪽 두 개는 견대와 연결하는 고리이고, 아래쪽 두 개는 에봇을 매는 띠와 연결하는 고리입니다. 단, 양쪽 견대에는 금고리가 아니고 호마노를 두르고 있는 금테에다 금사슬을 매었습니다(출 28:9-14, 39: 15-18).

흉패 위쪽과 견대는 금사슬로(출 28:22-24, 39:15-17), 흉패 아래쪽과 에봇 띠는 청색 끈으로 연결했습니다(출 28:28, 39:21).

이 청색 끈은 관 전면에 금패를 달 때에도 쓰였습니다(출 28:37, 39:31).

특별히 흉패 아래쪽 금고리 두 개는 흉패 안쪽에 있도록 만들어서(출 28:26, 39:19), 흉패를 에봇에 잘 부착되게 했습니다(출 28: 28).

② **재료**

흉패도 에봇과 같은 재료를 사용하여 아주 정교하고 아름답게 만들었습니다(출 28:15, 39:8). 장광이 한 뼘 길이(반 규빗)인 약 22.5cm로 네모반듯(가로와 세로를 똑같이)하며 금실, 청색 자색 홍색실, 가늘게 꼰 베실로 만들었고, 두 겹이었습니다(출 28:15-16, 39:8-9). 그 모양이 네모반듯함은 제사장의 중보 사역이 결코 편파적이지 않고 공평해야 함을 의미합니다.

③ **구속사적 의미**

12지파의 이름이 새겨진 열두 보석의 흉패가 대제사장의 에봇 위에 붙어 있는 것처럼, 선택된 성도의 이름은 생명책에 확실히 기록됩니다(계 21:27). 암탉이 자기 새끼를 그 가슴에 꼭 품듯이 대제사장이신 예수님께서 우리를 품고 계실 때, 우리는 비로소 하나님께 기억되고 그분의 사랑 안에 거할 수 있습니다(마 23:37). 우리는 하나님의 "손바닥"에 새겨졌을 뿐만 아니라(사 49:16) 중보자이신 예수 그리스도의 마음에도 새겨져 있습니다(아 8:6). 이스라엘 12지파 이름이 새겨진 12보석이 대제사장의 가슴에 있다는 것은, 하나님께서 뜨거운 사랑으로 이스라엘 백성을 보호하신다는 의미입니다(참고-요 13:23). 모든 성도의 이름은 우리의 대제사장이신 예수 그리스도의 가슴에 새겨져 있으며, 예수 그리스도는 그 가슴의 뜨거운 사랑으로 우리를 절대 보호해 주십니다.

흉패에 붙어 있는 12보석이 일정한 간격으로 있는 것과 같이, 성도는 자기에게 주어진 사명의 자리를 절대로 떠나서는 안 됩니다. 또한, 보석들이 여러 모양과 빛깔이 있는 것처럼, 성도는 각자에게 주어진 재능에 따라 하나님께 영광을 돌리며 충성을 다해야 합니다. 그리하면 대제사장의 가슴에서 찬란하게 빛나는 보석처럼 하나님께서 그 자녀들을 통하여 크게 영광을 받으실 것입니다(빌 1:20, 고전 10:31).

흉패는 대제사장이 가장 아끼고 사랑하는 것으로, 늘 그것을 살피게 됩니다. 이것은 교회만 아니라 교회의 구성원인 성도들로 하여금 늘 대제사장이신 예수 그리스도 앞에 있게 하고, 그의 몸에 붙어 있는 지체로 살게 하신다는 뜻입니다(고전 12:12-31). 성도는 절대로 교회를 떠나서는 안 되고, 교회 또한, 그리스도를 절대로 떠나서는 안 됩니다.

이상에서 보듯이, 에봇, 흉패, 견대는 모두 금고리와 청색 끈과 금사슬로 연결되어 한 가지 옷처럼 조화를 이루고 있습니다. 첫 언약 아래에서 하나님과 사람 사이의 중보자였던 대제사장의 사역은 새 언약의 중보이신 예수 그리스도의 사역을 예표합니다(히 8:6).

하나님의 그 무궁하신 사랑의 품속에 계신 독생자 예수 그리스도께서는 인간의 모든 죄와 연약함을 양 어깨에 짊어지고 담당하셨습니다(마 8:16-17, 요 1:18). 예수님은 실로 영원히 변함이 없고 그 누구도 끊을 수 없는 하나님의 사랑의 금사슬이요, 영원히 죽음을 모르는 하늘 생명의 청색 끈입니다(롬 8:35-39).

대제사장의 의복에 대해 지시하실 때 하나님께서는 연결 고리, 겉옷의 깃 모양, 길이, 색상 하나하나까지 그 쓰임새에 맞게 일일이 빈틈없이 지시하셨습니다. 하나님의 말씀은 결코 한 말씀도 의미 없이 기록된 것이 없습니다.

어제나 오늘이나 영원토록 동일하신 하나님께서는 그의 자녀 된 성도들을 세밀하게 간섭하시며 이해하시며 지켜 주십니다(히 13:8). 그러므로 예수님의 품속에 있는 자는 영원히 안전하고 평안합니다(요 14:27). 하나님의 품속에서 떠나지 않고 그 품속에 있을 때, 보석이 영롱하게 제 빛을 발하듯, 성도는 저마다 영원무궁토록 빛나는 기념비적인 생애를 살게 될 것입니다.

II
대제사장의 직무
The Duties of the High Priest

직무(職務)는 어떤 일을 맡은 자가 반드시 충실히 수행해야 할 사명을 뜻합니다. 대제사장의 직무는 참대제사장이신 예수 그리스도의 모습을 보여 줍니다.

1. 이스라엘 백성의 대표자로, 제사에 관한 제반 사항을 관장했습니다.

As the representative of the people, the high priest was in charge of all things related to the sacrifice.

대제사장은 성막에서 제사의 일을 담당하는 레위 지파 제사장들 가운데 우두머리입니다. 그는 하나님 앞에서 이스라엘 백성을 대표했으며, 제사에 관한 제반 사항을 관장했습니다. 히브리서 8:3에서는 "예물과 제사 드림을 위하여" 세움을 받았다고 말씀하고 있습니다. 또 성소에 들어오고 나가는 돈을 관리하였습니다(왕하 12:10, 22:4, 대하 24:12).

예수 그리스도는 왕 같은 제사장인 모든 성도의 대표입니다. 그래서 예수 그리스도를 교회의 머리라고 말씀합니다(엡 1:22, 5:23, 골 1:18). 우리는 물질, 결혼, 자녀 양육 등 모든 삶의 제반 사항에 관해서도 오직 예수 그리스도의 다스림을 받아야 합니다.

2. 1년에 하루, 지성소에 들어갑니다.
He entered the holy of holies one day a year.

대제사장이 1년에 하루, 대속죄일 7월(종교력) 10일에 드리는 제사는 이스라엘 전체의 죄를 사하기 위하여 지성소에 들어가 드리는 제사로, 모든 제사의 최고 절정입니다. 속죄일을 가리켜 "큰 안식일"(레 16:31)이라 하였고, "영원히 지킬 규례"라고 하였습니다(레 16:29, 31, 34). 레위기 16:34에서 "이는 너희의 영원히 지킬 규례라 이스라엘 자손의 모든 죄를 위하여 일 년 일차 속죄할 것이니라…"라고 말씀하고 있습니다. 아론의 네 아들 중 나답과 아비후가 여호와의 명하시지 않은 다른 불을 담아 분향하다가 여호와로부터 나온 불이 그들을 삼켜 죽은 후에(레 10:1-7) 두려움과 죄의식으로 가득 찬 아론과 그의 집에, 하나님께서는 모세를 통해 특별히 찾아오셔서(레 16:1) 대속죄일의 규례를 말씀해 주셨습니다. 하나님께서는 대속죄일의 규례를 계시하심으로써 아론과 그의 집이 하나님과 이스라엘 백성 사이에 중보가 되게 하셨습니다.

대속죄일에 대제사장은 대제사장 자신과 권속을 위한 속죄제(레 16:11-14), 백성을 위한 속죄제(레 16:15-19) 그리고 자기의 번제와 백성의 번제를 드려 속죄하였습니다(레 16:23-24). 히브리서 9:7에서 "오직 둘째 장막은 대제사장이 홀로 일 년 일차씩 들어가되 피 없이는 아니하나니 이 피는 자기와 백성의 허물을 위하여 드리는 것이라"라고 말씀하고 있습니다.

아론 자신은 자기를 위한 속죄 제물로 수송아지와 번제물 숫양을 준비하고, 또 이스라엘 회중으로부터 속죄 제물을 위하여 숫염소 둘과 번제물 숫양 하나를 취하여 준비해야 했습니다(레 16:3, 5-6).

또 대속죄일에 대제사장은 물로 몸을 씻고 거룩한 세마포 속옷과 세마포 고의를 입고, 세마포 띠를 허리에 두르고 머리에는 세마포 관을 쓰고(레 16:4) 혼자 지성소에 들어가, 자신과 이스라엘 백성을 위해 속죄 제물의 피를 뿌렸습니다. 평상시에 대제사장은 화려하고 아름다운 옷으로 위엄을 나타내었지만(레 8:7-9), 지성소에 들어갈 때에는 에봇이나 판결 흉패, 에봇 받침 겉옷을 입지 않고, 오직 성결을 상징하는 세마포 옷을 입었습니다. 세마포 옷을 입은 겸손한 대제사장의 모습은 하나님과 사람 사이에 중보자가 되셔서 모든 죄를 성결케 하시는 예수 그리스도의 모습을 보여 줍니다.

이날 대제사장이 들어가는 지성소(the holy of holies)는 일반인은 물론 제사장까지도 절대 출입할 수 없는 곳입니다. 레위기 16:2에는 "여호와께서 모세에게 이르시되 네 형 아론에게 이르라 성소의 장(帳) 안 법궤 위 속죄소 앞에 무시로 들어오지 말아서 사망을 면하라 내가 구름 가운데서 속죄소 위에 나타남이니라"라고 말씀하였습니다. 여기 '장(帳) 안'은 성소와 지성소를 구분하는 휘장의 안쪽 곧 지성소를 가리킵니다. 이곳은 그 누구도 예외 없이 출입을 금한 곳으로(레 16:2), 오직 대제사장이 1년에 하루만 들어갈 수 있도록 허용되었습니다.

레위기 16장에는 대제사장이 그 장(帳) 안으로 들어간다는 말씀이 12절에 "장 안에 들어가서", 15절에 "장 안에 들어가서", 17절에

"그가 지성소에 속죄하러 들어가서"라고 기록되어 있습니다.

실제로 대제사장은 대속죄일에 네 번 정도 지성소에 들어갔습니다. 히브리서 9:7의 "오직 둘째 장막은 대제사장이 홀로 일 년 일차씩 들어가되"라는 말씀은, 대제사장이 대속죄일에 1회만 지성소에 들어간다는 의미가 아니라, 대제사장이 1년 중에 단 하루(대속죄일)만 지성소에 들어간다는 의미입니다.

대제사장이 대속죄일에 지성소에 들어가는 절차는 다음과 같습니다.

첫 번째는, 향로를 취하여 여호와 앞 단 위에서 피운 불을 채우고, 또 두 손에는 곱게 간 향기로운 향을 채워서 지성소에 들어갑니다(레 16:12). 그리고 여호와 앞에서 분향하여 향연으로 증거궤 위 속죄소를 가림으로 대제사장 자신이 죽음을 면할 수 있었습니다(레 16:13). 분향하는 연기로 속죄소를 가린 것은, 사람이 하나님의 임재를 대면하여 볼 수 없는 연약한 존재임을 나타냅니다(출 33:20, 신 5:24-27).

두 번째는, 분향을 하고 지성소에서 나온 대제사장이, 수송아지의 피를 가지고 들어가 먼저 손가락으로 속죄소 동편에 뿌리고, 다음으로 속죄소 앞에 손가락으로 그 피를 일곱 번 뿌렸습니다(레 16:14). 여기 '속죄소 동편에'는 히브리어 '알 페네 학캅포레트 케데마'(עַל־פְּנֵי הַכַּפֹּרֶת קֵדְמָה)로, '속죄소 동편 앞면 위에'라는 뜻인데, 동쪽 방향의 속죄소 앞 위쪽에 피를 뿌린다는 의미입니다. 속죄소 앞 위쪽에 한 번 피를 뿌리고, 속죄소 앞면에 일곱 번 피를 뿌렸던 것입니다. 이것은 하나님께서 피를 보시고 죄를 사하여 주실 것을 간구하는 의미입니다. 특히 일곱 번 피를 뿌린 것은 예수 그리스도의 완전한 속죄를 예표합니다(히 7:27, 9:12, 10:10). 한편, 성전의 동편은 하나님께서 임재하시는 방향이기도 합니다(겔 10:18-19, 11:22-23, 43:1-5). 이는 대제사장 자신과 권속의 속죄를 위해 피를 뿌리는 것입니다(레 16:6, 11, 14). 대속죄일의 제사에서 주목할 점은, 온 백성의 죄만이 아니라 대제사장 자신의 죄를 위한 속죄가 선행되어야 한다는 것입니다. 이러한 사실이 레위기 16장에만 7회 기록되었습니다. 6절에 "자기를 위한 속죄제의 수송아지… 자기와 권속을 위하여 속죄하고"(2회), 11절에 "아론은 자기를 위한 속죄제의 수송아지를 드리되 자기와 권속을 위하여 속죄하고 자기를 위한 그 속죄제 수송아지를 잡고"(3회), 17절에 "그가 지성소에 속죄하러 들어가서 자기와 그 권속과 이스라엘 온 회중을 위하여 속죄하고…"(1회), 24절에 "… 자기의 번제와 백성의 번제를 드려 자기와 백성을 위하여 속죄하고"(1회)라고 말씀하였습니다.

세 번째는, 속죄제 염소를 잡아 그 피를 가지고 지성소에 들어가서 두 번째 행한 것과 같은 방식으로 속죄소 위와 속죄소 앞에 피를 뿌렸습니다(레 16:15). 이는 백성의 속죄를 위해 피를 뿌리는 것입니다. 이 염소는 속죄제를 위해 취하였던 숫염소 두 마리 중에서, 광야에 보내어질 한 마리 염소(아사셀 염소, 레 16:21-22) 외에 다른 한 마리의 염소를 가리킵니다.

대제사장은 염소의 피를 뿌리고 지성소에서 나온 다음, 여호와 앞 단으로 나와서 단을 위하여 속죄하는데, 이를 위하여 수송아지의 피와 염소의 피를 취하여 단 귀퉁이 네 뿔에 바르고 그 위에 피를 일곱 번 뿌립니다(레 16:18-19, 참고-출 30:10). 이처럼 이스라엘 자손의 부정에서 단을 성결케 하는 일(레 16:19), 곧 지성소와 회막과 단을 위하여 속죄하는 일(레 16:20, 33)이 중요한 것은, 단이 부정하면 앞으로 1년 동안 드려지는 제사가 부정하여 하나님 앞에 열납되지 못하기 때문입니다. 이처럼 하나님께서는 무엇보다도 단의 성결을 강조하셨습니다(출 29:37). 에스겔 선지자의 새 성전에는 특별히 번제단의 정결에 관하여 말씀하고 있습니다. 특히, 번제단을 처음 만들었으면 7일간 그 단을 정결케 한 다음에 제사를 드려야 한다고 말씀하셨습니다. 에스겔 43:26-27에는 "이와 같이 칠 일 동안 제단을 위하여 속죄제를 드려 정결케 하며 봉헌할 것이요 이 모든 날이 찬 후 제팔일에와 그 다음에는 제사장이 제단 위에서 너희 번제와 감사제를 드릴 것이라 그리하면 내가 너희를 즐겁게 받으리라 나 주 여호와의 말이니라 하시더라"라고 기록하고 있습니다.

단을 정결케 하기를 마친 후, 대제사장은 두 손으로 산 염소의 머리에 안수하고 광야로 내보냅니다(레 16:21). 그리고 회막(부속된 거룩한 곳)으로 들어가 지성소에 들어갈 때 입었던 세마포 옷을 벗어 거기 두고, 거룩한 곳에서 물로 몸을 씻고 자기 옷을 입고 나옵니다(레 16:23-24). 여기 자기 옷은 레위기 8:7-9에 나오는 옷으로, 대제사장이 평상시에 직무를 행할 때 입는 화려한 복장을 가리킵니다.

옷을 갈아입은 대제사장은 자기의 번제와 백성의 번제를 드려 자기와 백성을 위하여 속죄하고, 속죄제 희생의 기름을 단에 불사르게 됩니다(레 16:24-25). 지성소에서 이루어지는 속죄는 죄인 된 인간의 근본적인 죄를 속하는 것을 나타내고, 번제의 속죄는 근본적인 죄를 속한 후에 생기는 더러움을 씻어 주는 속죄를 나타냅니다.

그리고 마지막 **네 번째로,** 대제사장은 다시 지성소에 들어가 향로와 불을 제거하고 나오는 것으로 추정됩니다. 네 번째 지성소에 들어가는 과정은 유대인들의 문헌에 자세히 기록되어 있습니다. 미쉬나(Yoma 5:1, 8:4)나 엘리야후 키토브(Eliyahu Kitov)가 쓴 「The Book of Our Heritage」에 의하면, 대제사장이 세 번 지성소에 들어갔다 나오는 모든 과정을 거쳐 속죄를 위한 번제까지 마친 후에, 다시 새로운 흰 세마포 옷으로 갈아입습니다. 이 세마포 옷은 이전에 입었다가 벗어 두었던 것이 아닌 새 세마포입니다. 이때 대제사장은 옷을 갈아입기에 앞서 손과 발을 씻어 성결케 하고, 입고 있던 옷을 벗고, 몸을 씻은 다음 새로운 세마포 옷으로 갈아입습니다. 그리고 다시 손과 발을 씻고서 지성소에 들어가 향로와 불을 제거하였습니다.[67]

그러나 이제는 이렇게 복잡하고 까다로운 대속죄일의 제사를 드릴 필요가 없습니다. 예수님께서 십자가에서 운명하실 때, 지성소와 성소 사이에 있는 휘장이 위로부터 아래까지 찢어졌습니다(마 27:51). 이 휘장은 예수님의 육체를 가리킵니다(히 10:20). 예수님께서는 대제사장으로서 십자가에서 자기 피로 영원한 속죄를 이루사 단번에 성소에 들어가셨습니다(히 10:10-14). 히브리서 9:12에서 "염소와 송아지의 피로 아니하고 오직 자기 피로 영원한 속죄를 이루사 단번에 성소에 들어가셨느니라"라고 말씀하셨습니다. 예수님의 육체가 십자가에서 찢기심으로 우리의 모든 죄가 완전히 해결되었으며, 하나님과 사람 사이에 막힌 담이 헐리고, 이제는 참대제사장이신 예수 그리스도의 중보를 통해 누구나 언제든지 하나님 앞에 나아갈 수 있게 되었습니다(롬 5:1-11, 엡 2:14-18, 딤전 2:5-6, 히 10:19-20).

예수님은 맹세로 언약된 대제사장으로(히 7:20-21, 참고-시 110:4), 멜기세덱의 반차를 좇는 영원한 대제사장이십니다(히 5:6, 6:20,

7:17). 그러므로 우리는 오직 맹세 언약의 영원한 대제사장이신 예수님만을 힘입어, 한 사람도 빠짐없이 천국에 넉넉히 입성하게 될 것입니다.

3. 우림과 둠밈으로 판결을 하였습니다.
He adjudicated using the Urim and the Thummim.

신명기 33:8에서 "레위에 대하여는 일렀으되 주의 둠밈과 우림이 주의 경건한 자에게 있도다…"라고 말씀하고 있습니다. '우림과 둠밈'은 대제사장이 입는 예복 중 에봇에 부착된 판결 흉패 안에 보관되었습니다(출 28:29-30, 레 8:7-8). 이는 하나님의 영적 권위를 위임받은 대제사장이 여러 가지 문제들을 해결할 때, 하나님의 판결을 응답받는 방법이었습니다.

우림과 둠밈은 대제사장이 국가의 중대사에 대하여 하나님께 옳고 그름을 물을 때 일종의 제비뽑기 도구로 종종 등장합니다(참고·민 27:21, 신 33:8, 삼상 23:6, 9-11, 28:6). 우림과 둠밈의 모양에 대해서는 알 수 없으나, 제비 하나는 긍정적인 대답이고 다른 제비는 부정적인 답을 표시했을 것으로 추정됩니다. '우림'(אוּרִים)은 빛을 뜻하는 '우르'(אוּר)의 복수형으로, '빛들'이란 뜻이고, '둠밈'(תֻּמִּים)은 온전함을 뜻하는 '톰'(תֹּם)의 복수형으로, '완전함'을 의미합니다. 빛과 완전함 자체이신 하나님께서 내리신 판결은 영원히 변치 않는 뜻이므로 절대 순종해야 합니다. 한편, 사무엘상 14:41의 70인경(LXX)에도 우림과 둠밈이 언급되어 있는데, "원컨대 실상을 보이소서"라는 말씀은 히브리어로 '하바 타밈'(הָבָה תָמִים)이며, '완전함을 보여 주소서'라는 뜻입니다. 영역본 NASB에는 "Give a perfect lot"(완전한 제비를 보여 주소서)이라고 번역하였습니다. 우림은 히브리어 알파벳의 첫 글자인 '알렙'(א)으로 시작되고, 둠밈은 끝 글자인 '타우'(ת)로 시작됩니다. 이것은 처음과 나중이시고(계 1:8, 17, 2:8, 21:6, 22:13) 모든 역사의 원인과 결과이신 예수 그리스도를 나타냅니다.

우림과 둠밈은 모든 판단을 하나님의 절대 주권에 맡기는 거룩한 도구로서, 사람의 판단이 관여할 수 없는 최종 판결권을 행사하는 통로가 되었습니다(스 2:63, 느 7:65). 느헤미야 시대에 제1차 귀환자들의 명단, 즉 족보 조사를 실시하다가 자신의 족보를 밝히지 못한 제사장(하바야 자손, 학고스 자손, 바르실래 자손)이 발각되었는데, 그들에게는 방백이 "우림과 둠밈을 가진 제사장이 일어나기 전에는 지성물을 먹지 말라"(스 2:63, 느 7:65)라고 명하였습니다. NKJV는 히브리어 원문의 의미를 살려서 '한 제사장이 우림과 둠밈을 가지고 해석해 줄 수 있기까지'(till a priest could consult with the Urim and Thummim)라고 번역하였습니다. 그런데 우림과 둠밈은 주전 586년에 바벨론에 의해 예루살렘 성전이 불탈 때, 우림과 둠밈을 담은 대제사장의 에봇이 소실되었거나 대제사장 스라야가 붙잡혀 바벨론 왕에게 끌려가 죽으면서 사라졌을 것으로 추정됩니다(왕하 25:8-9, 18-21). 그렇기 때문에 그 당시 방백은 우림과 둠밈으로 판결해 줄 한 제사장이 일어나면 하나님께 물어서, 그 세 자손이 제사장의 자손인지의 여부를 알고자 했던 것입니다. 그러나 이후로는 우림과 둠밈에 관한 기록이 나타나지 않으므로, 족보에서 자신들의 이름을 발견하지 못한 하바야, 학고스, 바르실래 자손은 사실상 제사장직을 영원히 박탈당한 것으로 보입니다(스 2:61-63, 느 7:63-65).

우리가 주님의 뜻대로 살고자 하나 그 뜻을 바로 알지 못할 때가 많습니다. 그것을 해결하는 방법은 주님께 그 해결을 기도로 구하는 것이고, 주님의 응답을 기다려서 해결해 나가야 하는 것입니다. 가장 확실한 것은 우림과 둠밈과 같은 신구약성경을 통하여 해결 받는 것입니다. 시편 119:105에서 "주의 말씀은 내 발에 등이요 내 길에 빛이니이다"라고 말씀하였습니다. 하나님의 감동으로 된 모든 성경은 교훈과 책망과 바르게 함과 의로 교육하기에 절대 유익한 교재입니다(딤후 3:16). 그러므로 하나님의 말씀을 배워 확신한 일에 거할 때 하나님의 사람으로 온전케 되며 모든 선한 일을 행하기에 온전케 됩니다(딤후 3:14-17).

신구약성경의 판결만이 가장 공평하고 완전하여 빛을 나타냅니다. 영원한 대제사장이신 예수 그리스도의 재림 후 이루어질 백보좌 심판에서 전 인류에게 완전한 판결이 선포될 것입니다(계 20:11-15).

4. 도피성으로 도망친 자를 살렸습니다.
He saved those who had fled to the city of refuge.

도피성은 히브리어 '이르 미크라트'(עִיר מִקְלָט)로, '도피하는 성읍, 받아들이는 성읍'이라는 뜻입니다. 이것은 살인한 자를 받아들여 안전을 보장해 주는 성읍이었습니다. 고의로 살인한 것이 아닌 과실치사자(過失致死者)는 도피성에 피함으로, 죽은 사람의 가족이나 친척에게 살해당하는 것을 피할 수 있었습니다. 그러나 고의적인 살인자는 제단으로부터 끌어내어 죽여야 했습니다(출 21:12-14).

도피성은 요단강 동편에 세 곳, 요단강 서편에 세 곳이 있었습니다. 요단강 동편에는 베셀(수 20:8, 21:36), 길르앗 라못(수 20:8, 21:38), 바산 골란(수 20:8, 21:27)에 있었으며, 요단강 서편에는 게데스(수 20:7, 21:32)와 세겜(수 20:7, 21:21, 대상 6:67)과 헤브론(수 20:7, 21:13)에 있었습니다. 도피성은 어느 지역에서도 하루 만에 도피성에 이르도록 대략 48km 이내에 위치하도록 하였습니다. 유대 전승에 따르면, 도피성으로 향하는 길목 요소 요소에 '도피성'이라는 팻말이 세워져 있었고, 도피성 방향으로 약 14m 폭의 길이 닦여 있었다고 합니다(참고-신 19:3).

모세 율법에는 우발적인 살인을 저지른 자가 피의 보수자의 복수를 피해 도피성에 머무르다가, 대제사장이 죽으면 자신의 죄를 사면받고 그 도피성에서 나가서 자유롭게 살 수 있게 하였습니다(민 35:25-28, 수 20:6). 이는 대속 사역을 담당하던 대제사장의 죽음을, 살인자의 핏값을 지불한 것으로 간주했기 때문입니다. 마찬가지로, 영원한 대제사장이신 예수 그리스도께서 십자가에 죽으시므로, 믿는 우리는 모든 죗값을 탕감 받고 죄와 사망에서 해방을 받아 영원한 구원을 받게 되었습니다(히 5:8-10).

결론

멜기세덱의 반차로 오신
영원한 대제사장 예수 그리스도

Jesus Christ, the Eternal High Priest Who Came
According to the Order of Melchizedek

멜기세덱의 반차로 오신 영원한 대제사장 예수 그리스도
Jesus Christ, the Eternal High Priest Who Came According to the Order of Melchizedek

아담의 타락으로 죄의 역사가 시작된 이래, 인간이 하나님 앞에 갈 수 있는 방법은 생명이 있는 피를 흘리는 제사였습니다(레 17:11, 히 9:22). 제사를 드리기 위해서는 반드시 제물과 성소와 제사장이 있어야 합니다. 제물은 흠 없고 점 없는 정결한 짐승만을 선별하여 드려야 했으며, 제사장 또한, 레위 지파 중에 아론의 자손들을 성별하여 그 직분을 수행하게 하였습니다. 그러나 구약의 제물과 성소와 제사장은 근본적으로 죄를 완전히 속할 수 없는 한계를 지녔습니다.

예수 그리스도께서는 백성의 완전한 죄 사함을 위하여 흠 없는 제물과 더 크고 온전한 성전 그리고 큰 대제사장이 되셨습니다(요 2:19-21, 히 4:14, 9:11, 10:14). 예수 그리스도께서는 온전하고 흠 없는 자기 몸을 드리되, 단 한 번으로 모든 제물을 대신하는 완전한 속죄 제물, 화목 제물(롬 3:25, 요일 2:2)이 되셨습니다. 그리고 참대제사장으로서 만 인간의 모든 죄를 단번에 해결해 주셨습니다(히 7:27, 9:12, 26, 28, 10:10). 이로써 우리의 모든 죄가 사하여졌을 뿐 아니라 영원한 구속이 확보되고, 하나님 앞에 나갈 수 있는 길이 열리게 되었습니다(히 4:16, 6:19-20, 7:25, 10:19-22). 히브리서 기자는, 당시 동족의 박해를 이기지 못하고 유대교로 되돌아가려는 유대인 개종자들에게 예수 그리스도의 메시아이심을 증거하기 위해, 창세기 14장에 나오는 멜기세덱을 인용하여 그리고 레위기 16장에 나오는 대속죄일 각종 절차를 통하여, 예수 그리스도의 대제사장으로서의 우월성을 밝히 증거하였습니다. 히브리서 기자는 "… 우리의 믿는 도리의 사도시며 대제사장이신 예수를 깊이 생각하라"(히 3:1)라고 선포하였습니다. 히브리서에는 예수님을 가리켜 '제사장'(ἱερεύς, 히에류스)이라고 8회, '대제사장'(ἀρχιερεύς, 아르키에류스)이라고 10회 기록하였습니다.[68]

히브리서에서 예수님의 제사장직을 가리키는 독특한 표현은 "큰 대제사장"(ἀρχιερέα μέγαν, 아르키에레아 메간, 히 4:14), "큰 제사장"(ἱερέα μέγαν, 히에레아 메간, 히 10:21)입니다. 여기 '크다'라는 말은 헬라어로 '메가스'(μέγας)이며, 인격적인 존재에게 쓰일 경우 '으뜸의, 위대한, 탁월한'이라는 의미가 됩니다. 예수 그리스도는 제사장 중에 으뜸이요, 제사장의 우두머리인 대제사장 중에서도 최고의 대제사장이십니다. 그러므로 아론 계통의 대제사장은 아무리 훌륭하다 해도 예수 그리스도와는 근본적으로 큰 차이가 있습니다.

예수 그리스도께서는 어떤 면에서 큰 대제사장이십니까? 히브리서에 기록된 순서를 따라 살펴보겠습니다.

1. 예수 그리스도께서는 우리의 연약함을 체휼하시는 대제사장이십니다.

Jesus Christ is the high priest who sympathizes with our weaknesses.

히브리서 4:14-10:18은 큰 대제사장으로서의 예수 그리스도의 우월성을 여러 가지 측면에서 증거하고 있으며, 히브리서 4:14-16은 그 서문으로, 예수 그리스도께서 대제사장이심을 선포하고 있습니다.

히브리서 4:15에서 "우리에게 있는 대제사장은 우리 연약함을 체휼하지 아니하는 자가 아니요 모든 일에 우리와 한결같이 시험을 받은 자로되 죄는 없으시니라"라고 말씀하고 있습니다. 여기 '연약함'은 헬라어 '아스데네이아'(ἀσθένεια)로, 사람이 가지고 있는 모든 종류의 불완전함으로서 '가난, 배고픔, 병듦, 육체적·정신적 고통' 등을 가리킵니다. 또한, '체휼'은 '몸 체(體), 구제할 휼(恤)'로, '윗자리에 있는 사람이 아랫사람의 어려움을 알고 돌보고 구해 주다, 함께 아파하고 함께 고통하며 깊은 연민으로 불쌍히 여기다, 상대방의 형편과 처지를 전인격적으로 이해하다'라는 뜻을 가지고 있습니다. 헬라어로는 '쉼파데오'(συμπαθέω)로, '동일한 감정을 가지다, 공감하다, 동정하다'라는 뜻입니다.

사복음서에 "예수께서 불쌍히 여기사, 민망히 여기사"라는 말씀이 얼마나 자주 나옵니까(마 9:36, 14:14, 15:32, 20:34, 막 1:41, 6:34, 눅 7:12-13 등)? 예수님께서는 이 땅에 계시는 동안 우리의 연약함을 먼저 체험하셨고, 우리가 당하는 모든 시험을 직접 받으신 분입니다. 예수님께서는 이 땅에 오실 때부터 십자가에 달리시기까지 가난의 설움(눅 2:22-24), 배고픈 설움(마 21:18, 막 11:12), 고향 사람들의 냉대와 배척(마 13:54-58), 집 없는 설움(마 8:20)도 겪으셨고, 사랑하는 자가 병들었다는 소식, 죽었다는 슬픈 소식에 눈물을 흘리셨으며(요 11:3-35, 38), 나라의 앞날을 염려하여 통곡하시기도 했습니다(눅 19:41-44). 심지어 지은 죄 없이 무단히 고소를 당해 사형에 넘기운 억울한 일(마 26:65-66), 사랑하는 제자들의 배신(마 26:56) 등 짧은 33년 생애가 이루 헤아릴 수 없는 수난의 연속이었습니다.

이처럼 예수님께서는 우리와 한결같이 모든 일에 시험을 받으셨습니다(눅 4:13, 22:28, 히 4:15). 히브리서 4:15의 "시험을 받은 자"라는 단어는 헬라어 '페이라조'(πειράζω)의 완료수동태로, '그분은 유혹을 받으셨다(he has been tempted)'는 뜻입니다. 예수님께서는 일생 동안 사단이나 반대하는 자들에게 시험을 받으셨으나 말씀으로 물리치고 이기셨습니다. 그러므로 예수님께서는 시험 받는 우리를 능히 도우시며, 이길 수 있게 해 주십니다. 히브리서 2:18에서도 "자기가 시험을 받아 고난을 당하셨은즉 시험 받는 자들을 능히 도우시느니라"고 말씀하고 있으며, 히브리서 4:16에서는 이것을 "돕는 은혜"라고 표현하고 있습니다. 여기 '돕는'은 헬라어 '보에데이아'(βοήθεια)로, 성경에서 위험에 빠진 자의 울음소리를 듣고 도우러 급히 달려가는 것을 표현할 때 자주 사용되었습니다(마 15:25, 행 16:9). 우리가 심각한 유혹에 직면하여 혹은 아슬아슬한 상황에서 돕는 은혜를 간청할 때, 우리에게 있는 큰 대제사장 예수 그리스도께서는 "때를 따라"(적시에, 늦기 전에) 찾아오셔서 불쌍히 여기시고 반드시 도와주십니다(히 4:16). 그러나 사람에게는 이러한 도움이 없고, 또 기대할 수도 없습니다. 자기 자신도 연약과 실수를 수없이 반복하는 인간이 무슨 능력으로 때를 맞추어 다가와서 도움의 손길을 내밀겠습니까? 그래서 시편 146:3에서는 '도울 힘이 없는 인생을 의지하지 말라'고 말씀하였습니다(참고-사 2:22).

실로, 구약의 대제사장 중에는 인간의 연약함을 체휼해 줄 자가 단 한 사람도 없었습니다. 백성에게 위로와 소망을 주어야 할 대제사장이 도리어 타락하여 백성의 소망을 끊어 버리고, 그저 제 욕심만 채우려고 요동치는 물결과 같았습니다(겔 34:8, 롬 16:18, 빌 3:19, 유 1:12-13). 그러나 우리 주 예수 그리스도는 우리 연약함을 친히 다 아시므로(요 2:24-25) 무엇이든지 체휼해 주시는 큰 대제사장입니다.

우리가 육체적·정신적 연약함에 둘러싸여 여러 가지 시험을 만나고 마음과 육신의 질병에 시달리며, 또 경제적으로 어려운 궁지에 몰렸을 때, 체휼하시는 대제사장 예수님께서 그 모든 환난에 동참하여 힘을 주시며 해결해 주십니다(사 63:9). 이러한 위대한 대제사장이 우리에게 있으니, 우리는 그의 긍휼하심을 얻고 때를 따라 돕는 은혜를 얻기 위하여 은혜의 보좌 앞에 용기를 내어 담대히 나아가고 또 나아가야 합니다(히 4:16).

2. 예수 그리스도께서는 대제사장의 자격을 갖추신 대제사장이십니다.

Jesus Christ is the high priest who has the qualifications of the high priest.

히브리서 5:1-10에서는 대제사장의 자격에 대하여 논하고 있습니다. 대제사장은 하나님의 백성을 대표하여 홀로 지성소에 나아가서, 하나님의 말씀대로 제사를 드림으로 죄를 속하고, 하나님의 백성이 하나님과 바른 관계를 갖도록 인도하는 직분입니다. 이러한 대제사장의 자격 요건은 크게 두 가지입니다.

첫째, 사람 가운데서 취하여야 합니다.

히브리서 5:1에서 "대제사장마다 사람 가운데서 취한 자이므로"라고 말씀하고 있습니다. 예수님께서는 죄가 없는 분이면서도(히 4:15) 사람의 죄를 대속하시기 위하여 친히 사람이 되셨습니다(요 1:14). 예수님께서 일반적인 대제사장과 다른 점이 있다면 그들은 본래 사람이었지만, 예수님께서는 본래 하나님이셨는데 사람으로 오셨다는 점입니다(빌 2:6-7).

말씀이 육신이 되어 오신 예수님께서는(요 1:14), 육체에 계시면서 자기를 능히 구원하실 하나님께 "심한 통곡과 눈물로 간구와 소원을 올렸고" 그의 경외하심을 인하여 들으심을 얻었습니다(히 5:7). 이는 인류의 대속을 위해 십자가를 지시기 전날 밤에, 무거운 심적 고통과 고뇌(마 26:37-38, 막 14:33-34) 속에서 땀방울이 핏방울이 되기까지 통곡하고 힘쓰고 애쓰면서 더욱 간절히 드렸던 겟세마네의 기도를 말합니다(눅 22:43-44).

둘째, 하나님의 임명을 받아야 합니다.

히브리서 5:4에서 "이 존귀는 아무나 스스로 취하지 못하고 오직 아론과 같이 하나님의 부르심을 입은 자라야 할 것이니라"라고 말씀하였습니다. 아론과 그의 자손이 '존귀'한 대제사장이 된 것은 하나님의 부르심을 받았기 때문입니다(출 28:1, 레 8:1-13, 민 20:25-29, 25:10-13). 예수님께서 대제사장이 되신 것도 스스로 영광을 취하신 것이 아니었습니다(히 5:5上, 참고-요 8:50). 오직 하나님께서 "너는 내 아들이니 내가 오늘날 너를 낳았다"라고 말씀하셨고(히 5:5下), "네가 영원히 멜기세덱의 반차를 좇는 제사장이라"라고 말씀하셨기 때문입니다(히 5:6, 시 110:4). 그러나 일반 대제사장에게는

'너는 내 아들이다', '영원한 제사장이다'라고 말씀하신 적이 없습니다.

대제사장으로서 예수님께서는 순종함을 배워서 온전하게 되셨습니다. 히브리서 5:8-9에서 "그가 아들이시라도 받으신 고난으로 순종함을 배워서 온전하게 되었은즉 자기를 순종하는 모든 자에게 영원한 구원의 근원이 되시고"라고 말씀하였습니다. 이것은 예수님께서 사람처럼 모르는 것을 습득하셨다는 뜻이 아니라 본래 알고 계셨던 순종을 실천하셨다는 뜻입니다. 또한, 예수님께서 불완전한 분인데 완전하게 되셨다는 의미가 아니라, 예수님께서 십자가의 고난과 순종을 통해서 대제사장으로서 구속 사역을 완성하셨다는 의미입니다. 예수님께서는 아버지의 명령이 영생인 줄 알고 항상 순종하셨습니다(요 12:50). 십자가에 죽기까지 자기를 낮추시고 끝까지 복종하셨습니다(빌 2:8). 이러한 순종을 통해서 예수님께서는 자기를 순종하는 모든 자에게 영원한 구원의 근원이 되셨습니다(히 5:9).

죽음에 이르는 극한 고난 속에서 기도로 승리하시고, 또 순종함을 배워 대제사장으로서 모든 자격을 완비하신 예수님께서는 마침내 하나님께 멜기세덱의 반차를 좇은 대제사장이라 칭하심을 받았습니다(히 5:10). '칭하심을 받았다'는 헬라어 '프로사고류오'(προσαγορεύω)의 과거 분사 수동태로서 '지명을 받은, 일컬음을 받은'이라는 의미입니다. 예수님께서는 근본 하나님의 본체시요, 하나님 자신임에도 불구하고(빌 2:6) 스스로 영광을 취하지 않으시고 하나님의 지명으로 대제사장이라 칭함을 받으셨습니다.

골고다 언덕 십자가에 높이 달려 죄인들을 위한 완전한 제사를 단번에 드리신 예수님께서는 지금도 하나님의 우편에서 자기 백성의 구원이 완성될 때까지 대제사장으로서 중보의 기도를 쉬지 않으십니다(롬 8:34, 히 7:25, 8:1, 요일 2:1). 그러므로 자기를 힘입어 하나님께 나아가는 자들을 온전히 구원하실 수 있습니다(히 7:25). 대제사장 되신 예수님을 통하지 않고서는 그 누구도 구원을 받을 수 없습니다(요 14:6).

하나님의 구속사적 경륜을 이루기 위해 복음의 제사장으로 부름받은 우리에게도 하나님을 경외함으로 드리는 '간절한 기도'가 필요하며, 나아가 언제든지 자기를 버리고 하나님의 뜻을 따르겠다는 '죽기까지의 순종'의 자세가 절대적으로 필요합니다.

3. 예수 그리스도께서는 우리 영혼의 닻이 되시는 대제사장이십니다.

Jesus Christ is the high priest who is the anchor of our souls.

히브리서 5:11-6:20은 대제사장의 자격을 논하는 히브리서 5:1-10과, 멜기세덱의 반차를 좇는 완전한 대제사장으로서의 그리스도의 사역을 논하는 히브리서 7:1-10:18 사이에 위치합니다. 그 내용은 대제사장과 관련하여 성도의 영적 성장을 촉구하는 것입니다.

멜기세덱에 관하여 깨닫지 못하는 자는 영적으로 미숙한 자들입니다. 예수님 당시 이스라엘 백성은 예수님께서 멜기세덱의 반차를 좇아 오신 영원한 대제사장이심을 깨닫지 못하였습니다. 멜기세덱에 대하여 깨닫지 못하는 사람은 젖을 먹는 어린아이 같고, 의의 말씀을 경험하지 못하고 선악을 분별하지 못하는 자들입니다(히 5:11-

14, 고전 3:1-2). 따라서 영적 미숙에서 벗어나기 위해서는 그리스도 도의 초보를 버리고 완전한 데 나아가야 합니다(히 6:1-3). 그리고 배교의 무서운 결과를 깨닫고(히 6:4-6), 하나님께서 자주 내리시는 은혜의 비를 흡수하여 밭 가는 자들의 쓰기에 합당한 채소의 열매를 생산해야 합니다(히 6:7).

하나님께서는 불의가 없는 분이시며, 지금까지 성도들이 봉사하면서 하나님의 이름을 위하여 보여 준 선행과 사랑을 결코 잊지 않으시는 분입니다(히 6:10). 그러므로 성도는 소망을 이루도록 끝까지 동일한 열심을 품고 게으르지 않고 부지런하며, 믿음과 오래 참음으로 약속들을 기업으로 받은 자들을 본받는 자가 되어야 합니다(히 6:11-12).

믿음과 오래 참음으로 복을 받은 대표적인 인물이 아브라함입니다. 하나님께서 아브라함에게 "내가 반드시 너를 복 주고 복 주며 너를 번성케 하고 번성케 하리라"고 하셨는데, 아브라함은 오래 참아 마침내 이 약속을 받았던 것입니다(히 6:13-15).

히브리서 5:11-6:20의 결론 부분인 히브리서 6:19-20에서는 "우리가 이 소망이 있는 것은 영혼의 닻 같아서 튼튼하고 견고하여 휘장 안에 들어가나니 그리로 앞서 가신 예수께서 멜기세덱의 반차를 좇아 영원히 대제사장이 되어 우리를 위하여 들어가셨느니라"고 말씀하고 있습니다.

'닻'이란, 배가 항구나 일정한 곳에 머물 때 배가 항구에서 떨어지지 않도록 밧줄이나 쇠사슬에 매어 물 밑바닥에 박히게 하는 갈고리 모양의 물건을 말합니다. 히브리서 기자는 우리의 영혼이 이러한 닻에 단단히 매여 있어야 한다는 사실을 비유적으로 말씀하였습니다.

우리 영혼의 닻은 두 가지 변치 못할 사실 곧 하나님의 약속과 맹세(히 6:17-18)이며, 이것은 바로 우리의 견고한 소망입니다. 하나님께서는 아브라함에게도 약속과 맹세를 나타내셨습니다. 히브리서 6:13에서 하나님께서 아브라함에게 "약속하실 때에… 자기를 가리켜 맹세하여"라고 말씀하고 있습니다. 아브라함에게 있어서 이 맹세 언약의 실체는 바로 이삭이었습니다. 이삭을 통하여 그 후손이 하늘의 별처럼, 바닷가의 모래처럼 후일에 큰 민족을 이루게 하겠다고 약속하고 맹세하셨습니다(창 22:16-17, 히 6:13-14).

하나님께서는 아브라함에게 하신 그 약속을 보증하시기까지 하셨습니다. 히브리서 6:17에서 "그 일에 맹세로 보증하셨나니"라고 말씀하고 있습니다. 여기 '보증'은 '보호할 보(保), 증명할 증(證)'으로(시 119:122), '틀림없음을 책임짐, 채무자가 채무를 이행하지 않을 경우에 대신하여 채무를 이행할 것을 부담함'이라는 뜻입니다. 맹세는 입으로 낸 말의 진실을 보장하는 서약입니다. 히브리서 6:16에서 맹세는 '모든 논쟁과 다툼을 그치게 하는 최후 확정'이라고 선포하였습니다. 더 이상 변개(變改)가 없다는 것입니다. 그리고 아브라함에게 맹세로 보증하신 약속은 훗날 아브라함의 후손으로 오신 예수 그리스도와 그를 믿는 수많은 믿음의 성도로 인하여 성취되었습니다.

하나님의 맹세 언약의 닻이 아브라함을 붙잡아 주셨듯이 오늘날 성도들의 영혼을 꼭 붙잡고 계십니다. 세상이라는 바다는 거친 죄악의 풍랑이 일어나 잠시도 평안치 못하며, 성도의 배를 침몰시키려고 미친 듯이 휘몰아칩니다. 이 거친 풍랑 때문에 배는 안정하지 못하고 마구 흔들립니다(시 107:26-27). 그러나 성도의 배는 하나님의 맹세 언약의 닻에 매여 소원의 항구에 튼튼하게 정박하고 있기 때문에 결코 항구에서 떨어져 나가지 않습니다(시 107:28-30). 그것은 끝까지 놓치지 않는 아가페 사랑의 닻이요(요 13:1), 모든 사망의 세력을 넉넉히 이기는 생명과 능력의 닻이기 때문입니다(롬 8:31-39).

이 항구는 휘장 안 지성소요, 하나님의 나라요, 예수 그리스도께서 멜기세덱의 반차를 좇아 영원한 대제사장이 되어 우리를 위하여 먼저 들어가신 곳입니다(히 6:19-20). 예수님께서 대제사장으로서 우리의 모든 죄를 지시고 십자가에서 운명하실 때, 성소의 휘장이 위로부터 아래로 찢어져 둘이 되었습니다(마 27:51, 막 15:38, 눅 23:45). 그 휘장 가운데 새롭고 산 길이 열렸습니다. 이 휘장은 바로 예수님의 육체입니다(히 10:20).

그러므로 우리는 오직 예수 그리스도를 통하여 영원히 진동치 않는 하나님의 나라에 영혼의 닻을 내리고 마침내 그 나라에 들어가게 되는 것입니다(히 12:28).

4. 예수 그리스도께서는 멜기세덱의 반차를 좇는 별다른 대제사장이십니다.

Jesus Christ is "another" high priest who came according to the order of Melchizedek.

예수 그리스도께서는 멜기세덱의 반차를 좇는 영원한 대제사장이십니다. 히브리서 7:1-28에서는, 히브리서 5:10의 "하나님께 멜기세덱의 반차를 좇은 대제사장이라 칭하심을 받았느니라"라고 하신 말씀을 다시 연결하면서, 멜기세덱의 반차를 좇아 오신 대제사장 예수 그리스도의 우월성을 증거하고 있습니다. 특히 히브리서 7:1-3에서 멜기세덱이 어떤 존재인지를 밝히고, 히브리서 7:4-10에서 레위 계통의 제사장들과 비교해서 멜기세덱의 우월성을 밝혔습니다.

히브리서 5:10에 나오는 '반차'의 헬라어 '탁시스'(τάξις)는 '질서 있게 정렬함'이란 뜻의 군사 용어로, '계열, 차례, 질서, 서열'로 번역됩니다. 또한, '좇는'의 헬라어 '카타'(κατά)는 전치사로, '…을 따라서(according to)', '…을 따라가는(after)'의 뜻을 가지고 있습니다. 그러므로 '반차를 좇는다'는 '같은 줄에 서 있다'라는 의미입니다. 우리는 멜기세덱의 반차를 좇으신 예수님을 깨닫고 그분을 온전히 좇는 신앙 노선에 서야 합니다.

(1) 멜기세덱은 어떤 인물입니까?

첫째, 멜기세덱은 평강의 왕이요 의의 왕입니다.

멜기세덱은 아브라함이 그돌라오멜과 그와 함께한 왕들과의 전쟁에서 이기고 돌아올 때 아브라함을 영접하고 축복한 자입니다(창 14:17-20).

멜기세덱은 살렘 왕(창 14:18, 히 7:1)입니다. 살렘은 히브리어 '샬렘'(שָׁלֵם)으로, '평화'라는 뜻이며, 멜기세덱은 '평화의 왕, 평강의 왕'입니다(히 7:2). 또 멜기세덱은 히브리어 '말키체데크'(מַלְכִּי־צֶדֶק)로, '의의 왕'이란 뜻입니다(히 7:2). 멜기세덱은 평강의 왕이요, 의의 왕입니다. 그 이름에는 평강의 왕이요(사 9:6), 의의 왕이신(사 9:7) 예수님의 모습이 생생하게 담겨 있습니다. 평강과 의는 예수 그리스도의 속성입니다. 그분은 사람들에게 참된 평강을 주시며(미 5:4-5, 요 14:27), 공의로 통치하는 분이십니다(신 32:4, 시 89:14, 119:137).

둘째, 멜기세덱은 떡과 포도주를 가지고 아브라함을 축복하였습니다.

멜기세덱은 떡과 포도주로 아브라함을 축복하였습니다(창 14:17-20). 예수님께서도 최후의 만찬에서 떡과 포도주로 제자들을 축복하셨습니다(마 26:26-28, 막 14:22-24). 누가복음 22:19-20에서 "또 떡을 가져 사례하시고 떼어 저희에게 주시며 가라사대 이것은 너희를 위하여 주는 내 몸이라 너희가 이를 행하여 나를 기념하라 하시고 저녁 먹은 후에 잔도 이와 같이 하여 가라사대 이 잔은 내 피로 세우는 새 언약이니 곧 너희를 위하여 붓는 것이라"라고 말씀하셨습니다. 최후 만찬의 떡은 십자가에서 찢기실 예수님의 성체(聖體)를 나타내며, 최후 만찬의 잔은 예수님의 피로 세우는 새 언약을 나타냅니다.

아론의 반차는 옛 언약을 따르는 반차요(히 8:7, 9:18), 멜기세덱의 반차는 새 언약을 따르는 반차입니다(히 9:15). 아론의 반차는 연약하며 무익한 옛 계명(히 7:18), 흠이 있는 첫 언약(히 8:7), 낡아지고 쇠하고 없어져 가는 첫 것(히 8:13)입니다. 그러나 멜기세덱의 반차는 "더 좋은 언약"(히 7:22, 8:6), '이스라엘 집과 유다 집으로 세울 새 언약'(히 8:8), "영원한 언약"(히 13:20)과 연결되어 있습니다. 오늘 우리는 새 언약을 믿고 멜기세덱의 반차를 좇아 오신 예수 그리스도를 통해 축복을 받아야 합니다.

셋째, 멜기세덱은 십일조를 받고 아브라함을 축복하였습니다.

멜기세덱은 아브라함에게 십일조를 받고 그를 축복하였습니다(창 14:20, 히 7:4). 본래 레위 지파의 제사장들은 이스라엘 백성에게서 십일조를 취했습니다(민 18:21, 24, 28, 히 7:5). 그런데 그들은 아브라함의 허리에서 난 자들이므로 아브라함이 멜기세덱에게 십일조를 바칠 때, 레위 지파 제사장들도 멜기세덱에게 십일조를 바친 것이나 마찬가지입니다(히 7:9-10). 똑같이 십일조를 받았으나, 아론의 반차에서는 죽을 자들이 받았고, 멜기세덱의 반차에서는 "산다고 증거를 얻은 자"가 받은 것입니다(히 7:8). 이런 점에서 멜기세덱의 반차는 아론의 반차보다 우월합니다.

원래 낮은 자가 높은 자에게 복 빎을 받습니다(히 7:7). 아브라함이 멜기세덱에게 복 빎을 받았다는 것은, 멜기세덱이 아브라함보다 높다는 것입니다. 레위 지파는 아브라함의 먼 후손입니다. 그러므로 멜기세덱의 반차는 레위 지파에 속한 아론의 반차와 비교할 수 없이 높은 것입니다(히 7:4-10).

예수님께서는 멜기세덱의 반차를 좇는 대제사장이시므로 십일조를 받으시고 모든 인생에게 복을 주시는 분입니다(잠 10:22, 말 3:10). 그러므로 우리도 예수님께 "온전한 십일조"(말 3:10)를 드리고 복을 받을 때, 멜기세덱의 반차를 좇는 자들이 될 수 있습니다.

(2) 별다른 대제사장

히브리서 7:11-19에서는 율법에 근거하고 있는 불완전한 레위 계통의 제사장이 아니라 멜기세덱의 반차를 좇는 별다른 한 제사장이 필요함을 역설하고 있습니다(히 7:11, 15). 특히 히브리서 7:11에서 "레위 계통의 제사 직분으로 말미암아 온전함을 얻을 수 있었으면 (백성이 그 아래서 율법을 받았으니) 어찌하여 아론의 반차를 좇지 않고 멜기세덱의 반차를 좇는 별다른 한 제사장을 세울 필요가 있느뇨"라고 말씀하고 있습니다. 이 말씀을 볼 때, 별다른 한 제사장을 세운 것은 레위 계통의 제사 직분으로는 온전함을 얻을 수 없었기 때문입니다. '온전함'(τελείωσις, 텔레이오시스)은 '어떤 일을 완전하게 달성하고 성취하는 것'을 의미하는데, 레위 계통의 제사장직은 계속 바뀌므로 '온전함'을 이룰 수 없습니다. 이같은 레위 계통 제사장직의 불완전성에 대하여 히브리서 7:12에는 "제사 직분이 변역(變易)한즉 율법도 반드시 변역하리니"라고 말씀하고 있습니다. 변역은 한자로 '변할 변(變), 바꿀 역(易)'으로, '변하여 바뀜'이라는 뜻입니다. 완전한 것은 바뀌지 않지만 불완전한 것은 계속 바뀌는 것입니다.

'별다른'에 해당하는 헬라어 '헤테로스'(ἕτερος)는 본질적으로 전혀 다른 경우를 가리킵니다. 그렇다면 예수님께서는 온전함을 이루시는 대제사장으로서 구체적으로 어떤 점에서 '별다른' 제사장이십니까?

첫째, 예수님께서는 아론 계통에서 나신 대제사장이 아니고
  유다 지파에서 나신 별다른 대제사장이십니다.

구약의 대제사장직은 레위 지파 아론의 후손을 통해서 세습되었습니다. 다른 지파에서는 대제사장이 절대로 나올 수 없었습니다. 사람들은 대제사장은 당연히 레위 지파를 통해서 온다고 생각하고 있었습니다. 그런데 하나님께서는 사람의 기대와는 전혀 다르게 유다 지파에서 참제사장을 일으키셨습니다.

예수님께서는 "한 사람도 제단 일을 받들지 않는 다른 지파에 속한 자" 곧 유다 지파에 속한 자였습니다(히 7:13). 히브리서 7:14 상반절에서 "우리 주께서 유다로 좇아 나신 것이 분명하도다…"라고 말씀하고 있습니다(참고-창 49:10, 삼하 7:12, 사 11:1, 미 5:2). 또한, 히브

리서 7:14 하반절에서도 "… 이 지파에는 모세가 제사장들에 관하여 말한 것이 하나도 없고"라고 말씀하고 있습니다. 모세는 유다 지파가 제사 직분을 수행하게 될 것에 관해서는 전혀 말하지 않았습니다. 그런데 분명하게도 멜기세덱과 같은 별다른 한 제사장이 "유다로 좇아 나신 것"입니다(히 7:14-15).

여기 '나신'의 헬라어 '아나텔로'(ἀνατέλλω)는 태양이나 별 따위가 떠오르는 것을 묘사하는 표현입니다(막 16:2, 약 1:11, 벧후 1:19). 이 새의 뿌리에서 의로운 한 가지가 나신 것처럼(사 11:1) 유다 지파라는 대지에서(미 5:2, 마 1:3, 눅 3:33, 계 5:5) 그리스도라는 태양이 솟아오른 것입니다(눅 1:78). 하나님께서 시종일관 제사장과 전혀 상관없는 것처럼 보이는 유다 지파에서, 때가 차매 이제 가장 거룩하고 영원하신 대제사장을 일으키셨던 것입니다.

히브리서 7:15에서는 "멜기세덱과 같은 별다른 한 제사장이 일어난 것을 보니 더욱 분명하도다"라고 말씀하고 있습니다. 여기 '일어난 것을'에 해당하는 헬라어 '아니스타타이'(ἀνίσταται)는 '일으켜 세운다, 죽은 자가 살아난다, 직분자로 지명하여 세운다'라는 뜻의 '아니스테미'(ἀνίστημι)의 중간태입니다. 이는 그리스도께서 최종 대제사장직을 수행하기 위해 역사의 한 시점에 전격적으로 등장하신 것을 강조한 표현입니다(참고-삿 5:7, 신 18:18, 눅 1:69, 행 3:22). 레위 지파가 아니라 유다 지파에서 한 제사장이 일어난 것은 메시아가 멜기세덱의 반차를 좇아 영원한 제사장으로 오실 것이라는 시편 110:4 예언의 성취이기도 합니다. 예수 그리스도의 제사장직은 인간적인 계통과 무관하며, 하나님의 주권 속에서 이루어진 언약의 성취인 것입니다.

유다 지파는 멜기세덱의 반차를 좇은 새로운 제사장이 자기 지파에서 일어날 것이라고는 꿈에도 생각하지 못했을 것입니다. 이것은 실로 인간으로서는 도저히 이해하기 어려운 하나님의 구속 섭리입니다. 이러한 놀라운 구속사적 경륜을 미리 알려 주시지 않은 것은, 언약의 후손 예수 그리스도께서 이 땅에 오시는 길을 가로막는 사단의 방해가 틈타지 못하게 하시려는 하나님의 신비하고 오묘한 섭리였습니다(신 29:29, 롬 16:25-26, 고전 2:7, 엡 1:9).

둘째, **예수 그리스도께서는 무궁한 생명의 능력을 좇아 되신 별다른 대제사장이십니다**(히 7:16下).

율법은 제사장이 레위 지파 중에 오직 아론의 후손에서 나오도록 규정하고 있습니다(출 28:1, 40:12-15, 민 3:2-4, 17:8, 25:11-13). 이 규례가 얼마나 엄격하였던지, 레위 지파 외에 다른 어느 지파라도 제단에서 섬기거나 성소에 들어가 받들어 섬길 엄두를 내지 못하였습니다. 그러나 예수님께서는 율법이 규정한 육체의 혈통과 전혀 무관하게 제사장이 되셨습니다. 히브리서 7:16 상반절에서 "그는 육체에 상관된 계명의 법을 좇지 아니하고…"라고 말씀하고 있습니다. 여기 '육체에 상관된 계명의 법'은 율법으로서, 제사장이 될 자의 혈통적이고 신체적인 자격 요건을 가리킵니다(출 40:12-15, 레 21:17-23). 예수님께서는 이러한 율법을 좇지 않고 "무궁한 생명의 능력"을 좇아 별다른 대제사장이 되신 것입니다.

여기 '무궁한 생명의 능력'은 예수 그리스도의 신성을 강조한 표현입니다. 멜기세덱이 아비도 없고 어미도 없듯이, 예수 그리스도께서는 부정모혈을 통하지 않고 오직 성령으로 잉태되어 말씀이 육신이 되어 성육신하신 분이십니다(마 1:18, 20, 요 1:14).

마태복음 1장과 누가복음 3장 두 군데 예수 그리스도의 족보가 기록되어 있으나, 사실상 예수 그리스도는 부정모혈을 통해 나지 않았으므로 족보가 없는 분입니다. 예수님께서는 '그리스도가 누구냐'고 물으셨고, 바리새인들이 '다윗의 자손'이라고 대답했을 때, 시편 110:1을 인용하시어 '다윗이 성령에 감동하여 그리스도를 주라 칭하였은즉 어찌 그의 자손이 되겠느냐'라고 되물으셨습니다(마 22:42-45). 그렇습니다. 예수님께서는 육신으로는 아브라함과 다윗의 족보를 통해 나셨지만(마 1:1), 근본적으로는 아브라함이 나기 전부터 존재하셨고(요 8:58) 다윗의 주이시며 다윗의 뿌리이십니다(계 5:5, 22:16). 예수 그리스도께서는 족보 속에 갇혀 있을 수 없는 분이십니다. 생명의 시작도 끝도 없이 영원부터 영원까지 존재하는 분이십니다(히 1:12, 13:8). 영원한 알파와 오메가로 이제도 있고 전에도 있었고 장차 오실 분이십니다(사 41:4, 44:6, 48:12, 계 1:8, 17, 2:8, 21:6, 22:13).

결국 예수님의 대제사장직이, 레위 지파를 통해서 제사장이 온다는 율법을 초월한 무궁한 생명의 능력을 좇아 이루어진 것 역시 사람들이 알지 못하는 놀라운 구속사적 경륜 속에서 이루어진 하나님의 오묘한 섭리였습니다.

5. 예수 그리스도께서는 맹세 언약의 영원한 대제사장이십니다.

Jesus Christ is the eternal high priest of the covenantal oath.

히브리서 7:11-19에서 율법에 근거한 레위 계통의 제사장보다 우월하신 대제사장 예수 그리스도를 논증한 후, 히브리서 7:20-28에서는 예수 그리스도의 대제사장직이 맹세 언약에 근거하고 있으며, 영원성을 가지고 있음을 논증하였습니다.

(1) 맹세 언약의 대제사장

히브리서 7:20-21에서 "또 예수께서 제사장 된 것은 맹세 없이 된 것이 아니니 (저희는 맹세 없이 제사장이 되었으되 오직 예수는 자기에게 말씀하신 자로 말미암아 맹세로 되신 것이라 주께서 맹세하시고 뉘우치지 아니하시리니 네가 영원히 제사장이라 하셨도다)"라고 말씀하고 있습니다. 하나님께서는 맹세하신 다음에 결코 딴 생각을 하신 적이 없습니다. 한번 말씀하신 것은 변치 않고 그대로 이루시는 분이며, 거짓말을 하실 줄 모르는 분입니다(히 6:17-18).

시편 110:4의 "변치"라는 단어는 히브리어 '나함'(נָחַם: 후회하다)의 미완료형이 사용되었습니다. "변치 아니하시리라"라는 말씀은 '한번 맹세하신 후에 계속해서 결코 변하지 않는다'는 것입니다. 거짓된 사람의 일생은 후회로 가득합니다. 그러나 정직하신 하나님께서는 후회가 없습니다(민 23:19, 롬 11:29).

하나님께서는 아론과 그 후손들을 대제사장으로 세우실 때, 명령과 위임으로 세우셨습니다. 출애굽기 29:9에서 "아론과 그 아들들에게 띠를 띠우며 관을 씌워서 제사장의 직분을 그들에게 맡겨 영원한 규례가 되게 하라 너는 이같이 아론과 그 아들들에게 위임하여 거룩하게 할지니라"라고 명령하셨습니다.

아론과 그 아들들은 대제사장이 될 수 있는 특별한 자격 조건을 구비한 사람들이 아니었습니다. 아론은 금송아지를 만들어 백성으로 하여금 우상숭배의 죄를 짓게 한, 얼룩진 과거가 있는 사람이었습니다. 그러나 하나님께서는 무궁한 사랑과 은혜로 아론을 불러 대제사장이라는 영광스러운 직분을 맡기셨습니다. 히브리서 5:4에서는 "아론과 같이 하나님의 부르심을 입은 자"라고 말씀하고 있습니다. 그러나 아론은 하나님의 부르심을 받았지만, 맹세로 세움 받지는 못했습니다(히 7:21上). 하나님의 맹세로 대제사장이 되신 분은 이 세상에 오직 예수님 한 분뿐이십니다(히 7:20-21).

맹세는 사람들이 다투는 모든 일에 최후 확정을 내려 줍니다(히 6:16, 참고-출 22:11). 그러므로 하나님께서 한번 맹세하신 것은 영원토록 변함없이 요지부동(搖之不動)입니다.

히브리서 7:20-21 말씀은 시편 110:4의 "여호와는 맹세하고 변치 아니하시리라 이르시기를 너는 멜기세덱의 반차를 좇아 영원한 제사장이라 하셨도다"라는 말씀에 근거한 것입니다. 여기 '맹세하고'는 히브리어 '샤바'(שָׁבַע)로, '일곱 번 반복하여 약속하다'라는 뜻이며 '7'이라는 숫자는 완전(完全)을 의미합니다. 하나님의 약속은 완전한 것이고 반드시 이루어지는 것입니다. 시공간에 제한을 받으며 죄악의 유혹에 연약한 사람의 맹세는 처음부터 불완전하며 쉽게 깨어지기 마련입니다. 그러나 하나님의 맹세는 결코 변하지 않는 맹세입니다.

히브리서 6:17에서 "하나님은 약속을 기업으로 받는 자들에게 그 뜻이 변치 아니함을 충분히 나타내시려고 그 일에 맹세로 보증하셨나니"라고 말씀하고 있습니다. 여기 '맹세'는 헬라어 '호르코스'(ὅρκος)이며, '맹세로 약속된 것'이란 의미입니다. 이는 만약 사실이 아니라면 그 진술한 사람에게 하나님께서 저주 혹은 형벌을 내려 달라고 호소할 때 쓰인 단어입니다(참고-민 5:21, 신 29:21). 그러므로 맹세의 약속은 확실한 것입니다.

히브리서 7:28에서는 '맹세 없이' 된 아론 계통의 대제사장과 '맹세로' 되신 대제사장 예수 그리스도를 비교하면서, '율법은 약점을 가진 사람들을 제사장으로 세웠지만, 맹세의 말씀은 영원히 온전케 되신 아들을 세우셨다'라고 말씀합니다. 율법으로 세워진 아론 계통의 대제사장은 약점을 가진 자들이므로 우리를 온전히 구원할 수 없지만, 맹세의 말씀으로 세워진 예수 그리스도께서는 우리를 온전히 구원하실 수 있으며 영원한 구원의 근원이 되십니다(히 5:9, 7:25).

(2) 영원한 대제사장

예수님께서는 멜기세덱의 반차를 좇아 오신 영원한 대제사장이십니다(시 110:4, 히 5:6, 6:20, 7:17, 21). 그 이유가 무엇입니까?

첫째, 예수 그리스도께서는 어제나 오늘이나 영원토록 동일하시며 항상 살아 계신 분이기 때문입니다(히 13:8).

히브리서 7:25에서 "… 그가 항상 살아서 저희를 위하여 간구하심이니라"라고 말씀하고 있습니다. 예수 그리스도는 십자가에 죽임을 당하셨다가 부활하여 40일 만에 하늘로 올리우신 후 지금도 하나님의 보좌 우편에서 대제사장으로서 우리를 위하여 간구하고 계십니다(롬 8:34, 히 8:1).

둘째, 예수 그리스도의 제사장 직분은 갈리지 않고 영원하기 때문입니다.

히브리서 7:24에서 "예수는 영원히 계시므로 그 제사 직분도 갈리지 아니하나니"라고 말씀하고 있습니다. '갈리지 않는다'라는 말의 헬라어는 '아파라바토스'($ἀπαράβατος$)이며, '변하지 않는다, 침

범할 수 없다, 다른 사람에게 넘어가지 않는다, 넘겨줄 수 없다'라는 뜻입니다.

레위 계통의 제사장 된 자의 수효가 많은 것은, 인간은 누구나 죽는 까닭에 한 사람이 계속해서 제사장직을 수행하지 못하고 바뀌기 때문입니다(히 7:23). 그러나 예수 그리스도는 죽지 않고 영원히 살아 계시는 분이요, 죽음을 이기신 영원한 생명 자체이므로 그 제사장직이 갈리지 않고 타인에게 넘어가지 않습니다(히 5:6, 6:20, 7:17, 21, 23-24).

6. 예수 그리스도께서는 우리의 중보자이신 대제사장이십니다.

Jesus Christ is the high priest who mediates for us.

히브리서 8:1-13을 볼 때, 예수 그리스도께서는 새 언약의 중보자이십니다(히 8:13, 9:15, 12:24). 새 언약의 중보는 더 좋은 약속으로 세우신 더 좋은 언약의 중보이십니다(히 8:6). 흠이 있는 첫 언약과는 다르며(히 8:7), 돌판에 새겨진 옛 언약이 아니라 하나님의 말씀을 따라 심비(心碑)에 새겨진 새 언약입니다(히 8:8-12, 고후 3:3).

히브리서 8:1에서 "이러한 대제사장이 우리에게 있는 것이라 그가 하늘에서 위엄의 보좌 우편에 앉으셨으니"라고 말씀하고 있으며, 로마서 8:34에서는 "누가 정죄하리요 죽으실 뿐 아니라 다시 살아나신 이는 그리스도 예수시니 그는 하나님 우편에 계신 자요 우리를 위하여 간구하시는 자시니라"라고 말씀하고 있습니다. 예수 그리스도께서는 사망과 음부의 권세를 깨뜨리시고 부활, 승천하신 이후로 하나님의 보좌 우편에서 자신의 보혈로 값 주고 사신 교회와 성도를 위하여 계속적으로 중보 사역을 행하고 계십니다(행 20:28, 히 7:25, 요일 2:1).

중보(中保: 사이 중, 보호할 보, mediation)는 대립되거나 적대적인 관계 사이에서 서로를 화해시키는 일을 가리킵니다(욥 9:32-34, 잠 18:19, 사 38:14). 성경에서는 하나님과 인간 사이를 화목케 하고 화평을 가져오는 일을 가리킬 때에도 '중보'라는 단어가 사용됩니다(딤전 2:5, 히 8:6, 9:15, 12:24).

이 세상에 하나님과 사람들 사이의 진정한 중보자(mediator)는 오직 예수 그리스도 한 분이십니다. 디모데전서 2:5에서 "하나님은 한 분이시요 또 하나님과 사람 사이에 중보도 한 분이시니 곧 사람이신 그리스도 예수라"라고 말씀하고 있습니다. 예수 그리스도께서는 참하나님이시며 동시에 참사람이시기 때문에 중보자의 자격이 있는 것입니다.

예수 그리스도께서 십자가에서 자신을 단번에 드리심은 객관적 구속 사역의 완성이며, 천상에서의 중보기도는 대제사장 직분의 연속적 사역입니다.[69] 중보기도는 헬라어 '엔테욱시스'(ἔντευξις)로, '…와 마주치는 것', '…와 만남'이란 뜻으로, 어떤 사람에게 매달리는 탄원을 의미합니다. 예수님께서는 천상에서 지금도 우리를 위하여 대언 대도(代言 代禱)하고 계시며(롬 8:34), 산 자와 죽은 자를 심판하시기 위하여 영광과 권능으로 재림하실 때까지 그 기도는 계속될 것입니다.

예수 그리스도 중보기도의 특성은 다음과 같습니다.[70]

첫째, 능력 있는 중보기도입니다. 야고보서 5:16에서는 "의인의 간구는 역사하는 힘이 많으니라"라고 말씀하고 있습니다. 그러나

의인은 하나도 없으며(롬 3:10) 오직 예수님만이 참된 의인이십니다(롬 3:26, 벧전 3:18, 요일 2:1). 그러므로 완전 무결하신 예수 그리스도의 기도는 가장 능력 있는 기도요, 영원토록 효력 있는 기도입니다.

둘째, 계속적인 중보기도입니다. 히브리서 7:25에서는 "그가 항상 살아서 저희를 위하여 간구하심이니라"라고 말씀하고 있습니다. 예수 그리스도의 기도는 재림하실 때까지 쉬지 않고 끊임없이 계속되는 중단 없는 사역입니다. 우리도 예수님의 기도를 본받아 쉬지 말고 기도하는 삶을 살아야 합니다(삼상 12:23, 살전 5:17).

셋째, 적극적인 중보기도입니다. 예수님의 중보기도는 형식적인 기도가 아니라 사랑에 근거한 적극적인 결단의 기도입니다. 예수님께서는 십자가에 달리시기 전에 겟세마네 동산에서 "힘쓰고 애써 더욱 간절히 기도하시니 땀이 땅에 떨어지는 핏방울같이 되더라"(눅 22:44) 하는 적극적이고 간절한 기도를 드리셨습니다.

넷째, 권위 있는 중보기도입니다. 예수님께서는 성부 하나님으로부터 하늘과 땅의 모든 권세를 받으셨습니다(마 28:18, 엡 1:22, 골 2:9-10). 그러므로 예수님의 기도는 세상 사람들은 물론 하늘의 천사들이라도 감히 침범하지 못하는 절대적인 권위의 기도입니다.

다섯째, 특수한 중보기도입니다. 예수님의 중보기도는 성도들이 다른 사람을 위하여 드리는 일반적인 기도가 아닙니다. 예수님의 기도는 모든 하나님의 백성을 구원하고 하나님의 구속사적 경륜을 이루시는 우주적인 기도입니다. 예수님께서는 겟세마네 동산에 올라가시기 직전에도 요한복음 17장에서 전체 성도의 안전과 연합(요 17:11, 21-22), 기쁨의 충만(요 17:13), 악에 빠지지 않게 보전(요 17:15), 거룩함(요 17:17, 19), 세상을 향한 복음 전도(요 17:20-

21), 온전함(요 17:23), 천국 생활(요 17:24) 등을 위한 기도를 드리셨습니다.

여섯째, 예방적 중보기도입니다. 예수 그리스도께서는 성도들이 죄를 범하지 않도록 사전에 막으시는 예방적 기도를 드리십니다. 우리가 육신을 입고 있는 동안에 죄의 부패성으로 말미암아(요일 2:15-16) 죄를 범할 때도 있습니다. 그러나 예수 그리스도께서는 성령님과 협동하여 우리가 죄 범하는 것을 막으십니다(롬 8:26, 34). 예수님의 기도에는 우리들이 범한 죄에 대한 통분, 권면, 책망 및 앞으로 범죄치 않고 승리 생활을 할 수 있도록 능력을 베풀어 주시는 것까지도 포함됩니다. 요한일서 2:1에서도 "나의 자녀들아 내가 이것을 너희에게 씀은 너희로 죄를 범치 않게 하려 함이라 만일 누가 죄를 범하면 아버지 앞에서 우리에게 대언자가 있으니 곧 의로우신 예수 그리스도시라"라고 말씀하고 있습니다. 이제 우리를 위하여 간절히 기도해 주시는 예수님을 생각하면서 더욱 분발하여 죄와 싸워 승리하는 모두가 되시기를 간절히 소망합니다(히 12:3-4).

7. 예수 그리스도께서는 새 언약의 대제사장이십니다.

Jesus Christ is the high priest of the new covenant.

대제사장으로서 예수 그리스도의 사역은 구약 제사장들의 사역보다 우월합니다. 이것을 히브리서 8:6에서는 "더 아름다운 직분"이라고 표현하고 있는데, '더 아름다운'은 헬라어 '디아포로테라스'(διαφορωτέρας)로, '더 탁월한, 더 뛰어난'이란 뜻입니다. 이렇게 예수 그리스도의 대제사장직이 레위 계통의 대제사장직보다 뛰어난 이유를 히브리서 8장을 중심으로 구체적으로 살펴보면 다음과 같습니다.

첫째, 예수 그리스도께서는 하늘 성소에 계십니다.

대제사장은 예물과 제사 드림을 위하여 세움을 입었습니다(히 5:1, 8:3). 이들은 땅에서 율법을 좇아 예물을 드리는 제사장이었습니다(히 8:4). 예수님께서는 자신을 제물로 드리신 대제사장으로서(히 7:27, 9:26, 28, 10:10, 12, 14), 땅이 아니라 하늘 성소에서 섬기시는 대제사장이십니다. 히브리서 8:1-2에서 "그가 하늘에서 위엄의 보좌 우편에 앉으셨으니 성소와 참장막에 부리는 자라 이 장막은 주께서 베푸신 것이요 사람이 한 것이 아니니라"라고 말씀하고 있습니다.

모세를 통해 지어진 장막 성전은 하늘에 있는 참성전의 모형과 그림자입니다(히 8:5). 그러므로 불완전한 땅의 성소에서 봉사한 레위 계통의 대제사장직은 불완전하며, 하늘 성소에서 봉사하시는 예수 그리스도의 대제사장직은 완전한 것입니다.

둘째, 예수 그리스도께서는 더 좋은 언약의 중보자이십니다.

히브리서 8:6에서 "그러나 이제 그가 더 아름다운 직분을 얻으셨으니 이는 더 좋은 약속으로 세우신 더 좋은 언약의 중보시라"라고 말씀하고 있습니다. 여기 '중보'라는 단어는 헬라어 '메시테스'(μεσίτης)로, '두 사람 사이에서 서로 화해시키는 자' 또는 '자신의 재산을 담보로 타인의 채무 변제를 보증하는 자'를 뜻합니다. 율법에 근거한 대제사장은 진정한 중보자가 될 수 없습니다. 그러나 율법보다 더 좋은 새 언약에 근거한 대제사장 예수 그리스도께서는 자신을 화목 제물로 드리심으로 하나님과 사람 사이를 화목하게 하셨으며(롬 3:25, 요일 2:2), 자신의 핏값으로 우리를 사단의 손에서 찾아오셨으니(행 20:28, 고전 6:20), 참으로 진정한 중보자이신 것입니다. 새 언약은 율법보다는 "더 좋은 약속"으로 세워졌으며(히 8:6), 이 약속은 예레미야 31:32-34에서 약속한 것입니다.

셋째, 예수 그리스도께서는 무흠한 새 언약의 대제사장이십니다.

히브리서 8:7에서 "저 첫 언약이 무흠하였더면 둘째 것을 요구할 일이 없었으려니와"라고 말씀하고 있습니다. 율법은 불완전한 언약이었지만 새 언약은 무흠합니다. '무흠'은 헬라어 '아멤프토스'(ἄμεμπτος)로, '흠잡을 것이 없는, 완전한'이라는 뜻입니다.

새 언약은 마음에 기록되는 언약입니다. 히브리서 8:10에서 "내 법을 저희 생각에 두고 저희 마음에 이것을 기록하리라"라고 말씀하고 있습니다(렘 31:31-33). 옛 언약이 돌판에 율법을 새기는 것이었다면(고후 3:7), 새 언약은 마음에 하나님의 말씀을 기록함으로(고후 3:3) 하나님과 백성 사이에 올바른 관계를 확립하는 것입니다(히 8:10, 렘 31:33).

또한, 새 언약은 작은 자로부터 큰 자까지 다 하나님을 알게 되는 언약입니다. 히브리서 8:11에서 "또 각각 자기 나라 사람과 각각 자기 형제를 가르쳐 이르기를 주를 알라 하지 아니할 것은 저희가 작은 자로부터 큰 자까지 다 나를 앎이니라"라고 말씀하고 있습니다. 새 언약이 완전히 성취되는 날 모든 죄가 완전히 해결되고(히 8:12), 새 언약의 백성은 모두가 하나님과 온전한 사귐을 갖게 될 것입니다(참고-사 11:9, 합 2:14). 그러므로 옛 언약은 낡아지고 쇠하여지며 없어져 가는 것이지만, 새 언약은 영원한 것입니다(히 8:13).

8. 예수 그리스도께서는 완전한 제사를 드리신 대제사장이십니다.
Jesus Christ is the high priest who offered a perfect sacrifice.

대제사장으로서의 예수 그리스도의 사역이 구약 제사장들의 사역보다 우월한 이유는, 먼저 새 언약에 근거하고 있기 때문이며(히 8:1-13), 다음으로 불완전한 제사가 아니라 완전한 제사이기 때문입니다(히 9:1-28). 왜 예수 그리스도의 제사는 완전한 제사입니까?

첫째, **영원한 속죄를 이루시는 제사이기 때문입니다.**

히브리서 9:1-10에서 구약의 성막과 제사 그리고 그 제한성을 설명한 다음에, 히브리서 9:12에서는 "염소와 송아지의 피로 아니하고 오직 자기 피로 영원한 속죄를 이루사 단번에 성소에 들어가셨느니라"라고 말씀하고 있습니다(히 9:26, 28, 10:12). 예수 그리스도께서는 자기를 단번에 드리신 그 피로써 우리의 양심을 죽은 행실로부터 깨끗하게 하여 살아 계신 하나님을 섬기게 하셨습니다(히 9:14).

그러므로 예수 그리스도께서는 "자기를 순종하는 모든 자에게 영원한 구원의 근원"이 되십니다(히 5:9). 그렇기 때문에 예수 그리스도를 힘입어 하나님께 나아가는 자들을 온전히 구원하실 수 있습니다(히 7:25). 구약의 제사 제도와 연약한 인간 대제사장은 영원한 속죄를 이루지 못합니다. 영원한 대제사장 예수님만이 온전한 속죄를 이루어 주십니다.

둘째, **영원한 기업을 약속으로 주시는 제사이기 때문입니다.**

히브리서 9:15에 "이를 인하여 그는 새 언약의 중보니 이는 첫 언약 때에 범한 죄를 속하려고 죽으사 부르심을 입은 자로 하여금 영원한 기업의 약속을 얻게 하려 하심이니라"라고 말씀하고 있습니다. 이제 영원한 대제사장이신 예수님을 믿는 자들은 누구나 영원한 기업을 보장받습니다. 이 믿음은 전적으로 하나님의 은혜의 선물입니다(엡 2:8). 이 믿음은 인간으로부터 나오는 것이 아니라, 만세 전에 택하신 자녀들을 부르시는 하나님으로부터 나오는 것입니다(엡 1:4-5). '부르심을 입은 자'들은 영원한 기업의 소유자가 됩니다(히 9:15).

이러한 하나님의 약속은 그 결과와 보장이 확실한 약속인데, 그 이유는 맹세로 보증된 약속이기 때문입니다(히 6:17). 그러므로 우리가 시작할 때에 확실한 것을 끝까지 견고히 잡으면 그리스도와 함께 영원한 기업에 참예한 자가 될 것입니다(히 3:14).

셋째, **단번에 드리시는 제사이기 때문입니다.**

레위 계통의 제사장은 죄를 완전히 해결하지 못하기 때문에 같은 제사를 계속 반복해야 했습니다(히 10:11). 그러나 예수님의 제사는 "단번에" 드리신 제사로, 같은 제사를 반복할 필요가 없으며(히 9:12, 26, 28, 10:2, 10), 해마다 다른 것의 피로써 성소에 들어가는 것 같이 자주 자기를 드릴 필요가 없습니다(히 9:25, 10:1下). 예수님은 "단번에" 드리신 제사 한 번으로 영원히 온전케 하신 것입니다(히 10:14, 18). 히브리서 10:12에서 "오직 그리스도는 죄를 위하여 한 영원한 제사를 드리시고 하나님 우편에 앉으사"라고 말씀하고 있습니다. "영원한 제사"란 단번에 드린 제사로 그 공효가 영원까지 미치는 것입니다(히 7:27, 9:12, 26, 28, 10:10, 12).

예수님이 단번에 드리신 영원한 제사는 지금까지의 제사와 비교할 수 없습니다. 실로, 예수 그리스도는 "더 좋은 소망"(히 7:19), "더 좋은 언약의 보증"(히 7:22), "더 좋은 언약의 중보"(히 8:6), "더 좋은 제물"(히 9:23)이십니다.

9. 예수 그리스도께서는 자기 몸을 제물로 드리신 수난의 대제사장이십니다.

Jesus Christ is the high priest of suffering who gave His own body as a sacrifice.

히브리서 10:1-18은 대제사장이신 예수 그리스도의 우월성을 논증한 히브리서 4:14-10:18 부분의 결론으로, 지금까지의 논증을 반복하여 정리하고 있습니다.[71] 히브리서 10:18에서는 "이것을 사하셨은즉 다시 죄를 위하여 제사 드릴 것이 없느니라"라고 최종적으로 결론을 내리고 있습니다.

히브리서 10장에서 특별히 강조한 것은, 예수님께서 "한 제물"이 되셨다는 말씀입니다. 히브리서 10:14에서 "저가 한 제물로 거룩하게 된 자들을 영원히 온전케 하셨느니라"라고 말씀하고 있습니다. 대제사장은 예물과 제사 드림을 위하여 세운 자인데(히 8:3), 아론 계통의 대제사장들은 자신이 제물이 되지 못했습니다. 그들은 자신이 제물이 되기는커녕 제사를 드리기 전에 먼저 자신의 죄를 위하여 제사를 드려야 했습니다(레 16:6, 11, 14, 17, 24, 히 5:3, 7:27, 8:3, 9:7). 히브리서 5:3에서는 "이러므로 백성을 위하여 속죄제를 드림과 같이 또한, 자기를 위하여 드리는 것이 마땅하니라"라고 말씀하고 있습니다.

그러나 예수님께서는 죄가 없으시고(히 4:15) 자기를 위하여 제사 드릴 필요가 없으심에도 불구하고, 우리를 대신하여 완전한 속죄 제물이 되셨습니다. 그는 말씀이 육신이 되어 오신 완전한 대제사장이시며, 동시에 죄 없으신 자신의 몸을 십자가에 대속 제물로 내어 주신 분입니다. 요한일서 2:2에서는 "저는 우리 죄를 위한 화목제물이니 우리만 위할 뿐 아니요 온 세상의 죄를 위하심이라"라고 말씀하였습니다(롬 3:25).

구약 율법에서 제물은 흠과 티가 없어야 합니다(출 12:5, 29:1, 레 1:3, 22:19-25, 민 6:14, 19:2). 예수님께서는 제물로서 완전한 자격을 갖춘 분이십니다. 왜냐하면 예수님께서는 죄를 범한 적이 없고(벧전 2:22), 죄를 알지도 못하시며(고후 5:21), 죄가 없는 분이기 때문입니다(히 4:15, 요일 3:5). 누구도 예수님을 죄로 책잡을 수가 없으며(요 8:46), 죄를 찾으려야 찾을 수 없는 분이십니다(요 18:38). 그 보배롭고 값진 피를 흘려 십자가에 죽기까지 순종하셨으니(빌 2:8, 히 5:7-9), 참으로 죄인을 대속하시기에 조금도 흠이 없는 제물이셨습니다(벧전 1:18-19).

히브리서 7:26에서는 대제사장 예수님께서 우리에게 합당하신 이유를 5중으로 기록하고 있습니다. 첫째, "**거룩하고**"(ὅσιος, 호시오스: 충실한), 둘째, "**악이 없고**"(ἄκακος, 아카코스: 순박한), 셋째, "**더러움이 없고**"(ἀμίαντος, 아미안토스: 교활하지 않은, 순수한), 넷째, "**죄인에게서 떠나 계시고**"(κεχωρισμένος ἀπὸ τῶν ἁμαρτωλῶν, 케코리스메노스 아포 톤 하마르톨론: 죄인과 구별된), 다섯째, "**하늘보다 높이 되신 자**"(ὑψηλότερος τῶν οὐρανῶν γενόμενος, 휩셀로테로스 톤 우라논

게노메노스: 하늘들보다 최고 정상이 되신 자)라고 말씀하고 있습니다. 그러므로 우리는 흠이 있고 연약에 싸인 레위 지파에서 난 대제사장을 따라갈 것이 아니라, 흠 없는 우리의 참대제사장이신 예수 그리스도를 좇아가야만 합니다(요 1:14, 히 4:14).

대제사장은 대속죄일에 속죄 제물의 피를 제단에 뿌리고, 제물의 고기는 영문 밖에서 불살랐습니다(레 16:14-15, 19, 27, 히 13:11). '영문 밖'이란 이스라엘 백성이 거주하는 진(陣) 바깥입니다. 예수님께서는 영문 밖에서 불사름 당하는 제물같이, 성문 밖 골고다 언덕에서 고난을 받으셨습니다. 히브리서 13:12에서 "그러므로 예수도 자기 피로써 백성을 거룩케 하려고 성문 밖에서 고난을 받으셨느니라"라고 말씀하고 있습니다. 예수님께서는 예루살렘 성 안이 아니라 성 바깥 골고다 언덕에서 제물이 되셨던 것입니다. 예수님께서 골고다로 오르실 때, 그 거룩한 성체가 채찍에 맞아 찢기고, 로마 군인들의 무참한 발길에 차여 십자가의 무게를 견디다 못해 길바닥에 쓰러지셨습니다. 예수님께서 인간의 대속을 위하여, 십자가를 지시고 무거운 한 걸음 한 걸음을 옮기실 때마다 주님의 온 몸은 땀과 피로 얼룩졌습니다(마 27:31-32, 요 19:17).

예수님께서 당하신 이 수난을 히브리서 기자는 "능욕"이라고 표현했습니다(히 13:13). '능욕'은 헬라어 '오네이디스모스'(ὀνειδισμός)로, '비난, 책망, 모욕, 조롱' 등을 뜻합니다. 십자가를 지고 골고다로 걸어가신 예수님께서 수많은 사람에게 비난과 조롱거리가 되시고 참기 어려운 모욕을 당하셨던 것입니다.

실로, 예수 그리스도의 33년 생애는 온통 수난으로 얼룩진 대제사장의 삶이었습니다. 예수님의 생애는 오실 때부터 가시는 순간까지 맹세로 언약한 대제사장으로서의 발걸음이셨습니다. 우리의 대

결론 멜기세덱의 반차로 오신 영원한 대제사장 예수 그리스도

제사장 예수 그리스도의 생애는 눈물의 걸음이요, 인간의 죄를 걸머진 고통의 걸음, 속죄의 걸음이셨습니다. 그러나 마지막에는 기어이 인간을 구원해 내심으로써 하나님의 기쁨으로 충만하셨고, 자기를 통한 구원의 완성을 보시고 하나님 앞에 감사하는 걸음이셨습니다. 이 땅에 오셔서 피와 눈물과 땀과 마음의 모든 진액을 쏟아 내시며 걸어가신 우리의 영원한 대제사장! 그분은 영원한 멜기세덱의 반차를 좇는 대제사장이셨습니다. 하나님께서 맹세로 세우신, 천상천하에 유일하고 영원한 대제사장이셨습니다.

예수 그리스도께서는 대제사장이면서, 동시에 제물이 되시어 십자가상에서 단번에 영원한 구속을 이루시고 성도에게 거룩함을 주셨습니다(히 10:10). 에베소서 5:2에서 "우리를 위하여 자신을 버리사 향기로운 제물과 생축으로" 하나님께 드려졌다고 말씀하고 있습니다(롬 4:25, 히 7:27, 9:14, 10:12). 여기 '제물'의 헬라어 '프로스포라'(προσφορά)는 제사에 드려지는 온갖 종류의 예물로, 예수님의 전 생애를 함축합니다. 예수님의 전 생애는 하나님께 제물로 드려진 순종의 삶이었습니다(참고-빌 2:8). '생축'의 헬라어 '뒤시아'(θυσία)는 '희생(犧牲) 제물'로, 예수님께서 마침내 십자가에서 희생되셨음을 함축합니다.

또한, '향기로운'은 '제물'과 '생축'을 동시에 수식하며, '향기'를 뜻하는 두 단어 '오스메'(ὀσμή)와 '유오디아'(εὐωδία)가 연속적으로 표기되어 '향기의 향기, 최고의 향기'를 뜻합니다. 예수님의 전 생애가 향기로웠다는 것은 하나님께서 그의 모든 삶을 최고의 향기로 가장 기쁘게 받으셨다는 의미입니다(참고-창 8:21, 출 29:18, 레 1:9, 3:5, 빌 4:18). 예수님의 전 생애는 절대 순종의 향기, 영원한 생명의 향기

가 충만하였습니다(요 12:50, 빌 2:8, 참고-고후 2:14-16).

예수 그리스도께서는 우리의 죄를 위하여 한 영원한 속죄의 제사를 단번에 드리시고(히 7:27, 9:12, 26, 28, 10:10), 그 후 하나님 우편에 앉으사 우리를 위하여 기도하시면서 자기 원수들로 자기 발등상이 되게 하실 때까지 기다리고 계십니다(롬 8:34, 히 8:1, 10:12-13).

예수 그리스도께서는 모든 죄인의 구주요, 세상의 영원한 생명이요, 만민의 소망이요, '만국의 보배'(학 2:7, 고후 4:7)이십니다. 이러한 대제사장을 통해 단번에 구원 받은 우리입니다(히 7:27, 10:10). 실로 이보다 더 큰 행복자가 어디에 또 있겠습니까? 그래서 질그릇 같은 우리를(고후 4:7) '만국의 보배'라고 불러 주시지 않았습니까!(신 26:18) 그 은혜에 보답하는 길이 있다면, 주님 가신 그 걸음을 본받아 하나님의 명하신 말씀에 절대 순종하는 것뿐입니다(히 5:9, 벧전 2:21). 우리의 발걸음이 닿는 곳마다, 언행심사에 그리스도의 거룩한 향기를 풍기면서 아름답고 보배로운 흔적을 남겨야 할 뿐입니다(고후 2:14-16). 나를 구속해 주신 대제사장 예수 그리스도를 가슴 깊이 새기며, 이제는 내 모든 삶이 온전한 제물 되어 주 앞에 드려지기를 사모해야 합니다.

결언: 대제사장의 종말적 전망(展望)
Concluding remarks: the eschatological outlook on the high priest

제1차 바벨론 포로 귀환 후에 하나님께서는 스가랴 선지자에게 여덟 가지 환상을 보여 주셨습니다. 그 가운데 네 번째 환상은 대제사장 여호수아가 더러운 옷을 입고 여호와의 사자 앞에 섰는데, 사단이 여호수아의 우편에서 그를 대적하는 환상입니다(슥 3:1). 여호와께서 사단을 책망하실 때 대제사장 여호수아는 불에서 꺼낸 그슬린 나무 같았고(슥 3:2), 그의 거룩한 옷은 더러워져 있었습니다(슥 3:3). 이것은 바벨론 포로에서 돌아온 이스라엘 백성의 암담한 현실을 나타낸 것입니다. 그러나 하나님께서는 "내가 네 죄과를 제하여 버렸으니 네게 아름다운 옷을 입히리라"라고 말씀하시고, 정한 관을 여호수아의 머리에 씌우시며 더러운 옷을 벗기고 아름다운 옷을 입혀 주셨습니다(슥 3:4-5). 그리고 여호와의 사자가 여호수아에게 "만군의 여호와의 말씀에 네가 만일 내 도를 준행하며 내 율례를 지키면 네가 내 집을 다스릴 것이요 내 뜰을 지킬 것이며 내가 또 너로 여기 섰는 자들 중에 왕래케 하리라"라고 증거하였습니다(슥 3:7). 이것은 선민을 대표하는 대제사장 여호수아에게 사죄의 은총을 입혀 주시고, 대제사장 여호수아가 성전에서 계속 봉사하며 자유롭게 하나님과 왕래할 것을 약속하신 것입니다.

또 스가랴 3:8에서 대제사장 여호수아와 그의 동료들을 "예표의 사람"이라고 말씀하고 있습니다. 이들은 무엇에 대한 예표의 사람입니까? 대제사장 여호수아는 영원한 대제사장이신 예수님의 예표이며, 그의 동료 제사장들은 예수님의 대속 사역으로 제사장이 된 성도들에 대한 예표입니다(벧전 2:9, 계 1:6, 5:10).

이어서 영원한 대제사장으로 오실 예수님에 대하여 두 가지로 표현하였습니다. 스가랴 3:8에서는 "내가 내 종 순을 나게 하리라"라고 말씀하셨고, 스가랴 3:9에서는 "내가 너 여호수아 앞에 세운 돌을 보라"라고 말씀하고 있습니다.

첫째, 대제사장 예수 그리스도께서는 '순(筍)'으로 오십니다.

스가랴 3:8에서 "내가 내 종 순(싹)을 나게 하리라"라고 말씀하고 있습니다. 여기 '순'은 히브리어 '체마흐'(צֶמַח)로, '나무의 가지에서 막 돋아나는 싹, 땅에서 솟아나오는 움'을 뜻합니다. 구약성경 여러 곳에서 이 '체마흐'는 메시아를 지칭하고 있습니다. "순"이라 이름하는 사람(슥 6:12), 여호와의 "싹"(사 4:2), 한 의로운 "가지"(렘 23:5, 33:15)는 모두 예수 그리스도를 가리키는 것입니다. 이러한 표현들은 메시아가 이 땅에 오실 때, 너무도 약하고 보잘것없이 비천한 모습으로 오실 것을 가리킵니다. 이사야 53:2에서는 메시아에 대하여 예언하면서, "그는 주 앞에서 자라나기를 연한 순 같고 마른 땅에서 나온 줄기(싹) 같아서 고운 모양도 없고 풍채도 없은즉 우리의 보기에 흠모할 만한 아름다운 것이 없도다"라고 말씀하고 있습니다.

예수님께서는 마리아에게 성령으로 잉태되어 태어나실 때, 사관에 있을 곳이 없으므로 짐승들의 배설물 냄새가 진동하는 우리 안의 구유에 뉘우셨습니다(눅 2:7). 태어나시자마자 헤롯왕이 죽이려 하니 피하라는 천사의 지시를 받고, 애굽까지 멀고 먼 피난길에 오르셨습니다(마 2:13-15). 예수님께서는 자기 땅(요 1:11)에 태어나셨으나, 헤롯왕이 지배하던 유대 땅은 태어나자마자 단 하루도 발 붙일 곳 없는 메마른 땅이었습니다(사 53:2). 애굽에서 돌아온 후에도 유대 땅이 아니라 갈릴리 나사렛에서 목수의 아들로 사셨습니다(마 2:22-23, 13:55, 막 6:3).

그러나 이 '순'은 장차 성전을 건축할 것입니다. 스가랴 6:12에서 "보라 순이라 이름하는 사람이 자기 곳에서 돋아나서 여호와의 전을 건축하리라"라고 말씀하고 있습니다. 이것은 예수님께서 오셔서 십자가의 대속과 부활의 승리를 통하여 신약 교회를 이루시고 (요 2:19-22), 마지막에 재림하셔서 영원한 하나님의 나라를 이루실 것을 의미합니다(슥 6:13).

둘째, 대제사장 예수 그리스도께서는 '한 돌'로 오십니다.

스가랴 3:9에서 "만군의 여호와가 말하노라 내가 너 여호수아 앞에 세운 돌을 보라 한 돌에 일곱 눈이 있느니라 내가 새길 것을 새기며 이 땅의 죄악을 하루에 제하리라"라고 말씀하고 있습니다. 여기 '한 돌'은 예수 그리스도를 가리킵니다(사 28:16, 단 2:34-35, 45, 마 21:42, 고전 10:4, 엡 2:20-22, 벧전 2:6-8).

먼저 한 돌에 새길 것을 새기십니다. 스가랴 3:9의 "새기며"라는 단어는 히브리어 '파타흐'(פָּתַח)로, '열다, 찢다, 뚜껑을 열다, 열어 젖히다'라는 뜻을 가지고 있습니다. 한 돌이 찢기는 모습은 예수 그리스도의 수난을 나타냅니다. 예수님의 머리는 굵은 가시에 찢기시고, 손과 발은 못에 찢기시고, 옆구리는 창에 찢기셨으며(요 19:2, 34, 20:25, 27), 찢기신 그 성체(聖體)에서 인류를 구원할 영원한 새 언약의 피가 흘러나온 것입니다(마 26:28, 막 14:24, 눅 22:20, 요 19:34). 예수님의 거룩하신 몸이 찢기실 때마다 말로 표현할 수 없는 극도의 고통이 엄습하였습니다. 그가 찔림은 우리의 허물을 인함이었고, 그가 상함은 우리의 죄악을 인함이었습니다. 그가 징계를 받음으로 우리가 평화를 누리고, 그가 채찍에 맞음으로 우리가 나음을 입게 되었습니다(사 53:5).

한 돌이 찢기신 결과로 이 땅의 죄악이 하루에 제하여집니다. 스가랴 3:9 하반절에서 "… 이 땅의 죄악을 하루에 제하리라"라고 말씀하고 있습니다. 여기 '하루'는 구약의 '대속죄일'이 예표하는 완전한 구속의 날입니다. 예수 그리스도께서 십자가에 달리시는 바로 그날이며, 궁극적으로 주님의 재림의 날입니다. 그날에 '유다의 땅' 뿐만 아니라 온 세상의 죄악은 완전히 영원토록 제하여질 것입니다.

바로 그날에 "너희가 각각 포도나무와 무화과나무 아래로 서로 초대하리라" 하신 말씀이 이루어질 것입니다(슥 3:10). 포도나무와 무화과나무 아래에 거한다는 것은 솔로몬왕의 시대에 누렸던 최대의 번영과 평화를 가리키는 표현입니다(왕상 4:25). 예수 그리스도께서 십자가에 달리심으로 구원을 이루시고, 궁극적으로 주님의 재림이 이루어지는 날, 우리는 하나님의 나라에서 영원한 평화와 영원한 번영을 누리게 될 것입니다(계 21:25-26).

이 '한 돌'에는 "일곱 눈"이 있습니다(슥 3:9). 재림하시는 주님인 어린양도 "일곱 눈"이 있습니다(계 5:6). 이 일곱 눈은 "온 세상에 두루 행하는 여호와의 눈"(슥 4:10)이요, "온 땅을 두루 감찰하사 전심으로 자기에게 향하는 자를 위하여 능력을 베푸시는 여호와의 눈"(대하 16:9)입니다. 일곱 눈은 하나님의 전지전능(全知全能)하심을 나타냅니다. 재림하시는 주님은 그의 전지전능하심으로 말미암아, 온갖 질고 속에서도 중단 없이 전진해 왔던 모든 구속사에 종지부를 찍고 마침내 그것을 완성시키실 것입니다(계 21:6下).

또 일곱 눈은 "일곱 등불"(민 8:2-3)이요 "일곱 영"입니다(슥 4:2, 계 1:4, 3:1, 4:5, 5:6). 이것은 하나님의 완전한 빛의 역사, 완전한 성령의 역사를 가리킵니다. 시대마다 부분적으로 밝히시던 역사(히 1:1)

와는 달리, 이제는 완전하신 빛과 영의 역사로 이 땅의 죄악을 하루에 제하시고 온 우주의 어둠을 몰아내시며, 영원한 빛을 밝히실 것입니다(참고-요 14:26, 15:26, 16:13). 비록 예수 그리스도께서 이 땅에 오시기까지, 칠흑 같은 어둠이 온 세상을 뒤덮어 영계가 혼탁할지라도 하나님의 말씀의 등불은 결코 꺼지지 않고 활활 타오를 것입니다(시 119:105). 마침내 '한 돌'의 '일곱 눈, 일곱 등불'의 역사로 말미암아 스가랴 14:7의 "여호와의 아시는 한 날이 있으리니 낮도 아니요 밤도 아니라 어두워 갈 때에 빛이 있으리로다"라는 말씀이 성취될 것입니다.

여호와의 아시는 한 날, 예수님께서 재림하시는 영광스러운 날, 성경의 예언대로 주께서 호령과 천사장의 소리와 하나님의 나팔로 친히 하늘로 좇아 강림하시는 날(살전 4:16), "저가 한 제물로 거룩하게 된 자들을 영원히 온전케 하셨느니라" 하신 말씀(히 10:14)이 최종적으로 성취될 것입니다. 성도들은 부활과 변화를 통해 시공간을 초월하는 영광스럽고 신령한 몸으로 영화롭게 될 것입니다(롬 8:30, 고전 15:51-54, 살전 4:16-17). 그때에 세상의 모든 어둠은 사라지고(계 21:25, 22:5), 온 우주가 예수 그리스도의 빛으로 충만해질 것입니다. 악의 모든 세력은 완전히 멸망을 당하고(계 20:10, 14) 하나님의 공의로운 통치가 완성될 것이며, 유구한 역사 속에서 중단 없이 진행된 하나님의 구속사적 경륜은 마침내 완전 성취될 것입니다.

이 영원한 한 날을 소망하는 성도들이 감당해야 할 제사장으로서의 사명은 무엇입니까?

첫째, **은혜의 보좌 앞에 담대히 나아가야 합니다.**

히브리서 4:14-15에서 "우리에게 큰 대제사장이 있으니 승천하신 자 곧 하나님 아들 예수시라… 우리에게 있는 대제사장은 우리 연약함을 체휼하지 아니하는 자가 아니요"라고 말씀하고 있습니다. 그리고 이어서 히브리서 4:16에서는 "그러므로 우리가 긍휼하심을 받고 때를 따라 돕는 은혜를 얻기 위하여 은혜의 보좌 앞에 담대히 나아갈 것이니라"라고 말씀하고 있습니다.

우리의 대제사장 예수님께서 십자가에서 운명하시는 순간, 성소와 지성소를 가로막았던 휘장이 위에서부터 아래로 찢어졌습니다(마 27:51, 막 15:38, 눅 23:45). 이것은 하늘의 참지성소가 신약의 제사장 된 성도들에게 활짝 열린 것을 의미합니다. 히브리서 10:19-20에서는 "그러므로 형제들아 우리가 예수의 피를 힘입어 성소에 들어갈 담력을 얻었나니 그 길은 우리를 위하여 휘장 가운데로 열어 놓으신 새롭고 산 길이요 휘장은 곧 저의 육체니라"라고 말씀하고 있습니다.

이제 우리는 때를 따라 돕는 은혜를 얻기 위하여 은혜의 보좌 앞에 담대히 나아가야 합니다(히 4:16). 이것은 제사장 된 성도로서의 특권이자 사명입니다. '때를 따라'는 헬라어 '유카이로스'(εὔκαιρος)로, '적시의, 적절한'이란 뜻입니다. 하나님께서 이른 비와 늦은 비를 때를 따라 적당한 때에 내려 주셨듯이(신 11:14), 하나님의 은혜의 보좌 앞에 나오는 자에게 각각의 때마다 필요하고 적절한 은혜를 주십니다. 오늘도 참마음과 온전한 믿음으로 하나님 앞에 담대히 나아가시기를 바랍니다(히 10:22).

둘째, 하나님께서 기뻐하시는 산 제사를 드려야 합니다.

구약의 제사장들이 하나님께 제사를 드렸듯이, 신약시대의 영적 제사장들도 하나님께 직접 나아가 제사를 드려야 합니다. 성도가 드릴 제사는 몸의 제사, 감사의 제사, 찬미의 제사입니다.

제사장으로서 성도는 몸의 제사를 드려야 합니다. 로마서 12:1에서 "그러므로 형제들아 내가 하나님의 모든 자비하심으로 너희를 권하노니 너희 몸을 하나님이 기뻐하시는 거룩한 산 제사로 드리라 이는 너희의 드릴 영적 예배니라"고 말씀하고 있습니다. 여기서 '몸'이란 단순히 육체만을 말하는 것이 아니라 중생한 사람 전체, 즉 전인(全人)을 의미합니다. 구약시대에는 죽은 제사를 드렸지만, 이제는 산 제사, 영적 예배를 드려야 합니다. 산 제사를 드리는 사람은 "이 세대를 본받지 말고 오직 마음을 새롭게 함으로 변화를 받아 하나님의 선하시고 기뻐하시고 온전하신 뜻이 무엇인지 분별"해야 합니다(롬 12:2). 이처럼 하나님의 뜻을 분별하고 하나님의 뜻을 따라 사는 사람이 산 제사, 영적 예배를 드리는 자입니다.

또한, 감사의 제사를 드려야 합니다. 시편 50:14에서 "감사로 하나님께 제사를 드리며", 시편 50:23에서 "감사로 제사를 드리는 자가 나를 영화롭게 하나니"라고 말씀하고 있습니다. 감사는 하나님께서 베풀어 주신 은혜에 대한 성도의 고마움의 표시입니다. 하나님의 진노를 받을 사람은 하나님을 알되 하나님으로 영화롭게도 아니하며 감사치도 아니합니다(롬 1:21). 우리는 하나님께로부터 형언할 수 없고, 셀 수 없고, 측량할 수 없는 은혜를 받았습니다. 날마다 마음으로, 몸으로, 입술로, 물질로, 행함으로 하나님께 감사의 표시를 해야 합니다.

제사장으로서 우리는 찬미의 제사를 드려야 합니다. 히브리서 13:15에서 "이러므로 우리가 예수로 말미암아 항상 찬미의 제사를 하나님께 드리자 이는 그 이름을 증거하는 입술의 열매니라"고 말씀하고 있습니다. '찬미'는 헬라어 '아이네시스'(αἴνεσις)로, '아이네오'(αἰνέω)에서 유래하였습니다. '아이네오'는 천사들이 하나님을 찬양할 때(눅 2:13), 사람들이 하나님을 찬양할 때(눅 2:20, 19:37, 행 2:47, 3:8-9, 계 19:5) 사용되었습니다. 찬미의 제사는 하나님의 이름을 증거하는 입술의 열매입니다. 그러므로 우리가 하나님의 이름을 증거하지 않으면 찬미의 제사를 드리지 않는 것입니다. 우리는 하나님의 위대하심과 예수 그리스도의 구속의 은총을 항상 감사하면서, 하나님의 놀라운 이름을 증거해야 합니다(엡 5:19, 골 3:16).

셋째, **잃어버린 자를 찾아와야 합니다.**

인류 역사는 하나님께서 잃어버린 자기 백성을 찾아 구원하심에 그 목적이 있습니다(마 1:21). 하나님께서는 창세전에 구원하여 영생 주시기로 작정하신 자를 찾고 계십니다(행 13:48). 그렇다면 우리는 잃어버린 자를 찾는 제사장으로서의 사명을 잘 감당해야 합니다. 예수님께서는 영원한 대제사장으로서 잃어버린 자를 찾는 일을 한시도 쉬지 않으셨습니다. 요한복음 6:39에서 "나를 보내신 이의 뜻을 행하려 함이니라 나를 보내신 이의 뜻은 내게 주신 자 중에 내가 하나도 잃어버리지 아니하고 마지막 날에 다시 살리는 이것이니라"라고 말씀하셨습니다. 마태복음 18:14에서도 "이와 같이 이 소자 중에 하나라도 잃어지는 것은 하늘에 계신 너희 아버지의 뜻이 아니니라"라고 말씀하셨습니다(마 9:13, 눅 15:7).

예수님께서는 "건강한 자에게는 의원이 쓸데없고 병든 자에게라야 쓸데 있느니라 내가 의인을 부르러 온 것이 아니요 죄인을 부르러 왔노라"(막 2:17)라고 말씀하시면서, 죄인들을 가까이하시고 그들을 전도하셨습니다. 예수님께서 이 땅에 오신 목적이 전도였고(막 1:38-39, 눅 4:43-44), 12제자들을 부르신 이유도 전도하기 위함이었습니다(막 3:14). 사망 권세를 깨뜨리고 부활하신 예수님의 첫 말씀은 사랑하는 제자들에게 내린 '복음 전도 명령'입니다(마 28:18-20). 그것은 100마리 양 가운데 한 마리 잃어버린 양을 찾는 일(눅 15:4-7), 집 안에 있어야 할 열 드라크마 중 한 드라크마를 찾기 위해 등불을 켜고 부지런히 집을 쓸며 찾는 일(눅 15:8-10), 집 나간 둘째 아들을 아버지 곁에 붙어살도록 다시 찾아오는 일입니다(눅 15:11-32). 바로 이렇게 잃어버린 자를 찾아 전도하시려고 예수님께서는 두루두루 이곳저곳 다니셨으며(마 4:23, 9:35), 전도하시느라 식사할 겨를도 없으셨습니다(막 3:20, 6:31). 심지어 유대인들이 상종도 하지 않는 사마리아 지역으로도 가셨고(요 4:3-4, 9), 매국노라고 지탄을 받던 삭개오에게 찾아가셔서 "삭개오야 속히 내려오라 내가 오늘 네 집에 유하여야 하겠다"(눅 19:5)라고 말씀하셨습니다. 그리고 "오늘 구원이 이 집에 이르렀으니 이 사람도 아브라함의 자손임이로다 인자의 온 것은 잃어버린 자를 찾아 구원하려 함이니라"라고 선포하셨습니다(눅 19:9-10).

예수님께서 잃어버린 자를 찾아 구원하시기 위하여 3년 공생애를 마치시고 마침내 십자가에서 구속의 제물이 되셨으니, 예수님의 십자가 죽으심과 부활은 구속사의 최절정이었습니다. 부활하신 예수님께서는 지금도 하나님의 보좌 우편에서 영원한 대제사장으로서, 잃어버린 자를 찾아 복음을 전하는 우리를 위하여 기도하고 계십니다(롬 8:34, 히 7:25). 실로, 잃어버린 자를 찾아 구원하시는 대제사장의 사역은 지금도 중단 없이 최종 구원 성취의 한 날을 향하여 계속되고 있는 것입니다.

사도 바울은 평생 영원한 대제사장이신 예수님의 발자취를 따라 살았습니다. 그래서 자신을 "복음의 제사장"이라고 고백하였습니다. 그는 로마서 15:16에서 "이 은혜는 곧 나로 이방인을 위하여 그리스도 예수의 일꾼이 되어 하나님의 복음의 제사장 직무를 하게 하사 이방인을 제물로 드리는 그것이 성령 안에서 거룩하게 되어 받으심직하게 하려 하심이라"라고 말씀하였습니다. 구약에서 제사장은 반드시 제물을 가지고 하나님 앞에 나아가야 했습니다. 사도 바울은 이방인들을 전도하여 그들을 제물로 드려 하나님께서 받으심직하게 하려 한다고 고백하였습니다.

그리고 이 전도는 우리 구주 하나님의 명대로 자기에게 맡기신 것이라고 고백하였습니다(딛 1:3). 그것이 사도 바울이 맡은 하나님의 일이요 그의 유일한 자랑거리였습니다(롬 15:17). 이 일을 위하여 사도 바울은 예루살렘으로부터 두루 행하여 일루리곤(오늘날 알바니아 지역)까지 그리스도의 복음을 편만(遍滿)하게 전하였습니다(롬 15:19). 그는 복음을 위하여 옥에 갇히고, 매를 수없이 맞고, 강의 위험과 강도의 위험과 광야의 위험과 바다의 위험을 당하고, 여러 번 죽을 뻔하였고, 주리며 목마르고 굶고 춥고 헐벗었습니다(고후 11:23-27). 그러나 사도 바울은 로마서 1:14에서 "헬라인이나 야만인이나 지혜 있는 자나 어리석은 자에게 다 내가 빚진 자라"라고 하였습니다. 또한, 전도가 부득불 해야 할 일이기에 자랑할 일이 못 되며, 복음을 전하지 않는 자에게는 화가 있다고 고백하였습니다(고전 9:16). 실로 그의 일생은 온통 전도의 생애였습니다(엡 6:19-20).

멜기세덱의 반차를 좇는 영원한 대제사장으로 예수 그리스도를 세우신 하나님의 맹세 언약(시 110:4, 히 7:21-22)은 언젠가는 반드시 영광스럽게 완전 성취될 것입니다. 그날까지 오직 영혼을 구원함에 이르는 믿음을 가지고(히 10:39), 시작할 때의 확실한 것을 끝까지 견고하게 잡으시기 바랍니다(히 3:14). 우리의 소망을 이루도록 끝까지 동일한 열심을 나타내고, 믿음과 오래 참음으로 약속들을 기업으로 받으시기를 바랍니다(히 6:11-12).

우리의 할 일이 있다면, 날마다 은혜의 보좌 앞에 나아가 내 몸을 산 제물로 바쳐 드리는 신령한 제사를 드리면서, 어떤 고난 속에서도 인내하고(히 10:36, 참고-살전 1:3, 약 5:8, 11) 진심으로 감사하며, 잃어버린 자를 찾아 복음을 전하는 제사장의 사명에 충성하는 것뿐입니다.

맹세 언약의 영원한 대제사장 예수 그리스도께서 모든 구속 경륜을 성취하시는 날, 마침내 영원한 승리의 주인공들이 다 되시기를 간절히 소망합니다.

각 장에 대한 주(註)

제1장 역대의 연대를 생각하라

1) 신명기(Deuteronomy)의 헬라어 제목은 70인경에 '듀테로노미온' (Δευτερονόμιον: 두 번째 율법)이라고 되어 있는데, 이는 신명기 17:18의 '이 율법서를 등사하여(복사하여)'라는 표현에서 유래한 것입니다.
2) 여수룬(יְשֻׁרוּן)은 히브리어 '곧다, 올바르다, 수평(직)이다, 기쁘다'라는 뜻의 '야사르'(יָשַׁר)에서 유래되어, 그 의미는 '의로운 자, 올바른 자, 곧게 선 자'입니다. 70인역에는 '사랑받는 자'로 번역하였으며, 칼빈은 이 뜻을 따랐습니다. 이는 하나님께서 '옳게 보아 준 백성, 하나님께서 사랑하신 백성'이란 뜻으로, 이스라엘 백성을 가리키는 축복된 별명입니다.
3) 원용국, 「신명기 주석」 (생명의 말씀사, 1993), 503.
4) 목회와 신학 편집부, 「예레미야1 어떻게 설교할 것인가」, 두란노 HOW 주석 시리즈 25 (두란노아카데미, 2009), 125-128.
5) 박윤선, 「예레미야서」, 성경주석 (영음사, 1993), 79-80.
6) 이병규, 「성경강해 예레미야·애가」 (염광출판사, 1995), 90-91.

제2장 역대기 족보

7) 중복된 이름은 한 번 계산하고, 족속이나 족장, 지파, 그리고 여자 이름도 포함합니다(단, 동일인인데 다른 이름으로 나올 경우 두 번 계산).
8) 글루배(갈렙), 에브랏(에브라다)은 두 번 세었습니다.
9) 역대상 9:1, 10:7, 11:1, 4, 10, 12:38, 13:2, 5, 6, 8, 14:8, 15:3, 16:3, 17:6, 18:14, 19:17, 21:5, 28:8, 29:21, 23, 25, 26, 역대하 1:2(2회), 6:3(2회), 13, 29, 7:3, 6, 8, 9:30, 10:1, 3, 16(2회), 11:3, 13, 12:1, 13:4, 15, 18:16, 28:23, 29:24(2회), 30:1, 5, 6, 25, 31:1, 35:3, 18
10) 카일·델리취 구약 주석 시리즈 8, 박수암 역 (기독교문화협회, 1994), 69.
11) 제자원 기획·편집, 「열왕기상 제1-7장」, 옥스퍼드 원어성경 대전 시리즈 26 (제자원, 2003), 241., Simon J. DeVries, 「열왕기상」, WBC 성경주석, 김병하 역 (솔로몬, 2006), 241.

제3장 제사장과 레위인의 직무

12) Heinrich W. Guggenheimer, trans., *Seder Olam: the Rabbinc View of Biblical Chronology* (Lanham: Rowman & Littlefield, 1998), 264.
13) 임태수, 「역대기」, 성서주석 시리즈 12 (2007, 대한기독교서회), 382.
14) 응할 응(應), 밥 식(食): 직무에 응하여 받는 녹. 사례비. 봉급.
15) 김중은, "제사장의 윤리지침(레위기 21-22)", 「기독교사상」 제33권 12호 (서울: 대한기독교서회, 1989), 220-221.
16) 역대상 15:18의 '벤'(בֵּן)은 분야별로 다시 소개된 19-21절에서 유일하게 빠져 있으며, 대신 '아사시야'(대상 15:21)가 추가되어 있습니다.
17) '여창'(女唱, עֲלָמוֹת, 알라모트)이란 '남자가 여자의 음조(소프라노)로 노래를 부르는 일'을 가리킵니다(참고-시 46:1 '알라못').
18) '여덟째 음'(שְׁמִינִית, 쉐미니트)이란 여덟 줄로 된 현악기에서 가장 낮은 음(베이스)을 말합니다. 수금을 연주할 때 매우 낮은 음으로 연주했음을 의미합니다(참고-시 6, 12편 '스미닛').
19) 에단은 여두둔과 동일 인물로 추정됩니다(대상 6:44, 15:17, 19, 25:1). 족보에 기록된 에단이 본명이고, '찬양하다'라는 뜻의 여두둔은 악사의 직책을 맡은 후 붙여진 별명이었던 것 같습니다.

제4장 대제사장의 족보

20) 유대대백과사전(Jewish Encyclopedia)에는 요세푸스(Josephus)와 세더 올람 주타(Seder Olam Zutta)를 기준으로 아사랴(13대)와 살룸(19대) 사이의 대제사장 계보에 성경에는 기록되지 않은 6명의 대제사장을 추가하여 소개하고 있습니다. 요세푸스에는 'Joran, Axiomar, Phideas, Sudeas, Jotham, Odeas' 6명이이 기록되어 있고(*Ant.* 10.151-153, 20.227-251), 세더 올람 주타에서는 'Joash, Jehoshaphat, Pedaiah, Zedekiah, Jotham, Hoshaiah' 6명이 기록되어 있습니다.
21) 박윤식, 「영원한 언약 속의 신비롭고 오묘한 섭리」 (휘선, 2010), 136-137.

22) William F. Albright, "Samuel and the Beginnings of the Prophetic Movement," Harry M. Orlinsky, ed., *Interpreting the Prophetic Tradition* (New York: Ktav, 1969), 161.

23) Robert D. Bergen, *1, 2 Samuel* (New American Commentary 7, Nashville: Broadman & Holman Publishers, 2001), 64.

24) John Lightfoot, *The Whole Works of the Rev. John Lightfoot, D.D.*, ed. John Rogers Pitman (London: J. F. Dove, 1823), 28.

25) James C. VanderKam, *From Joshua to Caiaphas High Priests after the Exile* (Minneapolis: Fortress Press, 2004), 19-20.

26) James Bennett Pritchard, ed., *The Ancient Near Eastern Texts Relating to the Old Testament* (Princeton: Princeton University Press, 1958), 491-492.

27) 얏두아 시대의 산발랏은 느헤미야 13:28의 '호론 사람 산발랏'과 동명이인입니다. 얏두아 시대의 사마리아 성전을 지은 산발랏에 관하여 요세푸스는 그 연대를 다리오 3세 통치 시대로 보았습니다(주전 336/335-331년, *Ant.* 11.302). 그러므로 바사 제국 치하에서 사마리아의 총독들 중에 산발랏은 적어도 두 명 이상입니다.

28) 기독교인들이 유대인들을 따라 이렇게 부르는 이유는 학개 선지자의 예언 때문입니다(학 2:6-9). 그들은 이 예언이 메시아가 '제2성전' 곧 스룹바벨 성전으로 오실 것을 말하는 것으로 해석합니다. 그리고 그들은 헤롯 성전이 스룹바벨 성전의 연속이라고 보고 있습니다. "그러나 나는 이 예언은 실제로 주님이 넷째 성전 곧 마지막 성전으로 오실 것을 말한다고 본다."라고 이용하던 표현은('제2성전') 잘못된 것입니다(*Ant.* 15.380 각주).

29) Walter A. Elwell and Barry J. Beitzel, *Baker Encyclopedia of the Bible* (Grand Rapids, MI: Baker Book House, 1998), 2025.

30) Walter A. Elwell and Barry J. Beitzel, *Baker Encyclopedia of the Bible*, 2026.

31) 요세푸스는 주후 37년(가이우스 칼리굴라가 로마 황제로 즉위하던 해)에 출생하여 2세기 초반까지 살았던 유대 역사가입니다. 그는 자서전에서 자신의 가문이 제사장 24반열 중에서도 으뜸가는 가문이고 어머니가 왕손

이었다고 밝히고 있습니다(요세푸스, 성서자료 연구원, 하바드판 요세푸스 유대전쟁사 I (도서출판 달산, 1991), 9.).

32) Raymond F. Surburg, 김의원 역, 「신구약 중간사」 (기독교문서선교회, 1994), 239.

33) James C. VanderKam, *From Revelation to Canon: Studies in the Hebrew Bible & Second Temple Literature* (Leiden: Brill, 2000), 239.

34) James C. VanderKam, *From Revelation to Canon: Studies in the Hebrew Bible & Second Temple Literature*, 239.

35) Merill C. Tenney, 교육연구소 역, 「신약개론」 (서울서적출판부, 1986), 129.

36) Raymond F. Surburg, 김의원 역, 「신구약 중간사」 (기독교문서선교회, 1994), 176-177.

37) Chad Brand, Charles Draper, Archie England et al., *Holman Illustrated Bible Dictionary* (Nashville: Holman Bible Publishers, 2003), s.v. "Apocrypha, Old Testament."

38) Stanley E. Porter and Craig A. Evans, *Dictionary of New Testament Background: A Compendium of Contemporary Biblical Scholarship*, (Downers Grove: InterVarsity Press, 2000), s.v. "1 and 2 Maccabees."

39) James Orr, ed. *The International Standard Bible Encyclopedia* (Grand Rapids: W. B. Eerdmans Publishing, 1979), s.v. "Maccabees, book of."

40) Emil Schurer, *A History of the Jewish People in the Time of Jesus Christ, Second Division, Vol. I.* (Edinburgh: T&T Clark, 1890), 35.

41) James C. VanderKam, *From Joshua to Caiaphas*, 127-128.

42) James C. VanderKam, *From Joshua to Caiaphas*, 147.

43) 미쉬나(Mishnah)는 '반복하다'라는 뜻의 히브리어 '솨나'에서 유래되어 '배우다, 학습하다'란 뜻입니다. 미쉬나는 구약성경을 주제별로 기록한 주석으로, 새로운 율법이 아니라 구전으로 전해진 것을 모은 것입니다.

44) James C. VanderKam, *From Joshua to Caiaphas*, 397-398.

45) James C. VanderKam, *From Joshua to Caiaphas*, 160.

46) James C. VanderKam, *From Joshua to Caiaphas*, 168.
47) 대제사장이 종교적 권한 외에 정치적 권한도 있었다는 증거는 초기 헬라 시대 대제사장을 헬라어로 '프로스타시아'(προστασία: 최고치안관)로 불렀던 데서도 확인됩니다(*Ant.* 12.161).
48) James C. VanderKam, *From Joshua to Caiaphas*, 189.
49) James C. VanderKam, *From Joshua to Caiaphas*, 243.
50) 대제사장이 임무를 행하지 못할 일이 발생할 경우를 대비해 대제사장의 대리인으로 부제사장(버금 제사장)을 임명하였는데, 이들은 대제사장의 부재 시 성전의 모든 일과 제사장들에 대한 봉사를 담당하도록 하였던 것으로 보입니다. 열왕기하 25:18, 예레미야 52:24에는 "대제사장 스라야와 부제사장 스바냐"라고 기록하고 있는데, 여기 '부제사장'의 '부'(副)는 히브리어로 '미쉬네'(מִשְׁנֶה)이며, '두 번째, 흡사한 것, 복사물'이라는 뜻을 가지고 있습니다.
51) Deborah W. Rooke, *Zadok's Heirs*, 289.
52) James C. VanderKam, *From Joshua to Caiaphas*, 281.
53) James C. VanderKam, *From Joshua to Caiaphas*, 406.
54) 동명이인인 헤롯의 전처(힐카누스 2세의 외손녀)와 혼동을 피하기 위해 '마리암네 2세'로 칭합니다.
55) Alfred Edersheim, *The Life and Times of Jesus the Messiah*, (Bellingham, WA: Logos Research Systems, 1896), 218.
56) 팔레스타인에서 월식이 보인 것은 '주전 5년 3월 23일, 9월 15일, 주전 4년 3월 12일, 주후 1년 1월 10일'입니다(Jack Finegan, *Handbook of Biblical Chronology: Principles of Time Reckoning in the Ancient World and Problems of Chronology in the Bible*, (Peabody, MA: Hendrickson Publishers, 1998), 294-295.
57) 대제사장의 문중은 산헤드린의 일원이었을 것입니다(James C. VanderKam, *From Joshua to Caiaphas*, 179-180), 421-422.
58) James C. VanderKam, *From Joshua to Caiaphas*, 179-180 397-398.

59) 정훈택, 「신약개론」(대한예수교장로회 총회, 1998), 44.
60) James C. VanderKam, *From Joshua to Caiaphas*, 442-443.
61) 말 잘할 변(辯), 선비 사(士): 변호사, 말을 잘 하는 사람, 말솜씨가 아주 능한 사람
62) James C. VanderKam, *From Joshua to Caiaphas*, 476.
63) James C. VanderKam, *From Joshua to Caiaphas*, 487.

제5장 대제사장의 예복과 직무

64) 정규남, 「출애굽기」(도서출판 횃불, 2006), 731.
65) 기독교대백과사전 편찬위원회, 기독교대백과사전 시리즈 11(기독교문사, 1990), 223.
66) Peter Schegg, *Biblische Archäologie*, ed. Wirthmüller (Freiburg: Herder, 1887), 545. 참고. Zevachim 88b.
67) Eliyahu Kitov, *The Book of Our Heritage: The Jewish Year and its Days of Significance, Vol. 1: Tishrei-Shevat*, trans. Nachman Bulman, (New York: Feldheim Publishers, 1997), 96-97.

결론 멜기세덱의 반차로 오신 영원한 대제사장 예수 그리스도

68) 제사장(히 5:6, 7:11, 15, 17, 20, 21, 8:4, 10:21), 대제사장(히 2:17, 3:1, 4:14, 15, 5:5, 10, 6:20, 7:26, 8:1, 9:11)
69) 조영엽, 「기독론」(서울: 생명의 말씀사, 2007), 422.
70) 조영엽, 「기독론」, 423-427
71) 히브리서 10:1의 내용은 8:5과 9:8-10을 정리하고, 히브리서 10:2-4, 11은 9:1-22을 정리하며, 히브리서 10:5-10은 7:27과 9:23-28을 정리하고, 히브리서 10:12은 8:1을 정리하며, 히브리서 10:13-14은 9:28을 정리하고, 히브리서 10:15-17은 8:8-12을 정리하고 있습니다.

찾아보기

원어
히브리어·헬라어

ㄱ
가라쉬 / 140
갈라 / 260, 472
고레 / 165, 199, 206
깁보레 헤일 / 98
깁보르 / 99

ㄴ
나기드 / 216, 257
나사 / 386
나탄 / 89
나함 / 427
네기드 / 257
네벨 / 190
네티님 / 97
누프 / 113

ㄷ
데라킴 / 39
데레크 / 39
도르 / 38
도르 바도르 / 38
디브레 하야밈 / 53
디카이오마 / 371

ㄹ
라마드 / 187
라바 / 95, 117
레비 / 111
로쉬 / 172, 216
로에 / 251
루츠 / 133
루트로시스 / 9
리쉬카 / 99

ㅁ
마아츠 / 251
마할로케트 / 108
마홀 / 67, 68
말키체데크 / 420
메가스 / 410
메라야 / 237, 258
메라요트 / 237, 258
메일 하에포드 / 388
메첼레트 / 190
모에드 / 118
미그바아 / 366
미쉬메레트 / 115
미쉬칸 / 119
미쉬파하 / 69
미츠네페트 / 378, 379
미크나스 / 367

ㅂ
바라크 / 79
바라흐 / 271
바토브 / 374
바트 / 80
베네 마홀 / 67
베리아 / 92
벤 / 64, 67, 68, 183, 235, 236, 237, 247
북기 / 220, 236
비트야 / 80
빈 / 39, 188
빌하 / 83

ㅅ
사레 코데쉬 / 157
사레 하엘로힘 / 157
사파르 / 372
사하라임 / 95
샤나 / 37
샤라트 / 117
샤마르 / 115
샤바 / 428
샤바츠 / 362
샤알 / 41, 46
샬렘 / 420
쇼에르 / 197
쇼파르 / 182
쉐노트 / 37, 38
쉐무엘 / 238
쉼파데오 / 411
슈브 / 268
쏘테리아 / 9

ㅇ
아라크 / 351
아르키에레아 메간 / 410
아르키에류스 / 410
아마드 / 89
아마르 / 237, 255
아마르야 / 237, 255
아만 / 251
아미안토스 / 439
아바드 / 117
아브 / 42, 43, 109
아브네트 / 364
아비슈아 / 236
아이네시스 / 450
아이네오 / 450
아자르 / 229, 253, 254, 259, 261, 263
아자즈 / 236
아차브 / 79
아카르 / 72
아카코스 / 439
아칸 / 72
아파라바토스 / 430
아포루트로시스 / 9
아호 / 84, 237, 251, 255
아히투브 / 237, 255
알레헴 / 99
알마나 / 140
야다 / 179, 271, 273
야사프 / 31

야샤 / 264
야으베츠 / 78
야하스 / 57, 58, 166
얄라드 / 59
에레츠 / 93
에무나 / 167
에포드 / 383
엔테욱시스 / 431
엘 / 229
엘레 핫드바림 / 28
엘리야후 키토브 / 402
엘아자르 / 229
예모트 / 37
예모트 올람 / 36
예호수아 / 93, 264
오네이디스모스 / 440
올람 / 36, 39
오스메 / 441
오헬 / 118
오헬 모에드 / 118
욤 / 36, 37
우르 / 262, 266, 403
유오디아 / 441
유카이로스 / 448
이가봇 / 243
이쉬레 레바브 / 130
이트카데슈 코데쉬 / 167

ㅈ

자나 / 140
자카르 / 35, 179
자켄 / 44, 45
제라흐 / 67
제라흐야 / 237
제코르 / 35
지므리 / 68

ㅊ

차나프 / 378
차도크 / 247, 258
체데크 / 260

체마흐 / 444
치츠 / 379

ㅋ

카다쉬 / 164
카르미 / 78
카바드 / 78
카타 / 420
카한 / 254
카할 / 146
케코리스메노스 아포 톤 하
 마르톨론 / 440
케토네트 / 361, 362, 363
코데쉬 / 147, 157, 167, 381
코드쉐 하코다쉼 / 164
코헨 / 138, 215, 216
코헨 가돌 / 215
코헨 로쉬 / 215, 216
콜-이스라엘 / 60
콜 하이욤 / 372
쿤 / 131
쿰 / 267
키노르 / 190
키 베야드 아도나이 함미츠
 바 베야드 네비아이브 /
 106

ㅌ

탁시스 / 420
테누파 / 113
톨도트 / 57, 59, 60, 214
톰 / 403
투브 / 237, 255
틱콘 / 130

ㅍ

파타흐 / 445
프랭크 크로스 / 264
프로스포라 / 441
피네하스 / 232

ㅎ

하가르 / 364, 388
하고르 / 363
하난 / 254
하로쉬 / 216
하바르 / 383
하시드 / 373
하일 / 99
하초츠라 / 190
하코하님 / 215
하코헨 / 215
할라크 / 108
할랄 / 140, 179
헤일 / 99
헤테로스 / 423
헬레크 / 259
호르코스 / 428
호셴 미쉬파트 / 391
호시오스 / 439
홀 / 67
휩셀로테로스 / 440
히에레아 메간 / 410
히에류스 / 410

숫자

3대 절기 / 109, 146
4,000찬양대 / 186, 188
12개의 보석 / 391, 392
12지파 / 30, 52, 60, 139,
 209, 285, 368, 391, 392,
24반열 / 106, 108, 111, 138,
 178, 197
70인경 / 283, 285, 403
288인 / 186

주요 단어

ㄱ

가는 베실 / 362, 364, 367,
 379, 393

가늘게 곤 베실 / 364, 365, 376, 384, 393
가야바 / 218, 279, 325, 326, 328, 337, 349, 350, 376
가이사 아구스도 / 322, 324, 326
가지 / 302, 424, 444
간검 / 155, 351
간음 / 85, 86, 87, 141, 232
갈골 / 66
갈렙 / 29, 71, 78, 230
갈릴리 / 298, 322, 340, 444
갈바 / 315
감독 / 136, 139, 265, 268
감독자들 / 132
감람유 / 154
갑바도기아 왕 / 323
갓미엘 / 268
개혁 / 82, 164, 175, 193
거룩한 것 / 147, 153
거룩한 관 / 379
거룩한 궤 / 132
거룩한 옷 / 152, 360, 374, 378, 383, 443
거룩한 옷을 짓는 자 / 377
거제 / 121, 147
겉옷 / 182, 360, 370, 372, 380, 383, 388, 398
겉옷 받침 / 375
게르손 / 121, 125, 137, 185
게르솜 / 123
계보 / 52, 76, 95, 141, 167, 200, 227, 242, 271, 348
고라 / 197, 201, 226, 242
고레스 / 76, 265
고스비 / 232
고의 / 360, 367, 398
고지기 / 134, 165
고핫 / 121, 125, 134, 137, 185, 191, 217
고핫의 자손 / 238
골란 / 406
골몰 / 99, 134, 194

골방 / 99
곱사등 / 145
공교히 짠 에봇 띠 / 387
공로자들 / 269
공백기 / 219, 222, 296, 314
공생애 / 277, 451
공의 / 136, 260, 338, 370, 420, 447
공효 / 438
관 / 360, 366, 378, 393, 398
관원 / 335
관유 / 116, 143, 230, 376
괴혈병 / 145
교사 / 288
구레뇨 / 219, 223, 324, 325
구속 경륜 / 360, 372
구속사 / 37, 39, 46, 47, 51, 56, 59, 103, 213, 348, 388, 446, 451
구속 섭리 / 425
구스 사람 / 253
구원의 옷 / 371, 380
구원의 전달자 / 372
구원의 통로 / 372
그돌라오멜 / 420
그두라 / 233
그라투스 / 219, 223, 314, 326
그리심산 / 274, 304
그슬린 나무 / 443
근간 / 125, 134
근친상간 / 140
글라우디오 / 314, 333, 339
글라피라 / 323
글루배 / 71
금고리 / 392, 393, 394
금방울 / 389, 391
금사슬 / 391, 395
금송아지 / 163, 228, 427
금패 / 375, 381, 393
기념물 / 155
기둥 / 125
기드온 / 129, 168

기드온 / 385
기랴여아림 / 88, 386
기름 / 116, 133, 147, 165, 170, 240, 245, 249, 250, 368, 401
기름 부음 / 139, 230
기묘하게 짠 띠 / 387
기생 / 140, 141
기슬래월 / 289
기억하라 / 34
길갈 / 195, 244
길르앗 라못 / 406

ㄴ

나답 / 143, 151, 157, 160, 227, 229, 230, 368, 397
나사렛 / 322, 339, 444
난장이 / 145
낭독 / 135, 159, 175
낭실 / 129, 201
널판 / 125
네로 / 279, 315, 332, 341
노가 / 74
노아 / 37, 43, 55, 57, 63, 138
놋쇠판 / 303
뇌물 / 244, 288, 290, 312, 337
느디님 자손들 / 97
느부갓네살 / 217, 247, 260
느부사라단 / 260
느아랴 / 75
느헤미야 / 110, 134, 165, 175, 176, 193, 207, 215, 267, 268, 271, 286, 404
능욕 / 440
니산월 / 128
니카소 / 274

ㄷ

다니엘 / 73, 149, 175, 275, 287, 388
다단 / 126, 127

다윗 / 42, 52, 73, 88, 103, 108, 117, 121, 127, 157, 161, 167, 180, 184, 185, 190, 199, 201, 205, 206, 216, 240, 245, 247, 252, 253, 351, 382, 385
다윗의 악기 / 193
다윗의 자손 / 47, 77, 426
다윗의 주 / 426
단 / 125, 146, 153, 159, 169, 234, 244, 265, 399, 400
단번에 / 402, 409, 416, 431, 436, 437, 441
단초 / 259
대머리 / 144
대속의 원리 / 136
대속의 제물 / 144
대속죄일 / 118, 139, 159, 297, 376, 397, 410, 440, 446
대언 대도 / 431
대제사장 / 61, 117, 138, 209, 214, 225, 279, 311, 357, 360, 396, 409, 433
대제사장의 문중 / 325
더러운 옷 / 367, 443
더미 / 263
더 좋은 언약 / 421, 430, 434, 438
덮개 / 125, 158, 364
데메트리우스 2세 / 300, 303
데메트리우스 3세 / 306
데오빌루스 / 223, 313, 319, 325, 330, 332, 345
도리스 / 312, 318
도비야 / 152, 269, 286
도피 / 161, 162, 248, 385
도피성 / 405
두목 / 184, 194
뒷다리 / 147
드루실라 / 334
등대 / 156, 351
등불 / 116, 129, 154, 155, 176, 348, 371, 447, 451
디도 / 218, 278, 311, 346
떡상 / 118, 125, 162
똥 / 144
띠 / 360, 364, 369, 384

ㄹ

라단 / 122
라마 / 161, 244
라이트풋 / 257
레위인의 이중 직무 / 115
레이몬드 설버그 / 281
레피두스 / 313
로마 원로원 / 310, 312
로마 집정관 / 329
리시마쿠스 / 282
립니 / 122

ㅁ

마르셀루스 / 314, 330
마리암네 1세 / 316, 333
마리암네 2세 / 318
마카비 1서 / 218, 281
마카비 2서 / 218, 287
마카비서 / 279, 281, 287
마카비 혁명 / 281, 289, 299
마케도니아 / 282
마흘리 / 123
만국의 보배 / 266, 442
말뚝 / 125
말방울 / 382
맛다디아 / 281, 289, 297, 299, 301, 303
맛디댜 / 134
맛디아 / 222, 313, 319, 325, 334, 345
맹세 / 270, 403, 418, 426, 437, 441, 453
맹세 언약의 대제사장 / 427
메네라우스 / 221, 282, 288, 290, 292, 294, 297

멜기세덱 / 138, 403, 407, 415, 419, 429, 441, 453
멸망의 가증한 것 / 289
명철한 의사 / 200
모데인 / 299, 301
모세 장막 성전 / 219
모압 / 146, 191, 192, 233
모압 평지 / 28, 51, 231, 232
무교절 / 109, 133
무시 / 123, 124
문둥병자 / 147
문장 / 125
문지기 / 58, 61, 103, 108, 128, 132, 181, 184, 194, 197
문지기의 반차 / 197, 206
물으라 / 34, 40, 46
므낫세 / 133, 221, 274, 285
므라리 / 121, 123, 137, 185, 197, 201, 203
므라욧 / 175, 220, 237, 256, 261
므셀레먀 / 201, 202
미쉬나 / 284, 327, 402
미스바 / 244

ㅂ

바고세스 / 273
바룩 / 175, 269
바르실래 / 165, 404
바벨론 / 109, 141, 169, 220, 263, 280, 317, 404
바벨론 포로 / 69, 77, 79, 84, 97, 99, 109, 131, 169, 194, 215, 250, 256, 263, 265, 270, 305, 443
바사 시대 / 215, 274, 298
바스홀 / 172, 175
바알브올 사건 / 231
반열 / 104, 108, 121, 170, 171, 175, 176, 187, 193, 203, 204, 299
반차 / 108, 121, 146, 156,

163, 166, 167, 194, 197,
206, 228, 403, 415, 416,
419, 429, 441, 453
반포 속옷 / 360, 361, 369,
378
밧세바 / 74, 248, 382
백막 / 145
버금 / 134, 156, 165, 168,
333
버니게 / 334, 335, 340, 342
버짐 / 145
번제 / 118, 129, 133, 153,
184, 193, 203, 235, 244,
247, 265, 397, 400, 401,
402
번제물 / 114, 129, 398
베냐민 지파 / 52, 55, 58, 59,
90, 96, 234
베들레헴 / 312, 320
베레스 웃사 / 180
베셀 / 406
베스도 / 315, 337, 340
베스파시안 / 218, 279, 315,
346, 348
벧엘 / 163, 168, 235, 244
벨릭스 / 315, 332, 337, 340
별궁 / 261
보계 / 58, 60, 198
보에두스 / 319, 337
복음의 제사장 / 369, 416,
452
부음 / 143, 376
부정 / 113, 142, 147, 150,
154, 169, 203, 205, 284,
293, 320, 327, 328, 400
부정한 것 / 143, 149, 153
부정한 여인 / 140
북기 / 220, 236
분봉왕 / 330, 332, 333, 340
분향 / 90, 116, 129, 143,
153, 157, 163, 168, 171,
227, 230, 262, 397, 399
분향단 / 118, 155, 156

불알 상한 자 / 145
붉은 암송아지 / 113, 144
브다야 / 134
브살렐 / 155
비느하스 / 161, 198, 219, 229,
232, 236, 243, 250, 299
비밀의 경륜 / 19
비스가산 / 29, 31
비텔리우스 / 219, 223, 314,
328, 329
비파 / 178, 181, 190, 303
빌가 / 158, 292
빛나는 물체 / 379
빛의 축제 / 290

ㅅ

사독 / 121, 134, 157, 162,
170, 180, 209, 217, 220,
229, 243, 247, 252, 254,
258, 261, 263, 283, 287,
294, 299, 352
사두개파 / 298, 344
사마리아 / 274, 275, 298,
321, 324, 326, 333, 334,
451
사무엘 / 88, 127, 133, 161,
186, 198, 235, 238, 251,
352, 385
사사 / 71, 127, 133, 160,
234, 238, 244, 385
사생자 / 146
사하라임 / 95
삭굴 / 123, 124, 187, 188
삭도 / 113, 239
산발랏 / 270, 274, 275, 286
산헤드린 / 139, 307, 326,
329, 331, 337, 341, 344
살래겟 / 207
살로메 알렉산드라 / 305,
307, 308
살룸 / 74, 198, 203, 220,
258

살마 / 70
삼대 / 365
삼두 정치 / 313
삼무아 / 74
삽배 / 269
상고에 / 36
상향식 / 55, 56
새 성전 / 170, 250, 401
생각하라 / 34, 38, 51, 410
생식기 / 145
생축 / 441
서기관 / 132, 258, 320, 349
석류 / 389
선견자 / 66, 178, 251
선지자의 생도 / 67
성막 / 119, 125, 156, 191,
225, 227, 249, 396, 436
성막문 / 235, 388
성물 / 117, 125, 139, 146,
147, 154, 170, 206, 381
성벽 중건 / 269, 270
성별 / 69, 117, 139, 142,
145, 147, 176, 359, 382,
409
성별된 결혼 / 139, 149
성별된 생활 / 139, 142, 149
성별된 성물 / 139
성소 / 113, 115, 119, 129,
139, 147, 151, 154, 157,
162, 170, 233, 296, 328,
361, 390, 392, 396, 398,
402, 409, 425, 434, 448
성소의 기구 / 116, 233
성심 / 104, 130, 131, 164,
165, 168
성전 등불 / 129
성전 보수 / 132, 284
성전 봉사 / 61, 104, 105,
108, 171, 195
성전 수리 / 259
성전을 맡은 자 / 292
성전의 등불 / 351
성전 재건 / 194, 200, 264,

265, 268
성전 청결 / 128
세겜 / 406
세대 / 28, 38, 43, 60, 65, 85, 92, 449
세렛 시내 / 29, 230
세례 요한 / 171, 177, 365
세마포 에봇 / 162, 384, 385
셀레먀 / 134, 201
셀류쿠스 / 218, 281, 283, 289, 297
셀류쿠스 달력 / 302
셋의 아들 / 223, 314, 325
소경 / 145
소금 언약 / 121
소제 / 147
속건제 / 147
속옷 / 360, 361, 384, 387
속옷에 매는 띠 / 364, 384, 387, 388
속죄 사역 / 136
속죄의 물 / 113
속죄제 / 129, 139, 147, 214, 363, 397, 400
솔로몬 / 24, 42, 51, 61, 66, 68, 88, 103, 127, 163, 185, 190, 207, 216, 217, 220, 236, 243, 247, 283, 304, 370, 446
솔로몬 성전 / 88, 105, 109, 190, 217, 218, 219, 220, 247, 263
송축 / 135, 192
수금 / 178, 181, 183, 186, 190, 192, 194
수문 앞 광장 / 135
수염 / 144
수전절 / 289
수종 / 97, 98, 107, 116, 128, 129, 151, 166, 170, 205, 382
수직적인 족보 / 55, 56
수평적인 족보 / 56

순 / 444
순결 / 123, 140, 188, 368
순결한 상 / 155
순교 / 258, 262, 289, 330
스가랴 / 83, 123, 152, 181, 182, 183, 195, 200, 202, 205, 256, 258, 261, 262, 379, 382, 443
스룹바벨 / 52, 75, 194, 261, 263
스바냐 / 175, 182, 184, 205, 217, 240, 241
슬기로운 참모 / 200
슬로브핫 / 90, 91
시내산 / 29, 112, 146, 190, 228, 230
시내산 언약 / 28, 159
시드기야 / 73, 75, 216, 260
시몬 / 222, 223, 284, 285, 298, 301, 302, 313, 314, 318, 327, 334, 337
시몬 1세 / 221, 284
시몬 2세 / 221, 287
시몬 3세 / 222, 301
시몬 칸데라스 / 223, 314, 319, 332, 333, 334, 343
시몬타시 / 222, 301
시무 / 115, 118, 156
시므리 / 66, 68, 203, 232
시므이 / 122, 165, 187, 189
시종 / 112, 116, 117
식양 / 105, 106, 206, 262
신낭 / 145
신앙의 대물림 / 43
신체 규정 / 139, 145
신호 나팔 / 233
십일조 / 121, 134, 164, 165, 168, 206, 263, 341, 421
십자가 / 144, 232, 306, 326, 344, 349, 362, 363, 367, 369, 371, 380, 387, 402, 406, 411, 414, 419, 421, 429, 431, 439, 445, 448,

451
싯딤 / 198
싹 / 127, 444

ㅇ

아간 / 68, 69, 72, 382
아그립바 1세 / 219, 223, 332, 333, 340
아그립바 2세 / 219, 223, 335, 339
아나넬 / 219, 222, 311, 313, 315, 327, 349, 352
아나니아 / 223, 279, 314, 337, 341, 344
아닥사스다 2세 / 272
아달랴 / 76, 109, 203, 256
아론 / 42, 56, 88, 112, 114, 121, 126, 138, 151, 156, 160, 214, 217, 227, 348, 349, 359, 360, 374, 397, 414, 421, 423, 425, 427
아론의 자손 / 112, 145, 228, 262, 409
아론의 지팡이 / 160
아름다운 옷 / 359, 376, 398, 443
아리스토불루스 1세 / 222, 305
아리스토불루스 2세 / 222, 298, 307, 309, 316
아리스토불루스 3세 / 222, 313, 315, 316
아마랴 / 122, 165, 216, 220, 237, 254, 255
아므람 / 42
아미새 / 182, 184, 205
아벨 / 138
아비수아 / 95, 220, 235
아비아달 / 157, 162, 180, 243, 248, 249, 252
아비야 / 158, 171, 177, 244
아비후 / 143, 151, 157, 160,

227, 229, 368, 397
아사랴 / 88, 135, 195, 216, 220, 240, 253, 254, 259, 261, 263
아삽 / 87, 88, 99, 178, 183, 184, 186, 190, 199, 205
아켈라오 / 219, 222, 313, 321, 326
아피온 반박문 / 141, 280, 282
아하스 / 132, 262
아하시야 / 76
아히도벨 / 248, 252
아히둡 / 161, 217, 220, 235, 254, 255, 261
아히마아스 / 56, 217, 220, 251
아히멜렉 / 121, 157, 161, 243
악티움 해전 / 313, 324
안나스 / 223, 279, 314, 324, 325, 344, 349
안나스 2세 / 223, 315, 325, 343, 344
안나스의 사위 / 223, 314, 325, 328
안티고누스 / 218, 222, 309, 312
안티오쿠스 3세 / 282, 287
안티오쿠스 4세 / 283, 288, 289, 292, 294, 299
안티오쿠스 5세 / 293
안티오쿠스 7세 / 304
안티파스 / 321, 329
안티파터 / 308, 309, 318, 320
알렉산더 / 273, 282, 340
알렉산더 발라스 / 297, 300
알렉산더 얀나 / 222, 305, 308
알렉산드라 / 305, 316
알비누스 / 340, 343
알키무스 / 221, 282, 290,
293, 297
알현 / 375
암몬 / 191, 291
압살롬 / 73, 86, 163, 243, 248, 252, 253
앙장 / 125, 388
애도 / 143
야손 / 221, 282, 283, 288, 290, 297
얏두아 / 215, 217, 221, 273, 274, 276, 279
양문 / 195, 268
양심 / 145, 154, 245, 436
어른들 / 34, 40, 44, 173
언약 / 29, 32, 35, 43, 45, 47, 65, 72, 96, 103, 105, 140, 146, 148, 155, 168, 172, 175, 185, 190, 198, 213, 232, 289, 348, 352, 382, 394, 418, 421, 426, 430, 433, 436, 445
언약궤 / 88, 118, 132, 161, 180, 184, 190, 193, 199, 205, 248, 249, 370
에덴 / 66, 87, 89, 181, 183, 185, 186, 205
에돔 / 162, 276, 311, 321, 385
에봇 / 162, 182, 229, 360, 375, 383, 387, 391, 398, 403
에봇과 같은 모양 / 384, 388
에봇 두 견대 / 384
에봇 위에 매는 띠 / 384, 387, 388
에봇을 입다 / 385
에봇 입은 자 / 162, 385
에봇 짜는 법 / 384, 388
에브라임 / 31, 55, 62, 92, 160, 195, 234
에브라임 사람 / 239, 386
에스겔 / 169, 250, 401
에스라 / 58, 67, 68, 76, 97,
110, 135, 175, 193, 229, 254, 267, 268, 327
엘가나 / 181, 184, 205, 238
엘레판틴 파피루스 / 272
엘르아살 / 116, 123, 143, 151, 157, 160, 195, 217, 219, 227, 229, 236, 284, 286, 313, 319, 321, 322, 325, 327, 334, 368
엘리아십 / 76, 158, 173, 215, 221, 268
엘리에셀 / 95, 123, 182, 205
엘리오네우스 / 223, 314, 335
엘리 제사장 / 161, 242, 250, 352
여다야 / 158, 172
여두둔 / 178, 186, 190, 205
여창 / 181
여호사닥 / 214, 217, 220, 257, 260
여호사밧 / 135, 152, 191, 202, 216, 255
여호수아(예수아) / 261
여호야다 / 109, 203, 205, 215, 255, 257
여호야립 / 109, 158, 171, 299
여호와께 성결 / 379, 381, 382
여호와의 궁정 / 208
여호와의 성일 / 135
여호와의 아시는 한 날 / 447
여호와의 전 / 107, 117, 121, 128, 164, 186, 192, 200, 204, 262, 265, 352, 445
여호와의 전쟁 / 146
여호와의 총회 / 126, 145
역대의 연대 / 34, 51
역대지략 / 272
연치(나이 순서) / 384

연혼 / 270
염병 / 127, 198, 232, 339
염소의 피 / 400
영원한 규례 / 103, 119, 154, 156, 162, 351, 376, 427
영원한 언약 / 36, 155, 421
영원히 지킬 규례 / 376, 397
영적 지도자 / 135
영혼의 닻 / 416
영화로운 몸 / 151
예복 / 139, 143, 192, 194, 229, 231, 328, 336, 359, 370, 375, 403
예수 / 222
예스라 사람 / 67, 68
예표 / 93, 137, 144, 363, 375, 389, 395, 400, 443, 446
예표의 사람 / 443
옛날 / 34
옛적 길 / 39
오니아스 1세 / 218, 221, 283
오니아스 2세 / 221, 285
오니아스 3세 / 221, 281, 287, 290
오르난의 타작마당 / 247
오벧에돔 / 180, 183, 184, 199, 202, 205
오벨 / 98
오토 / 315, 386
오홀리압 / 155, 377
옥타비아누스 / 313
온 이스라엘 / 58, 60, 120, 127, 129, 131, 132, 182, 194, 231, 235, 385
왕 같은 제사장 / 352, 369, 396
요나단 / 94, 221, 252, 272, 297, 299, 314, 325, 329, 330, 334
요나단 아푸스 / 222, 297, 299

요세푸스 / 141, 171, 176, 218, 223, 236, 261, 272, 279, 286, 299, 311, 314, 320, 324, 332, 336, 346, 348
요셉 가야바 / 223, 314, 326, 328, 337
요셉 카비 / 223, 315, 343
요시야 / 75, 110, 132, 168, 169, 215, 220, 259
요아살 / 222, 311, 314, 319, 320, 323
요아스 / 76, 95, 109, 203, 205, 215, 255
요야김 / 172, 175, 221, 267
요야다 / 221, 270
요엘 / 122, 180, 186, 240, 244
요제 / 113, 147
요하난 / 74, 76, 88, 220, 221, 253, 272, 327
요한 / 272
요한 힐카누스 1세 / 222, 275, 298, 304
우두머리 / 138, 157, 187, 215, 235, 274, 396, 410
우리야 / 248, 261, 262, 263
우림과 둠밈 / 139, 165, 169, 391, 403
우상숭배 / 112, 133, 168, 170, 193, 198, 228, 233, 234, 427
우슬초 / 144
웃사 / 180, 199
웃시야 / 216, 240, 241, 256, 262
웃시(웃시엘) / 94, 123, 187, 189, 195, 220, 236
월식 / 320
유다 마카비 / 289, 295, 299
유대 / 98, 141, 218, 236, 265, 274, 278, 279, 283, 289, 298, 309, 311, 315, 320,

321, 324, 326, 330, 333, 335, 339, 346, 406, 444
유대 독립 시대 / 218, 219, 222, 297
유대전쟁사 / 218, 279, 282
유월절 / 109, 131, 132, 146, 163, 321, 346
율리우스 가이사 / 309, 313
율법책 / 135, 168, 259, 289
음행 / 141, 150, 198, 232, 233, 368
응식 / 121, 148, 164, 263
의 / 370, 420
의의 겉옷 / 370, 372, 380
의의 왕 / 420
의장 / 139, 329, 331
이니아킴 / 347
이다말 / 143, 152, 157, 160, 227, 229, 368
이단의 괴수 / 339
이두매 / 276, 304, 309, 324
이스마엘 / 59, 65, 223, 314, 318, 327, 337, 340
이스할 / 123, 186, 239, 240
이혼 / 95, 140, 148, 274, 319, 322
일곱 눈 / 446, 447
일곱 등불 / 447
일곱 등잔 / 154
일곱 영 / 447
잃어버린 자 / 450
임멜 / 158, 172
임명하다 / 89
입번 / 108, 109
입할 / 74
잇수스 전쟁 / 274

ㅈ

장막 / 97, 115, 119, 125, 127, 143, 156, 180, 208, 217, 219, 247, 377, 397, 399, 434

장모 / 141, 312, 316
장자들의 총회 / 136, 137
재 / 144, 168
재림 / 150, 380, 405, 431, 445, 446, 447
재판 / 44, 45, 146, 156, 255, 331, 342, 344
재판관 / 107, 135
전도 / 433, 451
절기 / 109, 118, 131, 146
절뚝발이 / 145
정교한 옷 / 361
제금 / 178, 181, 183, 184, 186, 190
제단 / 113, 116, 133, 142, 233, 262, 274, 289, 316, 376, 401, 405, 423, 425, 440
제물 / 113, 120, 130, 131, 133, 144, 147, 159, 161, 164, 170, 193, 247, 376, 398, 409, 434, 438, 447, 451, 453
제비뽑기 / 121, 223, 231, 315, 346, 403
제사장 / 45, 61, 103
제사장 가문 / 141, 172, 198, 280, 289, 312, 347
제사장 위임식 / 139, 361
제사장의 과부 / 141
제사장의 딸 / 141, 148
제사장의 예복 / 336, 361, 367, 369
제우스 신상 / 289
제의 / 146, 160, 294
조공 / 286, 301
족보 / 51, 103, 121, 141, 156, 163, 169, 176, 186, 197, 209, 213, 239, 404, 426
종가 / 121, 122
종교 개혁 / 128, 132, 163, 168, 259, 263

주의 장막 / 208
주의 제사장 / 370, 371, 373
중간사 / 281
중보 / 214, 293, 370, 387, 393, 395, 397, 402, 416, 430, 434, 437, 438
중보기도 / 228, 431
중보자 / 214, 394, 398, 430, 434
증거궤 / 125, 127, 154, 156, 159, 351, 399
증거의 노래 / 30, 32, 34
지성물 / 125, 146, 147, 153, 163, 165, 169, 206, 404
지성소 / 90, 118, 133, 139, 159, 214, 287, 292, 348, 370, 375, 397, 413, 419, 448
직무 / 68, 87, 99, 103, 113, 125, 151, 159, 164, 171, 178, 190, 197, 200, 204, 359, 385, 396, 452
진설병 / 100, 117, 147, 154, 162
진정한 예언자 / 303

ㅊ

찬미 / 178, 196, 303, 449
찬양 / 109, 130, 178, 185, 192, 203, 450
찬양대 / 99, 103, 108, 132, 178, 207, 209
청색 끈 / 379, 391
체휼 / 410, 448
초막절 / 109, 146, 175, 297
총독 관저 / 350
총회 / 136, 142, 145, 146
출번 / 108, 109
출애굽 / 29, 37, 69, 70, 120, 127, 159, 227, 229, 230
춤의 아들 / 67
칠칠절 / 109, 146

ㅋ

카산더 / 282
칼키스의 헤롯 / 219, 223, 314, 333, 336
큰 대제사장 / 409, 448
클레오파트라 7세 / 316

ㅌ

탕감 / 329, 406
터번 / 366, 378
통달 / 131
통혼 / 95, 270
트리포 / 301

ㅍ

파니아스 / 223, 315, 347
판결 / 177, 231, 244, 329, 376, 391, 403
판결 흉패 / 231, 376, 391, 398, 403
팔레스타인 / 298, 312, 321
패 / 379, 381
페로라스 / 318
편만 / 452
평강의 왕 / 420
평제사장 / 156
포도주 / 147, 164, 421
폼페이우스 / 276, 298, 308, 313
프톨레미 4세 / 287
프톨레미 5세 / 283
프톨레미 왕조 / 218, 282, 286, 287, 316
플로루스 / 278, 315, 340, 346
피를 흘리는 제사 / 409
피의 보수자 / 406
필생 / 104

ㅎ

하나냐 / 75, 187, 189, 195
하나넬 망대 / 195, 268
하나님 나라 / 146
하나님의 궤 / 180, 182, 205, 352, 386
하나님의 뜻 / 39, 122, 139, 161, 196, 229, 231, 248, 378, 382, 386, 391, 416, 449
하누카 / 289
하늘 이 끝에서 저 끝 / 46, 47
하루 / 118, 139, 214, 311, 320, 397, 446
하림 / 158, 172, 175
하스몬 왕가 / 219, 222, 276, 281, 297, 316, 333
하향식 / 55
학개 / 266
학고스 자손 / 165, 404
학사 에스라 / 135
한 돌 / 445
할례 / 80, 96, 111, 170, 289, 291, 304, 331
함메아 망대 / 195, 268
행음 / 141, 234
향 / 155, 399
향기로운 제물 / 441
헌신 / 132, 136
헤나닷 자손 / 268
헤롯 대왕 / 218, 219, 222, 276, 311
헤롯 성전 / 109, 218, 276, 345, 347
헤롯 아그립바 1세 / 219, 223, 332, 333
헤롯 아그립바 2세 / 219, 223, 335, 337, 339
헤롯 아켈라오 / 219, 222, 313, 321
헤만 / 56, 66, 87, 88, 99, 178, 186, 189, 190
헤만의 형제 / 186
헤브론 / 59, 73, 122, 406
헬라 / 218, 273, 282
헬라화 / 289, 291, 298
헬리오도루스 / 288, 290
협력 / 130
형통 / 132
호마노 / 384, 391
호사 / 201, 203, 205, 207
호칭 / 44, 148, 298, 325
홉니 / 161, 243, 250
홍포 / 363
화목제 / 131, 147, 184, 235, 247
화목 제물 / 409, 435, 439
화평 / 151, 153, 431
화형 / 141
환상 / 184, 250, 443
황금 독수리 / 320
회막 / 112, 114, 125
회중 / 130
홀 / 227
휘장 / 125, 154, 351, 388, 419
휴대용 물건 / 386
흉패 / 231, 391, 403
희생 제물 / 133, 193
히스기야 / 128
힐기야 / 168, 215, 259
힐카누스 2세 / 222, 298, 307

수정증보판

하나님의 구속사적 경륜으로 본 대제사장의 족보
맹세 언약의 영원한 대제사장

초판 1쇄 2011년 5월 12일
재판 8쇄 2025년 5월 17일

저 자 박윤식
발행인 유종훈

발행처 휘선(사단법인 성경보수구속사운동센터)
주 소 08345 서울시 구로구 오류로8라길 50
전 화 02-2618-1217
팩 스 02-2618-1218
이메일 center@huisun.kr

ⓒ 저자와의 협약 아래 인지는 생략되었습니다.
이 책은 저작권법에 의해 보호를 받는 저작물이므로 저작권자의 허락 없이
이 책의 일부 또는 전체를 무단 복제, 전재, 발췌하면 저작권법에 의해 처벌을 받습니다.

저작권 등록번호: 제 C-2009-003623호

등록 제 25100-2007-000041호
책값 18,000원

Printed in Korea
ISBN 979-11-89611-04-0 04230
ISBN 979-11-964006-3-7 (세트)

※ 낙장·파본은 교환해 드립니다.

휘선은 '사단법인 성경보수구속사운동센터'의 브랜드명입니다.

휘선(暉宣)은 예수 그리스도의 복음의 참빛이 전 세계 속에 흩어져 있는 수많은 영혼에게
널리 알려지고 전파되기를 소원하는 이름입니다.